ŒUVRES COMPLÈTES

DE VOLTAIRE

TOME TROISIÈME

PARIS
LIBRAIRIE HACHETTE ET Cie
79, BOULEVARD SAINT-GERMAIN, 79

À LA MÊME LIBRAIRIE

ŒUVRES
DES PRINCIPAUX ÉCRIVAINS FRANÇAIS
VOLUMES IN-18 JÉSUS.

On peut se procurer chaque volume de cette série relié en percaline gaufrée, sans être rogné, moyennant 50 cent.; en demi-reliure, dos en chagrin, tranches jaspées, moyennant 1 fr. 50 cent., et avec tranches dorées, moyennant 2 fr. en sus du prix marqué.

1re Série à 1 franc 25 c. le volume.

Barthélemy : *Voyage du jeune Anacharsis en Grèce dans le milieu du IVe siècle avant l'ère chrétienne*. 8 volumes.

Atlas pour le Voyage du jeune Anacharsis, dressé par J. D. Barbié du Bocage, revu par A. D. Barbié du Bocage. In-8, 1 fr. 50 c.

Boileau : *Œuvres complètes*. 2 vol.

Bossuet : *Œuvres choisies*. 5 vol.

Corneille : *Œuvres complètes*. 7 vol.

Fénelon : *Œuvres choisies*. 4 vol.

La Fontaine : *Œuvres complètes*. 3 volumes.

Marivaux : *Œuvres choisies*. 2 vol.

Molière : *Œuvres complètes*. 3 vol.

Montaigne : *Essais*, précédés d'une lettre à M. Villemain sur l'éloge de Montaigne, par P. Christian. 2 vol.

Montesquieu : *Œuvres complètes*. 3 volumes.

Pascal : *Œuvres complètes*. 3 vol.

Racine : *Œuvres complètes*. 3 vol.

Rousseau (J.-J.) : *Œuvres complètes*. 13 volumes.

Saint-Simon (le duc de) : *Mémoires complets et authentiques sur le siècle de Louis XIV et la Régence*, collationnés sur le manuscrit original par M. Chéruel, et précédés d'une notice de M. Sainte-Beuve, de l'Académie française. 13 vol.

Sédaine : *Œuvres choisies*. 1 vol.

Voltaire : *Œuvres complètes*. 46 vol.

2e Série à 3 francs 50 cent. le volume.

Chateaubriand : *Le génie du Christianisme*. 4 vol.

— *Les Martyrs*; — *le Dernier des Abencerrages*. 1 vol.

— *Atala*; — *René*; — *les Natchez*. 1 vol.

Fléchier : *Mémoires sur les Grands-Jours d'Auvergne en 1665*, annotés par M. Chéruel et précédés d'une notice par M. Sainte-Beuve. 1 vol.

Malherbe : *Œuvres poétiques*, réimprimées pour le texte sur la nouvelle édition des *Œuvres complètes de Malherbe*, publiées par M. Lud. Lalanne dans la Collection des GRANDS ÉCRIVAINS DE LA FRANCE. 1 v.

Sévigné (Mme de) : *Lettres de Mme de Sévigné, de sa famille et de ses amis*, réimprimées pour le texte sur la nouvelle édition publiée par M. Monmerqué dans la Collection des GRANDS ÉCRIVAINS DE LA FRANCE. 8 vol.

COULOMMIERS. — Typogr. ALBERT PONSOT et P. BRODARD.

ŒUVRES COMPLÈTES

DE VOLTAIRE

COULOMMIERS. — TYP. ALBERT PONSOT ET P. BRODARD.

ŒUVRES COMPLÈTES
DE VOLTAIRE

TOME TROISIÈME

PARIS
LIBRAIRIE HACHETTE ET Cie
79, BOULEVARD SAINT-GERMAIN, 79

1876

ŒUVRES COMPLÈTES

DE VOLTAIRE

PARIS

L'ENFANT PRODIGUE.

COMÉDIE EN CINQ ACTES.

(10 octobre 1736.)

PRÉFACE.

Il est assez étrange que l'on n'ait pas songé plus tôt à imprimer cette comédie, qui fut jouée il y a près de deux ans, et qui eut environ trente représentations. L'auteur ne s'étant point déclaré, on l'a mise jusqu'ici sur le compte de diverses personnes très-estimées; mais elle est véritablement de M. de Voltaire, quoique le style de la *Henriade* et d'*Alzire* soit si différent de celui-ci, qu'il ne permet guère d'y reconnaître la même main. C'est ce qui fait que nous donnons sous son nom cette pièce au public, comme la première comédie qui soit écrite en vers de cinq pieds. Peut-être cette nouveauté engagera-t-elle quelqu'un à se servir de cette mesure. Elle produira sur le théâtre français de la variété; et qui donne des plaisirs nouveaux doit toujours être bien reçu.

Si la comédie doit être la représentation des mœurs, cette pièce semble être assez de ce caractère. On y voit un mélange de sérieux et de plaisanterie, de comique et de touchant. C'est ainsi que la vie des hommes est bigarrée; souvent même une seule aventure produit tous ces contrastes. Rien n'est si commun qu'une maison dans laquelle un père gronde, une fille occupée de sa passion pleure, le fils se moque des deux, et quelques parents prennent différemment part à la scène. On raille très-souvent dans une chambre de ce qui attendrit dans la chambre voisine; et la même personne a quelquefois ri et pleuré de la même chose dans le même quart d'heure.

Une dame très-respectable étant un jour au chevet d'une de ses filles qui était en danger de mort, entourée de toute sa famille, s'écriait en fondant en larmes : « Mon Dieu, rendez-la-moi, et prenez tous mes autres enfants ! » Un homme qui avait épousé une autre de ses filles s'approcha d'elle, et la tirant par la manche : « Madame, dit-il, les gendres en sont-ils? » Le sang-froid et le comique avec lequel il prononça ces paroles fit un tel effet sur cette dame affligée, qu'elle sortit en éclatant de rire; tout le monde la suivit en riant; et la malade, ayant su de quoi il était question, se mit à rire plus fort que les autres.

Nous n'inférons pas de là que toute comédie doive avoir des scènes de bouffonnerie et des scènes attendrissantes. Il y a beaucoup de très-bonnes pièces où il ne règne que de la gaieté; d'autres toutes sérieuses, d'autres mélangées, d'autres où l'attendrissement va jusqu'aux larmes. Il ne faut donner l'exclusion à aucun genre; et si l'on me demandait quel genre est le meilleur, je répondrais : « Celui qui est le mieux traité. »

Il serait peut-être à propos et conforme au goût de ce siècle

raisonnent bizarrement ici quelle est cette sorte de plaisanterie qui nous fait rire à la comédie.

La cause du rire est une de ces choses plus senties que connues. L'admirable Molière, Regnard, qui le vaut quelquefois, et les auteurs de tant de jolies petites pièces, se sont contentés d'exciter en nous ce plaisir, sans nous en rendre jamais raison, et sans dire leur secret.

J'ai cru remarquer aux spectacles qu'il ne s'élève presque jamais de ces éclats de rire universels qu'à l'occasion d'une méprise. Mercure pris pour Sosie; le chevalier Ménechme pris pour son frère; Crispin faisant son testament sous le nom du bonhomme Géronte; Valère parlant à Harpagon des beaux yeux de sa fille, tandis qu'Harpagon n'entend que les beaux yeux de sa cassette; Pourceaugnac à qui on tâte le pouls, parce qu'on le veut faire passer pour fou; en un mot, les méprises, les équivoques de pareille espèce, excitent un rire général. Arlequin ne fait guère rire que quand il se méprend; voilà pourquoi le titre de balourd lui était si bien approprié.

Il y a bien d'autres genres de comique. Il y a des plaisanteries qui causent une autre sorte de plaisir; mais je n'ai jamais vu ce qui s'appelle rire de tout son cœur, soit aux spectacles, soit dans la société, que dans des cas approchants de ceux dont je viens de parler.

Il y a des caractères ridicules dont la représentation plaît, sans exciter ce rire immodéré de joie: Trissotin et Vadius, par exemple, semblent être de ce genre; le Joueur, le Grondeur, qui font un plaisir inexprimable, ne permettent guère le rire éclatant.

Il y a d'autres ridicules mêlés de vices, dont on est charmé de voir la peinture, et qui ne causent qu'un plaisir sérieux. Un malhonnête homme ne fera jamais rire, parce que dans le rire il entre toujours de la gaieté, incompatible avec le mépris et l'indignation. Il est vrai qu'on rit au Tartuffe, mais ce n'est pas de son hypocrisie, c'est de la méprise du bonhomme qui le croit un saint; et l'hypocrisie une fois reconnue, on ne rit plus, on sent d'autres impressions.

On pourrait aisément remonter aux sources de nos autres sentiments, à ce qui excite la gaieté, la curiosité, l'intérêt, l'émotion, les larmes. Ce serait surtout aux auteurs dramatiques à nous développer tous ces ressorts, puisque ce sont eux qui les font jouer. Mais ils sont plus occupés de remuer les passions que de les examiner; ils sont persuadés qu'un sentiment vaut mieux qu'une définition; et je suis trop de leur avis pour mettre un traité de philosophie au-devant d'une pièce de théâtre.

Je me bornerai simplement à insister encore un peu sur la nécessité où nous sommes d'avoir des choses nouvelles. Si l'on avait toujours mis sur le théâtre tragique la grandeur romaine, à la fin on s'en serait rebuté; si les héros ne parlaient jamais que de tendresse, on serait affadi.

. . . .
O imitatores, servum pecus !

Les bons ouvrages que nous avons depuis les Corneille, les Molière, les Racine, les Quinault, les Lulli, les Le Brun, me paraissent tous avoir quelque chose de neuf et d'original qui les a sauvés du naufrage. Encore une fois, tous les genres sont bons, hors le genre ennuyeux.

Ainsi il ne faut jamais dire : « Si cette musique n'a pas réussi, si ce tableau ne plaît pas, si cette pièce est tombée, c'est que cela était d'une espèce nouvelle; » il faut dire : « C'est que cela ne vaut rien dans son espèce. »

PERSONNAGES.

EUPHÉMON père.
EUPHÉMON fils.
FIERENFAT, président de Cognac, second fils d'Euphémon.
RONDON, bourgeois de Cognac.
LISE, fille de Rondon.
LA BARONNE DE CROUPILLAC.
MARTHE, suivante de Lise.
JASMIN, valet d'Euphémon fils.

La scène est à Cognac.

ACTE PREMIER.

SCÈNE I. — EUPHÉMON, RONDON.

RONDON.

Mon triste ami, mon cher et vieux voisin,
Que de bon cœur j'oublierai ton chagrin !
Que je rirai ! Quel plaisir ! Que ma fille
Va ranimer ta dolente famille !
Mais, mon ton fils, le sieur de Fierenfat,
Me semble avoir un procédé bien plat.

EUPHÉMON.

Quoi donc ?

RONDON.

Tout fier de sa magistrature,
Il fait l'amour avec poids et mesure.
Adolescent qui s'érige en barbon,
Jeune écolier qui vous parle en Caton,
Est, à mon sens, un animal bernable,
Et j'aime mieux l'air fou que l'air capable.
Il est trop fat.

EUPHÉMON.

Et vous êtes ainsi
Un peu trop brusque.

RONDON.

Ah ! je suis fait ainsi.

J'aime le vrai, je me plais à l'entendre ;
J'aime à le dire, à gourmander mon gendre,
A bien mater cette fatuité,
Et l'air pédant dont il est encroûté.
Vous avez fait, beau-père, en père sage,
Quand son aîné, ce joueur, ce volage,
Ce débauché, ce fou, partit d'ici,
De donner tout à ce sot cadet-ci ;
De mettre en lui toute votre espérance,
Et d'acheter pour lui la présidence
De cette ville : oui, c'est un trait prudent.
Mais dès qu'il fut monsieur le président,
Il fut, ma foi, gonflé d'impertinence ;
Sa gravité marche et parle en cadence ;
Il dit qu'il a bien plus d'esprit que moi,
Qui, comme on sait, en ai bien plus que toi.
Il est...

EUPHÉMON.
Eh mais ! quelle humeur vous emporte ?
Faut-il toujours... ?

RONDON.
Va, va, laisse, qu'importe ?
Tous ces défauts, vois-tu, sont comme rien,
Lorsque d'ailleurs on amasse un gros bien.
Il est avare, et tout avare est sage.
Oh ! c'est un vice excellent en ménage,
Un très-bon vice. Allons, dès aujourd'hui
Il est mon gendre, et ma Lise est à lui.
Il reste donc, notre triste beau-père,
A faire ici donation entière
De tous vos biens, contrats, acquis, conquêts,
Présents, futurs, à monsieur votre fils,
En réservant sur votre vieille tête
D'un usufruit l'entretien fort honnête.
Le tout en bref arrêté, cimenté,
Pour que ce fils, bien cossu, bien doté,
Joigne à nos biens une vaste opulence ;
Sans quoi soudain ma Lise à d'autres pense.

EUPHÉMON.
Je l'ai promis, et j'y satisferai.
Oui, Fierenfat aura le bien que j'ai.
Je veux couler au sein de la retraite
La triste fin de ma vie inquiète ;
Mais je voudrais qu'un fils si bien doté
Eût pour mes biens un peu moins d'âpreté.
J'ai vu d'un fils la débauche insensée,
Je vois dans l'autre une âme intéressée.

ACTE I, SCÈNE I.

RONDON.

Tant mieux ! tant mieux !

EUPHÉMON.

Cher ami, je suis né
Pour n'être rien qu'un père infortuné.

RONDON.

Voilà-t-il pas de vos jérémiades,
De vos regrets, de vos complaintes fades
Voulez-vous pas que ce maître étourdi,
Ce bel aîné dans le vice enhardi,
Venant gâter les douceurs que j'apprête,
Dans cet hymen paraisse en trouble-fête ?

EUPHÉMON.

Non.

RONDON.

Voulez-vous qu'il vienne sans façon
Mettre en jurant le feu dans la maison ?

EUPHÉMON.

Non.

RONDON.

Qu'il vous batte, et qu'il m'enlève Lise ?
Lise autrefois à cet aîné promise ;
Ma Lise qui....

EUPHÉMON.

Que cet objet charmant
Soit préservé d'un pareil garnement !

RONDON.

Qu'il rentre ici pour dépouiller son père ?
Pour succéder ?

EUPHÉMON.

Non.... tout est à son frère.

RONDON.

Ah ! sans cela, point de Lise pour lui.

EUPHÉMON.

Il aura Lise et mes biens aujourd'hui ;
Et son aîné n'aura, pour tout partage,
Que le courroux d'un père qu'il outrage :
Il le mérite, il fut dénaturé.

RONDON.

Ah ! vous l'aviez trop longtemps enduré.
L'autre du moins agit avec prudence ;
Mais cet aîné ! quel trait d'extravagance !
Le libertin, mon Dieu, que c'était là !
Te souvient-il, vieux beau-père, ah, ah, ah ;
Qu'il te vola (ce tour est bagatelle).
Chevaux, habits, linge, meubles, vaisselle,
Pour équiper la petite Jourdain,

Qui le quitta le lendemain matin ?
J'en ai bien ri, je l'avoue.
                    EUPHÉMON.
                            Ah ! quels charmes
Trouvez-vous donc à rappeler mes larmes ?
                    RONDON.
Et sur un as mettant vingt rouleaux d'or....
Hé, hé !
                    EUPHÉMON.
        Cessez.
                    RONDON.
                Te souvient-il encor
Quand l'étourdi dut en face d'église
Se fiancer à ma petite Lise,
Dans quel endroit on le trouva caché ?
Comment, pour qui ?... Peste, quel débauché !
                    EUPHÉMON.
Épargnez-moi ces indignes histoires,
De sa conduite impressions trop noires ;
Ne suis-je pas assez infortuné ?
Je suis sorti des lieux où je suis né
Pour m'épargner, pour ôter de ma vue
Ce qui rappelle un malheur qui me tue.
Votre commerce ici vous a conduit ;
Mon amitié, ma douleur vous y suit.
Ménagez-les : vous prodiguez sans cesse
La vérité ; mais la vérité blesse.
                    RONDON.
Je me tairai, soit : j'y consens, d'accord.
Pardon ; mais diable ! aussi vous aviez tort,
En connaissant le fougueux caractère
De votre fils, d'en faire un mousquetaire.
                    EUPHÉMON.
Encor !
                    RONDON.
        Pardon ; mais vous deviez...
                    EUPHÉMON.
                                Je dois
Oublier tout pour notre nouveau choix,
Pour mon cadet, et pour son mariage.
Çà, pensez-vous que ce cadet si sage
De votre fille ait pu toucher le cœur ?
                    RONDON.
Assurément. Ma fille a de l'honneur,
Elle obéit à mon pouvoir suprême ;
Et quand je dis : « Allons, je veux qu'on aime, »
Son cœur docile, et que j'ai su tourner,
Tout aussitôt aime sans raisonner

A mon plaisir j'ai pétri sa jeune âme.

EUPHÉMON.

Je doute un peu pourtant qu'elle s'enflamme
Par vos leçons; et je me trompe fort
Si de vos soins votre fille est d'accord.
Pour mon aîné j'obtins le sacrifice
Des vœux naissants de son âme novice ;
Je sais quels sont ces premiers traits d'amour :
Le cœur est tendre ; il saigne plus d'un jour.

RONDON.

Vous radotez.

EUPHÉMON.

Quoi que vous puissiez dire,
Cet étourdi pouvait très-bien séduire.

RONDON.

Lui ? point du tout ; ce n'était qu'un vaurien.
Pauvre bonhomme ! allez, ne craignez rien ;
Car à ma fille, après ce beau ménage,
J'ai défendu de l'aimer davantage.
Ayez le cœur sur cela réjoui ;
Quand j'ai dit non, personne ne dit oui.
Voyez plutôt.

SCÈNE II. — EUPHÉMON, RONDON, LISE, MARTHE.

RONDON.

Approchez, venez, Lise ;
Ce jour pour vous est un grand jour de crise.
Que je te donne un mari jeune ou vieux,
Ou laid ou beau, triste ou gai, riche ou gueux,
Ne sens-tu pas des désirs de lui plaire,
Du goût pour lui, de l'amour ?

LISE.

Non, mon père.

RONDON.

Comment, coquine ?

EUPHÉMON.

Ah ! ah ! notre féal,
Votre pouvoir va, ce semble, un peu mal :
Qu'est devenu ce despotique empire ?

RONDON.

Comment ! après tout ce que j'ai pu dire,
Tu n'aurais pas un peu de passion
Pour ton futur époux ?

LISE.

Mon père, non.

RONDON.

Ne sais-tu pas que le devoir t'oblige

A lui donner tout ton cœur ?
LISE
Non, vous dis-je
Je sais, mon père, à quoi ce nœud sacré
Oblige un cœur de vertu pénétré ;
Je sais qu'il faut, aimable en sa sagesse,
De son époux mériter la tendresse,
Et réparer du moins par la bonté
Ce que le sort nous refuse en beauté ;
Être au dehors discrète, raisonnable ;
Dans sa maison, douce, égale, agréable :
Quant à l'amour, c'est tout un autre point ;
Les sentiments ne se commandent point.
N'ordonnez rien ; l'amour fuit l'esclavage.
De mon époux le reste est le partage ;
Mais pour mon cœur, il le doit mériter ;
Ce cœur au moins, difficile à dompter,
Ne peut aimer ni par ordre d'un père,
Ni par raison, ni par-devant notaire.

EUPHÉMON.
C'est, à mon gré, raisonner sensément ;
J'approuve fort ce juste sentiment.
C'est à mon fils à tâcher de se rendre
Digne d'un cœur aussi noble que tendre.

RONDON.
Vous tairez-vous, radoteur complaisant,
Flatteur barbon, vrai corrupteur d'enfant ?
Jamais sans vous ma fille, bien apprise,
N'eût devant moi lâché cette sottise.
(A Lise.)
Écoute, toi : je te baille un mari
Tant soit peu fat, et par trop renchéri ;
Mais c'est à moi de corriger mon gendre :
Toi, tel qu'il est, c'est à toi de le prendre,
De vous aimer, si vous pouvez, tous deux,
Et d'obéir à tout ce que je veux :
C'est là ton lot ; et toi, notre beau-père,
Allons signer chez notre gros notaire,
Qui vous allonge en cent mots superflus
Ce qu'on dirait en quatre tout au plus.
Allons hâter son bavard griffonnage ;
Lavons la tête à ce large visage :
Puis je reviens, après cet entretien,
Gronder ton fils, ma fille, et toi.

EUPHÉMON.

SCÈNE III. — LISE, MARTHE.

MARTHE.

Mon Dieu, qu'il joint à tous ses airs grotesques
Des sentiments et des travers burlesques !

LISE.

Je suis sa fille ; et de plus son humeur
N'altère point la bonté de son cœur ;
Et sous les plis d'un front atrabilaire,
Sous cet air brusque, il a l'âme d'un père
Quelquefois même, au milieu de ses cris,
Tout en grondant, il cède à mes avis.
Il est bien vrai qu'en blâmant la personne
Et les défauts du mari qu'il me donne,
En me montrant d'une telle union
Tous les dangers, il a grande raison ;
Mais lorsqu'ensuite il ordonne que j'aime,
Dieu ! que je sens que son tort est extrême !

MARTHE.

Comment aimer un monsieur Fierenfat ?
J'épouserais plutôt un vieux soldat
Qui jure, boit, bat sa femme, et qui l'aime,
Qu'un fat en robe, enivré de lui-même,
Qui, d'un ton grave et d'un air de pédant,
Semble juger sa femme en lui parlant ;
Qui comme un paon dans lui-même se mire
Sous son rabat se rengorge et s'admire,
Et, plus avare encor que suffisant,
Vous fait l'amour en comptant son argent.

LISE.

Ah ! ton pinceau l'a peint d'après nature.
Mais qu'y ferai-je ? il faut bien que j'endure
L'état forcé de cet hymen prochain.
On ne fait pas comme on veut son destin ;
Et mes parents, ma fortune, mon âge,
Tout de l'hymen me prescrit l'esclavage.
Ce Fierenfat est, malgré mes dégoûts,
Le seul qui puisse être ici mon époux.
Il est le fils de l'ami de mon père ;
C'est un parti devenu nécessaire.
Hélas ! quel cœur, libre dans ses soupirs,
Peut se donner au gré de ses désirs ?
Il faut céder : le temps, la patience,
Sur mon époux vaincront ma répugnance ;
Et je pourrai, soumise à mes liens,
A ses défauts me prêter comme aux miens

MARTHE
C'est bien parler, belle et discrète Lise;
Mais votre cœur tant soit peu se déguise.
Si j'osais.... mais vous m'avez ordonné
De ne parler jamais de cet aîné.

LISE.
Quoi?

MARTHE.
            D'Euphémon, qui, malgré tous ses vices,
De votre cœur eut les tendres prémices,
Qui vous aimait.

LISE.
        Il ne m'aima jamais.
Ne parlons plus de ce nom que je hais.

MARTHE, *en s'en allant.*
N'en parlons plus.

LISE, *la retenant.*
            Il est vrai, sa jeunesse
Pour quelque temps a surpris ma tendresse.
Était-il fait pour un cœur vertueux?

MARTHE, *en s'en allant.*
C'était un fou, ma foi, très-dangereux.

LISE, *la retenant.*
De corrupteurs sa jeunesse entourée
Dans les excès se plongeait égarée ;
Le malheureux ! il cherchait tour à tour
Tous les plaisirs, il ignorait l'amour.

MARTHE.
Mais autrefois vous m'avez paru croire
Qu'à vous aimer il avait mis sa gloire,
Que dans vos fers il était engagé.

LISE.
S'il eût aimé, je l'aurais corrigé.
Un amour vrai, sans feinte et sans caprice,
Est en effet le plus grand frein du vice.
Dans ses liens qui sait se retenir
Est honnête homme, ou va le devenir.
Mais Euphémon dédaigna sa maîtresse ;
Pour la débauche il quitta la tendresse,
Ses faux amis, indignes scélérats,
Qui dans le piège avaient conduit ses pas,
Ayant mangé tout le bien de sa mère
Ont sous son nom volé son triste père ;
Pour comble enfin, ces séducteurs cruels
L'ont entraîné loin des bras paternels,
Loin de mes yeux, qui, noyés dans les larmes,
Pleuraient encor ses vices et ses charmes.

Je ne prends plus nul intérêt à lui.
MARTHE.
Son frère enfin lui succède aujourd'hui :
Il aura Lise, et certes c'est dommage ;
Car l'autre avait un bien joli visage,
De blonds cheveux, la jambe faite au tour,
Dansait, chantait, était né pour l'amour.
LISE.
Ah ! que dis-tu ?
MARTHE.
Même dans ces mélanges
D'égarements, de sottises étranges,
On découvrait aisément dans son cœur,
Sous ces défauts, un certain fonds d'honneur.
LISE.
Il était né pour le bien, je l'avoue.
MARTHE.
Ne croyez pas que ma bouche le loue ;
Mais il n'était, me semble, point flatteur,
Point médisant, point escroc, point menteur.
LISE.
Oui, mais....
MARTHE.
Fuyons ; car c'est monsieur son frère.
LISE.
Il faut rester ; c'est un mal nécessaire.

SCÈNE IV. — LISE, MARTHE, LE PRÉSIDENT FIERENFAT.

FIERENFAT.
Je l'avouerai, cette donation
Doit augmenter la satisfaction
Que vous avez d'un si beau mariage.
Surcroît de biens est l'âme d'un ménage ;
Fortune, honneurs, et dignités, je crois,
Abondamment se trouvent avec moi ;
Et vous aurez dans Cognac, à la ronde,
L'honneur du pas sur les gens du beau monde.
C'est un plaisir bien flatteur que cela :
Vous entendrez murmurer : « La voilà ! »
En vérité, quand j'examine au large
Mon rang, mon bien, tous les droits de ma charge,
Les agréments que dans le monde j'ai,
Les droits d'aînesse où je suis subrogé,
Je vous en fais mon compliment, madame.
MARTHE.
Moi, je la plains : c'est une chose infâme
Que vous mêliez dans tous vos entretiens

Vos qualités, votre rang, et vos biens.
Être à la fois et Midas et Narcisse
Enflé d'orgueil et pincé d'avarice;
Lorgner sans cesse avec un œil content
Et sa personne et son argent comptant,
Être en rabat un petit-maître avare,
C'est un excès de ridicule rare :
Un jeune fat passe encor; mais, ma foi,
Un jeune avare est un monstre pour moi.

FIERENFAT.
Ce n'est pas vous probablement, ma mie,
A qui mon père aujourd'hui me marie;
C'est à madame ; ainsi donc, s'il vous plaît,
Prenez à nous un peu moins d'intérêt.
(A Lise.)
Le silence est votre fait.... Vous, madame,
Qui dans une heure ou deux, serez ma femme,
Avant la nuit vous aurez la bonté
De me chasser ce gendarme effronté,
Qui, sous le nom d'une fille suivante,
Donne carrière à sa langue impudente.
Je ne suis pas un président pour rien;
Et nous pourrions l'enfermer pour son bien.

MARTHE, à Lise.
Défendez-moi, parlez-lui, parlez ferme :
Je suis à vous, empêchez qu'on m'enferme;
Il pourrait bien vous enfermer aussi.

LISE.
J'augure mal déjà de tout ceci.

MARTHE.
Parlez-lui donc, laissez ces vains murmures.

LISE.
Que puis-je, hélas! lui dire?

MARTHE.
Des injures.

LISE.
Non, des raisons valent mieux.

MARTHE.
Croyez-moi,
Point de raisons, c'est le plus sûr.

SCÈNE V. — LES PRÉCÉDENTS, RONDON.

RONDON.
Ma foi!
Il nous arrive une plaisante affaire.

FIERENFAT.
Eh quoi, monsieur?

ACTE I, SCÈNE V.

RONDON.

Écoute. A ton vieux père
J'allais porter notre papier timbré,
Quand nous l'avons ici près rencontré,
Entretenant au pied de cette roche
Un voyageur qui descendait du coche.

LISE.

Un voyageur jeune?...

RONDON.

Nenni vraiment;
Un béquillard, un vieux ridé sans dent.
Nos deux barbons d'abord avec franchise
L'un contre l'autre ont mis leur barbe grise;
Leurs dos voûtés s'élevaient, s'abaissaient
Aux longs élans des soupirs qu'ils poussaient;
Et sur leur nez leur prunelle éraillée
Versait les pleurs dont elle était mouillée :
Puis Euphémon, d'un air tout rechigné,
Dans son logis soudain s'est rencogné :
Il dit qu'il sent une douleur insigne,
Qu'il faut au moins qu'il pleure avant qu'il signe,
Et qu'à personne il ne prétend parler.

PIERENFAT.

Ah! je prétends, moi, l'aller consoler.
Vous savez tous comme je le gouverne,
Et d'assez près la chose nous concerne :
Je le connais, et, dès qu'il me verra
Contrat en main, d'abord il signera.
Le temps est cher, mon nouveau droit d'aînesse
Est un objet.

LISE.

Non, monsieur, rien ne presse.

RONDON.

Si fait, tout presse; et c'est ta faute aussi
Que tout cela.

LISE.

Comment? moi? ma faute?

RONDON.

Oui.
Les contre-temps qui troublent les familles
Viennent toujours par la faute des filles.

LISE.

Qu'ai-je donc fait qui vous fâche si fort?

RONDON.

Vous avez fait que vous avez tous tort.
Je veux un peu voir nos deux trouble-fêtes

L'ENFANT PRODIGUE.

À la raison ranger leurs lourdes têtes ;
Et je prétends vous marier tantôt,
Malgré leurs dents, malgré vous, s'il le faut.

ACTE SECOND.

SCÈNE I. — LISE, MARTHE.

MARTHE.
Vous frémissez en voyant de plus près
Tout ce fracas, ces noces, ces apprêts.

LISE.
Ah ! plus mon cœur s'étudie et s'essaye,
Plus de ce joug la pesanteur m'effraye.
À mon avis, l'hymen et ses liens
Sont les plus grands ou des maux ou des biens.
Point de milieu : l'état du mariage
Est des humains le plus cher avantage,
Quand le rapport des esprits et des cœurs,
Des sentiments, des goûts et des humeurs,
Serre ces nœuds tissus par la nature,
Que l'amour forme et que l'honneur épure.
Dieux ! quel plaisir d'aimer publiquement,
Et de porter le nom de son amant !
Votre maison, vos gens, votre livrée,
Tout vous retrace une image adorée ;
Et vos enfants, ces gages précieux,
Nés de l'amour, en sont de nouveaux nœuds.
Un tel hymen, une union si chère,
Si l'on en voit, c'est le ciel sur la terre.
Mais tristement vendre par un contrat
Sa liberté, son nom et son état,
Aux volontés d'un maître despotique,
Dont on devient le premier domestique,
Se quereller ou s'éviter le jour,
Sans joie à table, et la nuit sans amour ;
Trembler toujours d'avoir une faiblesse,
Y succomber, ou combattre sans cesse ;
Tromper son maître, ou vivre sans espoir,
Dans les langueurs d'un importun devoir ;
Gémir, sécher dans sa douleur profonde,
Un tel hymen est l'enfer de ce monde.

MARTHE.
En vérité, les filles, comme on dit,
Ont un démon qui leur forme l'esprit.

ACTE II, SCÈNE I.

Que de lumière en une âme si neuve !
La plus experte et la plus fine veuve,
Qui sagement se console à Paris
D'avoir porté le deuil de trois maris,
N'en eût pas dit sur ce point davantage.
Mais vos dégoûts sur ce beau mariage
Auraient besoin d'un éclaircissement.
L'hymen déplaît avec le président ;
Vous plairait-il avec monsieur son frère ?
Débrouillez-moi, de grâce, ce mystère :
L'aîné fait-il bien du tort au cadet ?
Haïssez-vous ? aimez-vous ? parlez net.

LISE.

Je n'en sais rien ; je ne puis et je n'ose
De mes dégoûts bien démêler la cause.
Comment chercher la triste vérité
Au fond d'un cœur, hélas ! trop agité ?
Il faut au moins, pour se mirer dans l'onde,
Laisser calmer la tempête qui gronde,
Et que l'orage et les vents en repos
Ne rident plus la surface des eaux.

MARTHE.

Comparaison n'est pas raison, madame :
On lit très-bien dans le fond de son âme,
On y voit clair ; et si les passions
Portent en nous tant d'agitations,
Fille de bien sait toujours dans sa tête
D'où vient le vent qui cause la tempête.
On sait....

LISE.

Et moi, je ne veux rien savoir ;
Mon œil se ferme, et je ne veux rien voir :
Je ne veux point chercher si j'aime encore
Un malheureux qu'il faut bien que j'abhorre ;
Je ne veux point accroître mes dégoûts
Du vain regret d'un plus aimable époux.
Que loin de moi cet Euphémon, ce traître,
Vive content, soit heureux, s'il peut l'être ;
Qu'il ne soit pas au moins déshérité :
Je n'aurai pas l'affreuse dureté,
Dans ce contrat où je me détermine,
D'être sa sœur pour hâter sa ruine.
Voilà mon cœur ; c'est trop le pénétrer :
Aller plus loin serait le déchirer.

SCÈNE II. — LISE, MARTHE, UN LAQUAIS.

LE LAQUAIS.
Là-bas, madame, il est une baronne
De Croupillac...

LISE.
Sa visite m'étonne.

LE LAQUAIS.
Qui d'Angoulême arrive justement,
Et veut ici vous faire compliment.

LISE.
Hélas! sur quoi?

MARTHE.
Sur votre hymen, sans doute.

LISE.
Ah! c'est encor tout ce que je redoute.
Suis-je en état d'entendre ces propos,
Ces compliments, protocole des sots,
Où l'on se gêne, où le bon sens expire
Dans le travail de parler sans rien dire?
Que ce fardeau me pèse et me déplaît!

SCÈNE III. — LISE, MADAME CROUPILLAC, MARTHE.

MARTHE.
Voilà la dame.

LISE.
Oh! je vois trop qui c'est.

MARTHE.
On dit qu'elle est assez grande épouseuse,
Un peu plaideuse, et beaucoup radoteuse.

LISE.
Des sièges donc, Madame, pardon si...

MADAME CROUPILLAC.
Ah! madame!

LISE.
Eh! madame!

MADAME CROUPILLAC.
Il faut aussi...

LISE.
S'asseoir, madame.

MADAME CROUPILLAC, assise.
En vérité, madame,
Je suis confuse; et dans le fond de l'âme
Je voudrais bien...

LISE.
Madame?

ACTE II, SCÈNE III.

MADAME CROUPILLAC.
                    Je voudrais
Vous enlaidir, vous ôter vos attraits.
Je pleure, hélas! vous voyant si jolie.

LISE.
Consolez-vous, madame.

MADAME CROUPILLAC.
                    Oh! non, ma mie.
Je ne saurais; je vois que vous aurez
Tous les maris que vous demanderez.
J'en avais un, du moins en espérance
(Un seul, hélas! c'est bien peu, quand j'y pense!),
Et j'avais eu grand'peine à le trouver;
Vous me l'ôtez, vous allez m'en priver.
Il est un temps (ah! que ce temps vient vite!)
Où l'on perd tout quand un amant nous quitte,
Où l'on est seule; et certe il n'est pas bien
D'enlever tout à qui n'a presque rien.

LISE.
Excusez-moi si je suis interdite
De vos discours et de votre visite.
Quel accident afflige vos esprits?
Qui perdez-vous? et qui vous ai-je pris?

MADAME CROUPILLAC.
Ma chère enfant, il est force bégueules
Au teint ridé, qui pensent qu'elles seules,
Avec du fard et quelques fausses dents,
Fixent l'amour, les plaisirs, et le temps:
Pour mon malheur, hélas! je suis plus sage;
Je vois trop bien que tout passe, et j'enrage.

LISE.
J'en suis fâchée, et tout est ainsi fait;
Mais je ne puis vous rajeunir.

MADAME CROUPILLAC.
                    Si fait;
J'espère encore; et ce serait peut-être
Me rajeunir que me rendre mon traître.

LISE.
Mais de quel traître ici me parlez-vous?

MADAME CROUPILLAC.
D'un président, d'un ingrat, d'un époux,
Que je poursuis, pour qui je perds haleine,
Et sûrement qui n'en vaut pas la peine.

LISE.
Eh bien, madame?

MADAME CROUPILLAC.
                    Eh bien! dans mon printemps

VOLTAIRE — III   2

Je ne parlais jamais aux présidents;
Je haïssais leur personne et leur style;
Mais avec l'âge on est moins difficile.
Enfin, madame?

MADAME CROUPILLAC
Enfin il faut savoir
Que vous m'avez réduite au désespoir.

LISE
Comment? en quoi?

MADAME CROUPILLAC
J'étais dans Angoulême,
Veuve, et pouvant disposer de moi-même;
Dans Angoulême en ce temps, Fierenfat
Étudiait, apprenti magistrat.
Il me lorgnait; il eut dans la tête
Pour ma personne un amour malhonnête,
Bien malhonnête, hélas! bien outrageant,
Car il faisait l'amour à mon argent.
Je fis écrire au bonhomme de père;
On s'entremit, on poussa loin l'affaire,
Car en mon nom souvent on parla
Il répondit qu'il verrait tout cela.
Vous voyez bien que la chose était sûre.

LISE
Oh! oui.

MADAME CROUPILLAC
Pour moi, j'étais prête à conclure;
De Fierenfat alors le frère aîné
A votre lit fut, dit-on, destiné.

LISE
Quel souvenir!

MADAME CROUPILLAC
C'était un fou, ma chère,
Qui jouissait de l'honneur de vous plaire.

LISE
Ah!

MADAME CROUPILLAC
Ce fou-là s'étant fort dérangé,
Et de son père ayant pris son congé,
Errant, proscrit, peut-être mort, que sais-je?
(Vous vous troublez!) mon héros de collège,
Mon président, sachant que votre bien
Est, tout compté, plus ample que le mien,
Méprise enfin ma fortune et mes larmes;
De votre dot il convoite les charmes.
Entre vos bras il est, je le sais, admis;
Mais pensez-vous qu'il vous soit bien permis

ACTE II, SCÈNE III.

D'aller ainsi, courant de frère en frère,
Vous emparer d'une famille entière?
Pour moi déjà, par protestation
J'arrête ici la célébration;
J'y mangerai mon château, mon douaire;
Et le procès sera fait de manière
Que vous, son père, et les enfants que j'ai,
Nous serons morts avant qu'il soit jugé.

LISE.

En vérité je suis toute honteuse
Que mon hymen vous rende malheureuse;
Je suis peu digne, hélas! de ce courroux.
Sans être heureux on fait donc des jaloux!
Cessez, madame, avec un œil d'envie
De regarder mon état et ma vie;
On nous pourrait aisément accorder :
Pour un mari je ne veux point plaider.

MADAME CROUPILLAC.

Quoi! point plaider?

LISE.

Non, je vous l'abandonne.

MADAME CROUPILLAC.

Vous êtes donc sans goût pour sa personne?
Vous n'aimez point?

LISE.

Je trouve peu d'attraits
Dans l'hyménée, et nul dans les procès.

SCÈNE IV. — MADAME CROUPILLAC, LISE, RONDON.

RONDON.

Oh! oh! ma fille, on nous fait des affaires
Qui font dresser les cheveux aux beaux-pères!
On m'a parlé de protestation!
Eh! vertu-bleu! qu'on en parle à Rondon;
Je chasserai bien loin ces créatures.

MADAME CROUPILLAC.

Faut-il encore essuyer des injures?
Monsieur Rondon, de grâce, écoutez-moi.

RONDON.

Que vous plaît-il?

MADAME CROUPILLAC.

Votre gendre est sans foi;
C'est un fripon d'espèce toute neuve,
Galant avare, écornifleur de veuve,
C'est de l'argent qu'il aime.

RONDON.

Il a raison.

MADAME CROUPILLAC.
Il m'a cent fois promis dans ma maison
Un pur amour, d'éternelles tendresses.
RONDON.
Est-ce qu'on tient de semblables promesses ?
MADAME CROUPILLAC.
Il m'a quittée, hélas ! si durement.
RONDON.
J'en aurais fait de bon cœur tout autant.
MADAME CROUPILLAC.
Je vais parler comme il faut à son père.
RONDON.
Ah ! parlez-lui plutôt qu'à moi.
MADAME CROUPILLAC.
L'affaire
Est effroyable, et le beau sexe entier
En ma faveur ira partout crier.
RONDON.
Il criera moins que vous.
MADAME CROUPILLAC.
Ah ! vos personnes
Sauront un peu ce qu'on doit aux baronnes.
RONDON.
On doit en rire.
MADAME CROUPILLAC.
Il me faut un époux ;
Et je prendrai lui, son vieux père, ou vous.
RONDON.
Qui, moi ?
MADAME CROUPILLAC.
Vous-même.
RONDON.
Oh ! je vous en défie.
MADAME CROUPILLAC.
Nous plaiderons.
RONDON.
Mais voyez la folie !

SCÈNE V. — RONDON, FIERENFAT, LISE.

RONDON, à Lise.
Je voudrais bien savoir aussi pourquoi
Vous recevez ces visites chez moi.
Vous m'attirez toujours des algarades.
(A Fierenfat.)
Et vous, monsieur, le roi des pédants fades,
Quel sot démon vous force à courtiser
Une baronne afin de l'abuser ?

ACTE II, SCÈNE V.

C'est bien à vous, avec ce plat visage,
De vous donner des airs d'être volage !
Il vous sied bien, grave et triste indolent,
De vous mêler du métier de galant !
C'était le fait de votre fou de frère ;
Mais vous, mais vous !

FIERENFAT.
          Détrompez-vous, beau-père,
Je n'ai jamais requis cette union :
Je ne promis que sous condition,
Me réservant toujours au fond de l'âme
Le droit de prendre une plus riche femme.
De mon aîné l'exhérédation,
Et tous ses biens en ma possession,
A votre fille enfin m'ont fait prétendre :
Argent comptant fait et beau-père et gendre.

RONDON.
Il a raison, ma foi ! j'en suis d'accord.

LISE.
Avoir ainsi raison, c'est un grand tort.

RONDON.
L'argent fait tout : va, c'est chose très-sûre.
Hâtons-nous donc sur ce pied de conclure.
D'écus tournois soixante pesants sacs
Finiront tout, malgré les Croupillacs.
Qu'Euphémon tarde, et qu'il me désespère !
Signons toujours avant lui.

LISE.
          Non, mon père ;
Je fais aussi mes protestations,
Et je me donne à des conditions.

RONDON.
Conditions, toi ? quelle impertinence !
Tu dis, tu dis ?...

LISE.
      Je dis ce que je pense.
Peut-on goûter le bonheur odieux
De se nourrir des pleurs d'un malheureux ?
(A Fierenfat.)
Et vous, monsieur, dans votre sort prospère,
Oubliez-vous que vous avez un frère ?

FIERENFAT.
Mon frère ? moi, je ne l'ai jamais vu ;
Et du logis il était disparu
Lorsque j'étais encor dans notre école,
Le nez collé sur Cujas et Barthole.
J'ai su depuis ses beaux dérèglements ;

Et si jamais il rentrait céans,
Consolez-vous, nous savons les chaîtres,
Nous l'enverrons en douceur aux galères.

LISE.
C'est un projet fraternel et chrétien.
En attendant, vous confisquez son bien :
C'est votre avis ; mais moi, je vous déclare
Que je déteste un tel projet.

RONDON.
TARARE !
Va, mon enfant, le contrat est dressé ;
Sur tout cela le notaire a pensé.

FIERENFAT.
Nos pères l'ont ordonné de la sorte ;
En droit écrit leur volonté l'emporte.
Lisez Cujas, chapitres cinq, six, sept :
« Tout libertin de débauches infect,
Qui, renonçant à l'aile paternelle,
Fuit la maison, ou bien qui pille icelle,
Ipso facto, de tout dépossédé,
Comme un bâtard il est exhérédé. »

LISE.
Je ne connais le droit ni la coutume ;
Je n'ai point lu Cujas, mais je présume
Que ce sont tous des malhonnêtes gens,
Vrais ennemis du cœur et du bon sens ;
Si dans leur code ils ordonnent qu'un frère
Laisse périr son frère de misère ;
Et la nature et l'honneur ont leurs droits,
Qui valent mieux que Cujas et vos lois.

RONDON.
Ah ! laissez là vos lois et votre code,
Et votre honneur, et faites à ma mode.
De cet aîné que t'embarrasses-tu ?
Il faut du bien.

LISE.
Il faut de la vertu.
Qu'il soit puni, mais au moins qu'on lui laisse
Un peu de bien, reste d'un droit d'aînesse.
Je vous le dis, ma main ni mes faveurs
Ne seront point le prix de ses malheurs.
Corrigez donc l'article que j'abhorre,
Dans ce contrat, qui tous nous déshonore ;
Si l'intérêt ainsi l'a pu dresser,
C'est un opprobre, il le faut effacer.

FIERENFAT.
Ah ! qu'une femme entend mal les affaires !

ACTE II, SCÈNE V.

RONDON.
Quoi ! tu voudrais corriger deux notaires ?
Faire changer un contrat ?

LISE.
Pourquoi non ?

RONDON.
Tu ne feras jamais bonne maison ;
Tu perdras tout.

LISE.
Je n'ai pas grand usage,
Jusqu'à présent, du monde et du ménage ;
Mais l'intérêt (mon cœur vous le maintient)
Perd des maisons autant qu'il en soutient.
Si j'en fais une, au moins cet édifice
Sera d'abord fondé sur la justice.

RONDON.
Elle est têtue ; et pour la contenter,
Allons, mon gendre, il faut s'exécuter,
Çà, donne un peu.

FIERENFAT.
Oui, je donne à mon frère....
Je donne.... allons....

RONDON.
Ne lui donne donc guère.

SCÈNE VI. — EUPHÉMON, RONDON, LISE, FIERENFAT.

RONDON.
Ah ! le voici, le bonhomme Euphémon.
Viens, viens, j'ai mis ma fille à la raison.
On n'attend plus rien que ta signature ;
Presse-moi donc cette tardive allure.
Dégourdis-toi, prends un ton réjoui,
Un air de noce, un front épanoui ;
Car dans neuf mois je veux, ne te déplaise,
Que deux enfants.... Je ne me sens pas d'aise.
Allons, ris donc, chassons tous les ennuis ;
Signons, signons.

EUPHÉMON.
Non, monsieur, je ne puis.

FIERENFAT.
Vous ne pouvez ?

RONDON.
En voici bien d'une autre.

FIERENFAT.
Quelle raison ?

RONDON.
Quelle rage est la vôtre ?

Quoi ! tout le monde est-il devenu fou ?
Chacun dit non ; comment ? pourquoi ? par où ?

EUPHÉMON.
Ah ! ce serait outrager la nature
Que de signer dans cette conjoncture.

RONDON.
Serait-ce point la dame Croupillac
Qui sourdement fait ce maudit micmac ?

EUPHÉMON.
Non ; cette femme est folle, et dans sa tête
Elle veut rompre un hymen que j'apprête ;
Mais ce n'est pas de ses cris impuissants
Que sont venus les ennuis que je sens.

RONDON.
Eh bien, quoi donc ? ce béquillard du coche
Dérange tout, et notre affaire accroche ?

EUPHÉMON.
Ce qu'il a dit doit retarder du moins
L'heureux hymen, objet de tant de soins.

LISE.
Qu'a-t-il donc dit, monsieur ?

FIERENFAT.
Quelle nouvelle
A-t-il apprise ?

EUPHÉMON.
Une, hélas ! trop cruelle.
Devers Bordeaux cet homme a vu mon fils,
Dans les prisons, sans secours, sans habits,
Mourant de faim ; la honte et la tristesse
Vers le tombeau conduisaient sa jeunesse ;
La maladie et l'excès du malheur
De son printemps avaient séché la fleur ;
Et dans son sang la fièvre enracinée
Précipitait sa dernière journée.
Quand il le vit, il était expirant ;
Sans doute, hélas ! il est mort à présent.

RONDON.
Voilà, ma foi, sa pension payée.

LISE.
Il serait mort !

RONDON.
N'en sois point effrayée ;
Va, que t'importe ?

FIERENFAT.
Ah ! monsieur, la pâleur
De son visage efface la couleur.

ACTE II, SCÈNE VI.

RONDON.
Elle est, ma foi, sensible : ah! la friponne!
Puisqu'il est mort, allons, je te pardonne.

FIERENFAT.
Mais après tout, mon père, voulez-vous...?

EUPHÉMON.
Ne craignez rien, vous serez son époux :
C'est mon bonheur. Mais il serait atroce
Qu'un jour de deuil devînt un jour de noce.
Puis-je, mon fils, mêler à ce festin
Le contre-temps de mon juste chagrin,
Et sur vos fronts parés de fleurs nouvelles
Laisser couler mes larmes paternelles?
Donnez, mon fils, ce jour à nos soupirs,
Et différez l'heure de vos plaisirs :
Par une joie indiscrète, insensée,
L'honnêteté serait trop offensée.

LISE.
Ah! oui, monsieur, j'approuve vos douleurs.
Il m'est plus doux de partager vos pleurs
Que de former les nœuds du mariage.

FIERENFAT.
Eh! mais, mon père...

RONDON.
Eh! vous n'êtes pas sage.
Quoi! différer un hymen projeté,
Pour un ingrat cent fois déshérité,
Maudit de vous, de sa famille entière!

EUPHÉMON.
Dans ces moments un père est toujours père :
Ses attentats et toutes ses erreurs
Furent toujours le sujet de mes pleurs;
Et ce qui pèse à mon âme attendrie,
C'est qu'il est mort sans réparer sa vie.

RONDON.
Réparons-la; donnons-nous aujourd'hui
Des petits-fils qui vaillent mieux que lui;
Signons, dansons, allons. Que de faiblesse!

EUPHÉMON.
Mais....

RONDON.
Mais, morbleu! ce procédé me blesse :
De regretter même le plus grand bien,
C'est fort mal fait : douleur n'est bonne à rien;
Mais regretter le fardeau qu'on vous ôte,
C'est une énorme et ridicule faute.
Ce fils aîné, ce fils, votre fléau,

Vous mit trois fois sur le bord du tombeau.
Pauvre cher homme ! allez, sa frénésie
Eût tôt ou tard abrégé votre vie.
Soyez tranquille, et suivez mes avis ;
C'est un grand gain que de perdre un tel fils.

EUPHÉMON.

Oui, mais ce gain coûte plus qu'on ne pense ;
Je pleure, hélas ! sa mort et sa naissance.

RONDON, à *Fierenfat*.

Va, suis ton père, et sois expéditif ;
Prends ce contrat ; le mort saisit le vif ;
Il n'est plus temps qu'avec moi l'on barguigne ;
Prends-lui la main, qu'il paraphe, et qu'il signe.

(A Lise.)

Et toi, ma fille, attendons à ce soir :
Tout ira bien.

LISE.

Je suis au désespoir.

ACTE TROISIÈME.

SCÈNE I. — EUPHÉMON FILS, JASMIN.

JASMIN.

Oui, mon ami, tu fus jadis mon maître ;
Je t'ai servi deux ans sans te connaître,
Ainsi que moi réduit à l'hôpital,
Ta pauvreté m'a rendu ton égal.
Non, tu n'es plus ce monsieur d'Entremonde,
Ce chevalier si pimpant dans le monde,
Fêté, couru, de femmes entouré,
Nonchalamment de plaisirs enivré ;
Tout est au diable. Éteins dans ta mémoire
Ces vains regrets des beaux jours de ta gloire ;
Sur du fumier l'orgueil est un abus ;
Le souvenir d'un bonheur qui n'est plus
Est à nos maux un poids insupportable.
Toujours Jasmin, j'en suis moins misérable ;
Né pour souffrir, je sais souffrir gaiement ;
Manquer de tout, voilà mon élément.
Ton vieux chapeau, les guenilles de bure
Dont tu rougis, c'était là ma parure.
Tu dois avoir, ma foi, bien du chagrin
De n'avoir pas été toujours Jasmin.

ACTE III, SCÈNE 1.

EUPHÉMON FILS.
Que la misère entraîne d'infamie !
Faut-il encor qu'un valet m'humilie ?
Quelle accablante et terrible leçon !
Je sens encor, je sens qu'il a raison.
Il me console au moins à sa manière ;
Il m'accompagne, et son âme grossière,
Sensible et tendre en sa rusticité,
N'a point pour moi perdu l'humanité ;
Né mon égal (puisque enfin il est homme),
Il me soutient sous le poids qui m'assomme,
Il suit gaiement mon sort infortuné ;
Et mes amis m'ont tous abandonné.

JASMIN.
Toi, des amis ! hélas ! mon pauvre maître,
Apprends-moi donc, de grâce, à les connaître ;
Comment sont faits les gens qu'on nomme amis ?

EUPHÉMON FILS.
Tu les as vus chez moi toujours admis,
M'importunant souvent de leurs visites,
A mes soupers délicats parasites ;
Vantant mes goûts d'un esprit complaisant
Et sur le tout empruntant mon argent ;
De leur bon cœur m'étourdissant la tête,
Et me louant moi présent.

JASMIN.
Pauvre bête !
Pauvre innocent ! tu ne les voyais pas
Te chansonner au sortir d'un repas,
Siffler, berner ta bénigne imprudence ?

EUPHÉMON FILS.
Ah ! je le crois ; car, dans ma décadence,
Lorsqu'à Bordeaux je me vis arrêté,
Aucun de ceux à qui j'ai tout prêté
Ne me vint voir ; nul ne m'offrit sa bourse :
Puis au sortir, malade et sans ressource,
Lorsqu'à l'un d'eux, que j'avais tant aimé,
J'allai m'offrir mourant, inanimé,
Sous ces haillons, dépouilles délabrées,
De l'indigence exécrables livrées ;
Quand je lui vins demander un secours
D'où dépendaient mes misérables jours,
Il détourna son œil confus et traître ;
Puis il feignit de ne me pas connaître,
Et me chassa comme un pauvre importun.

JASMIN.
Aucun n'osa te consoler ?

EUPHÉMON FILS.
Aucun.
JASMIN.
Ah ! les amis ! les amis ! quels infâmes !
EUPHÉMON FILS.
Les hommes sont tous de fer.
JASMIN.
Et les femmes ?
EUPHÉMON FILS.
J'en attendais, hélas ! plus de douceur ;
J'en ai cent fois essuyé plus d'horreur.
Celle surtout qui, m'aimant sans mystère,
Semblait placer son orgueil à me plaire,
Dans son logis, meublé de mes présents,
De mes bienfaits achetait des amants,
Et de mon vin régalait leur cohue,
Lorsque de faim j'expirais dans sa rue.
Enfin, Jasmin, sans ce pauvre vieillard
Qui dans Bordeaux me trouva par hasard,
Qui m'avait vu, dit-il, dans mon enfance,
Une mort prompte eût fini ma souffrance.
Mais en quel lieu sommes-nous, cher Jasmin ?
JASMIN.
Près de Cognac, si je sais mon chemin ;
Et l'on m'a dit que mon vieux premier maître,
Monsieur Rondon, loge en ces lieux peut-être.
EUPHÉMON FILS.
Rondon, le père de... Quel nom dis-tu ?
JASMIN.
Le nom d'un homme assez brusque et bourru.
Je fus jadis page dans sa cuisine ;
Mais, dominé d'une humeur libertine,
Je voyageai : je fus depuis coureur,
Laquais, commis, fantassin, déserteur ;
Puis dans Bordeaux je te pris pour mon maître.
De moi Rondon se souviendra peut-être ;
Et nous pourrions, dans notre adversité...
EUPHÉMON FILS.
Et depuis quand, dis-moi, l'as-tu quitté ?
JASMIN.
Depuis quinze ans. C'était un caractère
Moitié plaisant, moitié triste et colère ;
Au fond, bon diable ; il avait un enfant,
Un vrai bijou, fille unique vraiment,
Œil bleu, nez court, teint frais, bouche vermeille,
Et des raisons ! c'était une merveille.
Cela pouvait bien avec de mon temps,

ACTE III, SCÈNE I.

A bien compter, entre six à sept ans;
Et cette fleur, avec l'âge embellie,
Est en état, ma foi, d'être cueillie.

EUPHÉMON FILS.

Ah! malheureux!

JASMIN.

Mais j'ai beau te parler,
Ce que je dis ne te peut consoler :
Je vois toujours à travers ta visière
Tomber des pleurs qui bordent ta paupière.

EUPHÉMON FILS.

Quel coup du sort, ou quel ordre des cieux
A pu guider ma misère en ces lieux?
Hélas!

JASMIN.

Ton œil contemple ces demeures;
Tu restes là tout pensif, et tu pleures.

EUPHÉMON FILS.

J'en ai sujet.

JASMIN.

Mais connais-tu Rondon?
Serais-tu pas parent de la maison?

EUPHÉMON FILS.

Ah! laisse-moi.

JASMIN, *en l'embrassant.*

Par charité, mon maître,
Mon cher ami, dis-moi qui tu peux être.

EUPHÉMON FILS, *en pleurant.*

Je suis.... je suis un malheureux mortel,
Je suis un fou, je suis un criminel,
Qu'on doit haïr, que le ciel doit poursuivre
Et qui devrait être mort.

JASMIN.

Songe à vivre;
Mourir de faim est par trop rigoureux :
Tiens, nous avons quatre mains à nous deux;
Servons-nous-en sans complainte importune,
Vois-tu d'ici ces gens dont la fortune
Est dans leurs bras, qui, la bêche à la main
Le dos courbé, retournent ce jardin?
Enrôlons-nous parmi cette canaille;
Viens avec eux, imite-les, travaille,
Gagne ta vie.

EUPHÉMON FILS.

Hélas! dans leurs travaux,
Ces vils humains, moins hommes qu'animaux,
Goûtent des biens dont toujours mes caprices
M'avaient privé dans mes fausses délices;

L'ENFANT PRODIGUE.

Ils ont au moins, sans trouble, sans remords,
La paix de l'âme et la santé du corps.

SCÈNE II. — MADAME CROUPILLAC, EUPHÉMON FILS,
JASMIN.

MADAME CROUPILLAC, *dans l'enfoncement.*
Que vois-je ici ? serais-je aveugle ou borgne ?
C'est lui, ma foi ! plus j'avise et je lorgne,
Cet homme-là, plus je dis que c'est lui.
(*Elle le considère.*)
Mais ce n'est plus le même homme aujourd'hui.
Ce cavalier brillant dans Angoulême,
Jouant gros jeu, cousu d'or... c'est lui-même.
(*Elle s'approche d'Euphémon.*)
Mais l'autre était riche, heureux, beau, bien fait
Et celui-ci me semble pauvre et laid.
La maladie altère un beau visage,
La pauvreté change encor davantage.
JASMIN.
Mais pourquoi donc ce spectre féminin
Nous poursuit-il de son regard malin ?
EUPHÉMON FILS.
Je la connais, hélas ! où je me trompe ;
Elle m'a vu dans l'éclat, dans la pompe,
Il est affreux d'être ainsi dépouillé
Aux mêmes yeux auxquels on a brillé.
Sortons.
MADAME CROUPILLAC, *s'avançant vers Euphémon fils.*
Mon fils, quelle étrange aventure
T'a donc réduit en si piètre posture ?
EUPHÉMON FILS.
Ma faute.
MADAME CROUPILLAC.
Hélas ! comme te voilà mis !
JASMIN.
C'est pour avoir eu d'excellents amis,
C'est pour avoir été volé, madame.
MADAME CROUPILLAC.
Volé ! par qui ? comment ?
JASMIN.
Par bonne d'âme.
Nos voleurs sont de très-honnêtes gens,
Gens du beau monde, aimables fainéants,
Buveurs, joueurs, et conteurs agréables,
Des gens d'esprit, des femmes adorables.
MADAME CROUPILLAC.
J'entends, j'entends, vous avez tout mangé.

Mais vous serez cent fois plus affligé
Quand vous saurez les excessives pertes
Qu'en fait d'hymen j'ai depuis peu souffertes.
    EUPHÉMON FILS.
Adieu, madame.
    MADAME CROUPILLAC, *l'arrêtant.*
    Adieu ! non, tu sauras
Mon accident ; parbleu ! tu me plaindras.
    EUPHÉMON FILS.
Soit, je vous plains : adieu.
    MADAME CROUPILLAC.
      Non, je te jure
Que tu sauras toute mon aventure.
Un Fierenfat, robin de son métier
Vint avec moi connaissance lier,
 (Elle court après lui.)
Dans Angoulême, au temps où vous battîtes
Quatre huissiers, et la fuite vous prîtes.
Ce Fierenfat habite en ce canton
Avec son père, un seigneur Euphémon.
    EUPHÉMON FILS, *revenant.*
Euphémon ?
    MADAME CROUPILLAC.
   Oui.
    EUPHÉMON FILS.
   Ciel ! madame, de grâce,
Cet Euphémon, cet honneur de sa race,
Que ses vertus ont rendu si fameux,
Serait....
    MADAME CROUPILLAC.
Eh oui.
    EUPHÉMON FILS.
   Quoi ! dans ces mêmes lieux ?
    MADAME CROUPILLAC.
Oui.
    EUPHÉMON FILS.
  Puis-je au moins savoir, comme il se porte ?
    MADAME CROUPILLAC.
Fort bien, je crois.... Que diable vous importe ?
    EUPHÉMON FILS.
Et que dit-on....?
    MADAME CROUPILLAC.
  De qui ?
    EUPHÉMON FILS.
    D'un fils aîné,
Qu'il eut jadis ?
    MADAME CROUPILLAC.
   Ah ! c'est un fils mal né,

Un garnement, une tête légère,
Un fou fieffé, le fléau de son père,
Depuis longtemps de débauches perdu
Et qui peut-être est à présent pendu.

EUPHÉMON FILS.
En vérité... Je suis confus dans l'âme
De vous avoir interrompu, madame.

MADAME CROUPILLAC.
Poursuivons donc. Fierenfat, son cadet,
Chez moi l'amour hautement me faisait
Il me devait avoir par mariage.

EUPHÉMON FILS.
Eh bien ! a-t-il ce bonheur en partage ?
Est-il à vous ?

MADAME CROUPILLAC.
Non, ce fat engraissé
De tout le lot de son frère insensé,
Devenu riche, et voulant l'être encore,
Rompt aujourd'hui cet hymen qui l'honore.
Il veut saisir la fille d'un Rondon,
D'un plat bourgeois, le coq de ce canton.

EUPHÉMON FILS.
Que dites-vous ? Quoi ! madame, il l'épouse ?

MADAME CROUPILLAC.
Vous m'en voyez terriblement jalouse.

EUPHÉMON FILS.
Ce jeune objet aimable... dont Jasmin
M'a tantôt fait un portrait si divin,
Se donnerait...!

JASMIN.
Quelle rage est la vôtre
Autant lui vaut ce mari-là qu'un autre.
Quel diable d'homme ! il s'afflige de tout.

EUPHÉMON FILS, à part.
Ce coup a mis ma patience à bout.
(A Mme Croupillac.)
Ne doutez point que mon cœur ne partage
Amèrement un si sensible outrage :
Si j'étais cru, cette Lise aujourd'hui
Assurément ne serait pas pour lui.

MADAME CROUPILLAC.
Oh ! tu le prends du ton qu'il le faut prendre :
Tu plains mon sort, un gueux est toujours tendre.
Tu paraissais bien moins compatissant
Quand tu roulais sur l'or et sur l'argent
Écoute, on peut s'entr'aider dans la vie.

ACTE III, SCÈNE II.

JASMIN.
Aidez-nous donc, madame, je vous prie.

MADAME CROUPILLAC.
Je veux ici te faire agir pour moi.

EUPHÉMON FILS.
Moi, vous servir! hélas! madame, et quoi?

MADAME CROUPILLAC.
En tout. Il faut prendre en main mon injure
Un autre habit, quelque peu de parure,
Te pourraient rendre encore assez joli.
Ton esprit est insinuant, poli;
Tu connais l'art d'empaumer une fille;
Introduis-toi, mon cher, dans la famille;
Fais le flatteur auprès de Fierenfat;
Vante son bien, son esprit, son rabat;
Sois en faveur; et lorsque je proteste
Contre son vol, toi, mon cher, fais le reste;
Je veux gagner du temps en protestant.

EUPHÉMON, voyant son père.
Que vois-je? ô ciel! Il s'enfuit.

MADAME CROUPILLAC.
Cet homme est fou, vraiment :
Pourquoi s'enfuir?

JASMIN.
C'est qu'il vous craint, sans doute.

MADAME CROUPILLAC.
Poltron, demeure, arrête, écoute, écoute.

SCÈNE III. — EUPHÉMON père, JASMIN.

EUPHÉMON.
Je l'avouerai, cet aspect imprévu
D'un malheureux avec peine entrevu
Porte à mon cœur je ne sais quelle atteinte
Qui me remplit d'amertume et de crainte :
Il a l'air noble, et même certains traits
Qui m'ont touché : las! je ne vois jamais
De malheureux à peu près de cet âge,
Que de mon fils la douloureuse image
Ne vienne alors, par un retour cruel,
Persécuter ce cœur trop paternel.
Mon fils est mort, ou vit dans la misère,
Dans la débauche, et fait honte à son père.
De tous côtés je suis bien malheureux!
J'ai deux enfants, ils m'accablent tous deux :
L'un, par sa perte et par sa vie infâme,

Fait mon supplice, et déchire mon âme;
L'autre en abuse; il sent trop que sur lui
De mes vieux ans j'ai fondé tout l'appui.
Pour moi, la vie est un poids qui m'accable.
  (Apercevant Jasmin sur la scène.)
Que me veux-tu, l'ami?
              JASMIN.
                    Seigneur aimable,
Reconnaissez, digne et noble Euphémon,
Certain Jasmin élevé chez Rondon.
              EUPHÉMON.
Ah! ah! c'est toi? Le temps change un visage,
Et mon front chauve en sent le long outrage.
Quand tu partis, tu me vis encor frais;
Mais l'âge avance, et le terme est bien près.
Tu reviens donc enfin dans ta patrie?
              JASMIN.
Oui, je suis las de tourmenter ma vie,
De vivre errant et damné comme un juif;
Le bonheur semble un être fugitif;
Le diable enfin, qui toujours me promène,
Me fit partir; le diable me ramène.
              EUPHÉMON.
Je t'aiderai; sois sage, si tu peux.
Mais quel était cet autre malheureux
Qui te parlait dans cette promenade,
Qui s'est enfui?
              JASMIN.
              Mais... c'est mon camarade,
Un pauvre hère, affamé comme moi,
Qui, n'ayant rien, cherche aussi de l'emploi.
              EUPHÉMON.
On peut tous deux vous occuper peut-être.
A-t-il des mœurs? est-il sage?
              JASMIN.
                    Il doit l'être.
Je lui connais d'assez bons sentiments;
Il a, de plus, de fort jolis talents;
Il sait écrire, il sait l'arithmétique,
Dessine un peu, sait un peu de musique;
Ce drôle-là fut très-bien élevé.
              EUPHÉMON.
S'il est ainsi, son poste est tout trouvé.
Jasmin, mon fils deviendra votre maître;
Il se marie, et dès ce soir peut-être;
Avec son bien son train doit augmenter;
Un de ses gens qui vient de le quitter

ACTE III, SCÈNE III.

Vous laisse encore une place vacante :
Tous deux ce soir il faut qu'on vous présente ;
Vous le verrez chez Rondon, mon voisin ;
J'en parlerai. J'y vais : adieu, Jasmin.
En attendant, tiens, voici de quoi boire.

SCÈNE IV. — JASMIN.

Ah ! l'honnête homme ! ô ciel ! pourrait-on croire
Qu'il soit encore, en ce siècle félon,
Un cœur si droit, un mortel aussi bon ?
Cet air, ce port, cette âme bienfaisante
Du bon vieux temps est l'image parlante.

SCÈNE V. — EUPHÉMON FILS, revenant ; JASMIN.

JASMIN, en l'embrassant.

Je t'ai trouvé déjà condition ;
Et nous serons laquais chez Euphémon.

EUPHÉMON FILS.

Ah !

JASMIN.

S'il te plaît, quel excès de surprise ?
Pourquoi ces yeux de gens qu'on exorcise,
Et ces sanglots coup sur coup redoublés,
Pressant tes mots au passage étranglés ?

EUPHÉMON FILS.

Ah ! je ne puis contenir ma tendresse ;
Je cède au trouble, au remords qui me presse.

JASMIN.

Qu'a-t-elle dit qui t'ait tant agité ?

EUPHÉMON FILS.

Elle m'a dit.... Je n'ai rien acquis.

JASMIN.

Qu'avez-vous donc ?

EUPHÉMON FILS.

Mon cœur ne peut se taire.

Cet Euphémon....

JASMIN.

Eh bien ?

EUPHÉMON FILS.

Ah!... c'est mon père.

JASMIN.

Qui ? lui, monsieur ?

EUPHÉMON FILS.

Oui, je suis cet aîné,
Ce criminel, et cet infortuné,
Qui désola sa famille éperdue.

L'ENFANT PRODIGUE.

Ah! que mon cœur palpitait à sa vue!
Qu'il lui portait ses vœux humbles et tendres!
Que j'étais près de tomber à ses pieds!

JASMIN.

Qui? vous, son fils? Ah! pardonnez, de grâce,
Ma familière et ridicule audace.
Pardon, monsieur.

EUPHÉMON FILS.

Va, mon cœur oppressé
Peut-il savoir si tu m'as offensé!

JASMIN.

Vous êtes fils d'un homme qu'on admire,
D'un homme unique, et s'il faut tout vous dire,
D'Euphémon fils la réputation
N'a flaire pas à beaucoup près si bon.

EUPHÉMON FILS.

Et c'est aussi ce qui ma désespère.
Mais réponds-moi, que te disait mon père?

JASMIN.

Moi, je disais que nous étions tous deux
Prêts à servir, bien élevés, très-gueux;
Et lui, plaignant nos destins sympathiques
Nous recevait tous deux pour domestiques.
Il doit ce soir vous placer chez ce fils,
Ce président à Lise tant promis,
Ce président votre fortuné frère,
De qui Rondon doit être le beau-père.

EUPHÉMON FILS.

Eh bien! il faut développer mon cœur,
Vois tous mes maux, connais leur profondeur:
S'être attiré, par un tissu de crimes,
D'un père aimé les fureurs légitimes;
Être maudit, être déshérité,
Sentir l'horreur de la mendicité,
A mon cadet voir passer ma fortune,
Être exposé, dans ma honte importun,
A le servir, quand il m'a tout ôté;
Voilà mon sort: je l'ai bien mérité.
Mais croirais-tu qu'au sein de la souffrance,
Mort aux plaisirs, et mort à l'espérance,
Haï du monde, et méprisé de tous,
N'attendant rien, j'ose être encor jaloux?

JASMIN.

Jaloux! de qui?

EUPHÉMON FILS.

De mon frère, de Lise.

ACTE III, SCÈNE V.

JASMIN.
Vous sentiriez un peu de convoitise
Pour votre sœur ? mais vraiment c'est un trait
Digne de vous; ce péché vous manquait.

EUPHÉMON FILS.
Tu ne sais pas qu'au sortir de l'enfance
(Car chez Rondon tu n'étais plus, je pense),
Par nos parents l'un à l'autre promis,
Nos cœurs étaient à leurs ordres soumis;
Tout nous liait, la conformité d'âge,
Celle des goûts, les jeux, le voisinage :
Plantés exprès, deux jeunes arbrisseaux
Croissent ainsi pour unir leurs rameaux.
Le temps, l'amour qui hâtait sa jeunesse,
La fit plus belle, augmenta sa tendresse :
Tout l'univers alors m'eût envié;
Mais jeune, aveugle, à des méchants lié,
Qui de mon cœur corrompaient l'innocence,
Ivre de tout dans mon extravagance,
Je me faisais un lâche point d'honneur
De mépriser d'insulter son ardeur.
Le croirais-tu ? je l'accablai d'outrages.
Quels temps, hélas ! Les violents orages
Des passions qui troublaient mon destin
A mes parents m'arrachèrent enfin.
Tu sais depuis quel fut mon sort funeste :
J'ai tout perdu; mon amour seul me reste ;
Le ciel, ce ciel qui doit nous désunir,
Me laisse un cœur, et c'est pour me punir.

JASMIN.
S'il est ainsi, si dans votre misère
Vous la raimez, n'ayant pas mieux à faire,
De Croupillac le conseil était bon,
De vous fourrer, s'il se peut, chez Rondon.
Le sort maudit épuisa votre bourse;
L'amour pourrait vous servir de ressource.

EUPHÉMON FILS.
Moi, l'oser voir ! moi, m'offrir à ses yeux,
Après mon crime, en cet état hideux !
Il me faut fuir un père, une maîtresse :
J'ai de tous deux outragé la tendresse,
Et je ne sais, ô regrets superflus !
Lequel des deux doit me haïr le plus.

SCÈNE VI. — EUPHÉMON FILS, FIERENFAT, JASMIN.

JASMIN.
Voilà, je crois, ce président si cher.

EUPHÉMON FILS.
Lui ? je n'avais jamais vu ce visage.
Quoi ! c'est donc lui, mon frère, mon propre frère ?
Par nos intendants l'un à l'autre inconnus,
En vérité, cela ne va pas mal.
J'ai tant pressé, tant sermonné mon père
Que malgré lui nous faisons l'affaire.
(En voyant Jasmin.)
Où sont ces gens qui voudraient me servir ?

JASMIN.
C'est nous, monsieur ; nous venons nous offrir
Très-humblement.

FIERENFAT.
Qu'est-ce vous deux fait ici ?

JASMIN.
C'est lui, monsieur...

FIERENFAT.
Il sait sans doute écrire ?

JASMIN.
Oh ! oui, monsieur, déchiffrer, calculer.

FIERENFAT.
Mais il devrait savoir aussi parler.

JASMIN.
Il est timide, ce sont de maladie.

FIERENFAT.
Il a pourtant la mine assez hardie ;
Il me paraît qu'il sent assez son bien.
Combien veux-tu gagner de gages ?

EUPHÉMON FILS.
Rien.

FIERENFAT.
Oh ! nous avons, monsieur, l'âme héroïque.

FIERENFAT.
A ce prix-là, viens, sois mon domestique ;
C'est un marché que je veux accepter !
Viens, à ma femme il faut te présenter.

EUPHÉMON FILS.
A votre femme ?

FIERENFAT.
Oui, oui, je me marie.

EUPHÉMON FILS.
Quand ?

FIERENFAT.
Dès ce soir.

ACTE III, SCÈNE VI.

EUPHÉMON FILS.
Ciel!... Monsieur, je vous prie,
De cet objet vous êtes donc charmé?
FIERENFAT.
Oui.
EUPHÉMON FILS.
Monsieur....
FIERENFAT.
Hem !
EUPHÉMON FILS.
En seriez-vous aimé?
FIERENFAT.
Oui. Vous semblez bien curieux, mon drôle!
EUPHÉMON FILS.
Que je voudrais lui couper la parole,
Et le punir de son trop de bonheur !
FIERENFAT.
Qu'est-ce ce qu'il dit?
JASMIN.
Il dit que de grand cœur
Il voudrait bien vous ressembler et plaire.
FIERENFAT.
Eh ! je le crois : mon homme est téméraire.
Çà, qu'on me suive, et qu'on soit diligent,
Sobre, frugal, soigneux, adroit, prudent,
Respectueux ; allons, La Fleur, La Brie,
Venez, faquins.
EUPHÉMON FILS.
Il me prend une envie :
C'est d'affubler sa face de palais,
A poing fermé, de deux larges soufflets.
JASMIN.
Vous n'êtes pas trop corrigé, mon maître !
EUPHÉMON FILS.
Ah! soyons sage : il est bien temps de l'être.
Le fruit au moins que je dois recueillir
De tant d'erreurs est de savoir souffrir.

ACTE QUATRIÈME.

SCÈNE I. — MADAME CROUPILLAC, EUPHÉMON FILS,
JASMIN.

MADAME CROUPILLAC.
J'ai, mon très-cher, par prévoyance extrême,
Fait arriver deux huissiers d'Angoulême.

Et toi, t'es-tu servi de ton esprit ?
As-tu bien fait tout ce que je t'ai dit ?
Pourras-tu bien d'un air de prud'homme
Dans la maison semer la zizanie ?
As-tu flatté le bonhomme Euphémon ?
Parle ; as-tu vu la future ?

EUPHÉMON FILS.
Hélas ! non.

MADAME CROUPILLAC.
Comment ?

EUPHÉMON FILS.
Oui. Voulez...
Croyez que je me meurs d'envie
D'être à ses pieds.

MADAME CROUPILLAC.
Allons donc, je t'en prie ;
Attaque-la pour me plaire, et rends-moi
Ce traître ingrat qui séduisit ma foi.
Je vais pour toi procéder en justice.
Et tu feras l'amour pour mon service.
Reprends cet air imposant et vainqueur,
Si sûr de soi, si puissant sur un cœur,
Qui triomphait sitôt de la sagesse.
Pour être heureux, reprends ta hardiesse.

EUPHÉMON FILS.
Je l'ai perdue.

MADAME CROUPILLAC.
Eh quoi ! quel embarras !

EUPHÉMON FILS.
J'étais hardi lorsque je n'aimais pas ;
D'autres raisons l'intimident peut-être ;
Ce Fierenfat est, ma foi, notre maître ;
Pour ses valets il nous tient tous deux.

MADAME CROUPILLAC.
C'est fort bien fait ; vous êtes trop heureux
De sa maîtresse être le domestique.
Est un bonheur, un destin presque unique ;
Profitez-en...
Je vois certains attraits
S'acheminer pour prendre ici le frais ;
De chez Rondon, me semble, elle est sortie.

MADAME CROUPILLAC.
Eh ! sois donc vite amoureux, je t'en prie ;
Voici le temps, c'est un peu lui parler.
Quoi ! je te vois soupirer et trembler
Tu l'aimes donc ? ah ! mon cher, ah ! de grâce !

ACTE IV, SCÈNE I.

EUPHÉMON FILS.
Si vous saviez, hélas ! ce qui se passe
Dans mon esprit interdit et confus,
Ce tremblement ne vous surprendrait plus.

JASMIN, *en voyant Lise.*
L'aimable enfant ! comme elle est embellie !

EUPHÉMON FILS.
C'est elle ; ô dieux ! je meurs de jalousie
De désespoir, de remords, et d'amour.

MADAME CROUPILLAC.
Adieu : je vais te servir à mon tour.

EUPHÉMON FILS.
Si vous pouvez, faites que l'on diffère
Ce triste hymen.

MADAME CROUPILLAC.
C'est ce que je vais faire.

EUPHÉMON FILS.
Je tremble, hélas !

JASMIN.
Il faut tâcher du moins
Que vous puissiez lui parler sans témoins.
Retirons-nous.

EUPHÉMON FILS.
Oh ! je te suis : j'ignore
Ce que j'ai fait, ce qu'il faut faire encore
Je n'oserai jamais m'y présenter.

SCÈNE II. — LISE, MARTHE, JASMIN, *dans l'enfoncement*,
ET EUPHÉMON FILS, *plus reculé.*

LISE.
J'ai beau me fuir, me chercher, m'éviter,
Rentrer, sortir, goûter la solitude,
Et de mon cœur faire en secret l'étude,
Plus j'y regarde, hélas ! et plus je voi
Que le bonheur n'était pas fait pour moi.
Si quelque chose un moment me console,
C'est Croupillac, c'est cette vieille folle
A mon hymen mettant empêchement,
Mais ce qui vient redoubler mon tourment,
C'est qu'en effet Fierenfat et mon père
En sont plus vifs à presser ma misère :
Ils ont gagné le bonhomme Euphémon.

MARTHE.
En vérité, ce vieillard est trop bon ;
Ce Fierenfat est par trop tyrannique,
Il le gouverne.

L'ENFANT PRODIGUE.

LISE.
Il a un fils unique;
Je lui pardonne : attachés à ce premier,
Au moins sur l'autre il cherche à s'appuyer.

MARTHE.
Mais, après tout, malgré ce qu'on publie,
Il n'est pas sûr que l'autre soit sans vie.

LISE.
Hélas! il faut (quel funeste tourment!)
Le pleurer mort, ou le haïr vivant.

MARTHE.
De son danger cependant la nouvelle
Dans votre cœur mettait quelque étincelle.
Ah! sans l'aimer, on peut plaindre son sort.

LISE.
Mais n'être plus aimé, c'est être mort.
Vous allez donc être enfin à son frère?

LISE.
Ma chère enfant, ce mot me désespère.
Pour Fierenfat tu connais ma froideur;
L'aversion s'est changée en horreur:
C'est un breuvage affreux, plein d'amertume,
Que, dans l'excès du mal qui me consume,
Je me résous de prendre malgré moi,
Et que ma main rejette avec effroi.

JASMIN, tirant Marthe par la robe.
Puis-je en secret, ô gentille merveille,
Vous dire ici quatre mots à l'oreille?

MARTHE, à Jasmin.
Très-volontiers.

LISE, à part.
O sort! pourquoi faut-il
Que de mes jours on respecte le fil?
Lorsqu'un ingrat, un amant si coupable,
Rendit ma vie, hélas! si misérable.

MARTHE, regardant Lise.
C'est un des gens de votre président;
Il est à lui, dit-il, nouvellement;
Il voudrait bien vous parler.

LISE.
Qu'il attende.

MARTHE, à Jasmin.
Mon cher ami, madame vous commande
D'attendre un peu.

LISE.
Quoi! toujours m'excéder!

ACTE IV, SCÈNE II.   43

Et même absent en tous lieux m'obséder!
De mon hymen que je suis déjà lasse!
            JASMIN, à Marthe.
Ma belle enfant, obtiens-nous cette grâce.
            MARTHE, revenant.
Absolument il prétend vous parler.
            LISE.
Ah! je vois bien qu'il faut donc en aller.
            MARTHE.
Ce quelqu'un-là veut vous voir tout à l'heure;
Il faut, dit-il, qu'il vous parle ou qu'il meure.
            LISE.
Rentrons donc vite, et courons me cacher.

SCÈNE III. — LISE, MARTHE, EUPHÉMON FILS, s'appuyant
            sur JASMIN.

            EUPHÉMON FILS.
La voix me manque et je ne puis marcher;
Mes faibles yeux sont couverts d'un nuage;
            JASMIN.
Donnez la main, venons sur son passage.
            EUPHÉMON FILS.
Un froid mortel a passé dans mon cœur.
    (A Lise.)
Souffrirez-vous...?
            LISE, sans le regarder.
                Que voulez-vous, monsieur?
            EUPHÉMON FILS, se jetant à genoux.
Ce que je veux? la mort que je mérite.
            LISE.
Que vois-je? ô ciel!
            MARTHE.
                Quelle étrange visite!
C'est Euphémon! grand Dieu! qu'il est changé!
            EUPHÉMON FILS.
Oui, je le suis; votre cœur est vengé,
Oui, vous devez en tout me méconnaître;
Je ne suis plus ce furieux, ce traître,
Si détesté, si craint, dans ce séjour,
Qui fit rougir la nature et l'amour;
Jeune, égaré, j'avais tous les caprices;
De mes amis j'avais pris tous les vices,
Et le plus grand, qui ne peut s'effacer,
Le plus affreux, fut de vous offenser.
J'ai reconnu (j'en jure par vous-même,
Par la vertu que j'ai fui, mais que j'aime)

J'ai reconnu ma détestable erreur;
Le vice était étranger dans mon cœur;
Ce cœur n'a plus les taches criminelles
Dont il couvrit ses clartés naturelles;
Mon feu pour vous, ce feu saint et sacré,
Y reste seul; il a tout épuré.
C'est cet amour, c'est lui qui me ramène,
Non pour briser votre nouvelle chaîne,
Non pour oser traverser vos destins;
Un malheureux n'a pas de tels desseins :
Mais quand les maux où mon esprit succombe
Dans mes beaux jours avaient creusé ma tombe,
A peine encore échappé du trépas,
Je suis venu; l'amour guidait mes pas.
Oui, je vous cherche à mon heure dernière,
Heureux cent fois, en quittant la lumière,
Si, destiné pour être votre époux,
Je meurs au moins sans être haï de vous !

LISE.

Je suis à peine en mon sens revenue.
C'est vous, ô ciel ! vous, qui cherchez ma vue !
Dans quel état ! quel jour !... Ah ! malheureux !
Que vous avez fait de tort à tous deux !

EUPHÉMON FILS.

Oui, je le sais ; mes excès, que j'abhorre,
En vous voyant semblent plus grands encore,
Ils sont affreux, et vous les connaissez :
J'en suis puni, mais point encore assez.

LISE.

Est-il bien vrai, malheureux que vous êtes,
Qu'enfin domptant vos fougues indiscrètes,
Dans votre cœur, en effet combattu,
Tant d'infortune ait produit la vertu ?

EUPHÉMON FILS.

Qu'importe, hélas ! que la vertu m'éclaire ?
Ah ! j'ai trop tard aperçu sa lumière !
Trop vainement mon cœur en est épris,
De la vertu je perds en vous le prix.

LISE.

Mais répondez, Euphémon, puis-je croire
Que vous avez gagné cette victoire ?
Consultez-vous, ne trompez point mes vœux;
Seriez-vous bien et sage et vertueux ?

EUPHÉMON FILS.

Oui, je le suis, car mon cœur vous adore.

LISE.

Vous, Euphémon ! vous m'aimeriez encore ?

ACTE IV, SCÈNE III. 45

EUPHÉMON FILS.

Si je vous aime? hélas! je n'ai vécu
Que par l'amour qui seul m'a soutenu.
J'ai tout souffert, tout jusqu'à l'infamie;
Ma main cent fois allait trancher ma vie;
Je respectai les maux qui m'accablaient;
J'aimai mes jours, ils vous appartenaient.
Oui, je vous dois mes sentiments, mon être,
Ces jours nouveaux qui me luiront peut-être;
De ma raison je vous dois le retour,
Si j'en conserve avec autant d'amour.
Ne cachez point à mes yeux pleins de larmes
Ce front serein, brillant de nouveaux charmes
Regardez-moi, tout changé que je suis;
Voyez l'effet de mes cruels ennuis.
De longs remords, une horrible tristesse,
Sur mon visage ont flétri la jeunesse,
Je fus peut-être autrefois moins affreux;
Mais voyez-moi, c'est tout ce que je veux.

LISE.

Si je vous vois constant et raisonnable,
C'en est assez, je vous vois trop aimable.

EUPHÉMON FILS.

Que dites-vous? juste ciel! vous pleurez?

LISE, à Marthe.

Ah! soutiens-moi, mes sens sont égarés.
Moi, je serais l'épouse de son frère!...
N'avez-vous point vu déjà votre père?

EUPHÉMON FILS.

Mon front rougit, il ne s'est point montré
A ce vieillard que j'ai déshonoré.
Haï de lui, proscrit, sans espérance,
J'ose l'aimer, mais je fuis sa présence.

LISE.

Eh! quel est donc votre projet enfin?

EUPHÉMON FILS.

Si de mes jours Dieu recule la fin,
Si votre sort vous attache à mon frère,
Je vais chercher le trépas à la guerre;
Changeant de nom aussi bien que d'état,
Avec honneur je servirai soldat.
Peut-être, un jour le bonheur de mes armes
Fera ma gloire, et m'obtiendra vos larmes.
Par ce métier l'honneur n'est point blessé,
Rose et Fabert ont ainsi commencé.

LISE.

Ce désespoir est d'une âme bien haute.

L'ENFANT PRODIGUE.

Il est d'un cœur au-dessus de se faute.
Ces sentiments me touchent encor plus.
Que vos pleurs même à mes pieds répandus.
Non, Euphémon, si de moi je dispose,
Si je peux fuir l'hymen qu'on me propose
De votre sort je vais prendre soin
Pour le changer vous n'irez pas si loin.
. . . .
O ciel! mes maux ont attendri votre âme
. . . .
Ils me touchaient, votre remords m'enflamme.
. . . .
Quoi! vos beaux yeux, si longtemps courroucés
Avec amour sur les miens sont baissés
Vous rallumez ces feux si légitimes
Ces feux sacrés qu'avaient éteint mes crimes
Ah! si mon frère aux dieux rattaché
. . . .
Garde, mon bien, à mon père arraché
S'il engloutit à jamais l'héritage
Dont la nature avait fait mon partage
Qu'il porte envie à ma félicité
C'est cet excès . . . .
Je vous suis cher, il est des limites
. . . .
Ah! je mourrai de tendresse de mes jours

MARTHE.

Ah! soeur . . . .
Moi, je saverrai . . . .
Contraignez donc ces soupirs enflammés;
Dissimulez . . . .

FILS D'EUPHÉMON.

Pourquoi, si vous m'aimez?
Ah! redoutez mes parents, votre père,
Nous ne pouvons cacher à votre frère,
Que vous avez embrassé mes genoux,
Laissez-le au moins ignorer que c'est vous.

MARTHE.

Je ris déjà de sa grave colère.
. . . .

SCÈNE IV. — LISE, EUPHÉMON FILS, MARTHE, JASMIN,
FIERENFAT, *dans le fond, pendant qu'Euphémon lui tourne
le dos.*

Ou quelque diable a troublé ma cuisine,
Ou, si mon œil est toujours clair et net,
Je suis, . . j'ai vu . . je le suis . . j'ai mon fait.

(En avançant vers Euphémon.)

Ah! c'est donc toi, traître, impudent, faussaire!

ACTE IV, SCÈNE IV.

EUPHÉMON FILS, en colère.
Je....
JASMIN, se mettant entre eux.
C'est, monsieur, une importante affaire
Qui se traitait, et que vous dérangez ;
Ce sont deux cœurs en peu de temps changés ;
C'est du respect, de la reconnaissance,
De la vertu.... Je m'y perds, quand j'y pense.
FIERENFAT.
De la vertu ? Quoi ! lui baiser la main !
De la vertu ? scélérat !
EUPHÉMON FILS.
Ah ! Jasmin,
Que, si j'osais....
FIERENFAT.
Non, tout ceci m'assomme :
Si c'eût été du moins un gentilhomme !
Mais un valet, un gueux contre lequel
En intentant un procès criminel,
C'est de l'argent que je perdrai peut-être !...
LISE, à Euphémon.
Contraignez-vous, si vous m'aimez.
FIERENFAT.
Ah ! traître !
Je te ferai pendre ici, sur ma foi !
(A Marthe.)
Tu ris, coquine ?
MARTHE.
Oui, monsieur.
FIERENFAT.
Et pourquoi ?
De quoi ris-tu ?
MARTHE.
Mais, monsieur, de la chose.
FIERENFAT.
Tu ne sais pas à quoi ceci t'expose,
Ma bonne amie, et ce qu'au nom du roi
On fait parfois aux filles comme toi ?
MARTHE.
Pardonnez-moi, je le sais à merveilles.
FIERENFAT, à Lise.
Et vous semblez vous boucher les oreilles,
Vous, infidèle, avec votre air sucré,
Qui m'avez fait ce tour prématuré ;
De votre cœur l'inconstance est précoce ;
Un jour d'hymen ! une heure avant la noce !
Voilà, ma foi, de votre probité !

LISE.

Calmez, monsieur, votre esprit irrité :
Il ne faut pas sur la simple apparence
Légèrement condamner l'innocence.

FIERENFAT.

Quelle innocence !

LISE.

Oui, quand vous connaîtrez
Mes sentiments, vous les estimerez.

FIERENFAT.

Plaisant chemin pour avoir de l'estime !

EUPHÉMON FILS.

Oh ! c'en est trop.

LISE, à Euphémon.

Quel courroux vous anime ?
Eh ! réprimez....

EUPHÉMON FILS.

Non, je ne puis souffrir
Qu'un reproche il ose vous couvrir,

FIERENFAT.

Savez-vous bien que l'on perd son douaire,
Son bien, sa dot, quand....

EUPHÉMON FILS, en colère, et mettant la main sur la garde de son épée.

Savez-vous vous taire ?

LISE.

Eh ! modérez....

EUPHÉMON FILS.

Monsieur le président,
Prenez un air un peu moins imposant,
Moins fier, moins haut, moins juge ; car madame
N'a pas l'honneur d'être encor votre femme ;
Elle n'est point votre maîtresse aussi.
Eh ! pourquoi donc gronder de tout ceci ?
Vos droits sont nuls ; il faut avoir su plaire
Pour obtenir le droit d'être en colère.
De tels appas n'étaient point faits pour vous ;
Il vous sied mal d'oser être jaloux.
Madame est bonne, et fait grâce à mon zèle ;
Imitez-la, soyez aussi bon qu'elle.

FIERENFAT, en posture de se battre.

Je n'y puis plus tenir. A moi, mes gens !

EUPHÉMON FILS.

Comment ?

FIERENFAT.

Allez me chercher des sergents.

LISE, à Euphémon fils.

Retirez-vous.

ACTE IV, SCÈNE IV.

FIERENFAT.
   Je te ferai connaître
Ce que l'on doit de respect à son maître,
A mon état, à ma robe.
    EUPHÉMON FILS.
     Observez
Ce qu'à madame ici vous en devez ;
Et quant à moi, quoi qu'il puisse en paraître,
C'est vous, monsieur, qui m'en devez, peut-être.
    FIERENFAT.
Moi.... moi ?
    EUPHÉMON FILS.
   Vous.... vous.
    FIERENFAT.
    Ce drôle est bien osé.
C'est quelque amant en valet déguisé.
Qui donc es-tu ? réponds-moi.
    EUPHÉMON FILS.
    Je l'ignore ;
Ma destinée est incertaine encore :
Mon sort, mon rang, mon état, mon bonheur,
Mon être enfin, tout dépend de son cœur,
De ses regards, de sa bonté propice.
    FIERENFAT.
Il dépendra bientôt de la justice.
Je t'en réponds ; va, va, je cours hâter
Tous mes recors, et vite instrumenter.
 (A Lise.)
Allez, perfide, et craignez ma colère ;
J'amènerai vos parents, votre père ;
Votre innocence en son jour paraîtra,
Et comme il faut on vous estimera.

SCÈNE V. — LISE, EUPHÉMON FILS, MARTHE.

    LISE.
Eh ! cachez-vous, de grâce, rentrons vite :
De tout ceci je crains pour nous la suite.
Si votre père apprenait que c'est vous,
Rien ne pourrait apaiser son courroux ;
Il penserait qu'une fureur nouvelle
Pour l'insulter en ces lieux vous rappelle,
Que vous venez entre nos deux maisons
Porter le trouble et les divisions ;
Et l'on pourrait, pour ce nouvel esclandre,
Vous enfermer, hélas ! sans vous entendre.
    MARTHE.
Laissez-moi donc le soin de le cacher.

Soyez-en sûre, on aura beau chercher....

LISE.

Allez, croyez qu'il est très nécessaire
Que j'adoucisse en secret votre père ;
De la nature il faut que le secours
Soit, s'il se peut, l'ouvrage de l'amour.
Cachez-vous bien....

VALÈRE.

Prends soin qu'il ne babille.

Eh ! va donc vite.

SCÈNE VII. — RONDON, LISE.

RONDON.

Eh bien ! ma Lise, qu'est-ce ?
Je te cherchais, et ton époux aussi.

LISE.

Il ne l'est pas, que je crois, Dieu merci !

RONDON.

Où vas-tu donc ?

M'oblige encor d'éviter sa présence.

RONDON.

Ce président est donc bien dangereux !
Je voudrais être incognito près d'eux ;
Là.... voir un peu quelle plaisante mine
Font deux amants qu'à l'hymen on destine.
(À Lise.)

SCÈNE VII. — PIERENFAT, RONDON,

Ah ! les fripons, ils sont fins et subtils !
Où les trouver ? où sont-ils ? où sont-ils ?
Où cachent-ils ma honte et leur fredaine ?

RONDON.

Ta gravité me semble hors d'haleine.
Que prétends-tu ? que cherches-tu ? qu'as-tu fait ?
Qu'a-t-on fait ?

PIERENFAT.

Pour l'honneur m'a fait cocu.

RONDON.

Cocu ! tudieu ! prends garde, observe-toi.

PIERENFAT.

Oui, oui, ma femme. Allez, Dieu m'a présenté
De lui donner le nom que je lui dois !
Je suis cocu, malgré toutes les lois !

RONDON.
Mon gendre !
FIERENFAT.
Hélas ! il est trop vrai, beau-père.
RONDON.
Eh quoi ! la chose...
FIERENFAT.
Oh ! la chose est fort claire.
RONDON.
Vous me poussez...
FIERENFAT.
C'est moi qu'on pousse à bout.
RONDON.
Si je croyais....
FIERENFAT.
Vous pouvez croire tout.
RONDON.
Mais plus j'entends, moins je comprends, mon gendre.
FIERENFAT.
Mon fait pourtant est facile à comprendre.
RONDON.
S'il était vrai, devant tous mes voisins
J'étranglerais ma Lise de mes mains.
FIERENFAT.
Étranglez donc, car la chose est prouvée.
RONDON.
Mais en effet ici je l'ai trouvée,
La voix éteinte et le regard baissé,
Elle avait l'air timide, embarrassé.
Mon gendre, allons, surprenons la peinture ;
Voyons le cas, car l'honneur me poignarde.
Tudieu, l'honneur ! Oh ! voyez-vous, Rondon,
En fait d'honneur, n'entend jamais raison.

ACTE CINQUIÈME

SCÈNE I. — LISE, MARTHE.

LISE.
Ah ! je me sauve à peine entre tes bras ;
Que de danger ! quel horrible embarras !
Faut-il qu'une âme aussi tendre, aussi pure
D'un tel soupçon souffre un moment l'injure ?
Cher Euphémon, cher et funeste amant !
Es-tu donc né pour faire mon tourment ?
À ton départ tu m'arrachas la vie,

Et ton retour m'expose à l'infamie.
(A Martha.)
Prends garde au moins, car on cherche partout.
            MARTHE
J'ai mis, je crois, tous mes chercheurs à bout.
Nous braverons le greffe et l'écritoire;
Certains recoins, chez moi, dans mon armoire,
Pour mon usage en secret pratiqués,
Par ces furets ne sont point remarqués.
Là, votre amant se tapit, se dérobe
Aux yeux hagards des noirs pédants en robe :
Je les ai tous fait courir comme il faut,
Et de ces chiens la meute est en défaut.

SCÈNE II. — LISE, MARTHE, JASMIN.

                LISE
Eh bien ! Jasmin, qu'a-t-on fait ?
            JASMIN
            Avec gloire
J'ai soutenu mon interrogatoire;
Tel qu'un fripon blanchi dans le métier
J'ai répondu sans jamais m'effrayer.
L'un vous traînait sa voix de pédagogue,
L'autre braillait d'un ton cas, d'un air rogue;
Tandis qu'un autre, avec un ton doûté,
Disait : « Mon fils, sachons la vérité. »
Moi, toujours ferme et toujours laconique,
Je rembarrais la troupe scolastique.
                LISE
On ne sait rien ?
            JASMIN
                Non, rien; mais dès demain
On saura tout, car tout se sait enfin.
                LISE
Ah ! que du moins Pierenfat en colère
N'ait pas le temps de prévenir son père :
Je tremble encore, et tout accroît ma peur;
Je crains pour lui, je crains pour mon honneur.
Dans mon amour j'ai mis mes espérances;
Il m'aidera….
            MARTHE
                Moi, je suis dans des transes
Que tout ceci ne soit cruel pour vous;
Car nous avons deux pères contre nous.
Un président, des bégueules, des prudes !
Si vous saviez quels airs hautains et rudes,
Quel son sévère, et quel sourcil froncé

ACTE V, SCÈNE II.   53

De leur vertu le faste rehaussé
Prend contre vous, avec quelle insolence
Leur âcreté poursuit votre innocence !
Leurs cris, leur zèle, et leur sainte fureur,
Vous feraient rire, ou vous feraient horreur.

JASMIN.

J'ai voyagé, j'ai vu du tintamarre :
Je n'ai jamais vu semblable bagarre :
Tout le logis est sens dessus dessous.
Ah ! que les gens sont sots, méchants, et fous!
On vous accuse, on augmente, on murmure ;
En cent façons on conte l'aventure.
Les violons sont déjà renvoyés ;
Tout interdits, sans boire, et point payés ;
Pour le festin six tables bien dressées
Dans ce tumulte ont été renversées.
Le peuple accourt, le laquais boit et rit,
Et Rondon jure, et Fierenfat écrit.

LISE.

Et d'Euphémon le père respectable,
Que fait-il donc dans ce trouble effroyable?

MARTHE.

Madame, on voit sur son front éperdu
Cette douleur qui sied à la vertu ;
Il lève au ciel les yeux ; il ne peut croire
Que vous ayez d'une tache si noire
Souillé l'honneur de vos jours innocents ;
Par des raisons il combat vos parents ;
Enfin, surpris des preuves qu'on lui donne
Il en gémit, et dit que sur personne
Il ne faudra s'assurer désormais,
Si cette tache a flétri vos attraits.

LISE.

Que ce vieillard m'inspire de tendresse !

MARTHE.

Voici Rondon, vieillard d'une autre espèce.
Fuyons, madame.

LISE.

Ah! gardons-nous-en bien ;
Mon cœur est pur ; il ne doit craindre rien.

JASMIN.

Moi, je crains donc.

SCÈNE III. — LISE, MARTHE, RONDON.

RONDON.

Matoise ! mijaurée !
Fille pressée, âme dénaturée !

L'ENFANT PRODIGUE.

Ah! Lise, Lise, allons, je veux savoir
Tous les entours de ce procédé noir,
Ça, depuis quand connais-tu le corsaire?
Son nom? son rang? comment t'a-t-il pu plaire?
De ses méfaits, je veux savoir le fil.
D'où nous vient-il? en quel endroit est-il?
Réponds, réponds ; tu rias de ma colère?
Tu ne meurs pas de honte?

LISE.
Non, mon père.

RONDON.
Encor des non? toujours ce chien de ton
Et toujours non, quand on parle à Rondon!
Tant pis pour elle, je sais ce qu'il faut faire ;
La négative est pour moi trop suspecte :
Quand on a tort, il faut qu'on me respecte
Que l'on me craigne, et qu'on sache obéir.

Et Rondon jure, et s'en va.

LISE.
Oui, je suis prête à vous tout découvrir,

RONDON.
Ah! c'est parler cela ; quand je menace,
On est petit.

LISE.
Je ne veux qu'une grâce,
C'est qu'Euphémon daignât auparavant
Seul en ce lieu me parler un moment.

RONDON.
Euphémon? bon! Eh! que pourra-t-il faire?
C'est à moi seul qu'il faut parler.

LISE.
Mon père,
J'ai des secrets qu'il faut lui confier ;
Pour votre honneur daignez me l'envoyer.
Daignez... c'est tout ce que je puis vous dire.

RONDON.
A sa demande encor faut-il souscrire?
A ce bonhomme elle veut s'expliquer!
On peut fort bien souffrir, sans rien risquer,
Qu'en confidence elle lui parle seule ;
Puis sur-le-champ je cloître ma bégueule.

SCÈNE IV. — LISE, MARTHE.

LISE.
Digue Euphémon, pourrai-je te toucher?
Mon cœur de moi semble se détacher.
J'attends ici mon trépas ou ma vie.

ACTE V, SCÈNE IV

(A Marthe.)
Écoute un peu.
(Elle lui parle à l'oreille.)
MARTHE.
Vous serez obéie.

SCÈNE V. — EUPHÉMON PÈRE, LISE.

LISE.
Un siège.... Hélas!.... Monsieur, asseyez-vous,
Et permettez que je parle à genoux;
EUPHÉMON, l'empêchant de se mettre à genoux.
Vous m'outragez.
LISE.
Non, mon cœur vous révère,
Je vous regarde à jamais comme un père.
EUPHÉMON PÈRE.
Qui? vous! ma fille?
LISE.
Oui, j'ose me flatter
Que c'est un nom que j'ai su mériter.
EUPHÉMON PÈRE.
Après l'éclat et la triste aventure
Qui de nos nœuds a causé la rupture!
LISE.
Soyez mon juge, et lisez dans mon cœur;
Mon juge enfin sera mon protecteur.
Écoutez-moi, vous allez reconnaître
Mes sentiments, et les vôtres peut-être.
(Elle prend un siège à côté de lui.)
Si votre cœur avait été lié,
Par la plus tendre et plus pure amitié,
A quelque objet de qui l'aimable enfance
Donna d'abord la plus belle espérance,
Et qui brilla dans son heureux printemps
Croissant en grâce, en mérite, en talents;
Si quelque temps sa jeunesse abusée,
Des vains plaisirs suivant la pente aisée,
Au feu de l'âge avait sacrifié
Tous ses devoirs, et même l'amitié.
EUPHÉMON PÈRE.
Eh bien?
LISE.
Monsieur, si son expérience
Eût reconnu la triste jouissance
De ces faux biens, objets de ses transports,
Nés de l'erreur, et suivis des remords,
Honteux enfin de sa folle conduite,

Si sa raison, par le malheur instruite,
De ses vertus rallumant le flambeau,
Le ramenait avec un cœur nouveau,
Ou que plutôt, honnête homme et fidèle,
Il eût repris sa forme naturelle;
Pourriez-vous bien lui fermer aujourd'hui
L'accès d'un cœur qui fut ouvert pour lui?

EUPHÉMON PÈRE.

De ce portrait que voulez-vous conclure?
Et quel rapport a-t-il à mon injure?
Le malheureux qu'à vos pieds on a vu,
Est un jeune homme en des lieux inconnus,
Et cette veuve, ici, dit elle-même
Qu'elle l'a vu six mois dans Angoulême;
Un autre dit que c'est un effronté,
D'amours obscurs follement entêté;
Et j'avouerai que ce portrait redouble
L'étonnement et l'horreur qui me trouble.

LISE.

Hélas! monsieur, quand vous aurez appris
Tout ce qu'il est, vous serez plus surpris.
De grâce, un mot; votre âme est noble et belle;
La cruauté n'est pas faite pour elle.
N'est-il pas vrai qu'Euphémon votre fils
Fut longtemps cher à vos vœux attendris?

EUPHÉMON PÈRE.

Oui, je l'avoue, et ses lâches offenses
Ont d'autant mieux mérité mes vengeances.
J'ai plaint sa mort, j'eus plaint ses malheurs;
Mais la nature, au milieu de mes pleurs,
Aurait laissé ma raison saine et pure
De ses excès punir sur lui l'injure.

LISE.

Vous! vous pourriez à jamais le bannir,
Sentir toujours le malheur de haïr,
Et repousser encore avec outrage
Ce fils changé, devenu votre image,
Qui de ses pleurs arroserait vos pieds!
Le pourriez-vous?

EUPHÉMON PÈRE.

Hélas! vous oubliez
Qu'il ne faut point, par de nouveaux supplices,
De ma blessure ouvrir les cicatrices.
Mon fils est mort, ou mon fils, loin d'ici,
Est dans le crime à jamais endurci;
De la vertu s'il eût repris la trace,
Viendrait-il pas me demander sa grâce,

ACTE V, SCÈNE V.

LISE.
La demander! sans doute, il y viendra.
Vous l'entendrez; il vous attendira.
EUPHÉMON PÈRE.
Que dites-vous?
LISE.
Oui, si la mort trop prompte
N'a pas fini sa douleur et sa honte,
Peut-être, ici vous le verrez mourir,
A vos genoux, d'excès de repentir.
EUPHÉMON PÈRE.
Vous sentez trop quel est mon trouble extrême
Mon fils vivrait!
LISE.
S'il respire, il vous aime.
EUPHÉMON PÈRE.
Ah! s'il m'aimait! Mais quelle vaine erreur
Comment? de qui l'apprendre?
LISE.
De son cœur.
EUPHÉMON PÈRE.
Mais sauriez-vous...?
LISE.
Sur tout ce qui le touche
La vérité vous parle par ma bouche.
EUPHÉMON PÈRE.
Non, non, c'est trop me tenir en suspens;
Ayez pitié du déclin de mes ans;
J'espère encore, et je suis plein d'alarmes,
J'aimai mon fils; jugez-en par mes larmes.
Ah! s'il vivait, s'il était vertueux!
Expliquez-vous: parlez-moi.
LISE.
Je le veux;
Il en est temps, il faut vous satisfaire,
(Elle fait quelques pas, et s'adresse à Euphémon fils, qui est dans la coulisse.)
Venez enfin.

SCÈNE VI. — EUPHÉMON PÈRE, EUPHÉMON FILS, LISE.

EUPHÉMON PÈRE.
Que vois-je? ô ciel!
EUPHÉMON FILS, aux pieds de son père.
Mon père,
Connaissez-moi, décidez de mon sort;
J'attends d'un mot ou la vie ou la mort.
EUPHÉMON PÈRE.
Ah! qui t'amène en cette conjoncture?

L'ENFANT PRODIGUE.

EUPHÉMON FILS.
Le repentir, l'amour, et la nature.

LISE, se jetant aussi à genoux.
A vos genoux vous voyez vos enfants ;
Oui, nous avons les mêmes sentiments,
Le même cœur.

EUPHÉMON FILS, en montrant Lise.
                                    Hélas ! son indulgence
A vos genoux, dit-elle,
De mes fureurs a pardonné l'offense ;
Suivez, suivez, pour cet infortuné,
L'exemple heureux que l'amour a donné.
Je n'espérais, dans ma douleur mortelle,
Que d'expirer aimé de vous et d'elle ;
Et si je vis, ah ! c'est pour mériter
Ces sentiments dont j'ose me flatter.
D'un malheureux vous détournez la vue ?
De quels transports votre âme est-elle émue !
Est-ce la haine ? Et ce fils condamné...

EUPHÉMON PÈRE, se levant et l'embrassant.
C'est la tendresse, et tout est pardonné.
Si la vertu règne enfin dans ton âme
Je suis ton père.

LISE.
                  Et Lise sera sa femme.

(A Euphémon.)
J'étais à lui ; permettez qu'à vos pieds...
Non, ce n'est pas votre bien qu'il demandait,
Nos premiers nœuds étaient enfin renoués,
D'un cœur plus pur il vous porte l'offrande,
Il ne veut rien ; et s'il est vertueux
Tout ce que j'ai suffira pour nous deux.

SCÈNE VII. — LES PRÉCÉDENTS, RONDON,
MADAME CROUPILLAC, JASMIN, etc.

RONDON.
Ah ! la voici qui parle encore à Lise.
Prenons notre homme hardiment par surprise ;
Montrons un cœur au-dessus du commun.

JASMIN.
Soyons hardis, nous sommes au moins un.

LISE, à Rondon.
Ouvrez les yeux, et connaissez qui j'aime,
C'est lui.

CROUPILLAC.
          Qui donc ?

ACTE V, SCÈNE VII.

LISE.
Votre frère.

EUPHÉMON PÈRE.
Lui-même.

FIERENFAT.
Vous vous moquez ! ce fripon, mon frère ?

LISE.
Oui.

MADAME CROUPILLAC.
J'en ai le cœur tout à fait réjoui.

RONDON.
Quel changement ! quoi ! c'est donc là mon drôle ?

FIERENFAT.
Oh ! oh ! je joue un fort singulier rôle :
Tudieu, quel frère !

EUPHÉMON PÈRE.
Oui, je l'avais perdu ;
Le repentir, le ciel me l'a rendu.

MADAME CROUPILLAC.
Bien à propos pour moi.

FIERENFAT.
La vilaine âme !
Il ne revient que pour m'ôter ma femme !

EUPHÉMON FILS, à Fierenfat.
Il faut enfin que vous me connaissiez :
C'est vous, monsieur, qui me la ravissiez
Dans d'autres temps j'avais eu sa tendresse.
L'emportement d'une folle jeunesse
M'ôta ce bien dont on doit être épris,
Et dont j'avais trop mal connu le prix.
J'ai retrouvé, dans ce jour salutaire,
Ma probité, ma maîtresse, mon père.
M'envierez-vous l'inopiné retour
Des droits du sang et des droits de l'amour ?
Gardez mes biens, je vous les abandonne ;
Vous les aimez.... moi, j'aime sa personne ;
Chacun de nous aura son vrai bonheur,
Vous dans mes biens, moi, monsieur, dans son cœur.

EUPHÉMON PÈRE.
Non, sa bonté si désintéressée
Ne sera pas si mal récompensée ;
Non, Euphémon, ton père ne veut pas
T'offrir sans bien, sans doute, ses appas.

RONDON.
Oh ! bon cela.

MADAME CROUPILLAC.
Je suis émerveillée.

Toute ébaubie, et toute consolée.
Ce gentilhomme est venu tout exprès
En vérité, pour venger mes attraits.
(A Euphémon fils.)
Vite, épousez : le ciel vous favorise.
Car tout exprès pour vous il a fait Lise;
Et je pourrais par ce bel accident,
Si l'on voulait, ravoir mon président.

LISE.
(A Rondon.)
De tout mon cœur. Et vous, souffrez, mon père
Souffrez qu'une âme et fidèle et sincère
Qui ne pouvait se donner qu'une fois,
Soit ramenée à ses premières lois.

RONDON.
Si sa cervelle est enfin moins volage....

LISE.
Oh! j'en réponds.

RONDON.
S'il t'aime, s'il est sage.

LISE.
N'en doutez pas.

RONDON.
Si surtout Euphémon
D'une ample dot lui fait un large don,
J'en suis d'accord.

EUPHÉMON.
Je gagne en cette affaire
Beaucoup, sans doute, en trouvant un mien frère;
Mais cependant je perds en moins de rien
Mes frais de noce, une femme, et du bien.

MADAME CROUPILLAC.
Eh! fi, vilain! quel cœur sordide et chiche!
Faut-il toujours courtiser la plus riche?
N'ai-je donc pas en contrats, en châteaux
Assez pour vivre, et plus que tu ne vaux?
Ne suis-je pas en date la première?
N'as-tu pas fait dans l'ardeur de me plaire,
De longs serments, tous couchés par écrit,
Des madrigaux, des chansons sans esprit?
Entre les mains j'ai toutes tes promesses
Nous plaiderons ; je montrerai les pièces:
Le parlement doit, en semblable cas,
Rendre un arrêt contre tous les ingrats.

RONDON.
Ma foi, l'ami, crains sa juste colère;
Épouse-la, crois-moi, pour t'en défaire

ACTE V, SCÈNE VII.

EUPHÉMON PÈRE, à *Mme Croupillac.*
Je suis confus du vif empressement
Dont vous flattez mon fils le président;
Votre procès lui devrait plaire encore;
C'est un dépit dont la cause l'honore:
Mais permettez que mes soins réunis
Soient pour l'objet qui m'a rendu mon fils.
Vous, mes enfants, dans ces moments prospères,
Soyez unis, embrassez-vous en frères.
Nous, mon ami, rendons grâces aux cieux,
Dont les bontés ont tout fait pour le mieux;
Non, il ne faut, et mon cœur le confesse,
Désespérer jamais de la jeunesse.

FIN DE L'ENFANT PRODIGUE.

L'ENVIEUX

COMÉDIE EN TROIS ACTES ET EN VERS

PERSONNAGES

CLÉON, officier général, commandant en la province.
HORTENSE, épouse de Cléon.
ARISTON, ami de Cléon et d'Hortense.
CLITANDRE, ami d'Ariston.
ZOÏLIN, écrivain de feuilles littéraires périodiques, introduit et accueilli chez Cléon sous les auspices d'Ariston.
NICODON, neveu de Zoïlin.
LAURE, suivante d'Hortense.
UN EXEMPT de maréchaussée.
LA FLEUR, valet de chambre d'Hortense.
UN LAQUAIS.
GARDES.
PLUSIEURS valets de la suite de Cléon.

La scène est dans le château de Cléon.

ACTE PREMIER.

SCÈNE I. — ZOÏLIN, *une gazette à la main, se promenant dans l'antichambre d'Hortense.*

Que ces gazettes-là sont des choses cruelles !
J'y vois presque toujours d'affligeantes nouvelles.
A de plats écrivains l'on donne pension,
A Valère un emploi , des honneurs à Damon;
Le petit monsieur Pince est de l'académie;
A la riche Chloé Dalinval se marie.
De parvenir comme eux n'aurais-je aucun moyen ?
O Fortune bizarre ! ils ont tout, et moi rien.
Aujourd'hui le mérite à cent dégoûts s'expose...
Autrefois, au bon temps, c'était tout autre chose...
Voyons, tâchons d'entrer.

1. Cette pièce n'a pas été représentée. C'est une satire contre l'abbé Desfontaines. (Éd.)

SCÈNE II. — ZOÏLIN, LA FLEUR, *sortant de l'appartement d'Hortense.*

ZOÏLIN.
Bonjour, monsieur La Fleur.
Puis-je vous demander si j'obtiendrai l'honneur
D'entrer à la toilette, et si madame Hortense
Voudra bien agréer mon humble révérence?

LA FLEUR.
Non, monsieur Zoïlin.

ZOÏLIN.
Je n'entrerai point?

LA FLEUR.
Non,
Madame en ce moment est avec Ariston. (Il sort.)

SCÈNE III. — ZOÏLIN.

Ce monsieur Ariston est heureux, je l'avoue;
Partout on le reçoit, on le fête, on le loue.
Le maître de céans, Cléon, est son appui,
Et laisse, en tout honneur, son épouse avec lui.
Je ne suis point jaloux; mais je sens qu'à mon âge,
Piquer une antichambre est d'un bas personnage.
Tandis que mon égal, du haut de sa faveur,
Se donne encor les airs d'être mon protecteur.
Cette amitié d'Hortense est pour moi fort suspecte...
Je sais que le public l'estime et la respecte.
Le public est un sot, j'appelle, sans détour,
Une telle amitié le masque de l'amour.
Que le sort d'Ariston m'humilie et m'outrage!

SCÈNE IV. — ZOÏLIN, UN LAQUAIS, *porteur d'une lettre.*

LE LAQUAIS.
Monsieur....

ZOÏLIN.
Que me veux-tu?

LE LAQUAIS.
C'est, monsieur, un message.

ZOÏLIN.
Pour moi?

LE LAQUAIS.
Non pas, c'est pour Ariston, votre ami.
Le duc d'Elbourg l'attend à quelques pas d'ici.
On doit souper ce soir chez madame Tullie,
Qui nous donne le bal avec la comédie.

ZOÏLIN.
Et moi, je n'en suis point?

64   L'ENVIEUX.

LE LAQUAIS.

Non, monsieur. Dites-moi
Où je pourrai trouver votre ami.

ZOÏLIN.

Par ma foi,
Je n'en sais rien. Cours, cherche.

(Le laquais sort.)

SCÈNE V. — ZOÏLIN, seul.

Ah ! je perds patience.
Que je souffre en secret ! quels dégoûts ! plus j'y pense,
Moins je puis concevoir comment certaines gens,
Avec très-peu d'esprit, nul savoir, sans talents,
Ont trouvé le secret d'éblouir le vulgaire,
De captiver des grands la faveur passagère,
De faire adroitement leur réputation.
Chacun veut réussir, veut parer, cherche un nom.
Le plus petit gredin, dans l'estime du monde,
Croit s'ériger un trône où son orgueil se fonde.
Et ce trône si vain, ce règne des esprits,
Ce crédit, ces honneurs, de quoi sont-ils le prix?
Je vois qu'on y parvient par cent brigues secrètes,
Par de mauvais dîners que l'on donne aux poètes,
Qui font bruit au pont Neuf, aux cafés, aux tripots.
Réussir quelquefois est le grand art des sots.
Pour moi, depuis trente ans j'intrigue, je compose,
J'écris tous les huit jours quelque pamphlet en prose.
Quels tours n'ai-je pas faits? que n'ai-je point tenté?
Cependant je croupis dans mon obscurité.

SCÈNE VI. — ZOÏLIN, LAURE, *sortant de l'appartement d'Hortense.*

ZOÏLIN.

Eh bien! pourrai-je entrer?

LAURE.

Non, monsieur, pas encore.

ZOÏLIN.

Du moins, en attendant, parlez-moi, belle Laure.
Faut-il que le destin, qui comble de ses dons
Tant d'illustres faquins, tant de fiers laidrons,
Puisse au méchant métier d'une fille suivante
Réduire une beauté si fine et si piquante!

LAURE.

Servir auprès d'Hortense est un sort assez doux.

ZOÏLIN.

Allez, vous vous moquez; il n'est pas fait pour vous.

ACTE I, SCÈNE VI.

LAURE

Vous le croyez, monsieur?

ZOÏLIN.

De vous avec Hortense,
Savez-vous, entre nous, quelle est la différence?

LAURE.

Eh mais! oui.

ZOÏLIN.

L'avantage est de votre côté.
Vous avez tout, jeunesse, esprit, grâces, beauté
Elle n'a, croyez-moi, que son rang, sa richesse.
Le hasard qui fait tout la fit votre maîtresse.
Moins aveugle, il eût pu la rabaisser très-bien
A l'état de suivante, et vous placer au sien.

LAURE.

Je n'avais jamais eu cette bonne pensée.
Je la trouve, en effet, très-juste et très-sensée.
Vous m'éclairez beaucoup, vous me faites sentir
Que j'étais dès longtemps très-lasse de servir.

ZOÏLIN.

Qui, vous, servir Hortense? et pourquoi, je vous prie?
Ce monde-ci, ma fille, est une loterie;
Chacun y met : on tire, et tous les billets blancs
Sont, je ne sais pourquoi, pour les honnêtes gens.
Voyez monsieur Cléon, ce fier mari d'Hortense,
Qui nous écrase ici du poids de sa puissance;
Dont l'insolent accueil est un rire outrageant;
Qui m'avilit encor, même en me protégeant;
Qui croit que la raison n'est rien que son caprice,
Qui nomme impudemment sa dureté justice :
Cet homme si puissant, entre nous, quel est-il?
Un ignare, un pauvre homme, un esprit peu subtil
Cependant vous voyez, il est chéri du maître;
Chacun est son esclave, ou cherche à le paraître;
Et moi, dans sa maison, je rampe comme un ver.

LAURE.

Pour moi, je n'ai jamais pu supporter son air.

ZOÏLIN.

Son front toujours se ride.

LAURE.

Il est dur, difficile,

Parlant peu.

ZOÏLIN.

Pensant moins.

LAURE.

Sombre.

ZOÏLIN.

Pétri de bile

L'ENVIEUX.

LAURE.
Si sérieux!

ZOÏLIN.
Si noir!

LAURE.
De madame jaloux,
Maître assez peu commode, et très-fâcheux époux
Je le planterai là.

ZOÏLIN.
Vous ferez à merveille.
Il faut vous établir, et je vous le conseille.
Cléon depuis longtemps me promet un emploi;
Mais dès que je l'aurai, je vous jure ma foi
Que monseigneur Cléon reverra peu ma face.
J'ai fait assez ma cour, je veux qu'on me la fasse.
Aidez-moi seulement, je vous promets dans peu
De vous faire épouser Nicodon, mon neveu.

LAURE.
C'est trop d'honneur.

ZOÏLIN.
L'amour, sous votre loi l'engage.

LAURE.
Bon, bon! c'est un jeune homme à son apprentissage,
Qui ne sait ce qu'il veut, et qui n'est point formé.
Il est si neuf, si gauche, il n'a jamais aimé.

ZOÏLIN.
Il en aimera mieux. Oui, mon enfant, j'espère
Entre vous deux bientôt terminer cette affaire.
Mais à condition que vous m'avertirez
De ce qu'on fait ici, de ce que vous verrez,
De ce qu'on dit de moi chez monsieur, chez madame.
Je veux savoir par vous tout ce qu'ils ont dans l'âme,
Rapportez-moi pour moi les propos d'Ariste,
Et les moindres secrets de toute la maison.
Pour votre bien, ma fille, il faut de tout m'instruire;
Ne parlez qu'à moi seul et laissez-vous conduire.

LAURE.
Très-volontiers, monsieur; et tout présentement.
(On entend la sonnette de l'appartement.)
Je veux.... Madame sonne.... et voici mon amant.
(A Nicodon qui entre.)
Bonjour, mon beau garçon; votre oncle est adorable.
Ah! quel oncle! il médite un projet admirable!
Il veut.... croyez, suivez, faites ce qu'il voudra;
Plaisir, fortune, honneur, tout de vous dépendra.
(On entend encore la sonnette. Laure s'enfuit précipitamment.)

ZOÏLIN, à part.
Il est bon de gagner cette franche étourdie.

ACTE I, SCÈNE VII.   67

SCÈNE VII. — ZOÏLIN, NICODON.

ZOÏLIN.
Toi, que viens-tu chercher?
NICODON.
Mon oncle, je vous prie,
L'auriez-vous déjà vu?
ZOÏLIN.
Qui?
NICODON.
Notre cher patron,
Mon protecteur, le vôtre?
ZOÏLIN.
Eh! qui donc?
NICODON.
Ariston.
ZOÏLIN.
Pourquoi? que lui veux-tu?
NICODON.
Ce que je veux? lui plaire...
Je voudrais pour beaucoup prendre son caractère,
L'étudier du moins, lui ressembler un peu.
ZOÏLIN.
Dites-moi, s'il vous plaît, mon nigaud de neveu,
Bel esprit de collège, imbécile cervelle,
Pourquoi voulez-vous prendre Ariston pour modèle?
Pourquoi pas moi?
NICODON.
Pardon, mais, c'est, mon oncle, c'est...
Qu'Ariston chaque jour se voit fêté, qu'il plaît,
Qu'il réussit partout; c'est que, sans peine aucune,
Le chemin du plaisir le mène à la fortune;
Que chacun le recherche, et profite avec lui;
Tandis que toujours seul vous périssez d'ennui.
Je sens que je pourrais, pour peu qu'on me seconde,
Devenir à mon tour un homme du beau monde.
ZOÏLIN, à part.
Pauvre garçon!
NICODON.
Comment en trouver le moyen?
ZOÏLIN, à part.
Le plaisant animal! il a, je le vois bien,
Juste l'esprit qu'il faut pour faire des sottises.
Par sa simplicité poussons nos entreprises.
(A Nicodon)
Mon ami, du beau monde avant peu tu seras;
Suis mes conseils en tout, et tu réussiras.
NICODON.
Vous n'avez qu'à parler.

68 L'ENVIEUX.

ZOÏLIN.
Il faut, sur toute chose,
Lorsqu'au grand jour du monde un jeune homme s'expose,
Il faut, pour débuter, aimer quelque beauté
Un peu sur le retour, riche, et de qualité;
Hortense, par exemple.

NICODON.
Ah! c'est me faire injure
De penser....

ZOÏLIN.
Non, ma foi! c'est la vérité pure.
Je sais cent jeunes gens, plus sots, plus mal tournés,
De leur bonne fortune eux-mêmes étonnés.
Tout le secret consiste...

NICODON.
Ah! c'est madame Hortense.

ZOÏLIN.
Oui, son cher Ariston avec elle s'avance.

NICODON.
Qu'ils me plaisent tous deux!

SCÈNE VIII. — HORTENSE, ARISTON, ZOÏLIN, NICODON.

HORTENSE, *à Zoïlin et à Nicodon.*
Avec plaisir vraiment
Je vous rencontre ici tous deux en ce moment.
Apprenez de ma bouche une heureuse nouvelle,
Qui doit vous réjouir.

NICODON, *faisant une grande révérence.*
Madame, quelle est-elle?

HORTENSE, *à Zoïlin.*
Vous connaissez, monsieur, ce beau poste vacant,
Et que tant de rivaux briguaient avidement?

ZOÏLIN.
Oui, madame; et j'ai cru....

HORTENSE.
La brigue était bien forte;
Enfin c'est Ariston, votre ami, qui l'emporte.

NICODON, *bas à Zoïlin.*
Vous pâlissez, mon oncle!

ZOÏLIN, *à Ariston, avec contrainte.*
Ah! recevez, monsieur,
(*Bas à part.*) (*Haut.*)
Mes compliments.... J'enrage. Et c'est du fond du cœur.

ARISTON.
Je veux bien l'avouer; la part si peu commune
Que chacun daigne prendre à ma bonne fortune
Est un très-grand honneur, un bien plus cher pour moi.

ACTE I, SCÈNE VIII.

Un plaisir plus touchant que cet illustre emploi ;
Et ce qui plus encor flatte en secret mon âme,
C'est qu'un tel choix n'est dû qu'aux bontés de madame.
Mais elle sait aussi que la seule amitié
Peut remplir tout mon cœur, à ses bienfaits lié.
Touché, reconnaissant de lui devoir ma place,
J'ose lui demander encore une autre grâce.

ZOÏLIN, *avec étonnement.*

Oh ! oh !

ARISTON.

C'est de souffrir qu'on puisse y renoncer
En faveur d'un ami qu'on voudrait y placer.

ZOÏLIN, *d'un air satisfait.*

Bon, cela.

ARISTON.

C'est pourquoi je parlais à madame.
Un tel bienfait, sans doute, est digne de son âme,
Car enfin cet emploi, l'objet de tant de vœux,
Si je le peux céder, rend deux hommes heureux.

ZOÏLIN.

Deux heureux à la fois ! votre âme est généreuse :
Cette noble action sera très-glorieuse.
J'ai bien pensé d'abord que ce poste, entre nous,
Quelque beau qu'il puisse être, est au-dessous de vous.

HORTENSE, *à Ariston.*

Non, gardez cette place : elle en sera plus belle.
Et pourquoi la quitter ? c'est le prix du vrai zèle,
C'est le prix des talents ; et les cœurs vertueux
(Car il en est encor) joignaient pour vous leurs vœux.
Ce choix les satisfait, il remplit leur idée.
Songez qu'au vrai mérite une place accordée
Est un bienfait du roi pour tous les gens de bien.
Je vous ai toujours vu penser en citoyen,
Et vous savez assez qu'à son devoir docile,
Il faut rester au poste où l'on peut être utile.

ARISTON.

J'en demeure d'accord ; mais ce n'est pas à moi
De penser que moi seul puisse être utile au roi.
Je sais qu'un honnête homme est né pour la patrie ;
Mais, sans vouloir m'armer de fausse modestie,
Je connais bien des gens dont l'esprit, dont l'humeur
De ce fardeau brillant soutiendraient mieux l'honneur.
Enfin, je l'avouerai, ces places désirées
Ne seraient à mes yeux que des chaînes dorées.
Mon esprit est trop libre, il craint trop ces liens :
On ne vit plus alors pour soi ni pour les siens.
L'homme (on le voit souvent) se perd dans l'homme en place.

L'ENVIEUX.

Je vis auprès de vous; tout le reste est disgrâce.
La tranquille amitié, voilà ma passion;
Je suis heureux sans faste et sans ambition;
Sans que le sort m'élève et sans qu'il me renverse,
Je suis né pour jouir d'un sage et doux commerce.
Pour vous, pour mes amis, pour la société
Dès longtemps rien ne manque à ma félicité.
Votre noble amitié, sur qui mon sort se fonde,
Me tient lieu de fortune et des honneurs du monde.
Que me vaudrait de plus un illustre fardeau?
Qu'obtiendrai-je de mieux de l'emploi le plus beau?
Dans les soins qu'il entraîne, et les pas qu'il nous coûte,
Que pourrait-on chercher? c'est le bonheur sans doute;
Mais ce bonheur enfin, je l'ai sans tout cela.
Qui sait toucher au but ira-t-il pas delà?

ZOÏLIN.

Vous parlez bien! Cédez à votre noble envie;
Il ne faut pas, monsieur, se gêner dans la vie;
Dans vos justes dégoûts sagement affermis,
Faites de cet emploi le bonheur d'un ami.
Vous saurez le choisir, prudent, discret, capable...

ARISTON.

Oui.

ZOÏLIN.

Plein d'esprit.

ARISTON.

...

ZOÏLIN.

Qui soit d'âge sortable...

D'un âge mûr.

ZOÏLIN.

Qui sache écrire noblement...

ARISTON.

Oui, très-bien.

ZOÏLIN, bas à part.

Ma fortune est faite en ce moment.
(à Ariston.)
Ainsi donc votre choix, monsieur, est...

ARISTON.

Pour Clitandre.

ZOÏLIN, stupéfait, les derniers mots à part.

Clitandre! oui, oui...

HORTENSE, à Ariston, après un silence.

A ce que vous voulez, je me console, au moins;
L'amitié désormais obtiendra tous vos soins.

ACTE I, SCÈNE VIII.

ZOÏLIN, à part.
Oh! que de cet ami je voudrais la défaire!

HORTENSE.
Votre présence ici m'était bien nécessaire,
Je trouve en vous toujours des consolations,
Des conseils, du soutien dans les afflictions.
Un ami vertueux, éclairé, doux et sage,
Est un présent du ciel, et son plus digne ouvrage.

NICODON, à Zoïlin.
Oh! comme en l'écoutant mon cœur est transporté!
Que de grâce, mon oncle, et que de dignité!
Quel bonheur ce serait que de vivre auprès d'elle!

ZOÏLIN, bas à Nicodon.
Ce monsieur Ariston lui tourne la cervelle.

HORTENSE, à Ariston.
C'est par exemple encore un trait digne de vous,
D'avoir, par vos conseils, engagé mon époux
A jeter dans le feu l'injurieux libelle
Dont hier, en secret, un flatteur infidèle
Avait voulu, sous main, rallumer son courroux
Contre le vieux Engaste, en procès avec nous.

ARISTON.
Eh! madame, en cela quelle était donc ma gloire!
J'ai trop facilement gagné cette victoire :
L'ouvrage était si plat, si dur, si mal écrit!
Sans doute il fut forgé par quelque bel esprit,
Quelque bas écrivain dont la main mercenaire
Va vendre au plus vil prix son encre et sa colère.

ZOÏLIN, bas à part.
Ah! morbleu! c'était moi.... Connaîtrait-il l'auteur?
Fuyons! je suis rempli de honte et de fureur.

ARISTON, à Zoïlin.
Vous ne connaissez pas ce misérable ouvrage?

ZOÏLIN.
Moi?

ARISTON.
Je souhaiterais qu'on pût guérir la rage
De ces lâches esprits tout remplis de venin.

ZOÏLIN.
Oui.

ARISTON.
Qui, toujours cachés, bravent le genre humain,
De ces oiseaux de nuit que la lumière irrite,
De ces monstres formés pour noircir le mérite.
Que je les hais, monsieur!

HORTENSE, à Ariston.
Vous avez bien raison.

L'ENVIEUX.

ZOÏLIN, à *Nicodon*.

Sortons.

NICODON.

Eh non, mon oncle.

ARISTON, à *Nicodon*.

Écoutez, Nicodon :
Gardez-vous pour jamais de ces traîtres cyniques
Vous hantez des cafés et ces postes publiques
Vont, dit-on, quelquefois faire les beaux esprits,
Ramasser les poisons qu'on voit dans leurs écrits.
Vous êtes jeune, et simple, et sans expérience,
Le monde jusqu'ici n'est pas votre science ;
Vous pouvez avec eux aisément vous gâter ;
Madame vous protège, il le faut mériter.
Étudiez beaucoup, acquérez des lumières,
Pour entrer au barreau, pour régir les affaires ;
Rendez-vous digne enfin de quelque honnête emploi ;
Surtout ne prenez point votre exemple sur moi.

(À Hortense.)

Madame, pardonnez cette leçon diffuse ;
Mais vous le protégez, et c'est là mon excuse.
Permettez qu'avec vous j'aille trouver Cléon,
Pour résigner l'emploi dont vous m'avez fait don.

(*Hortense sort avec Ariston.*)

SCÈNE IX. — ZOÏLIN, NICODON.

ZOÏLIN, à part.

Je hais mon sort ; je hais cet homme davantage ;
Sans même le savoir, à toute heure il m'outrage.
Oui, je l'abaisserai.

NICODON.

Mon oncle, en vérité,
Madame Hortense et lui m'ont tous deux enchanté.

ZOÏLIN.

Dis-moi, ne sens-tu pas un peu de jalousie
Contre cet Ariston ? là... quelque noble envie !

NICODON.

Vous voulez vous moquer ; il me sied bien à moi
D'oser être jaloux ! Et puis d'ailleurs sur quoi ?

ZOÏLIN.

Comment sur quoi, mon fils ? Tu ne sais pas, te dis-je,
Tout le mal qu'il te fait, et tout ce qui l'afflige.

NICODON.

Rien ne doit m'affliger, et je suis fort content.

ZOÏLIN.

Et moi, je te soutiens qu'il n'en est rien.

ACTE I, SCÈNE IX.

NICODON.
Comment?
ZOÏLIN.
Ton cœur est ulcéré par un mal incurable
Il est jaloux, te dis-je, et jaloux comme un diable.
NICODON.
Est-il possible?
ZOÏLIN.
Eh oui ; je le vois dans tes yeux :
Car n'es-tu pas déjà de madame amoureux?
NICODON.
Eh, mon Dieu, point du tout. Moi! je n'ai, de ma vie,
Osé penser, mon oncle, à semblable folie.
ZOÏLIN.
Tu l'es, mon cher enfant.
NICODON.
Je n'en savais donc rien.
ZOÏLIN.
Amoureux comme un fou ; je m'y connais fort bien.
NICODON.
Oh! oh! vous le croyez?
ZOÏLIN.
La chose est assez claire.
Quoi! ne serais-tu pas très-aise de lui plaire?
NICODON.
Très-aise assurément.
ZOÏLIN.
Si ton heureux destin
Te faisait parvenir jusqu'à baiser sa main,
N'est-il pas vrai, mon cher, que tu serais en proie
À de tendres désirs, à des transports de joie?
NICODON.
Oui, j'en conviens, mon oncle.
ZOÏLIN.
Et si cette beauté
Daignait pour ta personne avoir quelque bonté?
NICODON.
Quel conte faites-vous?
ZOÏLIN.
Tu serais plein de zèle,
Aussi tendre qu'heureux, aussi vif que fidèle.
NICODON.
Ah! je deviendrais fou de ma félicité.
ZOÏLIN.
Eh bien, tu l'aimes donc? c'est sans difficulté
NICODON.
Eh mais...

ZOÏLIS.
T'ayant prouvé ton amour sans réplique,
Tu conçois tout d'un coup, sans trop de rhétorique,
Que de cet Ariston tu pois être jaloux,
Que tu l'es, qu'il le faut....

NICODON.
Ariston, dites-vous,
En serait amoureux? Ariston sait lui plaire?

ZOÏLIS.
Sans doute; ils sont amants; c'est une vieille affaire.

NICODON.
Voyez donc! je croyais qu'ils n'étaient rien qu'amis.

ZOÏLIS.
Dans quelle sotte erreur ta jeunesse t'a mis!
Apprends, pauvre écolier, à connaître les hommes!
Il n'est point d'amitié dans le siècle où nous sommes,
Et, pour peu qu'une femme ait quelques agréments,
Ses amis prétendus sont de secrets amants.

NICODON.
Eh bien! je pourrais donc à mon tour aussi l'être?

ZOÏLIS.
Sans doute, et fais les pas je le ferai paraître.

NICODON.
Moi?

ZOÏLIS.
Toi-même, et pour toi je lui crois quelque amour.

NICODON.
Quoi?...

ZOÏLIS.
Mais cher ami, où donc as-tu fait ta cour?
As-tu dans ses papiers, ouverts par négligence,
Ramassé par hasard quelques lettres d'Hortense?

NICODON.
C'est un conseil prudent que je vais répéter,
Car je sais qu'elle écrit avec facilité
Avec esprit, d'un air si tendre et si facile!
Et tout ce que j'en ai, c'est pour former ton style.

NICODON.
Oui, j'ai, mon très-cher oncle, à cette intention
Pris, pour vous obéir, ces deux lettres.

ZOÏLIS.
Bon.
Donne, lisons un peu. Voyons si l'on y trouve
Quelques mots un peu vifs et tels que cela prouve
Ce qu'on peut en tirer.....
L'amour..... Ah! l'y voilà!

L'amour....

ACTE V, SCÈNE IX. 75

NICODON.
Oui, mais lisez ; le mot d'amour est là
Dans un tout autre sens que vous semblez le croire.
Tournez, voyez plutôt : c'est l'amour de la gloire,
L'amour de la vertu.
ZOÏLIN, tirant un cahier de sa poche.
Va, jeune innocent,
Tais-toi. Pour ton bonheur, obéis seulement
Porte chez Ariston ce paquet d'importance,
Et parmi ses papiers le glisse avec prudence.
Ta fortune en dépend.
NICODON.
Mais, mon oncle, l'honneur....
ZOÏLIN.
Eh oui, l'honneur ! mon Dieu, j'ai l'honneur fort à cœur
Faisons d'abord fortune, et puis je te proteste
Qu'à la suite du bien, l'honneur viendra de rester
NICODON.
Mais enfin vous savez jusqu'où va sa bonté
Il nous protége.
ZOÏLIN.
Bon, par pure vanité.
Il est jaloux de toi dans le fond de son âme.
NICODON.
Vous croyez !
ZOÏLIN.
Il voit bien que tu plais à madame.
NICODON.
Je ne me croyais pas, ma foi, si dangereux.
ZOÏLIN.
Tu l'es. Adieu, te dis-je, et fais ce que je veux.
(Il sort.)

SCÈNE X. — NICODON, LAURE.
LAURE.
Oh çà, mon cher enfant, à quand le mariage ?
NICODON.
Avec qui ?
LAURE.
Comment donc ! vous, cœur tendre et sage
N'est pas tout résolu de me donner sa foi,
Avec un bon contrat qui vous soumette à moi ?
NICODON.
Et sur quoi fondez-vous cette plaisante idée ?
Sur l'aveu dont cent fois vous m'avez excédée,
Sur l'amour, sur l'honneur qui vous tient engagé

76   L'ENVIEUX.

NICODON.
Oh! tout cela, ma mie, est, ma foi, bien changé!
LAURE.
Bien changé! comment donc?
NICODON.
Quoi? c'est tout autre chose.
Lorsqu'au jour du grand monde un jeune homme s'expose,
Il faut, pour débuter, aimer quelque beauté
Un peu sur le retour, riche et de qualité.
LAURE.
Seriez-vous à l'instant devenu fou?
NICODON.
La belle,
Quelquefois, par hasard, perdez-vous la cervelle?
LAURE.
Apprenti petit-maître, oubliez-vous souvent
Vos serments, votre honneur, et votre engagement?
NICODON.
Allez, allez, j'ai bien une autre idée en tête.
LAURE.
Vous ne m'aimez donc plus? Je ne sais qui m'arrête
Que deux larges soufflets, avec cinq doigts marqués
Ne soient sur ton beau teint d'un bras ferme appliqués.
(À son geste, Nicodon effrayé s'enfuit.)
Allons, je vais trouver son chien d'oncle, et lui dire
Ce qu'un dépit très-juste en pareil cas inspire.

ACTE SECOND.

SCÈNE I. — LAURE, ZOÏLIN.

LAURE.
Votre neveu, monsieur, en un mot est un fat.
ZOÏLIN.
Je le crois.
LAURE.
Un méchant.
ZOÏLIN.
Pourquoi non?
LAURE.
Un ingrat,
Un effronté. Comment! sans honte il m'ose dire
Qu'à mon cœur, à ma main, il est faux qu'il aspire,
Qu'à tâter de l'hymen, il n'avait point songé!
À peine encore amant, me donner mon congé!
Pourquoi m'amusiez-vous par ces vaines sornettes?

ACTE II, SCÈNE I.

Écoutez : c'est un traître, ou bien c'est vous qui l'êtes ;
Le fait est net et clair. Prenez votre parti ;
Ou votre neveu ment, ou vous avez menti.

ZOÏLIN.

Ce n'est ni l'un ni l'autre. Écoutez-moi, la belle :
Je ne garantis pas qu'il vous soit bien fidèle,
Mais je vous garantis que vous seriez à lui,
Que je vous marierais, et peut-être aujourd'hui,
Si....

LAURE.

Si.... quoi? qui l'empêche?

ZOÏLIN.

Ariston, qui s'oppose
A tout ce que l'on veut, et qui de vous dispose.
Ariston ne veut pas qu'on vous épouse.

LAURE.

Ô ciel !
Ne vouloir pas qu'on m'aime !

ZOÏLIN.

Oui, le trait est cruel.

LAURE.

Ne pas permettre que...

ZOÏLIN, d'un ton railleur.

Non, il ne peut permettre
Que dans vos bras charmants mon neveu s'aille mettre.

LAURE.

Le traître ! Et que dit-il, monsieur, pour sa raison ?

ZOÏLIN.

Des raisons ! Bon, ma fille, il me parle d'un ton...
Il dit de vous hier.... il faisait une histoire....
Un conte à faire rire, et que je ne peux croire.

LAURE.

Voyons, que disait-il ?

ZOÏLIN.

Eh mais, vous jugez bien
Ce que disent les gens quand ils ne savent rien.

LAURE.

Encore ?...

ZOÏLIN.

Il nous faisait des contes

LAURE.

Je défie
Tous vos plaisants conteurs avec leur calomnie.
Ne vous parlait-il point de ce jeune commis,
Qui fut, à mon insu, dans mon armoire admis,
Qu'on rencontra deux fois dans cette allée obscure ?
J'ai fait tirer au clair cette belle aventure,
J'en suis très-nette.

LE VIEUX

Et puis, il nous disait vraiment
Bien autre chose encore....

LAURE.

Je sais apparemment....
Il voulait vous parler d'un étourdi de page,
Il est vraiment aimable, et fort grand pour son âge;
Mais nous ne croyons rien.... Ah! l'on est de bon âge
Ce petit écuyer, cet amoureux transi.
Attendez, m'y voilà : c'est le neveu d'Hortense.
Ah! je puis hautement braver la médisance.

LE VIEUX.

Çà, vous voyez mon cœur et ma naïveté;
Tout ce qu'on dit de vous, je vous l'ai rapporté;
Votre tour est venu : c'est à vous de m'apprendre
Tout ce que sur mon compte on vous a fait entendre.
Parlez, que pense-t-on de moi dans la maison?
Expliquez-vous nûment, sans détour, sans façon.

LAURE.

Volontiers : aujourd'hui, trois ou quatre personnes
Vous drapaient joliment; qu'ils en disaient de bonnes!

LE VIEUX.

Comment? Sachons un peu....

LAURE.

D'abord certain Damis
Assurait que jamais vous n'aviez eu d'amis.
Hélas! s'il disait vrai, que vous seriez à plaindre!
Il ajoutait encor qu'il fallait toujours vous craindre.

LE VIEUX.

C'est peu de chose....

LAURE.

Eh oui; mais monsieur Lisimon,
Vous tranchait hardiment certain mot de *fripon*.

LE VIEUX.

Bagatelle. Est-ce tout?

LAURE.

Non. Un certain Henrique
Disait que vous n'étiez qu'un pédant satirique,
Un menteur sans vergogne, un fourbe, un plat auteur,
Jaloux de tout succès jusques à la fureur;
Haï des gens de bien, des beaux esprits, des belles.
« Il barbouillait, dit-il, trente mauvaises libelles,
Si grossiers, disait-il.... »

LE VIEUX.

Ce dernier trait
Me blesse, je l'avoue, et j'en suis stupéfait.
Que sur mes goûts, mes mœurs, mon cœur et ma personne,

ACTE II, SCÈNE I.

On glose librement, tout cela se pardonne;
Mais dénigrer mon style, attaquer mon esprit!
Oh! parbleu, c'en est trop; j'en crève de dépit.

LAURE.

Attendez : Libermont, qui très-peu vous honore,
En ricanant beaucoup, nous ajoutait encore
Qu'en un certain enclos....

ZOÏLIN, *l'interrompant brusquement.*

Il suffit, mon enfant;
C'est assez m'éclairer; je suis plus que content.
Mais à tous ces discours que répondait Hortense?

LAURE.

Hortense? elle lisait, en gardant le silence.
Elle hait ces propos.

ZOÏLIN.

Et monsieur Ariston?

LAURE.

Il n'a pas seulement prononcé votre nom.
Mais peut-être il vous hait, et de plus vous méprise.

ZOÏLIN.

Me mépriser! pourquoi?

LAURE.

Ne faut-il pas qu'il dise
Beaucoup de mal de vous, puisqu'il en dit de moi?
S'opposer à ma noce! ah! si je le revoi,
Je vous le traiterai de la bonne manière.

ZOÏLIN.

Modérez-vous.

LAURE.

Non, quand je saurai la première,
Ici le démasquer; et je veux aujourd'hui
Lui prouver tous ses torts, et me venger de lui.

SCÈNE II. — HORTENSE, LAURE, ZOÏLIN.

HORTENSE.

Mon Dieu! que tout ceci me surprend et m'afflige!
Que l'on cherche Ariston; courez partout, vous dis-je.

LAURE.

Madame....

HORTENSE.

Absolument je veux l'entretenir.

LAURE.

Non, madame, jamais il n'osera venir.

HORTENSE.

Ah! que me dis-tu là? Tu le croirais coupable?

LAURE.

Sans doute, je le crois : de tout il est capable.

HORTENSE.
Il n'est point imprudent, il connaît son devoir.
LAURE.
Il a tous les défauts que l'on saurait avoir.
Je lui dirai son fait vertement, je vous jure.
HORTENSE.
Ariston m'exposer à pareille aventure !
Lui, mon intime ami ! non, je n'y conçois rien.
Il est trop raisonnable, et trop homme de bien.
LAURE.
Il ne l'est point du tout.
HORTENSE, à Zoïlin.
Mais vous pourriez m'instruire
Mieux qu'un autre, monsieur, de ce que j'entends dire.
ZOÏLIN.
Moi ?
HORTENSE.
Vous. Votre neveu perd-il le sens commun ?
Que prétend donc de moi ce petit importun,
En me suivant partout, en me faisant cortége,
Cent fois m'affadissant de phrases de collége ?
Il me soutient à moi qu'il a vu, lu, tenu
Un billet de ma main qu'Ariston a reçu.
Enfin, si je l'en crois, mes lettres sont publiques,
Et je serai bientôt l'entretien des critiques.
ZOÏLIN.
Si ce n'est que cela, calmez votre douleur ;
Ce petit accident vous fera grand honneur.
De vos moindres billets la grâce naturelle
Du style épistolaire est un charmant modèle.
Les femmes, j'en conviens, entendent mieux que nous
Cet art si délicat, si naïf, et si doux.
Leur cœur avec esprit sait peindre leurs pensées,
Des mains de la nature ingénument tracées ;
Les hommes ont toujours trop d'art dans leurs écrits,
J'aime mieux Sévigné que trente beaux esprits.
HORTENSE.
De ce flatteur encens je ne suis point la dupe.
Quelques lettres sans fard, où mon esprit s'occupe,
Sont pour Ariston seul, et non pour d'autres yeux.
Je hais un vain éclat, je crains les curieux.
Oui, de quelque haut rang que l'on soit décorée,
La plus heureuse femme est la plus ignorée.
Je sais bien que ma main jamais n'a pu tracer
Un billet dont personne eût lieu de s'offenser,
Et que jamais mon cœur ne conçut de pensée
Dont ma gloire un instant dût se sentir blessée

ACTE II, SCÈNE II.

Mais je sais trop aussi que le public malin
Sur les femmes se plaît à jeter son venin.
Quoi qu'il en soit, monsieur, d'une telle imprudence,
J'en vois avec douleur toute la conséquence ;
Et surtout je ressens un très-juste courroux
De voir qu'un jeune fat, aux yeux de mon époux,
Sans égard au bon sens, s'en vienne à ma toilette
De ce bruit dangereux débiter la gazette.
Auprès de nous admis par les soins d'Ariston,
Vous démêlez assez l'air de notre maison ;
Vous connaissez Cléon, et sa délicatesse ;
Votre air mystérieux le surprend et le blesse.
Il fallait lui parler. Je n'en dirai pas plus ;
Vous aimez Ariston : réglez-vous là-dessus.
Quelquefois un seul mot, dit par un homme sage,
Porte avec soi la paix et détourne l'orage.
L'oncle réparera la faute du neveu :
Il le peut, il le doit, j'ose y compter ; adieu.
(Elle sort.)

LAURE, *à Zoïlin*.

En grondant le neveu, songez bien, je vous prie,
Que sans perdre de temps il faut qu'il se marie.

ZOÏLIN, *à part*.

Je suis embarrassé, je serai découvert ;
Ariston saura tout ; s'il paraît, il me perd....
Quel que soit le danger, il faut que je m'en tire.
(Il sort.)

SCÈNE III. — LAURE, NICODON.

LAURE.

Ah ! voici mon ingrat ; il se trouble, il soupire.
Sentirait-il son tort ?

NICODON, *d'un air confus et embarrassé*.

Il est vrai, cette fois
Je fus un grand benêt, et je m'en aperçois.

LAURE.

Dis que tu l'es, mon cher, et la chose est plus sûre.

NICODON.

Hélas ! comme dans moi pâtissait la nature !
Quel maudit embarras ! quel excès de tourment !
Et qu'il m'en a coûté pour être impertinent !

LAURE.

Très-peu.... Mais qu'as-tu donc qui gêne ainsi ton âme ?

NICODON.

J'ai.... que je n'aimerai jamais de grande dame.

LAURE.

Vraiment, je le crois bien. C'est moi seule en effet

82   L'ENVIEUX

Qu'il te convient d'aimer : c'est moi qui suis ton fait.
              NICODON, à part.
Hélas! elle a raison, car elle est jeune et belle.
Elle est à mon niveau, je suis libre avec elle,
L'autre force au respect par son air innocent,
Et me fait d'un coup d'œil rentrer dans mon néant.
                    LAURE.
Traître, quelle est cette autre?
              NICODON.
              Eh! c'est madame Hortense.
                    LAURE.
Miséricorde! quoi! vous auriez l'impudence,
En abusant ici des bontés de Cléon,
D'oser aimer sa femme?
              NICODON.
              Aimer madame? oh! non,
Je n'ai pu, je l'avoue, assez me méconnaître
Pour en être amoureux; seulement j'ai cru l'être.
                    LAURE.
Innocent! qui vous a de la sorte entêté?
D'où vous vient cette erreur?
              NICODON.
              D'où? de la vanité.
                    LAURE.
Vraiment, c'est bien à vous d'être vain!
              NICODON.
                              Non, non, Laure,
Je me garderai bien d'y retomber encore.
Ah! si vous m'aviez vu, je me sentais si sot!
Je cherchais à parler sans pouvoir dire un mot;
J'ouvrais la bouche à peine, et dans ma lourde extase
Je bégayais tout bas, en cherchant une phrase.
Quand sur moi de madame un regard s'échappait,
C'était comme un éclair qui soudain me frappait;
J'étais plus mort que vif, j'étais cent pieds sous terre
On raillait ma figure, on me faisait la guerre,
Un page et des valets, voyant mon embarras,
Pour rire à mes dépens ne se contraignaient pas;
Enfin, j'aurais voulu que cent coups d'étrivière
M'eussent chassé de là, pour me tirer d'affaire.
Ce n'est pas tout encore.
                    LAURE.
              Oh! qu'avez-vous donc fait?
              NICODON.
Ces lettres d'Ariston font un méchant effet.
Je crois que là-dessous il est quelque mystère
Madame en a pleuré, monsieur est en colère;

ACTE II, SCÈNE III.

Il gronde entre ses dents, dit qu'il se vengera,
Que bientôt....

LAURE.

Et c'est vous qui causez tout cela ?

NICODON.

Oui, très-innocemment. Mon oncle me console,
Dit que c'est pour un bien ; il m'a donné parole
Qu'en abandonnant tout à sa discrétion,
Il obtiendrait bientôt le poste d'Ariston,
Et que du même instant ma fortune était faite.

LAURE.

Et la mienne avec vous ?

NICODON.

Vraiment je le souhaite.

LAURE.

Il est juste, après tout, qu'Ariston soit puni
Du mal que ses conseils nous auraient fait ici.

NICODON.

Quel mal ?

LAURE.

Mon cher enfant, il faut que je vous donne
Un conseil plus sensé : ne croyez plus personne,
Défiez-vous de tout, ne vous mêlez de rien,
Aimez-moi tendrement, et le reste ira bien.

NICODON.

Ah ! ce n'est plus qu'à vous que je prétendrai plaire.

LAURE.

Ce sera pour tous deux une très-bonne affaire.
Pour vous conduire en tout avec discernement,
N'être point dans le monde un servile instrument,
Avec quoi les fripons travailleraient pour lui-même,
Je veux prendre sur moi le soin de vous instruire :
Je vous dirai d'abord....

NICODON.

Oui, vos sages avis,
Chaque jour avec zèle écoutés et suivis,
M'auront bientôt changé, grâce à votre science.
Déjà même à présent j'en fais l'expérience :
Mon esprit se dégage, et sans doute mon cœur
Profite encore mieux sous un tel précepteur.

LAURE.

Oui, c'est bien profiter que me fermer la bouche,
Lorsque pour votre bien...

NICODON.

Tant de bonté me touche ;
L'attrait de vos leçons...

LAURE.

Trêve de compliments ;

Au lieu de leur parler, laissez parler les gens.
NICODON.
Soit.
LAURE.
Ne présumez pas qu'en sortant du collège
On ait de parler seul acquis le privilége
Ni que ce soit toujours au beau pays latin
Qu'on puise un grand savoir, qu'on a l'esprit très-fin;
On peut l'avoir très-faux : c'est à son verbiage
Qu'on reconnaît d'abord un fâcheux personnage
Qui se fait sottement mépriser ou haïr
De ceux dont les bontés ont daigné l'accueillir.
Faut-il vous répéter un conseil salutaire?
Observez, écoutez, sachez longtemps vous taire.
NICODON.
C'est en vous écoutant que je veux être instruit.
LAURE.
Il y paraît!
NICODON.
Dans peu vous en verrez le fruit.
LAURE.
Vous le dites du moins, j'en accepte l'augure;
Mais l'art ne peut toujours corriger la nature.
Votre oncle, par exemple, est vieux, et cependant
Est-il moins qu'autrefois orgueilleux et pédant?
Jamais de ses défauts rien n'a pu le défaire.
S'il sait en imposer, et surtout au vulgaire,
C'est pure hypocrisie; il faut, pour être heureux,
Se former sur des gens plus vrais, plus vertueux.
Si mon futur époux s'en rapporte à mon zèle,
Je peux lui proposer un excellent modèle,
L'opposé de votre oncle.
NICODON.
Et c'est?
LAURE.
C'est Ariston.
Ah! si vous acquériez ses manières, son ton,
Dès lors jamais d'ennui, de froideur en ménage;
Et l'on vous aimerait chaque jour davantage.
En dépit du beau tour qu'il croyait nous jouer,
Cet homme, malgré lui, me force à le louer.
NICODON.
Il est vrai, près de lui.... Mais j'aperçois Hortense.
LAURE.
Adieu, je cours la joindre.
NICODON, *à part.*
Évitons sa présence.
(Il sort précipitamment.)

SCÈNE IV. — HORTENSE, LAURE.

HORTENSE, *sortant de son appartement.*
Laure, il n'est plus pour moi de paix ni de bonheur.
Je ne peux soutenir l'excès de ma douleur.
Partons, fuyons ces lieux.

LAURE.
　　　　　　　Eh! qui peut donc, madame,
Troubler en ce moment le calme de votre âme?
Rien ne semblait encor l'altérer ce matin.

HORTENSE.
Oui, chacun prenait part à notre heureux destin.
Ariston parmi nous répandait l'allégresse;
De l'époux qui m'est cher l'amitié, la tendresse,
Partageaient nos beaux jours et remplissaient mon cœur,
Sous nos yeux éclataient la joie et le bonheur.
Entourés des vertus, du travail, de l'aisance,
Et des accents si doux de la reconnaissance,
Au comble de nos vœux, quel démon en fureur
Jette ici tout à coup le désordre et l'horreur?

LAURE.
Des envieux peut-être, à l'ombre du mystère...

HORTENSE.
Écoute: tu connais ce noble monastère,
Où, délaissant le monde et ses plaisirs trompeurs,
D'un calme inaltérable on goûte les douceurs,
Loin de la calomnie et de la médisance;
Eh bien! j'ai résolu, connaissant ta constance,
D'aller en cet asile, avec toi seulement,
Cacher à tous les yeux ma honte et mon tourment.
Je n'ai point d'autre espoir: échappée au naufrage,
Dans ce port tutélaire, à l'abri de l'orage,
Sans regrets, sans remords, j'irai vivre et mourir.

LAURE.
Mais, madame, avant tout ne peut-on découvrir
Quels sont les ennemis dont la soudaine rage
Avec tant d'injustice aujourd'hui nous outrage?

HORTENSE.
Du jour les malfaiteurs redoutent la clarté,
Et c'est dans le silence et dans l'obscurité
Qu'ils forgent sans danger leurs armes criminelles,
Inventent des noirceurs, composent des libelles,
Semés adroitement, ces écrits imposteurs
Égarent le public au gré de leurs auteurs,
Et trop souvent, hélas! timide et sans défense,
Sous d'invincibles traits succombe l'innocence.

SCÈNE IV.
LAURE.

Quelque vil scélérat, excité contre vous,
Avec un art perfide abusant votre époux,
Aurait-il réveillé sa folle jalousie ?

HORTENSE.

Hélas! ce seul défaut empoisonne sa vie.
Mais ce défaut enfin, grâce à mes heureux soins,
S'il n'était pas détruit, s'était caché du moins.
Du sincère Ariston, l'esprit doux, sympathique,
Cimentait chaque jour notre paix domestique.
Cette paix est rompue, et le sort ennemi
Vient m'ôter à la fois mon époux, mon ami.
Mon repos, mon bonheur, il ne peut reparaître,
C'en est fait, je ne puis, ni le voir plus paraître,
Je mourrai de douleur.

LAURE.

Mais c'est mourir vraiment
Que d'aller s'enterrer dans le fond d'un couvent ;
Il faudra vous y suivre et j'en suis fort fâchée.

HORTENSE.

Que des hommes, bon Dieu ! l'âme est fausse et cachée !
Aurais-tu pu penser que mon affection
Que mes calamités me viendraient d'Ariston ?

LAURE.

Oui, je vous l'avais dit, et vous deviez l'entendre.

HORTENSE.

Non, cet événement ne saurait se comprendre ;
Honneur, raison, devoir, parlez donc vainement ?
Que mon cœur vous aimez ? qu'il suivit constamment
Vos lois, celles du monde, et de la bienséance ;
Nos vertus, je le vois, sont en notre puissance,
Notre félicité ne dépend pas de nous.

LAURE.

Laissez, je vais parler à monsieur votre époux.

HORTENSE.

Non, non, gardez-vous bien d'irriter sa colère ;
Dites-moi, s'il vous plaît, ce qu'il convient de faire.
Ce maudit Ariston pourrait tout éclaircir ;
Vous le cherchiez.

LAURE.

J'ai promis à Cléon d'éviter sa présence.
La vertu seule ici, il en faut l'apparence,
Les soupçons d'un époux s'animent à mon tourment.

SCÈNE V. — HORTENSE, ARISTON, CLITANDRE, LAURE.

ARISTON, à Hortense.

Vous me voyez saisi d'un juste étonnement;
Chez votre époux, madame, empressé de me rendre,
Je venais vous prier d'y présenter Clitandre.
On m'annonce un refus, on me dit que Cléon
Me défend pour toujours l'accès de sa maison.

HORTENSE.

Cléon, et vous, et moi, je vous le dis sans feindre,
Plus que vous ne pensez nous sommes tous à plaindre.
Vous devez par raison, surtout par probité,
Rompre avec moi, monsieur, toute société.
Gardez-vous de venir chez Cléon davantage;
Évitez tout éclat, dans un silence sage.
A ces tristes conseils prompt à vous conformer,
Fuyez-moi, plaignez-moi, mais sachez m'estimer.

(Elle sort.)

SCÈNE VI. — ARISTON, CLITANDRE, LAURE.

CLITANDRE.

Je suis confus pour vous d'une telle incartade.
Quelle réception! quelle étrange boutade!

ARISTON.

Je suis épouvanté, saisi, pétrifié.
(A Laure qui sortait, et qu'il arrête.)
Ma belle enfant, parlez, dites-moi, par pitié,
Quel crime j'ai commis, ce que cela veut dire,
(Elle veut sortir.)
Ce que j'ai fait. Un mot!... arrêtez!... Quel délire
Semble être répandu sur toute la maison!
De grâce, instruisez-moi.

LAURE.

Vous êtes un fripon.
Il vous appartient bien de critiquer ma vie,
De vouloir empêcher que l'on ne me marie!
Ah! je me marierai, je vous braverai tous,
Et je ferai très-bien mes affaires sans vous.

(Elle sort.)

SCÈNE VII. — ARISTON, CLITANDRE.

ARISTON.

Elle est folle. On ne peut comprendre ce langage.
Que veut-elle nous dire avec son mariage?
Quelle sottise étrange, et quel galimatias!
Hortense est en courroux.

CLITANDRE.

Cela ne s'entend pas.

L'ENVIEUX.

Serait-ce une gageure, ou bien quelque méprise?
Car, enfin, de tout temps Cléon vous favorise;
On sait qu'Hortense et lui, dans vous avaient trouvé
Un ami tendre et sûr, et d'un zèle éprouvé.
Quel ennemi secret, quelles sourdes menées
Corrompraient en un jour le fruit de tant d'années?

ARISTON.

Je m'examine à fond, j'ai beau tourner, fouiller,
C'est une énigme obscure à ne pas débrouiller.
Je tâcherai pourtant d'en percer les mystères.
Ah! s'ils étaient tous deux des amis ordinaires,
Je pourrais justement, piqué de leur humeur,
A leur caprice indigne opposer la froideur.
Tranquille, et renfermé dans ma pure innocence,
Je laisserais leurs cœurs à leur propre inconstance.
Mais Hortense et Cléon m'ont cent fois protégé,
De leurs nouveaux bienfaits je suis encor chargé.
Ils ont toujours des droits à ma reconnaissance;
Le souvenir du bien l'emporte sur l'offense.
C'est à moi d'adoucir leur injuste courroux;
Oui, je vais de ce pas embrasser leurs genoux.
L'amour-propre se tait, j'écoute la tendresse.
Ami, quand le cœur parle, il n'est pas de bassesse.

ACTE TROISIÈME.

SCÈNE I. — ARISTON, CLITANDRE.

ARISTON.

Ma disgrâce est complète autant qu'elle fut prompte;
Tout mon cœur est flétri de douleur et de honte;
Et je rougis surtout que ma crédulité
Vous ait de cet emploi si faussement flatté.
Je n'avais accepté cette charge honorable
Que pour en revêtir un ami véritable.
Hélas! de mon crédit j'étais trop prévenu,
A cet honneur trop haut malgré moi parvenu,
Soudain on me l'arrache, on m'outrage, et j'ignore
Quel est l'heureux mortel que le prince en honore.
Ami, ce n'est pas moi, c'est vous qu'on a perdu.

CLITANDRE.

Je reconnais en tout votre aimable vertu;
Ariston, vous savez qu'à vous seul attaché,
Des honneurs et du bien mon âme est peu touchée.
Rien ne m'afflige ici que votre seul chagrin.

ACTE III, SCÈNE I.

ARISTON.
De ce coup imprévu quelle est la cause? En vain
Je veux la pénétrer; je m'y perds quand j'y pense.

CLITANDRE.
Ne vous rebutez point. Voyez Cléon, Hortense.
Songez qu'en s'expliquant on réussit bien mieux.
Croyez qu'un honnête homme a toujours dans les yeux
Un secret ascendant dont le pouvoir impose;
Un air de vérité sur ses lèvres repose;
Son cœur est sur sa bouche, et jusque dans son ton
Il a je ne sais quoi que n'a point un fripon.
En un mot, voyez-les; leurs caprices frivoles,
Disparaîtront sans doute à vos seules paroles.

ARISTON.
Pour les revoir tous deux j'ai tout fait, tout tenté;
L'humiliation ne m'a point rebuté;
De deux refus cruels j'ai dévoré l'outrage;
Cléon s'est détourné quand j'étais au passage;
Enfin, de deux billets j'ai hasardé l'envoi;
Je pleurais, je l'avoue, en écrivant. Je vois
Que l'on a repoussé ma démarche importune.

CLITANDRE.
Que disent-ils au moins? quelle réponse?

ARISTON.
Aucune.

CLITANDRE.
Il faut vous l'avouer, cette obstination,
Jette au fond de mon cœur un étrange soupçon.
J'entrevois contre vous quelque orage sinistre.
Tout à l'heure on disait que contre un grand ministre,
Il courait dans la ville un mémoire imposteur,
Écrit très-offensant dont on vous fait auteur.
J'ai d'abord regardé cette absurde nouvelle
Comme un fruit avorté d'une folle cervelle,
Comme un discours en l'air des bisifs de Paris;
Mais ce discours commence à frapper mes esprits.
La chose est sérieuse, on ourdit votre perte,
Et je vois que la haine acharnée et couverte
De quelque scélérat, avec un art subtil,
D'une trame si noire aura tissu le fil.

ARISTON.
Voyons quels ennemis j'aurais donc lieu de craindre.
Je crois qu'on ne m'a vu médire ni me plaindre,
Nuire, ni cabaler, ni des traits d'un bon mot
Blesser dans un souper l'amour-propre d'un sot.
Ma seule ambition était celle de plaire;
La haine est pour mon cœur une chose étrangère.

Quoi! je ne hais personne, et l'on peut me haïr!
.....
Quoi qu'il en soit, si cherche à vous nuire peut-être
Je veux la paix.....
Moins vous le méritez, plus on veut vous détruire.
Ariston, faut-il donc être caché pour vivre en paix?
Songez qu'en ce......
Ah! c'est assez d'être homme..... un amour envieux
Dont l'éclat qui vous suit importune les yeux
Un secret ascendant......
Sans qu'avec vous jamais il en ait été.....
Sans intérêt présent......
Osera bien souvent ce qu'un homme même.....
A peine en sa colère aurait éclaté.....
Et au moi, vos......
Toujours la jalousie les crimes, les malheurs......
D'agitations......
D'ennemi le plus fier avec le temps pardonne,
Mais le lâche envieux ne pardonne jamais.
.....
Non, non, sur moi l'envie aurait perdu ses traits;
.....
Jaloux de moi? comment? de quoi? pourrait-on l'être?
.....
On s'est.....
De ce goût que pour vous Hortense a fait paraître,
Enfin, de..........
De votre emploi nouveau.....généreux;
De pleurais,
De ce qu'on vous estime, et qu'on vous croit heureux.
.....
Ah! vous mettez le comble à ma liberté profonde
Que disent......
La vie est un fardeau; je vois que dans le monde
On est comme en un camp par des Turcs assiégé,
Toujours guetté, surpris, au point d'être égorgé;
Qu'il faut prévoir sans cesse une embûche nouvelle; ......
Être armé jusqu'aux dents et vivre en sentinelle.
......
O malheureux humains!......et des déserts......
Seraient cent fois plus doux que ce monde pervers!
.....

SCÈNE II. — ARISTON, CLITANDRE, UN LAQUAIS.
.....
Venez, monsieur, venez, cachez-vous au plus vite,
Changez d'habit, de teint......
.....
Que veux-tu?
        CLITANDRE.
.....
Que dis-tu?......à Ariston.
Esquivez-vous, vous dis-je, ou vous êtes coffré,
......
O ciel!
        CLITANDRE.
Ariston......
Mes enfants! où allez-vous......

ACTE III, SCÈNE II.

LE LAQUAIS.
Vingt monstres bleus là-bas vous guettent au passage.

ARISTON.
Quelle horreur !

CLITANDRE.
Essayons si l'on peut vous cacher.

ARISTON.
Non, mon ami, sans doute on a au l'empêcher.
Croyez qu'on y prend garde, et qu'une vaine fuite
Servirait seulement à noircir ma conduite.
Clitandre, je veux voir à quelle extrémité
Un homme vertueux sera persécuté.
Je connaîtrai du moins quel est mon caractère;
Je n'étais point bouffi d'un sort assez prospère;
Et, puisque le bonheur ne m'avait point gâté,
Peut-être je saurai souffrir l'adversité.

CLITANDRE.
Je ne vous quitte point; il faut que je partage
Dans l'horreur des prisons le sort qui vous outrage.

LE LAQUAIS, à part.
Voilà de sottes gens! quelle démangeaison
Leur a pris à tous deux d'aller vivre en prison ?
(Il sort.)

ARISTON.
Je ne le peux souffrir. Autrefois ma fortune
En me favorisant dut nous être commune ;
Il faut que mon malheur soit pour moi tout entier.
Restez heureux au monde où l'on va m'oublier.
(Il aperçoit Nicodon.)
Ah ! vous voici, jeune homme !

SCÈNE III. — ARISTON, CLITANDRE, NICODON.

NICODON, balbutiant, et les yeux baissés.
Oui, monsieur, on m'ordonne
De vous donner.... Je viens...

ARISTON.
Qu'est-ce qui vous étonne
De quoi rougissez-vous ? pourquoi baisser les yeux?
N'osez-vous voir en face un homme malheureux?

NICODON.
C'est que l'on m'a, monsieur, chargé de la réponse
De monseigneur Cléon.

ARISTON.
Voyons ce qu'elle annonce.

NICODON, donnant la lettre.
Pardon, monsieur.

ARISTON, lit.
.... Rien ne pourra me détourner

Et mon cœur sait haïr autant qu'il sait aimer.

CLITANDRE.
Je reconnais son style en cet aveu sincère ;
Il ne déguise rien, tel est son caractère.
Son cœur est inflexible autant que généreux ;
Juge intègre, ami vif, ennemi dangereux,
S'il est préoccupé, vous avez tout à craindre.

ARISTON.
Je vois de tous côtés combien je suis à plaindre.
Un de mes grands chagrins c'est qu'étant opprimé,
Je ne pourrai plus rien pour ceux qui m'ont aimé.
Voyez-vous ce jeune homme ? Il m'aimait, il m'inspire
Plus de compassion que je ne saurais dire.
Il est sans bien, sans père ; il ferait quelque effort
Pour percer dans le monde, et corriger le sort.
C'est un plaisir bien doux d'animer la culture
D'un champ qu'on croit fertile, et d'aider la nature :
Je me fis un devoir de prendre soin de lui.
Je voulais lui servir et de père et d'appui.
Nous lui gardions tous deux une assez bonne place
Dans cet emploi nouveau ravi par ma disgrâce.
Sur mes secours encore il avait droit de compter ;
C'est une juste dette, il la faut acquitter.
(Il tire un portefeuille de sa poche.)

CLITANDRE, à part.
Faut-il qu'un tel mérite ait un sort si funeste !

ARISTON, à Clitandre.
Un seul instant, ami, peut-être ici me reste
Pour vivre encore en homme, et pour faire du bien.
En subissant mon sort, je veux pourvoir au sien.
(A Nicodore.)
Approchez-vous, prenez ces billets sur la place ;
Daignez les accepter, et sans me rendre grâce ;
C'est de l'argent comptant, il faut vous en servir
Pour un travail utile, et non pour le plaisir.

NICODORE.
Ah ! monsieur...

ARISTON.
Achetez les livres nécessaires
Qui puissent de votre âme étendre les lumières.
Songez à vous instruire, et tâchez qu'à la fin
Votre propre vertu fasse votre destin.
Si vous voyez Cléon, si vous voyez Hortense,
Dites-leur, s'il vous plaît, que ma reconnoissance
Survivra dans mon cœur même à leur amitié.
Excepté leurs bienfaits, le reste est oublié.
Adieu ; mes compliments à votre oncle.

ACTE III, SCÈNE III.

NICODON.
Ah ! qu'entends-je ?
A mon oncle ?
ARISTON.
A lui-même.
NICODON.
Ah ! Dieu ! quel homme étrange !
(Il se jette aux pieds d'Ariston.)
Monsieur.... mon protecteur.... vertueux Ariston !...
ARISTON, le relevant.
Eh bien ?
NICODON.
Hélas ! à qui faites-vous un tel don ?
ARISTON.
A vous que j'aime.
NICODON, à part.
O ciel ! qu'ai-je fait, misérable !
ARISTON.
Mon fils, quelle douleur à mes yeux vous accable ?
NICODON, présentant les billets.
Reprenez....
CLITANDRE, à Ariston.
Son cœur parle, et sans nul intérêt
Il s'attendrit pour vous.
ARISTON, à Clitandre.
Et c'est ce qui me plaît :
D'un cœur noblement né c'est le vrai témoignage.
(A Nicodon.)
Tenez, prenez encor ce diamant, ce gage
Du bien qu'avec raison je vous ai destiné.
NICODON, en pleurs.
Hélas ! monsieur, je suis indigne d'être né.
Je vais.... je vais d'ici, la tête la première,
Me jeter loin de vous, au fond de la rivière.
ARISTON.
De sa naïveté mes sens sont pénétrés.
NICODON.
Si vous saviez, monsieur....
ARISTON.
Pauvre enfant, vous pleurez....
NICODON.
Je n'en peux plus, monsieur ; il faut bien que je pleure ;
Je suis désespéré.... Je m'en vais tout à l'heure....
Je vais.... Reprenez tout, billets et diamant.
Je suis.... Adieu, monsieur....
(Il pose tout sur les bras d'Ariston, et s'enfuit.)
ARISTON.
Mais il est fou vraiment.

CLITANDRE.

Pavais (ajouté) douleur, ce refus et ce trouble
Me donnent à penser, et mon soupçon redouble.

ARISTON.

Point, point; les jeunes gens sont tous compatissants,
Leur cœur est tout de feu; c'est le lot des beaux ans.
L'âge endurcit notre âme; hélas! l'indifférence
Est le premier effet de notre décadence.

LE LAQUAIS, qui en entrant, a entendu les dernières paroles d'Ariston.

Bon, bon, moralisez; voici, près de ce mur,
Des coquins, vieux ou non, dont le cœur est plus dur.

SCÈNE IV. — ARISTON, CLITANDRE, UN EXEMPT, GARDES;
LE LAQUAIS.

L'EXEMPT.

Avec bien du regret, monsieur, je vous arrête.

ARISTON.

Monsieur, à cet assaut ma constance était prête.
Allons.

CLITANDRE, embrassant Ariston.

Ah! mon ami!

ARISTON.

J'ai cru, j'ai pu, j'obéis.

L'EXEMPT.

Mais seulement, monsieur, ne serait-il permis,
Sans déroger en rien à vos ordres,
D'aller, pour un moment, jusque chez lui à mes affaires
Escorté de vos gens, avec vous, sous vos yeux?

L'EXEMPT.

Non, monsieur; mon ordre est précis.

ARISTON.

Si la pitié pouvait toucher un peu votre âme!
Je voudrais embrasser mes enfants et ma femme.

L'EXEMPT.

Non, monsieur.

ARISTON.

J'ai un fils au bord de son tombeau.
Hélas! je suis trop sûr que ce malheur nouveau
Suffit pour l'accabler; sa faiblesse...
Il faut marcher.

L'EXEMPT.

Au moins souffrez donc, je vous prie,
Que j'aille de ce pas instruire et consoler
Ses parents malheureux, s'il faut leur parler;

ACTE III, SCÈNE IV.

Et qu'en prison soudain je viens me remettre
Auprès de mon ami.

L'EXEMPT.
Je ne puis le permettre.

CLITANDRE.
Avec quel front d'airain et quelle dureté
Ces indignes humains traitent l'humanité !
Quoi ! mon cher Ariston, de vos bras on m'entraîne ?

ARISTON.
L'inflexible Cléon m'avait promis sa haine :
Il me tient bien parole. Ah ! qui peut deviner
Où mon sort malheureux se pourra terminer !
Adieu ! partons.

(L'exempt et les gardes emmènent Ariston. Cléon paraît à leur rencontre.)

SCÈNE V. — CLÉON, ARISTON, CLITANDRE, L'EXEMPT,
GARDES dans le fond, LAQUAIS et diverses personnes de la suite
de Cléon.

CLÉON, à l'exempt et aux gardes.
Cessez, arrêtez. Ah ! de grâce,
Venez, cher Ariston, et que je vous embrasse.

CLITANDRE.
Quoi, c'est Cléon

ARISTON.
Ciel !

CLITANDRE.
Rêvé-je !

ARISTON, à Cléon.
Hélas ! monsieur,
Venez-vous insulter au comble du malheur ?

CLÉON.
Non, non : nul n'est ici malheureux que moi-même,
Moi que l'on a trompé, qui reviens, qui vous aime,
Moi qui dans mon erreur ai pu vous outrager
Qui de moi-même enfin demande à me venger.
Hélas ! je ne pourrai réparer de ma vie
Un trait si détestable et tant de calomnie.

ARISTON, à part.
O ciel ! que tout ceci me touche et me surprend !
(A Cléon, avec attendrissement.)
Monsieur, qu'avez-vous fait ?

CLÉON.
Le crime le plus grand
Que pût se reprocher jamais un homme en place,
D'un homme vertueux j'ai causé la disgrâce,
Je l'ai persécuté. Dans l'effroi affermi

J'ai fait bien plus encore; j'ai perdu mon ami.

ARISTON.

Pourquoi le perdiez-vous?

CLÉON.

Désormais l'imposture
N'osera plus ternir une vertu si pure.
Tout est connu.

CLITANDRE, à Cléon.

Monsieur, de grâce, apprenez-nous...

SCÈNE VI. — ARISTON, CLÉON, HORTENSE, CLITANDRE,
L'EXEMPT, gardes dans le fond, suite de Cléon.

HORTENSE.

Ariston, grâce au ciel, je viens aux yeux de tous,
Montrer cette amitié, cette estime épurée,
Que l'infâme imposture avait déshonorée.
Hélas! pardonnez-vous à mon époux, à moi?

ARISTON.

Eh! puis-je rien comprendre à tout ce que je voi?
J'ignore absolument quel trouble vous anime,
Quelle était votre erreur, votre soupçon, mon crime,
D'où vient ce prompt retour, ce grand changement?

CLÉON.

Vous allez de la chose être instruit pleinement;
Et je vais faire voir aux yeux de l'innocence
Quel crime l'attaquait, et quelle est la vengeance.
Mettez-vous là, de grâce, et dans cet entretien
Daignez ne point paraître.

(Cléon fait entrer Ariston dans un cabinet.)

On vient, écoutez bien.

(A l'exempt.)

Vous, monsieur, vous savez quel devoir est le vôtre.
Rendez le premier ordre, et recevez cet autre;
Il est signé du nom de notre souverain;
Quand il en sera temps, obéissez soudain.

(L'exempt lit le nouvel ordre, et le referme.)

SCÈNE VII. — LES ACTEURS PRÉCÉDENTS, ZOÏLIN.

CLÉON.

Ça, monsieur Zoïlin, votre amitié prudente
M'a demandé tantôt cette place importante,
Dont le prince honorait Ariston votre ami;
Vous m'avez bien fait voir comme j'en suis trahi;
Vous m'avez éclairci sur ses mœurs, sur ses vices;
Je ne puis trop payer ces importants services;
Mes soins, mes sentiments, sont trop récompensés.

ACTE III, SCÈNE VII.

CLÉON.
Croyez qu'ils le seront; mais ce n'est point assez.
Vous connaissez, je crois, quel est mon caractère;
Je suis reconnaissant, mais je suis très-sévère.

ZOÏLIN.
Ah! monseigneur, il faut vous en estimer plus

CLÉON.
C'est un devoir sacré de payer les vertus;
Mais du public aussi l'inflexible service
Exige sans pitié qu'un crime se punisse.

ZOÏLIN.
On n'en peut pas douter, c'est la première loi.

CLÉON.
Vous le croyez?

ZOÏLIN.
J'en suis convaincu.

CLÉON.
Dites-moi,
Comment traiteriez-vous un ingrat dont l'envie
Aurait voulu couvrir son ami d'infamie,
Et qui, jusqu'en ces lieux répandant son poison,
D'un bienfaiteur trop simple eût troublé la maison;
Qui par d'affreux écrits, non moins plats que coupables,
Eût perdu, sans remords, des hommes estimables;
Un hypocrite enfin, dont la fausse candeur
Du cœur le plus abject eût caché la noirceur?

ZOÏLIN, *bas à part*.
Tout va bien; d'Ariston il veut parler sans doute.

CLÉON.
Eh bien, que feriez-vous?

ZOÏLIN, *à part*.
A bon droit je redoute
Qu'Ariston ne revienne ici me démasquer.

CLÉON.
Votre esprit là-dessus craint-il de s'expliquer?

ZOÏLIN.
Je jugerais trop mal; et puis votre justice
Sait assez bien, sans moi, comme on punit le vice.

CLÉON.
Mais répondez.

ZOÏLIN.
Le bien de la société
Veut le retranchement d'un membre si gâté.
Peut-être la prison où l'on doit le conduire
Le mettrait hors d'état de penser à nous nuire.

CLÉON.
C'est très-bien dit. Monsieur, c'est donc là votre avis,
Qu'en un cachot obscur un tel fripon soit mis?

ZOÏLIN.
Hélas ! je suis toujours pour qu'on fasse justice.
CLÉON.
(En indiquant Zoïlin.)
Eh bien, moi, je la fais. Gardes, qu'on le saisisse
Que ce monstre perfide aille dans la prison
Où son intrigue infâme entraînait Ariston.
ZOÏLIN, consterné.
Ah ! pardon, monseigneur !
CLÉON.
Ame lâche et farouche,
Subis le jugement qu'a prononcé ta bouche ;
Et, pour te mieux punir, revois ton protecteur,
Ton ami, dont l'aspect augmente ta rougeur.
(Ariston paraît.)
HORTENSE, à Zoïlin.
Votre pauvre neveu, dont votre âme traîtresse
Avait empoisonné l'imprudente jeunesse,
Vient d'avouer, aux pieds de Cléon offensé,
L'ingratitude horrible où vous l'avez forcé.
Nous lui pardonnons tout ; un vrai remords l'anime ;
Son cœur est étonné d'avoir pu faire un crime.
CLÉON.
(A l'exempt.)
Qu'il parte. Allons, monsieur, hâtez-vous d'obéir.
(On emmène Zoïlin.)
ARISTON, à Cléon.
Dédaignez son offense, et laissez-vous fléchir.
Faut-il, malgré ses torts, qu'un homme méprisable,
Un homme tel qu'il soit, par moi soit misérable ?
Cléon, vous me verrez demander à genoux
Sa grâce au souverain, si je ne l'ai de vous.
Il a souffert assez, puisqu'il connut l'envie ;
Lui-même il s'est couvert de trop d'ignominie.
N'est-il pas bien puni, puisque je suis heureux ?
Ah ! ce seul châtiment suffit à l'envieux.
CLÉON.
Généreux Ariston, vous êtes trop facile.
Mon cœur admire en vous cette vertu tranquille.
Étant homme privé, vous pouvez pardonner ;
Je suis homme public, je le dois condamner.
Un peuple renommé, dont les mœurs sont l'étude,
Fit autrefois des lois contre l'ingratitude :
Je suis ce grand exemple, et je dois vous venger
Des envieux ingrats qu'on ne peut corriger.

FIN DE L'ENVIEUX.

ZULIME.

TRAGÉDIE EN CINQ ACTES,

(8 juin 1740.)

AVERTISSEMENT

DES ÉDITEURS DE L'ÉDITION DE KEHL[1].

Cette tragédie fut représentée pour la première fois, en 1740, reprise en 1762, et imprimée alors telle qu'on la trouve dans ce recueil. Il en a paru une édition furtive, que M. de Voltaire a désavouée. Les variantes ont été recueillies d'après cette édition.

Zulime est le même sujet que *Bajazet* et qu'*Ariane*. Dans *Ariane*, tout est sacrifié à ce rôle : Thésée, Phèdre, Œnarus, Pirithoüs, ne sont pas supportables ; l'ingratitude de Thésée, la trahison de Phèdre, n'ont aucun motif ; ils sont odieux et avilis ; mais le rôle d'Ariane fait tout pardonner. Dans *Bajazet*, Roxane n'est point intéressante ; elle trahit Amurat, son amant et son bienfaiteur. Sa passion est celle d'une esclave violente et intéressée ; mais cette passion est peinte par un grand maître. Le rôle de Bajazet, quoique faible, est noble. C'est malgré lui qu'Acomat et Atalide l'ont engagé dans une intrigue dont il rougit. Celui d'Atalide est touchant, d'une sensibilité douce et vraie.

Racine est le premier qui ait mis sur le théâtre des femmes tendres sans être passionnées, telles qu'Atalide, Monime, Junie, Iphigénie, Bérénice. Il n'en avait trouvé de modèles, ni chez les Grecs, ni chez aucun peuple moderne, excepté dans les pastorales italiennes. L'art de rendre ces caractères dignes de la tragédie lui appartient tout entier. À la vérité, ces rôles ne sont point d'un grand effet au théâtre, à moins qu'ils ne soient joués par une actrice dont la figure et la voix soient dignes des vers de Racine ; mais ils feront toujours les délices des âmes tendres, et des hommes sensibles aux charmes de la belle poésie.

M. de Voltaire admirait le rôle d'Acomat. Ce rôle et celui de Burrhus sont encore de ces beautés dont Racine n'avait point eu de modèles. En travaillant le même sujet que Racine et Corneille, M. de Voltaire voulut que ni l'amante abandonnée, ni le héros, ni l'amante préférée, ne fussent avilis. C'est d'après cette idée que toute sa pièce a été combinée.

La fuite de Zulime, sa révolte contre son père, sont des crimes ; mais il n'y a dans ces crimes ni trahison ni cruauté. Hermione, Roxane, Phèdre, intéressent par leurs malheurs, et surtout par l'excès de leur passion ; mais les crimes qu'elles commettent ne sont pas de ces actions où la passion peut conduire des âmes vertueuses. Les emportements de Zulime, au contraire, sont

1. Cette préface est de Condorcet. (Éd.)

ceux d'une âme entraînée par son amour, mais née pour la vertu, que les passions ont pu égarer, mais qu'elles n'ont pu corrompre. Ce rôle est encore le seul rôle de femme de ce genre qu'il y ait dans nos tragédies; et M. de Voltaire est le premier qui ait marqué sur le théâtre la différence des fureurs de la passion aux véritables crimes.

On peut reprocher aux trois pièces un même défaut, celui de ne laisser au spectateur l'idée d'aucun dénoûment heureux. M. de Voltaire a cherché à éviter ce défaut autant que le sujet le permettait. Du moins sa pièce, comme celle de *Bajazet*, est-elle susceptible de plusieurs dénoûments. Le cinquième acte, et la catastrophe de Zulime, telle qu'elle est dans cette édition, est d'une grande beauté; et ce vers de Zulime, en arrachant le poignard à sa rivale :

C'est à moi de mourir, puisque c'est toi qu'on aime,

vaut mieux lui seul que beaucoup de tragédies.

A MADEMOISELLE CLAIRON.

Cette tragédie vous appartient, mademoiselle; vous l'avez fait supporter au théâtre. Les talents comme les vôtres ont un avantage assez unique, c'est celui de ressusciter les morts : c'est ce qui vous est arrivé quelquefois. Il faut avouer que, sans les grands acteurs, une pièce de théâtre est sans vie; c'est vous qui lui donnez l'âme. La tragédie est encore plus faite pour être représentée que pour être lue; et c'est sur quoi je prendrai la liberté de dire qu'il est bien singulier qu'un ouvrage qui est innocent à la lecture puisse devenir coupable aux yeux de certaines gens, en acquérant le mérite qui lui est propre, celui de paraître sur le théâtre. On ne comprendra pas un jour qu'on ait pu faire des reproches à Mlle de Champmeslé de jouer Chimène, lorsque Augustin Courbé et Mabre Cramoisy, qui l'imprimaient, étaient marguilliers de leur paroisse; et l'on jouera peut-être un jour sur le théâtre ces contradictions de nos mœurs.

Je n'ai jamais conçu qu'un jeune homme qui réciterait en public une *Philippique* de Cicéron dût déplaire mortellement à certaines personnes qui prétendent lire avec un plaisir extrême les injures grossières que ce Cicéron dit éloquemment à Marc-Antoine. Je ne vois pas non plus qu'il y ait un grand mal à prononcer tout haut des vers français que tous les honnêtes gens lisent, ou même des vers qu'on ne lit guère : c'est un ridicule qui m'a souvent frappé parmi bien d'autres; et ce ridicule, tenant à des choses sérieuses, pourrait quelquefois mettre de fort mauvaise humeur.

Quoi qu'il en soit, l'art de la déclamation demande à la fois tous les talents extérieurs d'un grand orateur, et tous ceux d'un grand peintre. Il en est de cet art comme de tous ceux que les hommes ont inventés pour charmer l'esprit, les oreilles, et les yeux; ils sont tous enfants du génie, tous devenus nécessaires à la société perfectionnée; et ce qui est commun à tous, c'est qu'il ne leur est pas permis d'être médiocres. Il n'y a de véritable gloire que pour les artistes qui atteignent la perfection; le reste n'est que toléré.

Un mot de trop, un mot hors de sa place, gâte le plus beau vers; une belle pensée perd tout son prix, si elle est mal exprimée; elle vous ennuie, si elle est répétée : de même des inflexions de voix ou déplacées, ou peu justes, ou trop peu variées, dérobent au récit toute sa grâce. Le secret de toucher les cœurs est dans l'assemblage d'une infinité de nuances délicates, en poésie, en éloquence, en déclamation, en peinture; la plus légère dissonance en tout genre est sentie aujourd'hui par les connaisseurs; et voilà peut-être pourquoi l'on trouve si peu de grands artistes, c'est que les défauts sont mieux sentis qu'autrefois. C'est faire votre éloge que de vous dire ici combien les arts sont difficiles. Si je vous parle de mon ouvrage, ce n'est que pour admirer vos talents.

Cette pièce est assez faible. Je la fis autrefois pour essayer de fléchir un père rigoureux qui ne voulait pardonner ni à son gendre, ni à sa fille, quoiqu'ils fussent très-estimables, et qu'il n'eût à leur reprocher que d'avoir fait sans son consentement un mariage que lui-même aurait dû leur proposer.

L'aventure de Zulime, tirée de l'histoire des Maures, présentait au spectateur une princesse bien plus coupable; et Bénassar son père, en lui pardonnant, ne devait qu'inviter davantage à la clémence ceux qui pourraient avoir à punir une faute plus graciable que celle de Zulime.

Malheureusement la pièce paraît avoir quelque ressemblance avec *Bajazet*; et, pour comble de malheur, elle n'a point d'Acomat; mais aussi cet Acomat me paraît l'effort de l'esprit humain. Je ne vois rien dans l'antiquité ni chez les modernes qui soit dans ce caractère, et la beauté de la diction le relève encore : pas un seul vers ou dur ou faible; pas un mot qui ne soit le mot propre; jamais de sublime hors d'œuvre, qui cesse alors d'être sublime; jamais de dissertation étrangère au sujet; toutes les convenances parfaitement observées : enfin ce rôle me paraît d'autant plus admirable, qu'il se trouve dans la seule tragédie où l'on pouvait l'introduire, et qu'il aurait été déplacé partout ailleurs.

Le père de Zulime a pu ne pas déplaire, parce qu'il est le premier de cette espèce qu'on ait osé mettre sur le théâtre. Un père qui a une fille unique à punir d'un amour criminel est une nouveauté qui n'est pas sans intérêt; mais le rôle de Ramire m'a toujours paru très-faible, et c'est pourquoi je ne voulais plus hasarder cette pièce sur la scène française. Tout n'est qu'amour dans cet ouvrage : ce n'est pas un défaut de l'art, mais ce n'est pas aussi un grand mérite. Cet amour ne pêche pas contre la vraisemblance, il y a cent exemples de pareilles aventures et de semblables passions; mais je voudrais que, sur le théâtre, l'amour fût toujours tragique.

Il est vrai que celui de Zulime est toujours annoncé par elle-même comme une passion très-condamnable; mais ce n'est pas assez;

Et que l'amour, souvent de remords combattu,
Paraisse une faiblesse, et non une vertu :

les autres personnages doivent concourir aux effets terribles que toute tragédie doit produire. La médiocrité du personnage de Ramire se répand sur tout l'ouvrage. Un héros qui ne joue d'autre rôle que celui d'être aimé ou amoureux ne peut jamais émouvoir; il cesse dès lors d'être un personnage de tragédie : c'est ce qu'on peut quelquefois reprocher à Racine, si l'on peut reprocher quelque chose à ce grand homme, qui, de tous nos écrivains, est celui qui a le plus approché de la perfection dans l'élégance et la beauté continue de ses ouvrages. C'est surtout le grand vice de la tragédie d'*Ariane*, tragédie d'ailleurs intéressante, remplie des sentiments les plus touchants et les plus naturels, et qui devient excellente quand vous la jouez.

Le malheur de presque toutes les pièces dans lesquelles une amante est trahie, c'est qu'elles retombent toutes dans la situation d'*Ariane*, et ce n'est presque que la même tragédie sous des noms différents.

J'ose croire en général que les tragédies qui peuvent subsister sans cette passion sont sans contredit les meilleures ; non-seulement parce qu'elles sont beaucoup plus difficiles à faire, mais parce que, le sujet étant une fois trouvé, l'amour qu'on introduirait y paraîtrait une puérilité, au lieu d'y être un ornement.

Figurez-vous le ridicule qu'une intrigue amoureuse ferait dans *Athalie*, qu'un grand prêtre fait égorger à la porte du temple ; dans cet *Oreste* qui venge son père, et qui tue sa mère ; dans *Mérope*, qui, pour venger la mort de son fils, lève le bras sur son fils même ; enfin dans la plupart des sujets vraiment tragiques de l'antiquité. L'amour doit régner seul, on l'a déjà dit ; il n'est pas fait pour la seconde place. Une intrigue politique dans *Ariane* serait aussi déplacée qu'une intrigue amoureuse dans le *parricide d'Oreste*. Ne confondons point ici avec l'amour tragique les amours de comédie et d'églogue, les déclamations, les maximes d'élégie, les galanteries de madrigal : elles peuvent faire dans la jeunesse l'amusement de la société ; mais les vraies passions sont faites pour la scène, et personne n'a été ni plus digne que vous de les inspirer, ni plus capable de les bien peindre.

PERSONNAGES.

BENASSAR, shérif de Trémizène.
ZULIME, sa fille.
MOHADIR, ministre de Benassar.
RAMIRE, esclave espagnol.
ATIDE, esclave espagnole.
IDAMORE, esclave espagnol.
SERAME, attachée à Zulime.

La scène est dans un château de la province de Trémizène, sur le bord de la mer d'Afrique.

ACTE PREMIER.

SCÈNE I. — ZULIME, ATIDE, MOHADIR.

ZULIME, *d'une voix basse et entrecoupée, les yeux baissés,*
et regardant à peine Mohadir.

Allez, laissez Zulime aux remparts d'Arsénie :
Partez ; loin de vos yeux je vais cacher ma vie ;
Je vais mettre à jamais, dans un autre univers,
Entre mon père et moi la barrière des mers.
Je n'ai plus de patrie, et mon destin m'entraîne.
Retournez, Mohadir, aux murs de Trémizène,
Consoler les vieux ans de mon père affligé :
Je l'outrage, et je l'aime ; il est assez vengé.
Puissent les justes cieux changer sa destinée !
Puisse-t-il oublier sa fille infortunée !

MOHADIR.

Qui ? lui, vous oublier ! grand Dieu, qu'il en est loin !
Que vous prenez, Zulime, un déplorable soin !
Outragez-vous ainsi le père le plus tendre,
Qui pour vous de son trône était prêt à descendre,
Qui, vous laissant le choix de tant de souverains,
De son sceptre avec joie aurait orné vos mains ?
Quoi ! dans vous, dans sa fille, il trouve une ennemie !
Dans cet affreux dessein seriez-vous affermie ?
Ah ! ne l'irritez point, revenez dans ses bras.
Mes conseils autrefois ne vous révoltaient pas ;
Cette voix d'un vieillard qui nourrit votre enfance
Quelquefois de Zulime obtint plus d'indulgence.
Bénassar votre père espérait aujourd'hui
Que mes soins plus heureux pourraient vous rendre à lui
A son cœur ulcéré que faut-il que j'annonce ?

ZULIME.

Porte-lui mes soupirs et mes pleurs pour réponse ;
C'est tout ce que je puis ; et c'est t'en dire assez.

MOHADIR.

Vous pleurez, vous, Zulime ! et vous le trahissez !

ZULIME.

Je ne le trahis point. Le destin qui l'outrage
Aux cruels Turcomans livrait son héritage ;
Par ces brigands nouveaux pressé de toutes parts,
De Trémizène en cendre il quitta les remparts ;
Et, quel que soit l'objet du soin qui me dévore,
J'ai suivi son exemple.

ZULIME.

MOHADIR.

Hélas ! suivez-le encore
Il revient ; revenez, dissipez tant d'ennuis :
Remplissez vos devoirs, croyez-moi.

ZULIME.

Je ne puis.

MOHADIR.

Vous le pouvez. Sachez que nos tristes rivages
Ont vu fuir à la fin nos destructeurs sauvages,
Dispersés, affaiblis, et lassés désormais
Des maux qu'ils ont soufferts et des maux qu'ils ont faits
Trémizène renaît, et va revoir son maître :
Sans sa fille, sans vous, le verrons-nous paraître?
Vous avez dans ce fort entraîné ses soldats;
Des esclaves d'Europe accompagnant vos pas;
Ces chrétiens, ces captifs, le prix de son courage,
Dont jadis la victoire avait fait son partage,
Ont arraché Zulime à ses bras paternels.
Avec qui fuyez-vous?

ZULIME.

Ah ! reproches cruels !
Arrêtez, Mohadir.

MOHADIR.

Non, je ne puis me taire;
Le reproche est trop juste, et vous m'êtes trop chère;
Non, je ne puis penser sans honte et sans horreur
Que l'esclave Ramire a fait votre malheur.

ZULIME.

Ramire esclave !

MOHADIR.

Il l'est, il était fait pour l'être :
Il naquit dans nos fers; Bénassar est son maître.
N'est-il pas descendu de ces Goths odieux,
Dans leurs propres foyers vaincus par nos aïeux?
Son père à Trémizène est mort dans l'esclavage,
Et la bonté d'un maître est son seul héritage.

ZULIME.

Ramire esclave ! lui?

MOHADIR.

C'est un titre qui rend
Notre affront plus sensible, et son crime plus grand.
Quoi donc ! un Espagnol ici commande en maître !
A peine devant vous m'a-t-on laissé paraître;
A peine ai-je percé la foule des soldats
Qui veillent à sa garde, et qui suivent vos pas.
Vous pleurez malgré vous ; la nature outragée
Déchire, en s'indignant, votre âme partagée.
A vos justes remords n'osez-vous vous livrer?

ACTE I, SCÈNE I.

Quand on pleure sa faute, on va la réparer.

ATIDE.

Respectez plus ses pleurs, et calmez votre zèle :
Il ne m'appartient pas de répondre pour elle ;
Mais je suis dans le rang de ces infortunés
Qu'un maître redemande, et que vous condamnez.
Je fus comme eux esclave, et de leur innocence
Peut-être il m'appartient de prendre la défense.
Oui, Ramire a d'un maître éprouvé les bienfaits ;
Mais vous lui devez plus qu'il ne vous dut jamais.
C'est Ramire, c'est lui dont l'étonnant courage,
Dans vos murs pris d'assaut et fumants de carnage
Délivra votre émir ; et lui donna le temps
De dérober sa tête au fer des Turcomans ;
C'est lui qui, comme un Dieu veillant sur sa famille,
Ayant sauvé le père, a défendu la fille :
C'est par ses seuls exploits enfin que vous vivez.
Quel prix a-t-il reçu ? Seigneur, vous le savez.
Loin des murs tout sanglants de sa ville alarmée,
Bénassar avec peine assemblait une armée ;
Et quand vos citoyens, par nos soins respirants,
A quelque ombre de paix ont porté vos tyrans,
Ces Turcs impérieux, qu'aucun devoir n'arrête,
De Ramire et des siens ont demandé la tête ;
Et de votre divan la basse cruauté
Souscrivait en tremblant à cet affreux traité.
De Zulime pour nous la bonté généreuse
Vous épargna du moins une paix si honteuse.
Elle acquitte envers nous ce que vous nous devez.
N'insultez point ici ceux qui vous ont sauvés :
Respectez plus Ramire et ces guerriers si braves ;
Ils sont vos défenseurs, et non plus vos esclaves.

MOHADIR, à *Zulime*.

Votre secret, Zulime, est enfin révélé :
Ainsi donc par sa voix votre cœur a parlé ?

ZULIME.

Oui, je l'avoue.

MOHADIR.

Ah ! Dieu !

ZULIME.

Coupable, mais sincère,
Je ne puis vous tromper.... Tel est mon caractère.

MOHADIR.

Vous voulez donc charger d'un affront si nouveau
Un père infortuné qui touche à son tombeau ?

ZULIME.

Vous me faites frémir.

ZULIME.

MOHADIR.
Repentez-vous, Zulime.
Croyez-moi, votre cœur n'est point né pour le crime.

ZULIME.
Je me repens en vain; tout va se déclarer;
Il est des attentats qu'on ne peut réparer.
Il ne m'appartient pas de soutenir ma vue;
J'emporte, en le quittant, le remords qui me tue.
Allez : votre présence en ces funestes lieux
Augmente ma douleur, et blesse trop mes yeux.
Mohadir.... ah! parlez....

MOHADIR.
Hélas! je vais peut-être
Porter les derniers coups au sein qui vous fit naître!

SCÈNE II. — ZULIME, ATIDE.

ZULIME.
Ah! je succombe, Atide, et ce cœur désolé
Ne soutient plus le poids dont il est accablé.
Vous voyez ce que j'aime et ce que je redoute;
Une patrie, un père, Atide! ah! qu'il en coûte!
Que de retours sur moi! que de tristes efforts!
Je n'ai dans mon amour senti que des remords.
D'un père infortuné vous concevez l'injure;
Il est affreux pour moi d'offenser la nature;
Mais Ramire expirait, vous étiez en danger.
Est-ce un crime, après tout, que de vous protéger?
Je dois tout à Ramire; il a sauvé ma vie.
A ce départ enfin vous m'avez enhardie.
Vos périls, vos vertus, vos amis malheureux,
Tant de motifs puissants, et l'amour avec eux.
L'amour qui me conduit; hélas! si l'on m'accuse,
Voilà tous mes forfaits : mais voilà mon excuse.
Je tremble cependant, de pleurs toujours noyée,
De l'abîme où je suis mes yeux sont effrayés.

ATIDE.
Hélas! Ramire et moi nous vous devons la vie;
Vous rendez un héros, un prince à sa patrie;
Le ciel peut-il haïr un soin si généreux?
Arrachez votre amant à ces bords dangereux.
Ma vie est peu de chose, et je ne suis encore
Qu'une esclave tremblante en des lieux que j'abhorre.
Quoique d'assez grands rois mes aïeux soient issus,
Tout ce que vous quittez est encore au-dessus.
J'étais votre captive, et vous ma protectrice;
Je ne pouvais prétendre à ce grand sacrifice.

Mais Ramire! un héros du ciel abandonné,
Lui qui, de Bénassar esclave infortuné,
A prodigué son sang pour Bénassar lui-même;
Enfin, que vous aimez....

ZULIME.
　　　　　　Atide, si je l'aime!
C'est toi qui découvris, dans mes esprits troublés,
De mon secret penchant les traits mal démêlés;
C'est toi qui les nourris, chère Atide; et peut-être
En me parlant de lui c'est toi qui les fis naître :
C'est toi qui commenças mon téméraire amour;
Ramire a fait le reste en me sauvant le jour,
J'ai cru fuir nos tyrans, et j'ai suivi Ramire.
J'abandonne pour lui parents, peuples, empire;
Et, frémissant encor de ses périls passés,
J'ai craint dans mon amour de n'en point faire assez.
Cependant loin de moi se peut-il qu'il s'arrête?
Quoi! Ramire aujourd'hui, trop sûr de sa conquête,
Ne prévient point mes pas, ne vient point consoler
Ce cœur trop asservi, que lui seul peut troubler!

ATIDE.
Eh! ne voyez-vous pas avec quelle prudence
De l'envoyé d'un père il fuyait la présence?

ZULIME.
J'ai tort, je te l'avoue : il a dû s'écarter;
Mais pourquoi si longtemps?

ATIDE.
　　　　　　A ne vous point flatter,
Tant d'amour, tant de crainte et de délicatesse,
Conviennent mal peut-être au péril qui nous presse;
Un moment peut nous perdre, et nous ravir le prix
De tant d'heureux travaux par l'amour entrepris;
Entre cet Océan, ces rochers, et l'armée,
Ce jour, ce même jour peut vous voir enfermée.
Trop d'amour vous égare; et les cœurs si troublés
Sur leurs vrais intérêts sont toujours aveuglés.

ZULIME.
Non, sur mes intérêts c'est l'amour qui m'éclaire;
Ramire va presser ce départ nécessaire;
L'ordre dépend de lui; tout est entre ses mains;
Souverain de mon âme, il l'est de mes destins.
Que fait-il? est-ce vous, est-ce moi qu'il évite?

ATIDE.
Le voici.... Ciel, témoin du trouble qui m'agite,
Ciel, renfermé à jamais dans ce sein malheureux
Le funeste secret qui nous perdrait tous deux!

SCÈNE III. — ZULIME, ATIDE, RAMIRE.

RAMIRE.

Madame, enfin des cieux la clémence suprême
Semble en notre défense agir comme vous-même ;
Et les mers et les vents, secondant vos bontés,
Vont nous conduire aux bords si longtemps souhaités,
Valence, de ma race autrefois l'héritage,
A vos pieds plus qu'aux miens portera son hommage :
Madame, Atide et moi, libres par vos secours,
Nous sommes vos sujets, nous le serons toujours.
Quoi ! vos yeux à ma voix répondent par des larmes !

ZULIME.

Et pouvez-vous penser que je sois sans alarmes ?
L'amour veut que je parle, il lui faut obéir.
Vous savez qui je quitte, et qui j'ai pu trahir.
J'ai mis entre vos mains ma fortune, ma vie,
Ma gloire encor plus chère, et que je sacrifie :
Je dépends de vous seul... Ah ! prince, avant ce jour
Plus d'un cœur a gémi d'écouter trop d'amour ;
Plus d'une amante, hélas ! cruellement séduite,
A pleuré vainement sa faiblesse et sa fuite.

RAMIRE.

Je ne condamne point de si justes terreurs.
Vous faites tout pour nous ; oui, madame, et nos cœurs
N'ont, pour vous rassurer dans votre défiance,
Qu'un hommage inutile, et beaucoup d'espérance.
Esclave auprès de vous, mes yeux à peine ouverts
Ont connu vos grandeurs, ma misère, et des fers ;
Mais j'atteste le Dieu qui soutient mon courage,
Et qui donne à son gré l'empire et l'esclavage,
Que ma reconnaissance et mes engagements...

ZULIME.

Pour me prouver vos feux vous faut-il des serments ?
En ai-je demandé quand cette main tremblante
A détourné la mort à vos regards présente ?
Si mon âme aux frayeurs se peut abandonner,
Je ne crains que mon sort ; puis-je vous soupçonner ?
Ah ! les serments sont faits pour un cœur qui peut feindre,
Si j'en avais besoin, nous serions trop à plaindre.

RAMIRE.

Que mes jours, immolés à votre sûreté...

ZULIME.

Conservez-les, cher prince, ils m'ont assez coûté.
Peut-être que je suis trop faible et trop sensible ;
Mais enfin tout m'alarme en ce séjour horrible :

ACTE I, SCÈNE III.

Vous-même, devant moi, triste, sombre, égaré,
Vous ressentez le trouble où mon cœur est livré.

ATIDE.

Vous vous faites tous deux une pénible étude
De nourrir vos chagrins et votre inquiétude.
Dérobez-vous, madame, aux peuples irrités
Qui poursuivent sur nous l'excès de vos bontés.
Ce palais est peut-être un rempart inutile;
Le vaisseau vous attend, Valence est votre asile.
Calmez de vos chagrins l'importune douleur :
Vous avez tant de droits sur nous.... et sur son cœur
Vous condamnez sans doute une crainte odieuse.
Votre amant vous doit tout; vous êtes trop heureuse!

ZULIME.

Je dois l'être, et l'hymen qui va nous engager....

SCÈNE IV. — ZULIME, ATIDE, RAMIRE, IDAMORE.

IDAMORE.

Dans ce moment, madame, on vient vous assiéger.

ATIDE.

Ciel !

IDAMORE.

On entend de loin la trompette guerrière;
On voit des tourbillons de flamme, de poussière;
D'étendards menaçants les champs sont inondés.
Le peu de nos amis dont nos murs sont gardés,
Sur ces bords escarpés qu'a formés la nature,
Et qui de ce palais entourent la structure,
En défendront l'approche, et seront glorieux
De chercher un trépas honoré par vos yeux.

RAMIRE.

Dans ce malheur pressant je goûte quelque joie.
Eh bien! pour vous servir le ciel m'ouvre une voie
De vos peuples unis je brave le courroux;
J'ai combattu pour eux, je combattrai pour vous.
Pour mériter vos soins je puis tout entreprendre;
Et mon sort en tout temps sera de vous défendre.

ZULIME.

Que dis-tu ? contre un père! arrête, épargne-moi.
L'amour n'entraîne-t-il que le crime après soi ?
Tombe sur moi des cieux l'éternelle colère,
Plutôt que mon amant ose attaquer mon père!
Avant que ses soldats environnent nos tours,
Les flots nous ouvriront un plus juste secours.
Mon séjour en ces lieux me rendrait trop coupable;
D'un père courroucé fuyons l'œil respectable;

Je vais hâter ma fuite, et j'y cours de ce pas.
NAMIRE, à Atide.
Moi, je vais fuir la honte, et hâter mon trépas.

SCÈNE V. — NAMIRE, ATIDE.
ATIDE.
Vous n'irez point sans moi; non, cruel, que vous êtes,
Je ne souffrirai point vos fureurs indiscrètes.
Cher objet de ma pitié, arbitre de mon sort,
Cher époux, commencez par me donner la mort.
Au nom des nœuds secrets qu'à son heure dernière
De ses mourantes mains vient de former mon père,
De ces nœuds dangereux dont nous avons promis
De dérober l'étreinte à des yeux ennemis,
Songez aux droits sacrés que j'ai sur votre vie;
Songez qu'elle est à moi, qu'elle est à la patrie;
Que Valville dans vous redemande un vengeur.
Allez à délivrer de l'Arabe oppresseur.
Quittez, sans plus tarder, cette rive fatale.
Partez, vivez, régnez, loin de avec ma rivale.
NAMIRE.
Non, désormais ma vie est un tissu d'horreurs;
Je rougis de moi-même, et surtout de vos pleurs;
Je suis né vertueux, j'ai voulu toujours l'être;
Voulez-vous me changer? cherchez-vous un traître?
J'ai subi l'esclavage et son poids rigoureux;
Le fardeau de la feinte est cent fois plus affreux.
J'ai connu tous les maux, je n'ai pu surmonter
Mais quel cœur généreux peut supporter la honte,
Quel supplice effroyable alors qu'il faut tromper,
Et que tout mon secret est prêt à m'échapper!
ATIDE.
Eh bien! allez, parlez, armez sa jalousie;
J'y consens; mais, cruel, n'exposez que ma vie,
N'immolez que l'objet pour qui vous rougissez,
Qui vous forçait à feindre, et que vous haïssez.
NAMIRE.
Je vous adore, Atide, et l'amour qui m'enflamme
Ferme à tout autre objet tout accès dans mon âme.
Mais plus je vous adore, et plus je dois rougir
De fuir avec Zulime loin de la patrie.
Je suis bien malheureux! votre hymen
Joint ses poisons nouveaux aux horreurs de ma vie.
Entouré de forfaits et d'un délire...
Je les commets pour vous, et vous osez en douter!
Ah! mon crime est trop vrai, trop affreux envers elle!

ACTE I, SCÈNE V.

Ce cœur est un perfide, et c'est pour vous, cruelle!

ATIDE.

Non, il est généreux ; le mien n'est point jaloux :
La fraude et les soupçons ne sont point faits pour vous.
Zulime, en écoutant son amour malheureuse,
N'a point reçu de vous de promesse trompeuse.
Idamore a parlé : sûre de ses appas,
Elle a cru des discours que vous ne dictiez pas.
Eh! peut-on s'étonner que vous ayez su plaire?
Peut-on vous reprocher ce charme involontaire
Qui vous soumit un cœur prompt à se désarmer?
Ah! le mien m'est témoin que l'on doit vous aimer.

RAMIRE.

Eh! pourquoi, profanant de si saintes tendresses,
De Zulime abusée enhardir les faiblesses?
Pourquoi, déshonorant votre amant, votre époux,
Promettre à d'autres yeux un cœur qui n'est qu'à vous?
Dans quel piège Idamore a conduit l'innocence!
Des bienfaits de Zulime affreuse récompense!
Ah! cruelle, à quel prix le jour m'est conservé!

ATIDE.

Eh bien! punissez-moi de vous avoir sauvé.
Idamore, il est vrai, n'est pas le seul coupable,
J'ai parlé comme lui ; comme lui condamnable,
J'engageai trop Ramire, et sans le consulter.
Je n'y survivrai pas, vous n'en pouvez douter.
Je sens qu'à vos vertus je faisois trop d'injure ;
Je vous épargnerai la honte d'un parjure :
Vivez, il me suffit.... Ciel ! quel tumulte affreux!

RAMIRE.

Il m'annonce un combat moins grand, moins douloureux ;
Le ciel m'y peut au moins accorder quelque gloire ;
J'y vole....

ATIDE.

Je vous suis ; la chute ou la victoire,
Les fers ou le trépas, je dois tout partager.
Puis-je être loin de vous? vous êtes en danger.

RAMIRE.

Ah! ne laissez qu'à moi le destin qui m'opprime.
Chère épouse, craignez....

ATIDE.

Je ne crains que Zulime.

ACTE SECOND.

SCÈNE I. — RAMIRE, IDAMORE.

IDAMORE.

Oui, Dieu même est pour nous, oui, ce Dieu de la guerre
Nous appelle sur l'onde et désarme la terre.
Vous voyez les sujets du triste Benassar,
Suspendre leurs fureurs au pied de ce rempart;
Ils ont quitté ces traits, ces funestes machines
Qui des murs d'Arsenie apportaient les ruines,
Tout ce grand appareil qui, dans quelques moments,
Pouvait de ce palais briser les fondements.
Cependant l'heure approche où la mer favorable
Va quitter avec nous ce rivage effroyable.
Seigneur, au nom d'Atide, au nom de nos malheurs
Et de tant de périls, et de tant de douleurs,
Par le salut public devant qui tout s'efface,
Par ce premier devoir des rois de notre race,
Ne songez qu'à partir, et ne rougissez pas
Des bontés de Zulime et de ses attentats.
Ne fuyez point les dons de sa main bienfaisante,
Envers les siens coupable, envers nous innocente.
Intouré d'ennemis dans ce séjour d'horreur,
Craignez...

RAMIRE.

Mes ennemis sont au fond de mon cœur.
Atide l'a voulu ; c'est assez, Idamore.

IDAMORE.

Comment ! quel repentir peut vous troubler encore ?
Qui vous retient ?

RAMIRE.

L'honneur. Crois-tu qu'il soit permis
D'être injuste, infidèle, et ingrat à ses amis ?

IDAMORE.

Non, sans doute, seigneur, et ce crime est infâme.

RAMIRE.

Est-il donc plus permis de trahir une femme,
De la conduire au piège, et de l'abandonner ?

IDAMORE.

Un plus grand intérêt doit vous déterminer.
Voudriez-vous livrer à l'horreur des supplices
Ceux qui vous ont voué leur vie et leurs services ?
Entre Zulime et nous il est temps de choisir.

ACTE II, SCÈNE I.

RAMIRE.

Eh bien! qui de vous tous me faut-il donc trahir?
Faut-il que, malgré nous, il soit des conjonctures
Où le cœur égaré flotte entre les parjures?
Où la vertu sans force, et prête à succomber,
Ne voit que des écueils, et tremble d'y tomber?
Tu sais ce que pour nous Zulime a daigné faire;
Elle renonce à tout, à son trône, à son père,
A sa gloire, en un mot; il faut en convenir.
Armé de ses bienfaits, moi j'irais l'en punir!
C'est trop rougir de moi : plains ma douleur mortelle.

IDAMORE.

Rougissez de tarder. Valence vous appelle;
Les moments sont bien chers; et si vous hésitez....

RAMIRE.

Non, je vais m'expliquer, et lui dire....

IDAMORE.

Arrêtez;
Gardez-vous d'arracher un voile nécessaire:
Laissez-lui son erreur, cette erreur est trop chère.
Pour entraîner Zulime à ses égarements,
Vous n'employâtes point l'art trompeur des amants.
Sensible, généreuse, et sans expérience,
Elle a cru n'écouter que la reconnaissance;
Elle ne savait pas qu'elle écoutait l'amour.
Tous vos soins empressés la perdaient sans retour;
Dans son illusion nous l'avons confirmée.
Enfin elle vous aime, elle se croit aimée.
De quel jour odieux ses yeux seraient frappés!
Il n'est de malheureux que les cœurs détrompés.
Réservez pour un temps plus sûr et plus tranquille
De ces droits délicats l'examen difficile.
Lorsque vous serez roi, jugez et décidez:
Ici Zulime règne, et vous en dépendez.

RAMIRE.

Je dépends de l'honneur; votre discours m'offense.
Je crains l'ingratitude, et non pas sa vengeance.
Quoi qu'il puisse arriver, un cœur tel que le mien
Lui tiendra sa parole, ou ne promettra rien.

IDAMORE.

Tremblez donc : son amour peut se tourner en rage.
Atide de son sang peut payer cet outrage.

RAMIRE.

Cher Idamore, au bruit de son moindre danger,
De ces lieux ennemis va, cours la dégager.
Sois sûr que de Zulime arrêtant la poursuite,
Avant que d'expirer j'assurerai sa fuite.

VOLTAIRE — III. 8

IDAMORE.

Vous vous connaissez mal en ces extrémités;
Atide et vos amis mourront à vos côtés.
Mais non, votre prudence et la faveur céleste
Ne nous annoncent point une fin si funeste.
Zulime est encor loin de vouloir se venger;
Peut-elle craindre, hélas! qu'on la veuille outrager?
Son âme tout entière à son espoir livrée,
Aveugle en ses bontés, et d'amour enivrée,
Goûte d'un calme heureux le dangereux sommeil....

RAMIRE.

Que je crains le moment de son affreux réveil!

IDAMORE.

Cachez donc à ses yeux la vérité cruelle,
Au nom de la patrie...! On approche, c'est elle.

RAMIRE.

Va, cours après Atide, et reviens m'avertir
Si les mers et les vents m'ordonnent de partir.

SCÈNE II. — ZULIME, RAMIRE, SÉRAME.

ZULIME.

Oui, nous touchons, Ramire, à ce moment prospère
Qui met en sûreté cette tête si chère.
En vain nos ennemis (car j'ose ainsi nommer
Qui voudrait désunir deux cœurs nés pour s'aimer),
En vain tous ces guerriers, ces peuples que j'offense,
De mon malheureux père ont armé la vengeance.
Profitons des instants qui nous sont accordés;
L'amour nous conduira, puisqu'il nous a gardés;
Et je puis dès demain rendre à votre patrie
Ce dépôt précieux qu'à moi seule il confie.
Il ne me reste plus qu'à m'attacher à vous
Par les nœuds éternels et de femme et d'époux.
Grâce à ces noms si saints, ma tendresse épurée
En est plus respectable, et non plus assurée.
Le père, les amis, que j'ose abandonner,
Le ciel, tout l'univers, doivent me pardonner,
Si de tant de héros la déplorable fille
Pour un époux si cher oublia sa famille.
Prenons donc à témoin ce Dieu de l'univers,
Que nous servons tous deux par des cultes divers;
Attestons cet auteur de l'amour qui nous lie,
Non que votre grande âme à la mienne est unie
(Nos cœurs n'ont pas besoin de ces vœux solennels),
Mais que bientôt, seigneur, aux pieds de vos autels
Vos peuples béniront, dans la même journée,

Et votre heureux retour, et ce grand hyménée.
Mettons près des humains ma gloire en sûreté;
Du Dieu qui nous entend méritons la bonté :
Et cessons de mêler, par trop de prévoyance,
Le poison de la crainte à la douce espérance.

RAMIRE.
Ah! vous percez un cœur destiné désormais
A d'éternels tourments, plus grands que vos bienfaits.

ZULIME.
Eh! qui peut vous troubler quand vous m'avez su plaire?
Les chagrins sont pour moi : la douleur de mon père;
Sa vertu, cet opprobre à ma fuite attaché,
Voilà les déplaisirs dont mon cœur est touché;
Mais vous qui retrouvez un sceptre, une couronne,
Vos parents, vos amis, tout ce que j'abandonne,
Qui de votre bonheur n'avez point à rougir,
Vous qui m'aimez enfin....

RAMIRE.
Pourrais-je vous trahir?
Non, je ne puis.

ZULIME.
Hélas! je vous en crois sans peine:
Vous sauvâtes mes jours, je brisai votre chaîne;
Je vois en vous, Ramire, un vengeur, un époux:
Vos bienfaits et les miens, tout me répond de vous.

RAMIRE.
Sous un ciel inconnu le destin vous envoie.

ZULIME.
Je le sais, je le veux, je le cherche avec joie;
C'est vous qui m'y guidez.

RAMIRE.
C'est à vous de juger
Qu'on a tout à souffrir chez un peuple étranger;
Coutumes, préjugés, mœurs, contraintes nouvelles,
Abus devenus droits, et lois souvent cruelles.

ZULIME.
Qu'importe à notre amour ou leurs mœurs ou leurs droits?
Votre peuple est le mien, vos lois seront mes lois.
J'en ai quitté pour vous, hélas! de plus sacrées;
Et qu'ai-je à redouter des mœurs de vos contrées;
Quels sont donc les humains qui peuplent vos États?
Ont-ils fait quelques lois pour former des ingrats?

RAMIRE.
Je suis loin d'être ingrat; non, mon cœur ne peut l'être.

ZULIME.
Sans doute....

RAMIRE.
Mais en moi vous ne verriez qu'un traître,
Si, tout prêt à partir, je cachais à vos yeux
Un obstacle fatal opposé par les cieux.

ZULIME.
Un obstacle!

RAMIRE.
Une loi formidable, éternelle.

ZULIME.
Vous m'arrachez le cœur; achevez, quelle est-elle?

RAMIRE.
C'est la religion.... Je sais qu'en vos climats,
Où vingt peuples mêlés ont changé tant d'États,
L'hymen unit souvent ceux que leur loi divise.
En Espagne autrefois cette indulgence admise
Désormais parmi nous est un crime odieux :
La loi dépend toujours et des temps et des lieux.
Mon sang dans mes États m'appelle au rang suprême,
Mais il est un pouvoir au-dessus de moi-même.

ZULIME.
Je t'entends; cher Ramire, il faut t'ouvrir mon cœur
Pour ma religion j'ai connu ton horreur,
J'en ai souvent gémi; mais, s'il ne faut rien taire,
A mon âme en secret tu la rendis moins chère.
Soit erreur ou raison, soit ou crime ou devoir,
Soit du plus tendre amour l'invincible pouvoir,
(Puisse le juste ciel excuser mes faiblesses!)
Du sang en ta faveur j'ai bravé les tendresses;
Je pourrai t'immoler, par de plus grands efforts,
Ce culte mal connu de ce sang dont je sors :
Puisqu'il t'est odieux, il doit un jour me l'être.
Fidèle à mon époux, et soumise à mon maître,
J'attendrai tout du temps et d'un si cher lien.
Mon cœur servirait-il d'autre Dieu que le tien?
Je vois couler tes pleurs; tant de soin, tant de flamme,
Tant d'abandonnement, ont pénétré ton âme.
Adressons l'un et l'autre au Dieu de tes autels
Ces pleurs que l'amour verse, et ces vœux solennels.
Qu'Atide y soit présente; elle approche; elle m'aime :
Que son amitié tendre ajoute à l'amour même!
Atide!

RAMIRE.
C'en est trop; et mon cœur déchiré....

SCÈNE III. — ZULIME, RAMIRE, ATIDE, SÉRAME.

ATIDE.
Madame, dans ces murs votre père est entré.

ZULIME.
Mon père!

RAMIRE.
Lui!

ZULIME.
Grand Dieu!

ATIDE.
Sans soldats, sans escorte,
Sa voix de ce palais s'est fait ouvrir la porte.
A l'aspect de ses pleurs et de ses cheveux blancs,
De ce front couronné, respecté si longtemps,
Vos gardes interdits, baissant pour lui les armes,
N'ont pas cru vous trahir en partageant ses larmes.
Il approche, il vous cherche.

ZULIME.
Ô mon père! ô mon roi!
Devoir, nature, amour, qu'exigez-vous de moi?

ATIDE.
Il va, n'en doutez point, demander notre vie.

RAMIRE.
Donnez-lui tout mon sang, je vous le sacrifie;
Mais conservez du moins....

ZULIME.
Dans l'état où je suis,
Pouvez-vous bien, cruel, irriter mes ennuis?
Tombent, tombent sur moi les traits de sa vengeance!
Allez, Atide; et vous, évitez sa présence.
C'est le premier moment où je puis souhaiter
De me voir sans Ramire, et de vous éviter.
Allez, trop digne époux de la triste Zulime;
Ce titre si sacré me laisse au moins sans crime.

ATIDE.
Qu'entends-je? son époux?

RAMIRE.
On vient, suivez mes pas;
Plaignez mon sort, Atide, et ne m'accusez pas.

SCÈNE IV. — ZULIME, BÉNASSAR, SÉRAME.

ZULIME.
Le voici, je frissonne, et mes yeux s'obscurcissent.
Terre, que devant lui tes gouffres m'engloutissent!
Sérame, soutiens-moi.

BÉNASSAR.
C'est elle!
ZULIME.
O désespoir!
BÉNASSAR.
Tu détournes les yeux, et tu crains de me voir!
ZULIME.
Je me meurs! Ah! mon père!
BÉNASSAR.
O toi, qui fus ma fille!
Cher espoir autrefois de ma triste famille,
Toi qui dans mes chagrins étais mon seul recours,
Tu ne me connais plus!
ZULIME, à genoux.
Je vous connais toujours;
Je tombe en frémissant à ces pieds que j'embrasse,
Je les baigne de pleurs, et je n'ai point l'audace
De lever jusqu'à vous un regard criminel,
Qui ferait trop rougir votre front paternel.
BÉNASSAR.
Sais-tu quelle est l'horreur dont ton crime m'accable?
ZULIME.
Je sais trop qu'à vos yeux il est inexcusable.
BÉNASSAR.
J'aurais pu te punir; j'aurais pu dans ces lieux
Ensevelir ma honte et tes coupables jours.
ZULIME.
Votre colère est juste, et je l'ai héritée.
BÉNASSAR.
Tu vois trop que mon cœur ne l'a point écoutée.
Lève-toi; ta douleur commence à m'attendrir,
(Elle se relève.)
Et le cœur de ton père attend ton repentir.
Tu sais si dans ce cœur, trop indulgent, trop tendre,
Les cris de la nature ont su se faire entendre.
Je vivais en toi seule; et jusques à ce jour
Jamais père à son sang n'a marqué plus d'amour.
Tu sais si j'attendais qu'au bout de ma carrière
Ma bouche en expirant nommât mon héritière,
Et cédât, malgré moi, par des soins superflus,
Ce qui dans ces moments ne nous appartient plus.
Je n'ai que trop vécu; ma prodigue tendresse
Prévenait par ses dons ma caduque vieillesse;
Je te donnais pour dot, en engageant ta foi,
Ces trésors, ces États que je quittais pour toi,
Et tu pouvais choisir entre les plus grands princes
Qui des bords syriens gouvernent les provinces;

ACTE II, SCÈNE IV.

Et c'est dans ces moments que, fuyant de mes bras,
Toi, seule à la révolte excites mes soldats,
M'arraches mes sujets, m'enlèves mes esclaves,
Outrages mes vieux ans, m'abandonnes, me braves!
Quel démon t'a conduite à cet excès d'horreur?
Quel monstre a corrompu les vertus de ton cœur?
Veux-tu ravir un rang que je te sacrifie?
Veux-tu me dépouiller de ce reste de vie?
Ah! Zulime! ah! mon sang! par tant de cruauté
Veux-tu punir ainsi l'excès de ma bonté?

ZULIME.

Seigneur, mon souverain, j'ose dire mon père,
Je vous aime encor plus que je ne vous fus chère.
Régnez, vivez heureux, ne vous consumez plus
Pour cette criminelle en regrets superflus.
De mon aveuglement moi-même épouvantée,
Expirant des regrets dont je suis tourmentée,
Et de votre tendresse, et de votre courroux,
Je pleure ici mon crime à vos sacrés genoux;
Mais ce crime si cher a sur moi trop d'empire;
Vous n'avez plus de fille, et je suis à Ramire.

BÉNASSAR.

Que dis-tu? malheureuse! opprobre de mon sort!
Quoi! tu joins tant de honte à l'horreur de ma mort!
Qui? Ramire! un captif! Ramire t'a séduite!
Un barbare t'enlève, et te force à la fuite!
Non, dans ton cœur séduit, d'un fol amour atteint,
Tout l'honneur de mon sang n'est pas encore éteint;
Tu ne souilleras point d'une tache si noire
La race des héros, ma vieillesse, et ma gloire:
Quelle honte, grand Dieu, suivrait un sort si beau!
Veux-tu déshonorer ma vie et mon tombeau?
De mes folles bontés quel horrible salaire!
Ma fille, un suborneur est-il donc plus qu'un père?
Repens-toi, suis mes pas, viens sans plus m'outrager.

ZULIME.

Je voudrais obéir; mon sort ne peut changer.
Approuvée en Europe, en vos climats flétrie,
Il n'est plus de retour pour moi dans ma patrie.
Mais si le nom d'esclave aigrit votre courroux,
Songez que cet esclave a combattu pour vous;
Qu'il vous a délivré d'une main ennemie;
Que vos persécuteurs ont demandé sa vie;
Que j'acquitte envers lui ce que vous lui devez;
Qu'à d'assez grands honneurs ses jours sont réservés;
Qu'il est du sang des rois; et qu'un héros pour gendre,
Un prince vertueux...

BÉNASSAR.
Je ne veux plus t'entendre,
Barbare! Que les cieux partagent ma douleur!
Que ton indigne amant soit un jour mon vengeur!
Il le sera sans doute, et j'en reçois l'augure.
Tous les enlèvements sont suivis du parjure.
Puisse la perfidie et la division
Être le digne fruit d'une telle union!
J'espère que le ciel, sensible à mon outrage,
Accourcira bientôt dans les pleurs, dans la rage,
Tes jours infortunés que ma bouche a maudits,
Et qu'on te trahira comme tu me trahis.
Coupable de la mort qu'ici tu me prépares,
Lâche, tu périras par des mains plus barbares :
Je le demande aux cieux; perfide, tu mourras
Aux pieds de ton amant qui ne te plaindra pas.
Mais avant de combler son opprobre et sa rage,
Avant que le cruel t'arrache à ce rivage,
J'y cours; et nous verrons si tes lâches soldats
Seront assez hardis pour t'ôter de mes bras,
Et si, pour se ranger sous les drapeaux d'un traître,
Ils fouleront aux pieds, et ton père, et leur maître.

SCÈNE V. — ZULIME, SÉRAME.

ZULIME.
Seigneur.... Ah! cher auteur de mes coupables jours
Voilà quel est le fruit de mes tristes amours!
Dieu qui l'as entendu, Dieu puissant que j'irrite,
Aurais-tu confirmé l'arrêt que je mérite?
La mort et les enfers paraissent devant moi :
Ramire, avec plaisir j'y descendrais pour toi.
Tu me plaindras sans doute.... Ah! passion funeste!
Quoi! les larmes d'un père, et le courroux céleste,
Les malédictions prêtes à m'accabler,
Tout irrite les feux dont je me sens brûler!
Dieu! je me livre à toi : si tu veux que j'expire,
Frappe; mais réponds-moi des larmes de Ramire.

ACTE TROISIÈME.

SCÈNE I. — ZULIME, ATIDE.

ZULIME.
Hélas! vous n'aimez point : vous ne concevez pas
Tous ces soulèvements, ces craintes, ces combats,

ACTE III, SCÈNE I.

Ce reflux orageux du remords et du crime.
Que je me hais! j'outrage un père magnanime,
Un père qui m'est cher, et qui me tend les bras.
Que dis-je? l'outrager! j'avance son trépas:
Malheureuse!

ATIDE.

Après tout, si votre âme attendrie
Craint d'accabler un père, et tremble pour sa vie,
Pardonnez; mais je sens qu'en de tels déplaisirs
Un grand cœur quelquefois commande à ses soupirs,
Qu'on peut sacrifier....

ZULIME.

Que prétends-tu me dire?
Sacrifier l'amour qui m'enchaîne à Ramire!
A quels conseils, grand Dieu! faut-il s'abandonner?
Ai-je pu les entendre? ose-t-on les donner?
Toute prête à partir, vous proposez, barbare,
Que, moi qui l'ai conduit, de lui je me sépare!
Non, mon père en courroux, mes remords, ma douleur,
De ce conseil affreux n'égalent point l'horreur.

ATIDE.

Mais vous-même à l'instant, à vos devoirs fidèle,
Vous disiez que l'amour vous rend trop criminelle.

ZULIME.

Non, je ne l'ai point dit, mon trouble m'emportait;
Si je parlais ainsi, mon cœur me démentait.

ATIDE.

Qui ne connaît l'état d'une âme combattue?
J'éprouve, croyez-moi, le chagrin qui vous tue;
Et ma triste amitié....

ZULIME.

Vous m'en devez, du moins.
Mais que cette amitié prend de funestes soins!
Ne me parlez jamais que d'adorer Ramire,
Redoublez dans mon cœur tout l'amour qu'il m'inspire.
Hélas! m'assurez-vous qu'il réponde à mes vœux
Comme il le doit, Atide, et comme je le veux?

ATIDE.

Ce n'est point à des cœurs nourris dans l'amertume,
Que la crainte a glacés, que la douleur consume;
Ce n'est point à des yeux aux larmes condamnés,
De lire dans les cœurs des amants fortunés.
Est-ce à moi d'observer leur joie et leur caprice?
Ne vous suffit-il pas qu'on vous rende justice,
Qu'on soit à vos bontés asservi pour jamais?

ZULIME.

Non; il semble accablé du poids de mes bienfaits;

Son âme est inquiète, et n'est point attendrie.
Atide, il me parlait des lois de sa patrie.
Il est tranquille assez, maître assez de ses vœux,
Pour voir en ma présence un obstacle à nos feux.
Ma tendresse un moment s'est sentie alarmée.
Chère Atide, est-ce ainsi que je dois être aimée ?
Après ce que j'ai fait, après ma fuite, hélas !...
Atide, il me trahit, s'il ne m'adore pas:
S¹ de quelque intérêt son âme est occupée,
Si je n'y suis pas seule, Atide, il m'a trompée.

SCÈNE II. — ZULIME, ATIDE, IDAMORE.

IDAMORE.
Madame, votre père appelle ses soldats :
Résolvez votre fuite, et ne différez pas.
Déjà quelques guerriers, qui devaient vous défendre,
Aux pleurs de Bénassar étaient prêts à se rendre.
Honteux de vous prêter un sacrilège appui,
Leurs fronts en rougissant se baissaient devant lui:
De ces murs odieux je garde le passage;
Ce sentier détourné nous conduit au rivage.
Ramire impatient, de vous seule occupé,
De vos bontés rempli, de vos charmes frappé,
Et prêt pour son épouse à prodiguer sa vie,
Dispose en ce moment votre heureuse sortie.

ZULIME.
Ramire, dites-vous ?

IDAMORE.
Ardent, rempli d'espoir,
Il revient vous servir, surtout il veut vous voir.

ZULIME.
Ah ! je renais, Atide, et mon âme est en proie
A tout l'emportement de l'excès de ma joie.
Pardonne à des soupçons indignement conçus;
Ils sont évanouis, ils ne renaîtront plus.
J'ai douté, j'en rougis, je craignais, et l'on m'aime !
Ah ! prince !...

SCÈNE III. — ZULIME, ATIDE, RAMIRE, IDAMORE.

IDAMORE, à Ramire.
J'ai parlé, seigneur, comme vous-même;
J'ai peint de votre cœur les justes sentiments;
Zulime en est bien digne ; achevez, il est temps.
Pressons l'heureux instant de notre délivrance;
Rien ne nous retient plus ; je cours, je vous devance.
(Il sort.)

ACTE III, SCÈNE III.

RAMIRE.
Nous voici parvenus à ce moment fatal
Où d'un départ trop lent on donne le signal.
Bénassar de ces lieux n'est point encor le maître ;
Pour peu que nous tardions, madame, il pourrait l'être
Vous voulez de l'Afrique abandonner les bords ;
Venez, ne craignez point ses impuissants efforts.

ZULIME.
Moi craindre ! ah ! c'est pour vous que j'ai connu la crainte.
Croyez-moi ; je commande encor dans cette enceinte ;
La porte de la mer ne s'ouvre qu'à ma voix.
Sauvez ma gloire au moins pour la dernière fois.
Apprenons à l'Espagne, à l'Afrique jalouse.
Que je suis mon devoir en partant votre épouse.

RAMIRE.
C'est braver votre père, et le désespérer ;
Pour le salut des miens je ne puis différer....

ZULIME.
Ramire !

RAMIRE.
Si le ciel me rend mon héritage,
Valence est à vos pieds.

ZULIME.
Tu promis davantage
Que m'importait un trône ?

ATIDE.
Eh ! madame, est-il temps
De s'oublier ici dans ces périls pressants ?
Songez....

ZULIME.
De ce péril soyez moins occupée ;
Il en est un plus grand. Ciel ! serais-je trompée
Ah ! Ramire !

RAMIRE.
Attendez qu'au sein de ses États
L'infortuné Ramire ait pu guider vos pas.

ZULIME.
Qu'entends-je ? Quel discours à tous les trois funeste !
Ramire ! attendais-tu qu'immolant tout le reste,
Perfide à ma patrie, à mon père, à mon roi,
Je n'eusse en ces climats d'autre maître que toi ?
Sur ces rochers déserts, ingrat, m'as-tu conduite
Pour traîner en Europe une esclave à ta suite ?

RAMIRE.
Je vous y mène en reine, et mon peuple à genoux,
Avec son souverain fléchira devant vous.

ATIDE.
Croyez que vos bienfaits

ZULIME.
Ah! c'en est trop, Atide;
C'est trop vous efforcer d'excuser un perfide;
Le voile est déchiré : je vois mon sort affreux.
Quel père j'offensais! et pour qui? malheureux!
Des plus sacrés devoirs la barrière est franchie :
Mais il reste un retour à ma vertu trahie;
Je revole à mon père : il a plaint mes erreurs,
Il est sensible, il m'aime, il vengera mes pleurs :
Et de sa main du moins il faudra que j'obtienne,
Dirai-je, hélas! ta mort? non, ingrat, mais la mienne.
Tu l'as voulu, j'y cours.

ATIDE.
Madame....

RAMIRE.
Atide! ô ciel!

ATIDE.
Madame, écoutez-vous ce désespoir mortel?
C'est votre ouvrage, hélas! que vous allez détruire.
Vous vous perdez! Eh quoi! vous balancez, Ramire!

ZULIME.
Madame, épargnez-vous ces transports empressés :
Son silence et vos pleurs m'en ont appris assez.
Je vois sur mon malheur ce qu'il faut que je pense,
Et je n'ai pas besoin de tant de confidence,
Ni des secours honteux d'une telle pitié.
J'ai prodigué pour vous la plus tendre amitié :
Vous m'en payez le prix; je vais le reconnaître.
Sortez, rentrez aux fers où vous avez dû naître;
Esclaves, redoutez mes ordres absolus;
A mes yeux indignés ne vous présentez plus :
Laissez-moi.

RAMIRE.
Non, madame, et je perdrai la vie
Avant d'être témoin de tant d'ignominie.
Vous ne flétrirez point cet objet malheureux,
Ce cœur digne de vous, comme vous généreux.
Si vous le connaissiez, si vous saviez....

ZULIME.
Parjure,
Ta fureur à ce point insulte à mon injure!
Tu m'outrages pour elle! Ah! vil couple d'ingrats!
Du fruit de mes douleurs vous ne jouirez pas;
Vous expierez tous deux mes feux illégitimes :
Tremblez, ce jour affreux sera le jour des crimes.
Je n'en ai commis qu'un, ce fut de vous servir,
Ce fut de vous sauver; je cours vous en punir....

Tu me braves encore, et tu présumes, traître,
Que des lieux où je suis tu t'es rendu le maître,
Ainsi que tu l'étais de mes vœux égarés ;
Tu te trompes, barbare.... A moi, gardes ! courez,
Suivez-moi tous, ouvrez aux soldats de mon père ;
Que mon sang satisfasse à sa juste colère ;
Qu'il efface ma honte, et que mes yeux mourants
Contemplent deux ingrats à mes pieds expirants !

SCÈNE IV. — ATIDE, RAMIRE.

RAMIRE.

Ah ! fuyez sa vengeance, Atide, et que je meure !

ATIDE.

Non, je veux qu'à ses pieds vous vous jetiez sur l'heure
Ramire, il faut me perdre et vous justifier,
Laisser périr Atide, et même l'oublier.

RAMIRE.

Vous !

ATIDE.

Vos jours, vos devoirs, votre reconnaissance,
Avec ce triste hymen n'entrent point en balance.
Nos liens sont sacrés, et je les brise tous.
Mon cœur vous idolâtre,... et je renonce à vous.

RAMIRE.

Vous, Atide !

ATIDE.

Il le faut ; partez sous ces auspices :
Ma rivale aura fait de moindres sacrifices ;
Mes mains auront brisé de plus puissants liens,
Et mes derniers bienfaits sont au-dessus des siens.

RAMIRE.

Vos bienfaits sont affreux ; l'idée en est un crime.
O chère et tendre épouse ! ô cœur trop magnanime !
Il faut périr ensemble, il faut qu'un noble effort
Assure la retraite, ou nous mène à la mort.

ATIDE.

Je mourrai, j'y consens ; mais espérez encore ;
Tout est entre vos mains ; Zulime vous adore :
Ce n'est pas votre sang qu'elle prétend verser.
Pensez-vous qu'à son père elle osât s'adresser ?
Vous voyez ces remparts qui ceignent notre asile :
Sont-ils pleins d'ennemis ? tout n'est-il pas tranquille ?
A-t-elle seulement marché de ce côté ?
Sa colère trompait son esprit agité.
Confiez-vous à moi, mon amour le mérite.

Je vous réponds de tout, souffrez que je vous quitte;
Souffrez.... (Elle sort.)

RAMIRE.
Non... je vous suis.

SCÈNE V. — RAMIRE, BÉNASSAR.

BÉNASSAR.
Demeure, malheureux!
Demeure.

RAMIRE.
Que veux-tu?

BÉNASSAR.
Cruel! ce que je veux?
Après tes attentats, après ta fuite infâme,
L'humanité, l'honneur, entrent-ils dans ton âme?

RAMIRE.
Crois-moi, l'humanité règne au fond de ce cœur,
Qui pardonne à ton doute, et qui plaint ton malheur;
L'honneur est dans ce cœur qui brava la misère.

BÉNASSAR.
Tu ne braves, ingrat, que les larmes d'un père :
Tu laisses le poignard dans ce cœur déchiré;
Tu pars, et cet assaut est encor différé.
La mer t'ouvre ses flots pour enlever ta proie :
Eh bien! prends donc pitié des pleurs où je me noie;
Prends pitié d'un vieillard trahi, déshonoré,
D'un père qui chérit un cœur dénaturé.
Je te crus vertueux, Ramire, autant que brave;
Je corrigeai le sort qui te fit mon esclave :
Je te devais beaucoup, je t'en donnais le prix,
J'allais avec les tiens te rendre à ton pays.
Le ciel sait si mon cœur abhorrait l'injustice
Qui voulait de ton sang le fatal sacrifice.
Ma fille a cru, sans doute, une indigne terreur;
Et son aveuglement a causé son erreur.
Je t'adresse, cruel, une plainte impuissante :
Ton fol amour insulte à ma voix expirante.
Contre les passions que peut mon désespoir?
Que veux-tu? je me mets moi-même en ton pouvoir :
Accepte tous mes biens, je te les sacrifie;
Rends-moi mon sang, rends-moi mon honneur et ma vie.
Tu ne me réponds rien, barbare !

RAMIRE.
Écoute-moi,
Tes trésors, tes bienfaits, ta fille, sont à toi.
Soit vertu, soit pitié, soit intérêt plus tendre,

Au péril de sa gloire elle osa nous défendre ;
Pour toi, de mille morts elle eût bravé les coups.
Elle adore son père, et le trahit pour nous ;
Et je crois la payer du plus noble salaire,
En la rendant aux mains d'un si vertueux père.

BÉNASSAR.
Toi, Ramire ?

RAMIRE.
Zulime est un objet sacré
Que mes profanes yeux n'ont point déshonoré.
Tu coûtas plus de pleurs à son âme séduite
Que n'en coûte à tes yeux sa déplorable fuite.
Le temps fera le reste ; et tu verras un jour
Qu'il soutient la nature, et qu'il détruit l'amour ;
Et si dans ton courroux je te croyais capable
D'oublier pour jamais que ta fille est coupable,
Si ton cœur généreux pouvait se désarmer,
Chérir encor Zulime...

BÉNASSAR.
Ah ! si je puis l'aimer !
Que me demandes-tu ? conçois-tu bien la joie
Du plus sensible père au désespoir en proie,
Qui, noyé si longtemps dans des pleurs superflus,
Reprend sa fille enfin, quand il ne l'attend plus ?
Moi, ne la plus chérir ! Va, ma chère Zulime
Peut avec un remords effacer tout son crime ;
Va, tout est oublié, j'en jure mon amour :
Mais puis-je à tes serments me fier à mon tour ?
Zulime m'a trompé ! Quel cœur n'est point parjure ?
Quel cœur n'est point ingrat ?

RAMIRE.
Que le tien se rassure.
Atide est dans ces lieux ; Atide est, comme moi,
Du sang infortuné de notre premier roi :
Nos captifs malheureux, brûlants du même zèle,
N'ont tout fait avec moi, tout tenté que pour elle ;
Je la livre en otage, et la mets dans tes mains.
Toi, si je fais un pas contraire à tes desseins,
Sur mon corps tout sanglant verse le sang d'Atide :
Mais si je suis fidèle, et si l'honneur me guide,
Toi-même arrache Atide à ces bords ennemis,
Appelle tous les tiens, délivre nos amis.
Le temps presse : peux-tu me donner ta parole ?
Peux-tu me seconder ?

BÉNASSAR.
Je le puis, et j'y vole.
Déjà quelques guerriers, honteux de me trahir,

Reconnaissent leur maître, et sont prêts d'obéir.
Mais aurais-tu, Ramire, une âme assez cruelle
Pour abuser encor mon amour paternelle?
Pardonne à mes soupçons.

RAMIRE.
Va, ne soupçonne rien ;
Mon plus cher intérêt s'accorde avec le tien.
Je te vois comme un père.

BÉNASSAR.
A toi je m'abandonne.
Dieu voit du haut des cieux la foi que je te donne.

RAMIRE.
Adieu ; reçois la mienne.

SCÈNE VI. — RAMIRE, ATIDE.

ATIDE.
Ah! prince, on vous attend.
Il n'est plus de danger, l'amour seul vous défend.
Zulime est apaisée, et tant de violence,
Tant de transports affreux, tant d'apprêts de vengeance,
Tout cède à la douceur d'un repentir profond ;
L'orage était soudain, le calme est aussi prompt.
J'ai dit ce que j'ai dû pour adoucir sa rage ;
Et l'amour à son cœur en disait davantage.
Ses yeux, auparavant si fiers, si courroucés,
Mêlaient des pleurs de joie aux pleurs que j'ai versés.
J'ai saisi cet instant favorable à la fuite ;
Jusqu'au pied du vaisseau soudain je l'ai conduite ;
J'ai hâté vos amis ; la moitié suit mes pas,
L'autre moitié s'embarque, ainsi que vos soldats ;
On n'attend plus que vous, la voile se déploie.

RAMIRE.
Ah! ciel! qu'avez-vous fait?

ATIDE.
Les pleurs où je me noie
Seront les derniers pleurs que vous verrez couler.
C'en est fait, cher amant, je ne veux plus troubler
Le bonheur de Zulime, et le vôtre peut-être.
Vous êtes trop aimé, vous méritez de l'être.
Allez, de ma rivale heureux et cher époux,
Remplir tous les serments qu'Atide a faits pour vous.

RAMIRE.
Quoi! vous l'avez conduite à ce vaisseau funeste?

ATIDE.
Elle vous y demande.

RAMIRE.
O puissance céleste!

ACTE III, SCÈNE VI.

Elle part, dites-vous ?
ATIDE.
Oui, sauvez-la, seigneur,
Des lieux que pour vous seul elle avait en horreur.
RAMIRE.
Atide ! en ce moment c'est fait de votre vie.
ATIDE.
Eh ! ne savez-vous pas que je la sacrifie ?
RAMIRE.
Vous êtes en otage auprès de Bénassar.
Il n'est plus d'espérance, il n'est plus de départ ;
Tout est perdu.
ATIDE.
Comment ?
RAMIRE.
Où courir ? et que faire ?
Et comment réparer mon crime involontaire ?
ATIDE.
Que dites-vous ? quel crime, et quel engagement ?
RAMIRE.
Ah ! ciel !
ATIDE.
Qu'ai-je donc fait ?

SCÈNE VII. — RAMIRE, ATIDE, IDAMORE.

IDAMORE.
En ce même moment
Bénassar vous poursuit, vous, Atide, et Zulime.
Le péril le plus grand est celui qui m'anime.
Seigneur, je viens combattre et mourir avec vous.
J'ai vu ce Bénassar, enflammé de courroux,
Aux siens qui l'attendaient lui-même ouvrir la porte,
Rentrer accompagné de leur fatale escorte,
Courir à ses vaisseaux la flamme dans les mains ;
Il attestait le ciel vengeur des souverains :
Sa fureur échauffait les glaces de son âge.
Déjà de tous côtés commençait le carnage :
Je me fraye un chemin, je revole en ces lieux.
Sortons.... Entendez-vous tous ces cris furieux ?
D'où vient que Bénassar, au fort de la mêlée,
Accuse votre foi lâchement violée ?
Des soldats de Zulime ont quitté ses drapeaux ;
Ils ont suivi son père, ils marchent aux vaisseaux.
D'où peut naître un revers si prompt et si funeste ?
RAMIRE.
Allons le réparer, le désespoir nous reste ;
Sauvons du moins Atide ; et, le fer à la main,

VOLTAIRE — III 9

Parmi ces malheureux ouvrons-nous un chemin
Suivez-moi. Dieu puissant, daignez enfin défendre
La vertu la plus pure, et l'amour le plus tendre!
Suivez-moi, dis-je.

ATIDE.
O ciel ! Ramire ! Ah ! jour affreux !

RAMIRE.
Si vous vivez, ce jour est encor trop heureux.

ACTE QUATRIÈME.

SCÈNE I. — ZULIME, SÉRAME.

SÉRAME.
Remerciez le ciel, au comble des tourments,
D'avoir longtemps perdu l'usage de vos sens,
Il vous a dérobé, propice en sa colère,
Ce combat effrayant d'un amant et d'un père.

ZULIME, *jetée dans un fauteuil, et revenant de son évanouissement.*
O jour, tu luis encore à mes yeux alarmés,
Qu'une éternelle nuit devrait avoir fermés !
O sommeil des douleurs ! mort douce et passagère !
Seul moment de repos goûté dans ma misère !
Que n'es-tu plus durable ? et pourquoi laisses-tu
Rentrer encor la vie en ce cœur abattu ?
  (*Se relevant.*)
Où suis-je ? qu'a-t-on fait ? ô crime ! ô perfidie !
Ramire va périr ! quel monstre m'a trahie !
J'ai tout fait, malheureuse ! et moi seule, en un jour,
J'ai bravé la nature, et j'ai trahi l'amour.
Quoi ! mon père, dis-tu, défend que je l'approche !

SÉRAME.
Plus le combat, madame, et le péril est proche,
Plus il veut vous sauver de ces objets d'horreur,
Qui, présentés de près à votre faible cœur,
Et redoublant les maux dont l'excès vous dévore,
Peut-être vous rendraient plus criminelle encore.

ZULIME.
Qu'est devenu Ramire ?

SÉRAME.
Ai-je donc pu songer,
Dans ces malheurs communs, qu'à votre seul danger ?
Ai-je pu m'occuper que du mal qui vous presse,

ACTE IV, SCÈNE I.

ZULIME.
Qu'est-ce qui s'est passé ? quelle erreur m'a perdue ?
Ah ! n'ai-je pas tantôt, dans mes transports jaloux,
Des miens contre Ramire allumé le courroux ?
J'accusais mon amant ; j'eus trop de violence ;
On m'a trop obéi ; je meurs de ma vengeance.
Va, cours, informe-toi des funestes effets
Et des crimes nouveaux qu'ont produits mes forfaits.
Juste ciel ! je partais, et sur la foi d'Atide !
M'aurait-elle trahie ? On m'arrête. Ah ! perfide !...
N'importe, apprends-moi tout, ne me déguise rien ;
Rapporte-moi ma mort : va, cours, vole, et reviens.

SÉRAME.
Je vous laisse à regret dans ces horreurs mortelles.

ZULIME.
Va, dis-je. Ah ! j'en mérite encor de plus cruelles !

SCÈNE II. — ZULIME.

M'as-tu trompée, Atide, avec tant de douceur ?
Quoi ! les pleurs quelquefois ne partent point du cœur ?
Mais non ; en me perdant tu te perdrais toi-même.
Toi, tes amis, ton peuple, et ce cruel que j'aime.
Non, trop de vérité parlait dans tes douleurs ;
L'imposture, après tout, ne verse point de pleurs.
Ton âme m'est connue ; elle est sans artifice :
Et qui m'eût fait jamais un pareil sacrifice ?
Loin de moi, loin de lui tu voulais demeurer.
Ah ! de Ramire ainsi se peut-on séparer ?
Atide n'aime point : j'étais peut-être aimée ;
Ma jalouse fureur s'est trop tôt allumée,
J'assassine Ramire.

SCÈNE III. — ZULIME, SÉRAME.

ZULIME.
Eh bien ! que t'a-t-on dit ?
Parle.

SÉRAME.
Un désordre horrible accable mon esprit :
On ne voit, on n'entend que des troupes plaintives,
Au dehors, au dedans, aux portes, sur les rives ;
Au palais, sur le port, autour de ces remparts,
On se rassemble, on court, on combat au hasard ;
La mort vole en tous lieux. Votre esclave perfide
Partout oppose au nombre une audace intrépide.
Pressé de tous côtés, Ramire allait périr ;

Croiriez-vous quelle main vient de le secourir ?
Atide....
ZULIME.
Atide ! ô ciel !
SÉRAME.
Au milieu du carnage,
D'un pas déterminé, d'un œil plein de courage,
S'élançant dans la foule, étonnant les soldats,
Sa beauté, son audace, ont arrêté leurs bras.
Vos guerriers, qui pensaient venger votre querelle,
Unis avec les siens, se rangent autour d'elle.
Voilà ce qu'on m'a dit, et j'en frémis d'effroi.
ZULIME.
Ramire vit encore, et ne vit point pour moi !
Ramire doit la vie à d'autres qu'à moi-même !
Une autre le défend ; c'est une autre qu'il aime !
Et c'est Atide !... Allons, le charme est dissipé.
Je déchire un bandeau de mes larmes trempé ;
Je revois la lumière, et je sors de l'abîme
Où me précipitaient ma faiblesse et leur crime.
Ciel ! quel tissu d'horreurs ! ah ! j'en avais besoin ;
De guérir ma blessure ils ont pris l'heureux soin.
Va, je renonce à tout, et même à la vengeance ;
Je verrai leur supplice avec l'indifférence
Qu'inspirent des forfaits qui ne nous touchent pas.
Que m'importe en effet leur vie ou leur trépas ?
C'en est fait.

SCÈNE IV. — ZULIME, MOHADIR, SÉRAME.

ZULIME.
Mohadir, parlez, que fait mon père ?
Puisse sur moi le ciel, épuisant sa colère,
Sur ses jours vertueux prodiguer sa faveur !
Qu'il soit vengé surtout !
MOHADIR.
Madame, il est vainqueur.
ZULIME.
Ah ! Ramire est donc mort ?
MOHADIR.
Sa valeur malheureuse,
A cherché vainement une mort glorieuse ;
Lassé, couvert de sang, l'esclave révolté
Est tombé dans les mains de son maître irrité.
Je ne vous tairai point que son cœur magnanime
Semblait justifier les fautes de Zulime.
Madame, je l'ai vu, maître de son courroux,
Respecter votre père, en détourner ses coups.

ACTE IV, SCÈNE IV.

Je l'ai vu, des siens même arrêtant la vengeance,
Abandonner le soin de sa propre défense.

ZULIME.

Lui !

MOHADIR.

Cependant on dit qu'il nous a trahis tous ;
Qu'il trompait à la fois et Bénassar et vous.
Mais, sans approfondir tant de sujets d'alarmes,
Sans plus empoisonner la source de vos larmes,
Il faut de votre père obtenir un pardon ;
Il le faut mériter. Je vais en votre nom
Des rebelles armés poursuivre ce qui reste :
Terminons sans retour un trouble si funeste.
Zulime, avec un père il n'est point de traité ;
Votre repentir seul est votre sûreté ;
La nature dans lui reprendra son empire,
Quand elle aura dans vous triomphé de Ramire.

ZULIME.

Il me suffit : je sais tout ce que j'ai commis,
Et combien de devoirs en un jour j'ai trahis.
Aux pieds de Bénassar il faut que je me jette :
Hâtons-nous.

MOHADIR.

Retenez cette ardeur indiscrète ;
Gardez en ce moment de vous y présenter.

ZULIME.

Mohadir, et c'est vous qui m'osez arrêter !

MOHADIR.

Respectez la défense heureuse et nécessaire
D'un père au désespoir, et d'un maître en colère :
Vous devez obéir, et surtout épargnet
Sa blessure trop vive, et trop prompte à saigner.
Il vous aime, il est vrai ; mais, après tant d'injures,
Si vos ressentiments s'échappaient en murmures,
Frémissez pour vous-même : un affront si cruel
Serait le dernier coup à ce cœur paternel,
Dans Ramire et dans vous il confondrait peut-être

ZULIME.

Osez-vous bien penser que je protège un traître ?

MOHADIR.

Madame, pardonnez un injuste soupçon ;
Votre âme détrompée a repris sa raison.
Je le vois, et je cours en serviteur fidèle,
Apprendre à Bénassar le succès de mon zèle ;
Daignez de sa justice attendre ici l'effet.

SCÈNE V. — ZULIME, SÉRAME.

ZULIME.

Ah! j'attends le trépas. Juste ciel, qu'ai-je fait?

SÉRAME.

Vous laissez un perfide au destin qui l'accable;
Vos jours sont à ce prix.

ZULIME.

Dieu! qu'Atide est coupable!

SÉRAME.

Tous deux seront punis, ne songez plus qu'à vous;
D'un père infortuné désarmez le courroux;
Détournez....

ZULIME.

Il ne voit en moi qu'une ennemie.
Il ne sait point, hélas! combien je suis punie!
Mon châtiment, Sérame, est dans mes attentats;
J'étais dénaturée, et j'ai fait des ingrats.

SÉRAME.

Eh bien! de leurs forfaits séparez votre cause.
Quelque punition qu'un père se propose,
Aux traits de son courroux son sang doit échapper,
Et sa main s'amollit sur le point de frapper.
Obtenez qu'il vous voie, si votre grâce est sûre;
Unissez-vous à lui pour venger son injure;
Abandonnez les jours justement menacés
De ce parjure amant qu'enfin vous haïssez.

ZULIME.

De Ramire!

SÉRAME.

De lui. Son indigne artifice
Vous faisait sa victime, ainsi que sa complice.

ZULIME.

Je ne le sais que trop. Hélas! que de forfaits!

SÉRAME.

Que j'aime à voir vos yeux dessillés pour jamais!
Des pleurs que vous versez la vanité s'honore?
Il vous trompe, il vous hait.

ZULIME.

Sérame, je l'adore.

SÉRAME.

Qui? vous!

ZULIME.

Un dieu barbare assemble dans mon cœur
L'excès de la faiblesse et celui de l'horreur.
C'est en vain que j'ai cru triompher de moi-même;
Je déteste mon crime, et je sens que je l'aime.
Je n'y résiste plus : ce poison détesté,

ACTE IV, SCÈNE V.

Par mes tremblantes mains aujourd'hui rejeté,
De toutes les fureurs m'embrase et m'est déchiré.
Au bord de mon tombeau j'idolâtre Ramire.
Tel est dans les replis de ce cœur dévoré
Ce pouvoir malheureux de moi-même abhorré.
Que si, pour couronner sa lâche perfidie,
Ramire en me quittant eût demandé ma vie,
S'il m'eût aux pieds d'Atide immolée en fuyant,
S'il eût insulté même à mon dernier moment,
Je l'eusse aimé toujours, et mes mains défaillantes
Auraient cherché ses mains de mon sang dégouttantes.
Quoi! c'est ainsi que j'aime, et c'est moi qu'il trahit!
Et c'est moi qui le perds! c'est par moi qu'il périt!
Non.... je le sauverai, le parjure que j'aime,
Dût-il me détester, et m'en punir lui-même.
Mais Atide est aimée!

SCÈNE VI. — ZULIME, ATIDE, amenée par des gardes.

ZULIME.

Ah! qu'est-ce que je vois?
Ma rivale à mes yeux! Atide devant moi!

ATIDE.

Oui, madame, il est vrai, je suis votre rivale.
Le malheur nous rejoint, le destin nous égale.
Je sens les mêmes feux, je meurs des mêmes coups,
Et Ramire est perdu pour moi comme pour vous.

ZULIME.

Avez-vous vu Ramire?

ATIDE.

Oui, je l'ai vu combattre,
Et braver son destin qui ne pouvait l'abattre;
Mais je ne l'ai point vu depuis qu'il est chargé
De ces indignes fers où vous l'avez plongé.
On prépare pour lui la mort la plus sanglante;
Vous le voulez, madame, et vous serez contente.
Il ne vous reste ici qu'à terminer mon sort
Avant d'avoir appris s'il vit ou s'il est mort.

ZULIME.

S'il est mort, je sais trop le parti qu'il faut prendre.

ATIDE.

Ah! si vous le vouliez, vous pourriez le défendre,
Madame : vous l'aimez et je connais l'amour;
Vous périrez des coups dont il perdra le jour,
Et, quelque sentiment qu'un père vous inspire,
Le plus grand des forfaits est de trahir Ramire.
Il n'eut jamais que vous et le ciel pour appui;

Et n'est-ce pas à vous d'avoir pitié de lui?
Quelques amis encore échappés au carnage
Vendent bien cher leur vie, et marchent au rivage :
Vous êtes mal gardée; on peut les réunir.

ZULIME.
Et vous me commandez encor de vous servir?

ATIDE.
Quand je vous l'ai cédé, quand, vous donnant ma vie,
Je me suis immolée à votre jalousie,
Quand j'osais en ces lieux vous presser à genoux
De m'abandonner seule, et de suivre un époux,
Puis-je encor mériter vos fureurs inquiètes?
Que vous faut-il? parlez, cruelle que vous êtes,
Quel fruit recueillez-vous de toutes vos erreurs?
Et qui peut contre moi vous irriter?

ZULIME.
                                     Vos pleurs,
Votre attendrissement, votre excès de courage,
Votre crainte pour lui, vos yeux, votre langage,
Vos charmes, mon malheur, et mes transports jaloux;
Tout m'irrite, cruelle, et m'arme contre vous.
Vous avez mérité que Ramire vous aime,
Vous me forcez enfin d'immoler pour vous-même
Et l'amour paternel, et l'honneur de mes jours.
Je vous sers, vous, madame; il le faut, et j'y cours;
Mais vous me répondrez.....

ATIDE.
                        Ah! c'en est trop, barbare!
Eh bien! j'aime Ramire : oui, je vous le déclare;
Je l'aime, je le cède, et vous, vous indignez !
J'ai sauvé votre amant, et vous vous en plaignez !
Quel temps pour les fureurs de votre jalousie !
Quel temps pour le reproche! il s'agit de sa vie.
Je jure ici par lui, par ce commun effroi,
J'en atteste le jour, ce jour que je vous dois,
Que vous n'aurez jamais à redouter Atide.
Ne vous figurez pas que ma douleur timide
S'exhale en vains serments qu'arrache le danger;
Je jure encor ce ciel, lent à nous protéger,
Que, s'il me permettait de délivrer Ramire,
S'il osait me donner son cœur et son empire,
Si du plus tendre amour il écoutait l'erreur,
Je vous sacrifierais son empire et son cœur.
Conservez-le à ce prix, au prix de mon sang même,
Que voulez-vous de plus, s'il vit et s'il vous aime?
Je ne dispute rien, madame, à votre amour,
Non, pas même l'honneur de lui sauver le jour.

ACTE IV, SCÈNE VI.

Vous en aurez la gloire, ayez-en l'avantage.

ZULIME.

Non, je ne vous crois point, je vois tout mon outrage;
Je vois jusqu'en vos pleurs un triomphe odieux;
La douceur d'être aimée éclate dans vos yeux.
Mais cessez de prétendre au superbe partage,
A l'honneur insultant d'exciter mon courage;
Ce courage, intrépide autant qu'il est jaloux,
Pour braver cent trépas n'a pas besoin de vous.
Suivez-moi seulement, je vous ferai connaître
Que je sais tout tenter, et même pour un traître.
Je devrais l'oublier, je devrais le punir,
Et je cours le sauver, le venger, ou périr.
Sérame, quelle horreur a glacé ton visage?

SCÈNE VII. — ZULIME, ATIDE, SÉRAME.

SÉRAME.

Madame, il faut du sort dévorer tout l'outrage,
Il faut d'un cœur soumis souffrir ce coup affreux.
Vainement Mohadir, sensible et généreux,
Du coupable Ramire a demandé la grâce;
Tous les chefs, irrités de sa perfide audace,
L'ont condamné, madame, à ces tourments cruels
Réservés en ces lieux pour les grands criminels.
Il vous faut oublier jusqu'au nom de Ramire.

ZULIME.

Il ne mourra pas seul, et devait qu'il expire.....

SÉRAME.

Madame, ah! gardez-vous d'un téméraire effort!

ATIDE.

Vous l'abandonneriez à cette indigne mort?
Oublieriez-vous ainsi la grandeur de votre âme?

ZULIME.

Je préviens vos conseils, n'en doutez point, madame.
Ne les prodiguez plus. Et toi, nature, et toi,
Droits éternels du sang, toujours sacrés pour moi,
Dans cet égarement dont la fureur m'anime,
Soutenez bien mon cœur, et gardez-moi d'un crime!

ACTE CINQUIÈME.

SCÈNE I. — BÉNASSAR, MOHADIR.

MOHADIR.

Ce dernier trait, sans doute, est le plus criminel.
Je sens le désespoir de ce cœur paternel.
Je partage en pleurant son trouble et si peine.
Mais vous avez toujours des entrailles de père;
Et tous les attentats de ce funeste jour
Ne sont qu'un même crime, et ce crime est l'amour.
Dans son aveuglement Zulime ensevelie
Mérite d'être plainte, encor plus que punie;
Et si votre bonté parlait à votre cœur...

BÉNASSAR.

Ma bonté fit son crime, et fit tout mon malheur.
Je me reproche assez mon excès d'indulgence.
Ciel ! tu m'en as donné l'horrible récompense.
Ma fille était l'idole à qui mon amitié,
Cette amitié fatale, a tout sacrifié.
Je lui tendais les bras quand sa main ennemie
Me plongeait au tombeau chargé d'ignominie.
Ah ! l'homme inexorable est le seul respecté.
Si j'eusse été cruel, on eût moins attenté.
La dureté de cœur est le frein légitime
Qui peut épouvanter l'insolence et le crime.
Ma facile tendresse enhardit aux forfaits;
Le temps de la clémence est passé pour jamais.
Je vais, en punissant leurs fureurs insensées,
Égaler ma justice à mes bontés passées.

MOHADIR.

Je frémis comme vous de tous ces attentats
Que l'amour fait commettre en nos brûlants climats.
En tout lieu dangereux, il est ici terrible;
Il rend plus furieux, plus on est né sensible.
Ramire cependant, à ses erreurs livré,
De leurs cruels poisons semble moins enivré;
Vous-même l'avez dit, et j'ose le redire,
Que ce même ennemi, ce malheureux Ramire,
Est celui dont le bras vous avait défendu;
Qu'il n'a point aujourd'hui démenti sa vertu;
Que vous l'avez vu même, en ce combat horrible,
Dans ces moments cruels où l'homme est inflexible,
Où les yeux, les esprits, les sens, sont égarés,
Détourner loin de vous ses coups désespérés,

ACTE V, SCÈNE I.

Respecter votre sang, vous sauver, vous défendre,
Et d'un bras ausitôt d'un œil terrible et tendre
Arrêter, désarmer ses amis emportés
Qui levaient contre vous leurs bras ensanglantés.
Oui, j'ai vu le moment où, malgré sa colère,
Il semblait en effet combattre pour son père.

BÉNASSAR.

Ah! que n'a-t-il plutôt dans ce malheureux flanc
Recherché, de ses mains, le reste de mon sang!
Que ne l'a-t-il versé, puisqu'il le déshonore!
Mais ma cruelle fille est plus coupable encore;
Ce cœur, en un seul jour à jamais égaré,
Est hardi dans sa honte, est faux, dénaturé,
Et, se précipitant d'abîmes en abîmes,
Elle a contre son père accumulé les crimes.
Que dis-je? au moment même où tu viens en son nom
De tant d'iniquités implorer le pardon,
Son amour furieux la fait courir aux armes.
Les suborneurs appas de ses trompeuses larmes
Ont séduit les soldats à sa garde commis;
Sa voix a rassemblé ses perfides amis.
Elle vient m'arracher son indigne conquête;
Les armes dans les mains, elle marche à leur tête.
Cet amour insensé ne connaît plus de frein;
Zulime contre un père ose lever sa main!
Au comble de l'outrage on joint le parricide!
Ah! courons, et nous-même immolons la perfide.

SCÈNE II. — BÉNASSAR, ZULIME, suivie de ses soldats
dans l'enfoncement; MOHADIR, SUITE.

ZULIME, jetant ses armes.

Non, n'allez pas plus loin, frappez; et vous, soldats,
Laissez périr Zulime, et ne la vengez pas.
Il suffit : votre zèle a servi mon audace.
J'ai mérité la mort, méritez votre grâce.
Sortez, dis-je.

BÉNASSAR.

Ah! cruelle! est-ce toi que je vois?

ZULIME.

Pour la dernière fois, seigneur, écoutez-moi.
Oui, cette fille indigne, et de crime enivrée,
Vient d'armer contre vous sa main désespérée.
J'allais vous arracher, au péril de vos jours,
Ce déplorable objet de mes cruels amours.
Oui, toutes les fureurs ont embrasé Zulime,
La nature en tremblait; mais je volais au crime.

Je vous vois : un regard a détruit mes fureurs,
Le fer m'est échappé ; je n'ai plus que des pleurs ;
Et ce cœur, tout brûlant d'amour et de colère,
Tout forcené qu'il est, voit un dieu dans son père.
Que ce dieu tonne enfin, qu'il frappe de ses coups
L'objet, le seul objet d'un si juste courroux.
Faut-il pour mes forfaits que Ramire périsse ?
Ah ! peut-être il est loin d'en être le complice ;
Peut-être, pour combler l'horreur où je me vois,
Si Ramire est un traître, il ne l'est qu'envers moi.
Étouffez dans mon sang ce doute que j'abhorre,
Qui déchire mes sens, qui vous outrage encore.
J'idolâtre Ramire, et je ne puis, seigneur,
Vivre un moment sans lui, ni vivre sans honneur.
J'ai perdu mon amant, et mon père, et ma gloire ;
Perdez de tant d'erreurs la honteuse mémoire ;
Arrachez-moi ce cœur que vous m'avez donné,
De tous les cœurs, hélas ! le plus infortuné.
Je baise cette main dont il faut que j'expire ;
Mais pour prix de mon sang, pardonnez à Ramire ;
Ayez cette pitié pour mon dernier moment,
Et qu'au moins votre fille expire en vous aimant.

BÉNASSAR.

O ciel, qui l'entendez ! ô faiblesse d'un père !
Quoi ! ses pleurs à ce point fléchiraient ma colère !
Me faudra-t-il les perdre ou les sauver tous deux ?
Faut-il, dans mon courroux, faire trois malheureux ?
Ciel, prête tes clartés à mon âme attendrie !
L'une est ma fille, hélas ! l'autre a sauvé ma vie ;
La mort, la seule mort peut briser leurs liens.
Gardes, que l'on m'amène et Ramire et les siens.

MOHADIR.

Seigneur, vous la voyez à vos pieds éperdue,
Soumise, désarmée, à vos ordres rendue ;
Vous l'avez trop aimée, hélas ! pour la punir.
Mais on conduit Ramire, et je le vois venir.

SCÈNE III. — BÉNASSAR, ZULIME, ATIDE, RAMIRE, MOHADIR, SUITE.

RAMIRE, *enchaîné*.

Achève de m'ôter cette vie importune.
Depuis que je suis né, trahi par la fortune,
Sorti du sang des rois, j'ai vécu dans les fers ;
Et je meurs en coupable au fond de ces déserts.
Mais de mon triste état l'outrage et la bassesse
N'ont point de mon courage avili la noblesse ;

Ce cœur impénétrable aux coups qui l'ont frappé,
Ne t'ayant jamais craint, ne t'a jamais trompé.
Pour otage en tes mains je remettais Atide.
Ni son cœur, ni le mien ne peut être perfide.
Va, Ramire était loin de te manquer de foi;
Bénassar, nos serments m'étaient plus chers qu'à toi,
Je sentais tes chagrins; j'effaçais ton injure;
De ce cœur paternel je fermais la blessure.
Tout était réparé. Mes funestes destins
Ont tourné contre moi mes innocents desseins.
Tu m'as trop mal connu; c'est ta seule injustice:
Que ce soit la dernière, et que dans mon supplice
Des cœurs pleins de vertus ne soient point entraînés.

BÉNASSAR.

Le ciel à d'autres soins nous a tous destinés.
Je devrais te haïr: tu me forces, Ramire,
A reconnaître en toi des vertus que j'admire.
Je n'ai point oublié tes services passés;
Et, quoique par ton crime ils fussent effacés,
J'ai trop vu, malgré moi, dans ce combat funeste,
Que de ce sang glacé tu respectais le reste.
Un amour emporté, source de nos malheurs,
Plus fort que mes bontés, plus puissant que mes pleurs,
M'arracha par tes mains et ma gloire et ma fille;
C'est par toi que mon nom, mon État, ma famille,
Sont accablés de honte; et, pour comble d'horreur,
Il faut verser mon sang pour venger mon honneur.
Après l'horrible éclat d'une amour effrénée,
Il ne reste qu'un choix, la mort ou l'hyménée.
Je dois tous deux vous perdre, ou la mettre en tes bras
Sois son époux, Ramire, et règne en mes États.

RAMIRE.

Moi!

ZULIME.

Mon père!

ATIDE.

Ah! grand Dieu!...

BÉNASSAR.

Souvent dans nos provinces
On a vu nos émirs unis avec nos princes;
L'intérêt de l'État l'emporta sur la loi,
Et tous les intérêts parlent ici pour toi.
J'ai besoin d'un appui, combats pour nous défendre;
Vis pour elle et pour moi; sois mon fils, sois mon gendre.

ZULIME.

Ah! seigneur!... ah! Ramire! ah! jour de mon bonheur!

ATIDE.

O jour affreux pour tous!

RAMIRE.

Vous me voyez, seigneur,
Accablé de surprise, et confus d'une grâce
Qui ne semblait pas due à ma coupable audace.
Votre fille sans doute est d'un prix à mes yeux
Au-dessus des États conquis par mes aïeux.
Mais, pour combler nos maux, apprenez l'un et l'autre
Le secret de ma vie, et mon sort, et le vôtre.
Quand Zulime a daigné, par un si noble effort,
Sauver Atide et moi des fers et de la mort,
Idamore, un ami qu'aveuglait trop de zèle,
Séduisait sa pitié qui la rend criminelle.
Il promettait mon cœur, il promettait ma foi;
Il n'en était plus temps, je n'étais plus à moi;
Le ciel mit entre nous d'éternelles barrières.
En vain j'adore en vous le plus tendre des pères,
En vain vous m'accablez de gloire et de bienfaits,
Je ne puis réparer les malheurs que j'ai faits.
Madame, ainsi le veut la fortune jalouse,
Vengez-vous sur moi seul; Atide est mon épouse.

ZULIME.

Ton épouse? perfide!

RAMIRE.

Élevés dans vos fers,
Nos yeux sur nos malheurs à peine étaient ouverts,
Quand son père, unissant notre espoir et nos larmes,
Attacha pour jamais mes destins à ses charmes.
Lui-même a resserré dans ses derniers moments
Ces nœuds chers et sacrés, préparés dès longtemps;
Et la loi du secret nous était imposée.

ZULIME.

Ton épouse! à ce point ils m'auraient abusée!
Ils auront triomphé de ma crédulité!
Seigneur, à vos bienfaits ils auront insulté!
Vous souffrirez qu'Atide, à ma honte, jouisse
Du fruit de tant d'audace et de tant d'artifice?
Vengez-moi, vengez-vous de ses traîtres appas,
De cet affreux tissu de fourbes, d'attentats.
Les cruels ont nourri mes feux illégitimes.
Mon heureuse rivale a commis tous mes crimes :
Vous ne punissez pas cet objet odieux?

ATIDE.

Vous devez me punir; mais connaissez-moi mieux;
Avant de me haïr, entendez ma réponse.
Votre père est présent; qu'il juge, et qu'il prononce.

ZULIME.

O ciel!

ACTE V, SCÈNE III.

ATIDE.

Ramire et moi, seigneur, si nous vivons,
C'est votre auguste fille à qui nous le devons.
(A Zulime.)
Je l'avoue à vos pieds; et moi, pour récompense,
Je vous coûte à la fois la gloire et l'innocence.
Trahissant l'amitié, combattant vos attraits,
Je m'armais contre vous de vos propres bienfaits;
J'arrachais de vos bras, j'enlevais à vos charmes
L'objet de tant de soins, le prix de tant de larmes :
Et lorsque vous sortez de ce gouffre d'horreur,
Ma main vous y replonge, et vous perce le cœur.
Tout semble s'élever contre ma perfidie :
Mais j'aimais comme vous; ce mot me justifie;
Et d'un lien sacré l'invincible pouvoir
Accrut cet amour même, et m'en fit un devoir.
Il faut dire encor plus; vous le savez, madame :
Mais malgré mon hymen, et malgré l'amour même,
Je vous immolai tout; j'ai vu vos fers serments;
Ce jour même, en cédieux, de céder mon amant;
J'ai promis de servir votre fatale flamme;
Le serment est affreux, vous le sentez, madame!
Renoncer à Ramire, et le voir en vos bras,
C'est un effort trop grand, vous ne l'espérez pas :
Mais je vous ai jusqu'à immoler ma tendresse;
Il n'est qu'un seul moyen de tenir ma promesse
Il n'est qu'un seul moyen de céder mon époux.
Le voici.
(Elle tire un poignard pour se tuer.)

RAMIRE, la désarmant avec Zulime.
Chère Atide!

ZULIME, se saisissant du poignard.
O ciel! que faites-vous?

BENASSAR.
Hélas! vivez pour lui!

ZULIME.
Suis-je assez confondue?
Tu l'emportes, cruelle, et Zulime est vaincue.
Oui, je le suis en tout. J'avoue avec horreur
Que ma rivale enfin mérite son bonheur.
(A Atide.)
J'admire en périssant jusqu'à ton amour même :
C'est à moi de mourir, puisque c'est toi qu'on aime.
(A Ramire et à Atide.)
Eh bien! soyez unis; eh bien! soyez heureux,
Aux dépens de ma vie, aux dépens de mes feux.
Eloignez-vous, fuyez, dérobez à ma vue.

Ce spectacle effrayant d'un bonheur qui me tue.
Votre joie est horrible, et je ne puis la voir :
Fuyez, craignez encor Zulime au désespoir.
Mon père, ayez pitié du moment qui me reste ;
Sauvez mes yeux mourants d'un spectacle funeste.

(Elle tombe sur sa confidente.)

ATIDE.
Nos deux cœurs sont à vous.

RAMIRE.
Vivez sans nous haïr.

ZULIME.
Moi, te haïr, cruel ! ah ! laisse-moi mourir.
Va, laisse-moi.

BÉNASSAR.
Ma fille, objet funeste et tendre,
Mérite enfin les pleurs que tu nous fais répandre.

ZULIME.
Mon père, par pitié, n'approchez point de moi.
J'abjure un lâche amour qui vous ravit ma foi :
Hélas ! vous n'aurez plus de reproche à me faire.

BÉNASSAR.
Mon amitié t'attend, mon cœur s'ouvre.

ZULIME.
O mon père !
J'en suis indigne.

(Elle se frappe.)

BÉNASSAR.
O ciel !

RAMIRE ET ATIDE.
Zulime ! ô désespoir !

BÉNASSAR.
Ah ! ma fille !

ZULIME.
A la fin j'ai rempli mon devoir.
Je l'aurais dû plus tôt.... Pardonnez à Zulime....
Souvenez-vous de moi, mais oubliez mon crime.

VARIANTES
RECUEILLIES DE L'ÉDITION DE 1761[1].

ACTE PREMIER.
SCÈNE I.
ZULIME.

Je l'outrage et je l'aime, il est assez vengé.
Je ne demande point le pardon de mon crime :
Puisse-t-il oublier jusqu'au nom de Zulime !

MOHADIR.

Noble et cher rejeton des héros et des rois,
Quel ordre imposez-vous à ma tremblante voix?
Faudra-t-il rapporter des réponses si dures?
D'un cœur désespéré déchirer les blessures?
Irai-je empoisonner ses chagrins paternels?

ZULIME.

Épargne, épargne-moi ces reproches cruels.
Je ne m'en fais que trop. Coupable, mais sincère,
Ma douleur est égale aux douleurs de mon père.

MOHADIR.

Et vous l'abandonnez !

ZULIME.

Que dis-tu ?

MOHADIR.

Ses soldats,
Par vous-même séduits, ont donc guidé vos pas?
Nos captifs espagnols, ce prix de son courage,
Dont jadis la victoire avait fait son partage,
Ces trésors des héros, vous les lui ravissez !
Vous l'aimez, vous, madame ! et vous le trahissez !
Pressé de tous côtés dans ces troubles funestes,
Qui de son faible État ont déchiré les restes,
Redoutant à la fois et les Européens,
Et les divisions des tristes musulmans,
Opprimé de l'Égypte, et craignant la Castille,
Faut-il qu'il ait encore à combattre sa fille !

ZULIME.

Me préserve le ciel de m'armer contre lui !

MOHADIR.

De sa triste vieillesse unique et cher appui,
Pourquoi donc fuyez-vous le père le plus tendre,
Qui pour vous de son trône était prêt à descendre;
Qui, vous laissant le choix de tant de souverains,
De son sceptre avec joie allait orner vos mains?

---

1. Cette édition fut désavouée par Voltaire. (ÉD.)

Hélas ! si la vertu, si la gloire vous guide....
Mais il n'appartient point à ma bouche timide
D'oser d'un tel reproche affliger vos appas :
Mes conseils autrefois ne vous révoltaient pas ;
Cette voix d'un vieillard qui sauva votre enfance
Flattait de votre cœur la docile indulgence ;
Et Bénassar encore espérait aujourd'hui
Que mes soins plus heureux pourraient vous rendre à lui.
Ah ! princesse, ordonnez, que faut-il que j'annonce ?

ZULIME.
Porte-lui mes soupirs et mes pleurs pour réponse.
Mon destin que je hais me force à l'outrager ;
Mes remords sont affreux, mais je ne puis changer.
Pars, adieu, c'en est fait.

MOHADIR.
Hélas ! je vais peut-être
Porter les derniers coups au sein qui vous fit naître.

SCÈNE II.

ZULIME.
Ah ! je succombe, Atide, et ce cœur désolé
Cède aux tourments honteux dont il est accablé.
Tu sais ce que j'ai fait et ce que je redoute ;
Tu vois ce que Ramire et mon penchant me coûte,
L'amour qui me conduit sur ces funestes bords
Ne m'a fait jusqu'ici sentir que des remords.
Je ne me cache point ma honte et mon parjure ;
J'outrage mes aïeux, j'offense la nature :
Mais Ramire expirait, et vous alliez périr ;
Quoi qu'il en ait coûté, j'ai dû vous secourir.
Le fier Égyptien, dont l'orgueil téméraire
Domine insolemment dans l'État de mon père,
Sur Ramire et sur vous était prêt à venger
Nos soldats qu'à Valence on venait d'égorger ;
Des nations, disait-il, tel est le droit horrible ;
La vengeance parlait, mon père, en vain sensible,
Laissait ployer bientôt sa faible autorité
Sous le poids malheureux de ce débile dicté ;
Les autels, et les lois demandaient votre vie ;
Vous saviez si la mienne à la vôtre est unie ;
L'amitié dont mon cœur au vôtre était lié
L'amour, plus fort que tout, plus grand que l'amitié ;
Votre danger, ma crainte ; hélas ! si l'on m'accuse,
Voilà tous mes forfaits, mais voilà mon excuse.
Si j'ai trahi mon père et quitté ses États,
Ciel, qui me connaissez, ne m'en punissez pas.
Mais Ramire en est digne, il pourra désormais
Payer d'un digne prix vos augustes bienfaits.
Son destin chez les siens l'appelle au rang suprême,
Et puisque vous l'aimez,

VARIANTES.

SCÈNE...

Alice, si je l'aime ?...
Tu ne l'ignoris pas, t'ai-je jamais caché
Les secrets de ce cœur que lui seul a touché ?
Je rougirais le sort qui te fit me connaître
Tu sais si j'ignorais son amour....
Si, fuyant de mon rang la fière austérité,
Ma tendresse entre nous remit l'égalité.
Nos cœurs se confondaient, tu vis naître en mon âme
Les traits mal démêlés de ma secrète flamme.
Ton œil vit avant moi de tant d'égarements
La première Isabelle et les embrasements...
Que n'eussé-je point fait pour conserver Zamire !
J'abandonne pour lui, etc.

. . . .

J'ai tort, je te l'avoue ; il a dû s'écarter,
Mais pourquoi si longtemps se plaire à m'éviter ?
Je ne l'accuse point, mais mon cœur en murmure.

ALINE.

Je sais trop qu'un conseil est souvent une injure ;
Mais n'est-il point permis de vous représenter,
Que sur ces bords affreux, qu'il est temps de quitter,
Tant d'amour, tant de craintes, et de délicatesse,
Conviennent mal peut-être au bien qui nous presse,
Qu'un moment peut nous perdre, et ravir tout le prix
De tant d'heureux travaux par l'amour entrepris.
Qu'entre cet Océan, ces rochers, et l'armée,
Ce jour, ce même jour peut vous voir enfermée ;
Et que de tant d'amour un cœur toujours troublé
Sur ses vrais intérêts est souvent aveuglé ?

SCÈNE III.

ZAMIRE.

. . . .
Vont nous conduire aux bords si longtemps souhaités,
J'ai vu, de ces rochers dont la cime élevée
Commande à ces deux mers dont l'Europe est lavée,
Un vaisseau que les vents font voler vers ces lieux.
Les pavillons d'Espagne éclataient à mes yeux.
Bientôt l'heureux reflux des mers obéissantes
Apportera vers lui nos dépouilles flottantes.
Une barque légère est auprès de ces bords ;
Mes mains la chargeront de nos plus chers trésors.

(à Zulime.)

Vous y serez, Alide.... Et vous, princesse auguste,
Vous dont la seule main changea le sort injuste
Vous par qui mes captifs ne portent désormais
Que les heureux liens formés par vos bienfaits
Quoi ! vos yeux, à ma voix, semblent mouillés de larmes ?
Dans de pareils moments on n'est point sans alarmes, etc.

ZULIME.

RAMIRE.
Que mes jours immolés à votre sûreté...
ZULIME.
Conservez-les, cher prince, ils m'ont assez coûté.
Mais quel discours, grands dieux, que je ne puis comprendre !
Pourquoi me parler vous de sang prêt à répandre
Est-ce ainsi que mon cœur doit être rassuré?
ALIDE.
Eh ! madame, à quels soins votre amour est livré !
Prête à voir avec nous les rives de Valence,
Contre le sort jaloux faut-il d'autre assurance?
Partons, dérobons-nous aux peuples irrités
Qui poursuivent sur nous l'excès de vos bontés.

SCÈNE V.
ALIDE.
. . . .
Ah ! le mien m'est témoin que l'on doit vous aimer.
Peut-être cet amour nous sera bien funeste;
Mais vivez, mais régnez, le ciel fera le reste !
Fermez les yeux, cher prince, aux pleurs que je répands.
RAMIRE.
Je ne vois que ces pleurs, ils font tous mes tourments.
Tous trois pleins de remords, et punis l'un par l'autre,
J'ai causé malgré moi son malheur et le vôtre,
Je vais....
ALIDE.
Ah ! demeurez. Quel est ce bruit affreux?
RAMIRE.
Il m'annonce du moins des combats moins honteux.
C'est l'ennemi sans doute, et je vole à la gloire.
Adieu.
ALIDE.
Je vous suivrai; la chute ou la victoire,
Les fers ou le trépas, je sais tout partager :
Et je vous aime trop pour craindre le danger.

ACTE SECOND.

SCÈNE I.
MÉNODORE.
Envers les siens coupable, envers vous innocente,
Je sais combien de lois et combien de raisons
Ont banni l'alliance entre vos deux maisons.
Plus puissant que les lois, le préjugé sépare
Les peuples de l'Espagne et ce peuple barbare.
Mais d'une loi plus juste entendez mieux la voix ;
Que tout préjugé cède à l'intérêt des rois !
Que vous, l'État, Alide....

VARIANTES.

RAMIRE.
Arrêtez, Ménodore.
Faut-il pour vivre heureux que je me déshonore?
Eh! le trône et la vie ont-ils donc tant d'appas?

MÉNODORE.
Vous vous trompez, seigneur, et ne m'entendez pas.
Quel est donc cet opprobre, et quel est donc le crime
De payer dignement les bontés de Zulime?
Vos jours à la servir doivent se consacrer,
Et l'oubli des bienfaits peut seul déshonorer.

RAMIRE.
Je le sais comme toi : juge de mes supplices.
Le premier des biens est celui des services.
C'est celui d'un cœur juste; et, malgré tous mes feux,
Celui de l'amour même est moins fort à mes yeux.
Mais tu sais quels saints nœuds ont enchaîné ma vie,
Quels serments j'ai formés, quel tendre hymen me lie.
Que je rentre à jamais aux fers où je suis né,
Tombe en cendre le trône où je suis destiné,
Si je trahis jamais la malheureuse Alide!
Mais aussi que la foudre écrase le perfide,
Que je sois en horreur aux siècles à venir,
S'il faut tromper Zulime et s'il faut la trahir!

MÉNODORE.
Ah! seigneur, croyez-moi, son erreur est trop chère :
N'arrachez point un voile à tous trois nécessaire :
Il n'est de malheureux que les cœurs détrompés.
D'un jour trop odieux ses yeux seraient frappés :
Cessez....

RAMIRE.
Ah! fallait-il que la funeste adresse
De Zulime à ce point égarât la faiblesse?
Fallait-il lui promettre et ma main et mon cœur?
Ils n'étaient point à moi ; tu m'as perdu d'honneur.

MÉNODORE.
C'est moi qui vous sauvai, vous, Alide, et Valence.
Un trône vous appelle, et votre esprit balance
Et d'un vain repentir vous écoutez la voix!

RAMIRE.
J'écoute mon devoir.

MÉNODORE.
Il est celui des rois.

RAMIRE.
Je suis bien loin de l'être, et c'est un triste augure
D'être esclave en Afrique, et d'en fuir en parjure.

MÉNODORE.
Feignez un jour du moins.

RAMIRE.
C'en est trop pour mon cœur.
Avec ses ennemis on feint sans déshonneur;
Mais tromper une femme et tendre et magnanime,
L'entraîner dans le piège, et la conduire au crime,
De ce crime odieux la punir de ma main,
M'armer de ses bienfaits pour lui percer le sein!

Prendre à la fois les noms de monarque et de traître !...

[illegible]

Dans vos États rendu, seigneur, vous serez maître :
Vous pourrez accorder l'intérêt, la grandeur,
Et la reconnaissance, et l'amour, et l'honneur.
Remettez à ce temps, plus sûr et plus tranquille,
De ces droits délicats l'examen difficile.
Lorsque vous serez roi, jugez et décidez :
Ici Zulime règne, et vous en dépendez.

RAMIRE.

Elle est ma bienfaitrice, il me faudra la craindre !
M'avilir par frayeur à la honte de feindre !
Je la respecte trop ; un cœur tel que le mien
Lui tiendra sa parole, ou ne promettra rien, etc.

SCÈNE II.

ZULIME.

. . . .

Mettons près des humains ma gloire en sûreté,
Et du Dieu qui m'entend méritons la bonté.
Eh quoi ! vous soupirez ; quel trouble vous agite ?

RAMIRE.

Pleine de vos bontés, mon âme est interdite.
Je suis un malheureux, destiné désormais
A d'éternels chagrins plus grands que vos bienfaits.

. . . .

. . . . Tout nous unit, mais le ciel nous divise.
Ignorez-vous les lois où l'Espagne est soumise ?

ZULIME.

Je ne crains point ces lois ; leur triste dureté
Cède aux rois, à l'amour, à la nécessité.
Des plus austères lois que puis-je avoir à craindre ?
Si nos droits sont sacrés, qui pourrait les enfreindre ?
Quels sont donc les humains qui peuplent vos États ?
Ont-ils fait quelques lois pour former des ingrats ?

RAMIRE.

Je suis loin d'être ingrat, et mon cœur ne peut l'être.

ZULIME.

Sans doute.

RAMIRE.

Mais le sang dont le ciel nous fit naître
Mit entre nos aïeux, entre nos nations,
Tant de mépris, de haine, et de divisions !
Mon peuple avec dépit verrait parmi ses reines
La fille des tyrans dont il reçut des chaînes.

ZULIME.

Votre peuple verra sans haine et sans effroi
Cette main qui brisa les chaînes de son roi.

RAMIRE.

Oui, vous adoucirez leur courage inflexible ;
Quel cœur à vos vertus pourrait être insensible ?
Mais malgré ces vertus, malgré tant de liens,

VARIANTES.

Malgré les vœux du peuple unis avec les miens,
Il est une barrière invincible, éternelle,
Chère Zulime,
Vous m'arrachez le cœur ! achevez, quelle est-elle ?

ZULIME.

C'est la religion, la première des lois,
Souveraine immortelle, et du peuple et des rois.
Ce puissant Mahomet, auteur de votre race,
De la moitié du monde a pu changer la face ;
De l'Inde au mont Atlas il est presque adoré ;
Mais chez nos nations son culte est abhorré.
De nos autels jaloux l'inflexible puissance
Entre Zulime et moi proscrit toute alliance.

ZULIME.

Je t'entends, cher Ramire, etc.

SCÈNE IV.

ZULIME.

. . . .
Il n'est plus de retour pour moi dans ma patrie.
Je n'ose vous prier de pardonner mon choix,
D'excuser un hymen condamné par nos lois,
D'accuser un héros, un souverain pour gendre,
Déjà
Dont l'alliance un jour

. . . .

Je ne veux plus t'entendre, etc.

ACTE TROISIÈME.
SCÈNE I.

ZULIME.

Hélas ! m'assurez-vous qu'il réponde à mes vœux,
Comme il le doit, Alide, et comme je le veux ?

ALIDE.

De notre prompt départ tout entier occupée,
Lorsque de nos frayeurs mon âme possédée
Soupire après l'Espagne, et des climats plus doux ;
Quand je me vois, peut-être, à plaindre autant que vous ;
Que puis-je vous répondre, et comment puis-je lire
Dans les secrets du cœur du malheureux Ramire,
Il est à vos bontés enchaîné pour jamais.

ZULIME.

Son cœur semble accablé du poids de mes bienfaits.
Je lui parlais d'hymen,

ALIDE.

Mais, madame,

ZULIME.

Eh ! Ramire
Osait bien me parler des lois de son empire,
Il était maître assez de ses yeux amoureux

Pour voir en ma présence un obstacle à mes feux !
Ma tendresse un moment s'est sentie alarmée
Chère Alide ! est-ce ainsi que je dois être aimée ?
Alide, vit-on jamais s'il ne m'adorais pas,
S'il pense à la grandeur autant qu'à mes appas ;
Si de quelque intérêt son âme est occupée ;
Si je n'y règle pas seule, Alide, il m'a trompée.

ALIDE.

Il ne vous trompe point ; tant d'amour, tant d'appas,
Tant d'amitié surtout, ne feront point d'ingrats.

SCÈNE III. — ZULIME, ALIDE, RAMIRE, son ami.

ALIDE.

Venez, prince ; il est temps qu'un aveu légitime
Efface devant moi les soupçons de Zulime.
Seigneur, immolez tout, quoi qu'il puisse en coûter.
Ses bienfaits sont trop grands, il les faut mériter.
Votre devoir...

RAMIRE.

Madame, en ce moment funeste
Mon devoir de vous seule occupe tout le reste.
Votre père à grands cris demande des soldats :
Je viens pour vous sauver, vous sauver des combats.
Déjà quelques guerriers, qui devaient vous défendre,
Aux pleurs de Bénassar étaient prêts à se rendre ;
Honteux de vous prêter un sacrilège appui
Leurs fronts, en rougissant, s'abaissaient devant lui.
Ne perdons point de temps ; courez vers le rivage ;
Je puis avec les miens défendre le passage.
Déjà des matelots entendez les clameurs.
Venez, ne craignez rien de vos persécuteurs.

Moi, craindre ? Ah ! c'est pour vous que j'ai connu la crainte !
Croyez-moi, j'ai commandé encor dans cette enceinte.
La porte de la mer ne s'ouvre qu'à ma voix :
Voyons mourir ou au moins pour la dernière fois
Apprenez à mon père, à l'Afrique jalouse,
Que je fuis mon devoir en tirant votre épouse.

L'orage...

RAMIRE.

Eh ! pouvez-vous, madame, en ces moments d'horreur,
D'un amour qu'il déteste écouter la douceur ?
Si le ciel qui m'entend me rend mon héritage,
Ou Valence est à vos pieds, ou je ne puis davantage.
Et je ne réponds point...

ZULIME.

Juste ciel ! qu'est-ce que j'entends ?
De quelle bouche, hélas ! ai-je quel trait dans quel temps !
Pour m'éclaircir d'un doute tous deux si funeste,
Ramire, attendez-là immolant tout le reste.
Perfide à ma patrie, à mon père, à mon roi,
Je n'eusse en ces climats d'autre maître que toi ?
Sur ces rochers affreux, hélas ! m'as-tu conduite
Pour traîner en Europe une esclave à ta suite ?

VARIANTES.

RAMIRE.
Je vous y mène en reine; et mon peuple à genoux,
En imitant son roi, fléchira devant vous.

ZULIME.
Ton peuple, tes respects! quel prix de ma tendresse!
Va, périssent les noms de reine, de princesse!
Le nom de ton épouse est le seul qui m'est dû,
Le seul qui me rendrait l'honneur que j'ai perdu,
Le seul que je voulais. Ah! barbare que j'aime,
Peux-tu me proposer d'autre prix que toi-même?

. . . .

Triste et soudain effet, où j'aurais dû penser,
Des malédictions qu'on vient de prononcer.
Loin de me rassurer, tu gardes le silence?
Est-ce confusion, repentir, innocence?
Ramire, Atide, en quoi! vous détournez les yeux;
Vous, pour qui j'ai tout fait, me trompez-vous tous deux?
Je te rends grâce, ô ciel! dont la main salutaire
Au-devant de mon crime a fait courir mon père;
Un père que pour eux j'avais déshonoré,
Et qui n'a pu haïr ce cœur dénaturé.
Du devoir, il est vrai, la barrière est franchie, etc.

SCÈNE III.
ET LA QUATRIÈME DE L'ÉDITION DE 1775.

. . . . **ATIDE.** . . . .
Mon cœur vous idolâtre.... et je renonce à vous.

RAMIRE.
Vous, Atide?

ATIDE.
Accepter ce fatal sacrifice.
Zulime en est trop digne, et je me rends justice.
Vous devez à ses soins la liberté, le jour;
Zulime a tous les droits, je n'ai que mon amour;
Cet amour est pour vous le don le plus funeste
Autant il me fut cher, autant je le déteste.
Si je vous vois heureux, je bénirai mon sort;
Qu'on me rende à mes fers, qu'on me rende à la mort.
N'importe, au gré des vents fuyez sous ses auspices.
Ma rivale aura fait de moindres sacrifices
Mes mains auront brisé de plus puissants liens,
Et mes derniers bienfaits sont au-dessus des siens.

RAMIRE.
Gardez-vous de m'offrir un bienfait si barbare.
Périssent des bontés dont l'excès vous égare!
Venez, votre péril est tout ce que je vois.

ATIDE.
Non, je cours lui parler; je le veux, je le dois.

RAMIRE.
Je ne vous quitte point.

ALIDE.

Vous vous perdez, Ramire.
Arrêtez, je l'ordonne.

RAMIRE.

Ah! plutôt que j'expire!
Je vous suis, chère Alide.

SCÈNE IV. — RAMIRE, BENASSAR.

BENASSAR.

Arrête, malheureux!

RAMIRE.

Que vois-je! Que veux-tu?

BENASSAR.

Cruel, ce que je veux!
Après les attentats de cette fuite infâme,
Quelque reste d'honneur entre-t-il dans ton âme?

RAMIRE.

C'est à toi d'en juger quand tu vois que mon bras
Pardonne à cet outrage et ne t'en punit pas.
L'honneur est dans un cœur qui brave la misère.

BENASSAR.

Tu ne braves, ingrat, que les larmes d'un père;
Ta barbarie insulte à ce cœur déchiré.
Tu pars, et cet assaut est encor différé.
J'ai craint, tu le vois trop, qu'en vengeant ma famille,
Quelque trait malheureux ne tombât sur ma fille.
Je l'avoue encor plus, sur ce triste rempart,
Mes soldats, tu le vois, arriveraient trop tard.
La mer t'ouvre ses flots pour enlever ta proie.
Eh bien! prends donc pitié des pleurs où je me noie;
Connais le cœur d'un père, et conçois sa douleur;
Je m'abaisse à prier jusqu'à son ravisseur.
Tu m'enlèves mon sang; ta détestable adresse
Déshonore à la fois ma fille et ma vieillesse.
Suborneur malheureux, ma funeste bonté
Adoucissait le poids de ta captivité;
Je t'aimais, et tu sais qu'aux murs de Trémizène
De mes voisins pour toi j'avais cherché la haine.
Je t'ai traité quinze ans comme mon propre fils,
J'ai protégé ton sang contre tes ennemis.
Ah! si, malgré la loi qui toujours nous sépare,
La loi des nations parle à ton cœur barbare;
Si la mourante voix d'un père au désespoir,
Si l'horreur de ton crime a de quoi t'émouvoir,
Sois sensible à mes pleurs plutôt qu'à ma colère:
Mes trésors sont à toi, je suis ton tributaire,
Rends-moi mon sang, rends-moi ce trésor précieux,
Sans qui pour moi la vie est un poids odieux;
Et ne déchire point ces blessures mortelles
Qu'au plus tendre des cœurs ont fait tes mains cruelles.
Tu ne me réponds rien, barbare!

RAMIRE.

Écoute-moi.

VARIANTES

Nous l'attendez encor, dans ce trop cruel état,
Bien loin de montrer la pitié, vous fûtes et du moins
En le rendant au peine, aux regards que...
Toi, Ramire,.........................assez cruel,
....

RAMIRE.

..............Zulime est un objet sacré,............
Que mes profanes yeux n'ont point déshonoré;
Et si dans ton courroux tu ne croyais ma parole,
D'oublier pour jamais que ta fille est coupable,
Quel que soit généreux pourrait se désarmer,
Chérir encor Zulime.............
Partez,...

BÉNASSAR.

.............Ah! et je puis l'aimer!
Que me demandes-tu? conçois-tu bien la joie,
D'un malheureux, rendu à sa douleur en proie,
A qui l'on a ravi le plus pur de son sang,
Un bien plus précieux que l'éclat de son rang,
L'unique et cher objet qui, dans cette contrée,
Soutenait de mes ans la faiblesse honorée;
Et qui, poursuivi au ciel tant de crimes inouïs,
Reprend sa fille enfin quand il ne l'attend plus?
Moi ne la plus chérir! jeune et noble infidèle,
Crois les emportements d'une âme paternelle;
Crois mes serments, Ramire, ah! ses pleurs que tu vois.
Parmi les Africains je tiens le rang des trois bandits
Je le dois à sa mère, et ma chère Zulime...
N'a point perdu ses droits; quelqu'un ait été son crime,
Et toi, de tous mes........cruel, mais cher auteur,
Va, Bénassar, en toi ne voit qu'un bienfaiteur,
Je te crois, je me livre au transport qui m'anime.

RAMIRE.

Je prends votre douleur, je sens cette joie;
Goûte ce plaisir plus pur, et vois quelle est Zulime,
Autant que la bonté se presse en sa faveur,
Et...............sang sollicitait son secours,
Tu coûtas plus de pleurs à son âme séduite
Que n'en coûtait à mes yeux sa déplorable fuite.
Le temps fera le reste, et tu verras un jour,
Qu'il soutient la nature, et qu'il détruit l'amour,
Entre son père et moi son âme déchirée,
Dans ses secrets devoirs sera bientôt rentrée.
Mais dis, peux-tu toi-même à ces bords ennemis
Arracher à l'instant Alide et mes amis?.......
Ta fille les guidait; peux-tu devancer l'heure?
Nous n'avons qu'un instant.............

BÉNASSAR.

...............N'y vois que le meure
Si je n'assure le heureux départ et leurs jours,
Je vais tout disposer en ces secrets détours,
Vers la porte du nord qui conduit au rivage
Les soldats de ma fille, qui respecté mon âge,
Et déjà, quelques-uns, honteux de me trahir,
Se sentant mes sujets, et nés pour m'obéir,
A mes pieds en secret ont demandé leur grâce.
Aux miens en un moment on peut ouvrir la place.

VARIANTES.

RAMIRE.
Vous ne la craindrez plus.
ALIDE.
Que dites-vous ? gardez de trahir vos vertus.
RAMIRE.
Si je trahis jamais l'honneur et la justice,
Dieu qui savez punir, qu'Alide me haïsse !
Venez ; à Bénassar mes mains vous vont livrer :
En otage un moment il vous fait demeurer.
J'irai trouver Zulime, oui, j'y cours, et j'espère
Assurer son repos et celui de son père,
Mon bonheur et le vôtre, et partir votre époux.
ALIDE.
Hélas ! s'il était vrai ! je m'abandonne à vous.

ACTE QUATRIÈME.

SCÈNE I. — RAMIRE.

Alide ne vient point ; quel dieu trompeur me guide?
C'est ici qu'en mes mains on doit remettre Alide :
Elle ne paraît point à mes yeux égarés !
Où courir ? où porter mes pas désespérés ?

SCÈNE II. — RAMIRE, MÉNODORE.

RAMIRE.
Qu'as-tu vu? qu'a-t-on fait?
MÉNODORE.
Une aveugle puissance
Détruit tous vos desseins, et confond l'innocence.
La fureur en ces lieux conduisit à la fois
Zulime, Alide, et vous, pour vous perdre tous trois.
Le destin de Zulime était d'être trompée.
Des promesses d'Alide aveuglément frappée,
Et surtout de vos pleurs répandus à ses pieds,
De ces pleurs qu'arrachaient les maux que vous causiez,
Elle se croit aimée, elle a droit d'y prétendre.
Seigneur, jamais un cœur plus séduit et plus tendre
D'un mouvement si prompt ne parut emporté.
De l'excès des terreurs à la sécurité,
Libre de ses soupçons, sans crainte de rivale,
Elle vole avec joie à la rive fatale,
Fait déployer la voile, et n'attend plus que vous,
Vous qu'elle ose appeler du nom sacré d'époux.
Son père en sa bienfait la funeste nouvelle ;
Il vous croit son complice, il veut se venger d'elle :
Il veut vous perdre, il court, et sa prompte fureur
De ses sens éperdus ranime la vigueur.
De ceux qu'il a gagnés, il rassemble d'escorte ;
Il ordonne, on le suit, on fait ouvrir la porte,
Les siens entrent en foule à pas précipités,

On se mêle, on s'égare, venant de tous côtés,
On accourt en tumulte ; on entend des clameurs plaintives
Au dehors, au dedans, aux portes, sur les rives.
Que dites-vous ? reprend-elle. Ramire,
Vingt fois sa main sur elle a levé le poignard ;
Il ne l'accuse pas : c'est la mort que je cherche,
Dieu qui savez combien je l'aime, ma patrie,
Venez, ô Bressane, vos caresses...
Ô ciel ! adieu... Tenez, Alcide, parle donc...

SCÈNE III. — RAMIRE, ZULMÉ, AÉNODORE, BRÉANE.

ZULMÉ.

Quel nom prononcez-vous ? Où portez-vous vos pas ?
Je vous appelle en vain, vous ne me voyez pas.
N'ai-je pas expié mon injuste colère ?
Vous m'aviez pardonné, puis-je encor vous déplaire ?
Au nom du tendre Zulmir qui doit unir tous deux...
Tout est prêt...

RAMIRE.

Oubliez cet amour malheureux,
C'en est fait.

SCÈNE IV. — ZULMÉ, BRÉANE.

ZULMÉ.

Madame, Ô ma Cidlîne, le jour m'abandonne !
Dans ce péril qui presse, venez, vous environne.
Soyez-y heureux conseil, que Ramire à Robespois...
Chassez de votre cœur un trait empoisonné,
Croyez-moi, qu'un vil... de ce bras d'un père...
À son brave... dans le... au cœur ó cherai...
Cet amour malheureux... de livri... ainsi...
Zulmé, allons... cet... de se tourne... d'un...
N'ayez pointe l'ardent de se tourner... d'un...
Votre faiblesse... des vos démons... lui va...
Lui rendrait la foi... et la... libre... il prendra...
De ses jours...

ZULMÉ.

De ces maux, qui savent... si au moins du...
Elle vous...d...
Je vous doit... l'âme si nous...
Il ne sait...
Mon châtiment... silence... et dans mes attributs...
Je lui demandre... au tumulte... ce...
Ramire meurt ! Ramire... et de... ma...
Eh ! pense que lui j'aurai... ce que...
Quand ces... vient...
On va reposer... malheureux... traces... des...
Il meurt, il me dit... je cours...
« Oublier tout, obéir, chasser... loin de toi ;
Mon cours... que mon cœur... s'en va... plein de toi ;
Je ne l'oublie... et... du val... »
Par mes incertains... devant toi... »

VARIANTES.

Fera voir que du droits je m'ébloiserais jamais
Infidèle Ramire ! à quel point tu m'aimais !
Enfin...
Mais Alzire en effet est-elle sa complice ?
Ne la traitez-vous pas avec trop d'injustice ?
Son cœur tranquille et simple à vous plaire s'ouvrit,
Vous fut toujours ouvert, ne vous a jamais surpris
Elle... de vous soupçonne souffrent en paix à l'outrage,
Elle est prête à rester sur ce fatal rivage,
Loin de Ramire même elle veut demeurer

Ah ! de Ramire au moins les pas sont séparés,
Cependant il m'échappe, et ma crainte redouble.

Ah ! quelle crainte, madame, d'un plus funeste trouble !
Vous nourrissez ici d'impuissantes douleurs
Sans doute on vous attaque, entendez ces clameurs
Ce bruit confus, affreux,

Je n'entends point Ramire.
Peut-être où le poursuit peut-être qu'il expire,
Il faut mourir pour lui, puisqu'il veut nous trahir.
Allons... Quoi ! l'on m'arrête ! Ah ! barbares soldats,
Laissez-moi dans vos rangs me frayer un passage,
Qui terminent des jours que je dois détester

SCÈNE V. — ZULIME, MOHADIR, CÉRAME, soldats,

Mohadir !... est-ce vous qui m'osez arrêter ?
Vous !...

Si ma pitié...
Recevez, madame, un ordre salutaire
D'un père encore sensible à travers sa colère
Il prend soin de vos jours, il épargne à regret
Qu'un combat effrayant, un spectacle odieux,
On combatt mon amant s'arme contre mon père !

C'est le funeste fruit d'un amour téméraire.

Laissez-moi ! il en est encor temps
Laissez-moi me jeter entre les combattants
Après tous mes forfaits que je prévienne un crime.
Bientôt séparés, ou tomber leur victime
Tu dédaignes mes pleurs et tu vois mon amour
Je suis la prisonnière et mon ami m'entoure
Qui vous présente
Il sait et j'avouerai que son cœur magnanime
Cherchait à justifier les fautes de Zulime
Madame,
Respecter votre père en détourner ses coups

Je l'ai vu, des signes même arrêter la vengeance,
Et dédaigner le soin de sa propre défense.
Enfin, pressé par nous, Ramire allait périr.
Croiriez-vous quelle main vient de le secourir ?
Alide, Alide même, au milieu de carnage,
D'un pas téméraire, d'un œil plein de courage,
S'élançait dans la foule, étonnait les soldats :
Sa voix et son audace ont arrêté leurs bras.
Elle seule, en un mot, vient de sauver Ramire :
Il la suit vers la rive, et il marche, il se retire,
Sauvé par elle seule, il combat à ses yeux.
Et peut-être à nos mains ils échappent tous deux.

ZULIME.

Il vit ! il doit le jour à d'autres qu'à moi-même !
Sérame, une autre main conserve ce que j'aime !
Et c'est Alide ! Ah ! dieux ! N'importe, il voit le jour,
Et du moins ma rivale a servi mon amour.
Qu'elle est heureuse, ô ciel ! elle marche à sa suite !
Elle va partager son trépas ou sa fuite.

(Voyant approcher Mohadir.)

Je ne le puis souffrir ; vas, cours les arrêter ;
Aux pieds de ce vaisseau qui devait nous porter.
Mohadir, prends encor pitié de ma faiblesse ;
Si jamais tu m'aimas, si le péril nous presse,
Cours aux pieds de mon père, et ne perds point de temps ;
Mesure tous tes soins à mes égarements ;
Réveille sa tendresse, autrefois prodiguée ;
Que dans son cœur blessé mon crime ait fatiguée.
Je ne veux que le voir, je ne veux que mourir.

MOHADIR.

Je dois, que son courroux puisse encor s'attendrir :
Je vous obéirai.

ZULIME.

Si ma douleur le touche,
Fais retentir de moi cette trompe farouche ;
Exprime à mes douleurs leur aspect odieux ;
Qu'ils me gardent du moins, sans offenser mes yeux.

MOHADIR.

Gardes, éloignez-vous.

(Ils sortent.)

SCÈNE VI. — ZULIME, SÉRAME.

ZULIME.

Ross, à la lumière,
L'indigne trahison se montre tout entière.
Remercie le ciel, qui vous ouvre les yeux ;
Il peut vous délivrer d'un amour odieux,
Qui trouble votre vie et qui la déshonore,
Qui vous perd, qui vous fuit, qui vous hait....

SÉRAME.

Je l'adore.
Telle est, dans ses replis, de mon cœur déchiré
La force du poison dont il est pénétré.

VARIANTES.

Que si, pour couronner sa lâche perfidie,
Ramire en me quittant eût demandé ma vie,
S'il m'eût aux pieds d'Alide immolée en fuyant,
S'il eût insulté même à mon dernier moment,
Je l'eusse aimé toujours, et mes mains défaillantes
Auraient cherché ses mains de mon sang dégouttantes.
Quoi ! c'est ainsi que j'aime, et c'est moi qu'on trahit !
Ma voix n'a plus d'accents, tout mon cœur se flétrit.
Je veux marcher en vain, mes genoux s'affaiblissent ;
Sur moi d'un dieu vengeur les coups s'appesantissent,
Je meurs.

SÉRAME.

On vient à nous.

SCÈNE VII. — ZULIME, ALIDE.

ZULIME.

Ciel ! qu'est-ce que je vois ?
Ramire est-il vivant ? dissipez mon effroi.

ALIDE.

J'y viens mettre le comble, ainsi qu'à nos misères ;
Toutes deux en ces lieux nous sommes prisonnières.
Ramire est dans les fers.

ZULIME.

Lui !

ALIDE.

Tout couvert de coups,
Et baigné dans son sang, qu'il prodiguait pour vous ;
Pressé de tous côtés, et las de se défendre,
A ses cruels vainqueurs il a fallu se rendre.
Plus mourante que lui, j'ignore encor son sort,
Hélas ! et je ne sais s'il vit ou s'il est mort.

ZULIME.

S'il est mort, je sais trop le parti qu'il faut prendre.

ALIDE.

S'il est encor vivant, vous pourriez le défendre.
Il n'eut jamais que vous et le ciel pour appui.
Eh ! n'est-ce pas à vous d'avoir pitié de lui ?
Quelques amis encore, échappés au carnage,
Sont avec vos soldats sur ce sanglant rivage.
Vous êtes mal gardée, on peut les réunir.

ZULIME.

Pouvez-vous bien douter que j'ose le servir ?

ALIDE.

Madame, en me parlant quel front triste et sévère
Avec tant de pitié marque tant de colère ?
Vous aviez condamné vos jalouses erreurs.
Eh ! qui peut contre moi vous irriter ?

ZULIME.

Vos pleurs,
Votre attendrissement, votre excès de courage,
Votre crainte pour lui, vos yeux, votre langage,
Vos charmes, mes malheurs, et mes transports jaloux,
Tout m'irrite, cruelle, et m'arme contre vous.

Vous avez marié que Ramire ....
Vous me forcez à un amour ....
Et l'amour paternel, et l'honneur du nom ......
Je vous offre, vous .... perdez; il le faut ...... courir.
Mais vous me répondrez ......

ALIDE.
Ah! c'en est trop, Zulime!
Connaissez, respectez la vertu qui m'anime.
Quoi! j'ai sauvé Ramire, et vous me condamnez!
Perdez cent fois ce cœur, si vous le soupçonnez.
Quelle indigne fureur votre tendresse épouse!
Il s'agit de sa vie, et vous êtes jalouse!
Je jure ici par vous, par ce commun effroi,
J'en atteste le jour, par le jour que je vous dois,
Que vous n'aurez jamais à redouter Alide.
Ne vous figurez pas que ma douleur timide
S'exhale en vains tourments qu'arrache le danger;
Sachez que si le ciel, prompt à nous protéger,
Permettait à mes mains de délivrer Ramire,
S'il osait me donner son cœur et son empire,
Si du plus tendre amour il payait mon ardeur,
Je vous sacrifierais son empire et son cœur.
Conservez-le à ce prix, au prix de mon sang même.
Que voulez-vous de plus, s'il vit et s'il vous aime?
Je ne dispute rien, madame, à votre amour,
Non pas même l'honneur de lui sauver le jour.
Vous en aurez la gloire et j'en ai l'avantage.

ZULIME.
Non, je ne vous crois point; je vois tout mon outrage;
Je vois jusqu'en vos pleurs un triomphe odieux;
La douceur d'être aimée éclate dans vos yeux.
Suivez-moi seulement; je vous ferai connaître
Que je sais tout tenter, et même pour un traître.
Au milieu du danger vous me verrez courir.
Obéissez, venez le venger, ou mourir.
Sérame. Quelle horreur a glacé ton visage!

SCÈNE VIII. — ZULIME, ALIDE, SÉRAME.

SÉRAME.
Madame, il faut du sort dévorer tout l'outrage;
Il faut boire à longs traits dans ce calice affreux
Que vous a préparé cet amour malheureux.
Au plus cruel supplice on condamne Ramire.

ZULIME.
Il ne mourra pas seul, et devant qu'il expire ......

SÉRAME.
Ah! fuyez, croyez-moi, laissez-vous cet endroit ......
Vous le pouvez.

ZULIME.
Non ...... Allons, chercher ...... moi;
Soutenez bien surtout la grandeur de votre âme.

ALIDE.
Je suivrai vos conseils, il n'en doutez point, madame;

VARIANTES.

Vous pourrez en juger. Et toi, nature, et toi,
Droits éternels du sang, toujours sacrés pour moi!
Dans cet égarement dont la fureur m'anime,
Soutenez bien mon cœur, et sauvez-moi d'un crime?

ACTE CINQUIÈME.

SCÈNE I. — BÉNASSAR, MOHADIR.

MOHADIR.

Oui, seigneur, il est vrai, ce nouvel attentat
Outrage la nature, et le trône, et l'État.
Courir à la prison, braver votre colère!
C'est un excès de plus; mais vous êtes son père.

BÉNASSAR.

Ma bonté fit son crime, et fit tout mon malheur.
Ils ont trop méprisé mes pleurs et ma vieillesse;
Ma clémence, à leurs yeux, a passé pour faiblesse.

MOHADIR.

Me préserve le ciel d'excuser devant vous
Cet amas de forfaits que je déteste tous!
Permettez seulement que j'ose encor vous dire
Qu'avec trop de rigueur on a traité Ramire.
Fidèle à ses serments, fidèle à vos desseins,
Il a remis Alide en vos augustes mains.
Il n'a point su l'avare accompagné Zulime.
Peut-être a-t-il dû cœur et juste et magnanime;
Du moins il me jurait, entre mes mains remis,
Qu'il vous avait tenu tout ce qu'il a promis.
Enfin mes yeux l'ont vu, dans ce combat horrible,

SCÈNE II. — BÉNASSAR, ZULIME, MOHADIR, SUITE.

ZULIME.

Non, n'allez pas plus loin, frappez, et vengez-vous;
Ce cœur, plein de respect, se présente à vos coups.
Je ramène à vos pieds tous ceux qui m'ont suivie;
Maître absolu de tous, arrachez-moi la vie.

BÉNASSAR.

Fille indigne du jour, est-ce toi que je vois?

ZULIME.

Pour la dernière fois, seigneur, écoutez-moi.
Le triste emportement d'une amour criminelle
N'arma point contre vous votre fille rebelle;
Pour vous contre Ramire elle aurait combattu,
Et jusqu'en sa faiblesse elle a de la vertu.
Ramire autant que moi vous révère et vous aime;
Ce héros, il est vrai, né pour le rang suprême,

Dans des fers odieux voyait flétrir ses jours ;
On les menaçait même, et j'offris mon secours.
De loi, de ses amis, je réglais la conduite,
Je dirigeais leurs pas, je préparais leur fuite,
J'ai tout fait, tout tenté : n'imputez rien à lui ;
Hélas ! ce n'est qu'à moi de m'en plaindre aujourd'hui.
Je sais qu'à vos douleurs il faut une victime,
Frappez, mais choisissez. Son malheur fit son crime :
L'adorer est le mien. C'est à vous de venger
Ce crime, que peut-être il n'a pu partager.
Mon père (car ce nom, ce saint nom qui me touche,
Est toujours dans mon cœur, ainsi que dans ma bouche),
Par ce lien du sang, si cher et si sacré,
Par tous les sentiments que je vous inspirai,
Par nos malheurs communs, dont le fardeau m'accable,
Percez ce cœur trop faible, il est le seul coupable.
Répandez tout ce sang que vous m'avez donné,
Des fureurs de l'amour ce sang empoisonné,
Ce sang dégénéré dans votre fille impie !
Trop d'horreur en ces lieux assiégerait ma vie.
Après un tel éclat, s'il n'est point mon époux,
L'opprobre seul me reste, et retombe sur vous.
Pour sauver votre gloire à ce point profanée,
Il me faut de vos mains la mort, ou l'hyménée.
Mais l'une est le seul bien que je doive espérer,
Le seul que je mérite, et que j'ose implorer,
Le seul qui puisse éteindre un feu qui vous outrage.
Ah ! ne détournez point votre auguste visage,
Voyez-moi, laissez-moi, pour comble de faveurs,
Baiser encor vos mains, les baigner de mes pleurs,
Vous bénir, vous aimer, au moment que j'expire,
Mais pardonnez, mon père, au malheureux Ramire,
Et, si ce cœur sanglant vous touche de pitié,
Laissez vivre de moi la plus chère moitié.

SCÈNE III. — BÉNASSAR, ZULIME, ALIDE, RAMIRE, MOHADIR,
suite.

RAMIRE.

J'ai mérité la mort, et je sais qu'elle est prête ;
C'est trop laisser le fer suspendu sur ma tête.
Frappez, mais que ton cœur, de vengeance occupé,
Apprenne que le mien ne l'a jamais trompé.
Pour elle, en tes mains j'avais remis Alide ;
Avec un tel garant pouvais-je être perfide !
Va, Ramire était loin de te manquer de foi :
Bénassar, mes serments m'étaient plus chers qu'à toi :
Tu m'as trop mal connu, c'est ta seule injustice ;
Que ce soit la dernière, et que dans mon supplice
Des cœurs pleins de vertu ne soient point entraînés.

BÉNASSAR.

Le ciel à d'autres soins nous a tous destinés.
Je ne suis point barbare, et jamais ma furie

VARIANTES.

Ne perdra le héros qui conserva ma vie.
Un amour emporté, source de nos malheurs,
Plus fort que mes bontés, plus fort que mes rigueurs,
T'asservit pour jamais ma fille infortunée.
Je dois où détester sa tendresse effrénée,
Vous en punir tous deux, ou la mettre en tes bras.
Sois son époux, Ramire, et règne en mes États.
Vis pour elle et pour moi, combats pour nous défendre.
Soyons tous trois heureux, sois mon fils, sois mon gendre.

ZULIME.
Ah! mon père! ah, Ramire! ah, jour de mon bonheur!

ALIDE.
O jour affreux pour tous!

RAMIRE.
Vous me voyez, seigneur,
Accablé, confondu de cette grâce insigne,
Que vous daignez me faire, et dont je suis indigne.
Votre fille, sans doute, est d'un prix à mes yeux
Au-dessus des États fondés par ses aïeux;
Mais le ciel nous sépare. Apprenez l'un et l'autre
Le secret de ma vie, et mon sort, et le vôtre.
Quand Zulime a daigné, par un si noble effort,
Sauver Alide et moi, des fers et de la mort,
Ménodore, un ami, qu'aveuglait trop de zèle,
Séduisait sa pitié, qui la rend criminelle;
Il promettait mon cœur, il promettait ma foi;
Il n'en était plus temps, je n'étais plus à moi.
Les nœuds les plus sacrés, les lois les plus sévères,
Ont mis entre nous deux d'éternelles barrières :
Je ne puis accepter vos augustes bienfaits,
Je ne puis réparer les malheurs que j'ai faits.
Madame, ainsi le veut la fortune jalouse;
Vengez-vous sur moi seul : Alide est mon épouse.

ZULIME.
Ton épouse? perfide!

RAMIRE.
Élevés dans vos fers,
Nos yeux sur nos malheurs étaient à peine ouverts,
Quand son père, unissant notre espoir et nos larmes,
Attacha pour jamais mes destins à ses charmes.
Lui-même a resserré dans ses derniers moments
Ces nœuds infortunés, préparés dès longtemps :
Nous gardions l'un et l'autre un secret nécessaire.

ZULIME.
Ton épouse! à ce point il brave ma colère!
Ah! c'est trop essuyer de mépris et d'horreur,
Seigneur, souffrirez-vous ce nouveau déshonneur?
Souffrirez-vous qu'Alide à ma honte jouisse
Du fruit de tant d'audace et de tant d'artifice?
Vengez-moi, vengez-vous de ses traîtres appas,
De cet affreux tissu de fourbes, d'attentats :
Alide tiendra lieu de toutes les victimes.
Mon indigne rivale a commis tous mes crimes;

Punissez cet objet exécrable à mes yeux.

ALIDE.

Vous pouvez me punir; mais connaissez-moi mieux.
Avant de me haïr, entendez ma réponse.
Votre père est présent, qu'il juge, et qu'il prononce.

BENASSAR.

O ciel!

ALIDE.

Ramire et moi, seigneur, si nous vivons,
C'est vous, c'est votre fille, à qui nous le devons.
Zulime, en nous sauvant, voulait pour tout salaire
Un cœur digne de vous, et digne de lui plaire.
C'était de tous ses soins le noble et le seul prix;
Sa gloire en dépendait, et je la lui ravis.
Sans mon amour, sans moi, n'en doutez point, madame,
Autant l'heureux Ramire a pu toucher votre âme,
Autant vous régneriez sur son cœur généreux.
J'étais le seul obstacle au succès de vos vœux;
J'ai causé de tous trois les malheurs et les larmes;
J'ai bravé vos bienfaits, j'ai combattu vos charmes;
Et, lorsque vous touchez au comble du bonheur,
Ma main, ma triste main, vous perce encor le cœur.
Je vous ai fait serment de vous céder Ramire;
Vous connaissez trop bien tout l'amour qu'il inspire
Pour croire que la vie ait sans lui quelque appas:
L'effort serait trop grand, vous ne l'espérez pas.
Je dois (je l'ai juré) servir votre tendresse;
Il n'est qu'un seul moyen de tenir ma promesse,
Le voici.

(*Elle se frappe.*)

RAMIRE, *courant vers Alide.*

Ciel! Alide!

ALIDE, *aux gardes.*

Arrêtez son transport.

(*A Zulime.*)

Je n'ai pu le céder qu'en me donnant la mort.

(*A Ramire.*)

Adieu; puisse du ciel la fureur adoucie
Pardonner mon trépas, et veiller sur ta vie!

RAMIRE, *entre les bras des gardes.*

Je me meurs!

BENASSAR.

Ah! courez, qu'on vole à leur secours.

RAMIRE.

Achevez mon trépas, ayez soin de ses jours.

ALIDE, *à Zulime.*

Eh bien! si je apaisé votre injuste colère?
Vos bienfaits sont payés, le prix doit vous en plaire.
Nos cœurs des mêmes feux avaient dû s'enflammer;
Mais jugez qui des deux a su le mieux aimer.
C'en est fait.

ZULIME.

Malheureuse et trop chère victime!

VARIANTES.

Mon père, que je sens tout le poids de mon crime!
De Ramire et de vous j'ai tissu tous les maux;
Mes mains de toutes parts ont creusé des tombeaux:
Mon amant me déteste, et mon amie expire.

DINASSAR.
Que cet exemple horrible au moins serve à t'instruire:
Le ciel nous punit tous de tes funestes feux;
Et l'amour criminel fut toujours malheureux.

FIN DE ZULIME.

PANDORE.

OPÉRA EN CINQ ACTES.
(1740)

PERSONNAGES.

PROMÉTHÉE, fils du Ciel et de la Terre, demi-dieu.
PANDORE.
JUPITER.
MERCURE.
NÉMÉSIS.
NYMPHES.
TITANS.
DIVINITÉS CÉLESTES.
DIVINITÉS INFERNALES.

ACTE PREMIER.

Le théâtre représente une campagne, et des montagnes dans le fond.

SCÈNE I. — PROMÉTHÉE, CHŒUR; PANDORE, *dans l'enfoncement, couchée sur une estrade.*

PROMÉTHÉE.

Prodige de mes mains, charmes que j'ai fait naître,
Je vous appelle en vain, vous ne m'entendez pas :
　　Pandore, tu ne peux connaître
　　Ni mon amour ni tes appas.
Quoi ! j'ai formé ton cœur, et tu n'es pas sensible !
　　Tes beaux yeux ne peuvent me voir !
　　Un impitoyable pouvoir
Oppose à tous mes vœux un obstacle invincible ;
　　Ta beauté fait mon désespoir.
Quoi ! toute la nature autour de toi respire !
Oiseaux, tendres oiseaux, vous chantez, vous aimez ;
Et je vois ses appas languir inanimés :
　　La mort les tient sous son empire.

SCÈNE II. — PROMÉTHÉE, LES TITANS, ENCELADE ET TYPHON, ETC.

ENCELADE ET TYPHON.

Enfant de la terre et des cieux,
Tes plaintes et tes cris ont ému ce bocage.
Parle, quel est celui des dieux

ACTE I, SCÈNE II.   169

Qui d'ose faire quelque outrage?
PROMÉTHÉE, *en montrant Pandore.*
Jupiter est jaloux de mon divin ouvrage;
Il craint que cet objet n'ait un jour des autels;
Il ne peut sans courroux voir la terre embellie;
Jupiter à Pandore a refusé la vie!
Il rend mes chagrins éternels.
TYPHON.
Jupiter? quoi! c'est lui qui formerait nos âmes?
L'usurpateur des cieux peut être notre appui?
Non, je sens que la vie et ses divines flammes
Ne viennent point de lui.
ENCELADE, *en montrant Typhon son frère.*
Nous avons pour aïeux la Nuit et le Tartare.
Invoquons l'éternelle Nuit;
Elle est avant le Jour qui luit.
Que l'Olympe cède au Ténare!
TYPHON.
Que l'enfer, que mes dieux répandent parmi nous
Le germe éternel de la vie!
Que Jupiter en frémisse d'envie,
Et qu'il soit vainement jaloux!
PROMÉTHÉE ET LES DEUX TITANS.
Écoutez-nous, dieux de la nuit profonde,
De nos astres nouveaux contemplez la clarté;
Accourez du centre du monde;
Rendez féconde
La terre qui m'a porté;
Animez la beauté;
Que votre pouvoir seconde
Mon heureuse témérité!
PROMÉTHÉE.
Au séjour de la nuit vos voix ont éclaté;
Le jour pâlit, la terre tremble;
Le monde est ébranlé, l'Érèbe se rassemble.
(Le théâtre change, et représente le chaos. Tous les dieux de l'enfer
viennent sur la scène.)
CHŒUR DES DIEUX INFERNAUX.
Nous détestons
La lumière éternelle;
Nous attendons
Dans nos gouffres profonds
La race faible et criminelle
Qui n'est pas née encore, et que nous haïssons.
NÉMÉSIS.
Les ondes du Léthé, les flammes du Tartare
Doivent tout ravager.

Parlez, qui voulez-vous plonger
Dans les profondeurs du Ténare?

PROMÉTHÉE.

Je veux servir la terre, et non pas l'opprimer.
Hélas! à cet objet j'ai donné la naissance,
Et je demande en vain qu'il s'anime, qu'il pense,
Qu'il soit heureux, qu'il sache aimer.

LES TROIS PARQUES.

Notre gloire est de détruire,
Notre pouvoir est de nuire :
Tel est l'arrêt du sort ;
Le ciel donne la vie, et nous donnons la mort.

PROMÉTHÉE.

Fuyez donc à jamais ce beau jour qui m'éclaire :
Vous êtes malfaisants, vous n'êtes point mes dieux.
Fuyez, destructeurs odieux
De tout le bien que je veux faire,
Dieux des malheurs, dieux des forfaits,
Ennemis funèbres,
Replongez-vous dans les ténèbres ;
Ennemis funèbres,
Laissez le monde en paix.

NÉMÉSIS.

Tremble, tremble pour toi-même ;
Crains notre retour ;
Crains Pandore et l'Amour.
Le moment suprême
Vole sur tes pas.
Nous allons déchaîner les démons des combats ;
Nous ouvrirons les portes du trépas.
Tremble, tremble pour toi-même.

(Les dieux des enfers disparaissent. On revoit la campagne éclairée
et riante. Les Nymphes des bois et des campagnes sont de chaque
côté du théâtre.)

PROMÉTHÉE.

Ah! trop cruels amis! pourquoi déchaînez-vous,
Du fond de cette nuit obscure,
Dans ces champs fortunés, et sous un ciel si doux,
Ces ennemis de la nature?
Que l'éternel chaos élève entre eux et nous
Une barrière impénétrable!
L'enfer implacable
Doit-il aimer
Ce prodige aimable
Que j'ai su former?
Un dieu favorable
Le doit animer.

ACTE I, SCÈNE II. 171

ENCELADE.

Puisque tu mets ainsi la grandeur de ton être
A verser des bienfaits sur ce nouveau séjour,
Tu mérites d'en être le seul maître.
Monte au ciel, dont tu tiens le jour;
Va ravir la céleste flamme,
Ose former une âme,
Et sois créateur à ton tour.

PROMÉTHÉE.

L'Amour est dans les cieux; c'est là qu'il faut me rendre
L'Amour y règne sur les dieux.
Je lancerai ses traits, j'allumerai ses feux :
C'est le dieu de mon cœur, et j'en dois tout attendre.
Je vole à son trône éternel,
Sur les ailes des vents l'Amour m'enlève au ciel.
(Il s'envole.)

CHŒUR DE NYMPHES.

Volez, fendez les airs, et pénétrez l'enceinte
Des palais éternels;
Ramenez les plaisirs du séjour de la crainte;
En répandant des biens méritez des autels.

ACTE SECOND.

Le théâtre représente la même campagne. Pandore inanimée est sur une estrade. Un char brillant de lumière descend du ciel.

PROMÉTHÉE, PANDORE, NYMPHES, TITANS, CHŒURS, etc.

UNE DRYADE.

Chantez, Nymphes des bois, chantez l'heureux retour
Du demi-dieu qui commande à la terre;
Il vous apporte un nouveau jour;
Il revient dans ce doux séjour :
Du séjour brillant du tonnerre
Il revole en ces lieux sur le char de l'Amour.

CHŒUR DE NYMPHES.

Quelle douce aurore
Se lève au nord!
Terre, jeune encore,
Embellissez-vous.
Brillantes fleurs, qui parez nos campagnes;
Sommets des superbes montagnes
Qui divisez les airs, et qui portez les cieux;
O nature naissante

PANDORE.

Devenez plus charmante
Plus digne de ses yeux

PROMÉTHÉE, *descendant du char, le flambeau à la main.*
Je le ravis aux dieux, je l'apporte à la terre
Ce feu sacré du tendre Amour,
Plus puissant mille fois que celui du tonnerre,
Et que les feux du dieu du jour.

LE CHŒUR DES NYMPHES.
Fille du ciel, âme du monde,
Passez dans tous les cœurs.
L'air, la terre et l'onde,
Attendent vos faveurs.

PROMÉTHÉE, *approchant de l'estrade où est Pandore.*
Que ce feu précieux, l'astre de la nature,
Que cette flamme pure
Te mette au nombre des vivants!
Terre, sois attentive à ces heureux instants
Lève-toi, cher objet, c'est l'Amour qui l'ordonne;
A sa voix obéis toujours:
Lève-toi et l'Amour te donne
La vie, un cœur, et de beaux jours.

(*Pandore se lève sur son estrade, et marche sur la scène.*)

CHŒUR.
Ciel! ciel! elle respire!
Dieu d'amour quel est ton empire!

PANDORE.
Où suis-je? et qu'est-ce que je vois?
Je n'ai jamais été! quel pouvoir m'a fait naître?
J'ai passé du néant à l'être.
Quels objets ravissants semblent nés avec moi!

(*On entend une symphonie.*)

Ces sons harmonieux enchantent mes oreilles
Mes yeux sont éblouis de l'amas des merveilles
Que l'auteur de mes jours prodigue sur mes pas.
Ah! d'où vient qu'il ne paraît pas?
De moment en moment je pense et je m'éclaire.
Terre qui me portes, vous n'êtes point ma mère;
Un dieu sans doute est mon auteur:
Je le sens, il me parle, il respire en mon cœur.

(*Elle s'arrête au bord d'une fontaine.*)

Ciel! est-ce moi que j'envisage?
Le cristal de cette onde est le miroir des cieux;
La nature s'y peint, plus j'y vois mon image,
Plus je dois rendre grâce aux dieux.

LES NYMPHES ET TITANS.
Qui divise
dans autour d'elle,
Pandore, fille de l'Amour.

ACTE II.

Charmes naissants, beauté nouvelle,
Inspirez à jamais, sentez à votre tour
  Cette flamme immortelle
  Dont vous tenez le jour.
                    (On danse.)
PANDORE, *apercevant Prométhée au milieu des Nymphes.*
  Quel objet attire mes yeux!
De tout ce que je vois dans ces aimables lieux,
C'est vous, c'est vous, sans doute, à qui je dois la vie.
Du feu de vos regards que mon âme est remplie!
  Vous semblez encor m'animer.

PROMÉTHÉE.
  Vos beaux yeux ont su m'enflammer
  Lorsqu'ils ne s'ouvraient pas encore :
Vous ne pouviez répondre, et j'osais vous aimer.
  Vous parlez, et je vous adore.

PANDORE.
Vous m'aimez! cher auteur de mes jours commencés,
  Vous m'aimez! et je vous dois l'être!
La terre m'enchantait; que vous l'embellissez!
Mon cœur vole vers vous, il se rend à son maître;
  Et je ne puis connaître
Si ma bouche en dit trop, ou n'en dit pas assez.

PROMÉTHÉE.
Vous n'en sauriez trop dire, et la simple nature
  Parle sans feinte et sans détour.
  Que toujours la race future
  Prononce ainsi le nom d'Amour !
        (Ensemble.)
  Charmant Amour, éternelle puissance,
    Premier dieu de mon cœur,
    Amour, ton empire commence,
    C'est l'empire du bonheur.

PROMÉTHÉE.
Ciel! quelle épaisse nuit, quels éclats du tonnerre,
  Détruisent les premiers instants
Des innocents plaisirs que possédait la terre!
  Quelle horreur a troublé mes sens!
        (Ensemble.)
  La terre frémit, le ciel gronde;
    Des éclairs menaçants
    Ont percé la voûte profonde.
    De ces astres naissants,
    Quel pouvoir ébranle le monde
    Jusqu'en ses fondements?
(On voit descendre un char, sur lequel sont Mercure, la Discorde,
    Némésis, etc.)

PANDORE.

Un héros téméraire
Pour expier ce feu céleste,
Montez, Pandore, au sein des dieux.

PROMÉTHÉE.
Tyrans cruels,

PANDORE.
Ordre funeste !
Larmes que j'ignorais, vous coulez de mes yeux.

MERCURE.
Obéissez, montez aux cieux.

PANDORE.
Ah ! j'étais dans le ciel en voyant ce que j'aime.

PROMÉTHÉE.
Cruels ! ayez pitié de ma douleur extrême.

PANDORE ET PROMÉTHÉE.
Barbares, arrêtez,

(Venez, montez aux cieux, partez)
Jupiter commande,
Il faut qu'on se rende.
A ses volontés
Vanez, montez aux cieux, partez.
Vents, obéissez-nous, et déployez vos ailes ;
Vents, conduisez Pandore aux voûtes éternelles.

(Le char disparaît.)

PROMÉTHÉE.
On l'enlève ! (trans jaloux)
Dieux, vous m'arrachez mon partage ;
Il était plus divin que vous !
Vous étiez malheureux, vous étiez en courroux ;
Du bonheur qui fut mon ouvrage,
Je ne devais qu'à moi ce bonheur précieux.
J'ai fait plus que Jupiter même :
Je me suis fait aimer. J'aimais ces beaux yeux ; (ici.)
Ils m'ont dit et souvent : « vous m'aimez, je vous aime. »
Elle vivait par moi, je vivais dans son cœur.
Dieux jaloux, perpétuez nos chaînes !
Ô Jupiter ! ô fureurs inhumaines !
Éternel persécuteur
De l'infortuné créateur,
Tu sentiras toute ma haine !
Je braverai ton pouvoir,
Ta foudre épouvantable
Me sera moins redoutable
Que mon amour au désespoir.

ACTE TROISIÈME.

Le théâtre représente le palais de Jupiter, brillant d'or et de lumière.

JUPITER, MERCURE.

JUPITER.

Je l'ai vu, cet objet sur la terre animé ;
Je l'ai vu, j'ai senti des transports qui m'étonnent :
Le ciel est dans ses yeux, les grâces l'environnent ;
    Je sens que l'Amour l'a formé

MERCURE.

Vous régnez, vous plairez, vous la rendrez sensible,
Vous allez éblouir ses yeux à peine ouverts.

JUPITER.

Non, je ne fus jamais que puissant et terrible :
Je commande à l'Olympe, à la terre, aux enfers ;
Les cœurs sont à l'Amour. Ah ! que le sort m'outrage !
Quand il donna les cieux, quand il donna les mers,
    Quand il divisa l'univers,
    L'Amour eut le plus beau partage.

MERCURE.

Que craignez-vous ? Pandore à peine a vu le jour
Et d'elle-même encore à peine a connaissance :
    Aurait-elle senti l'amour
    Dès le moment de sa naissance ?

JUPITER.

    L'Amour instruit trop aisément.
Que ne peut point Pandore ? elle est femme, elle est belle.
La voilà : jouissons de son étonnement.
    Retirons-nous pour un moment.
Sous les arcs lumineux de la voûte éternelle,
Cieux, enchantez ses yeux, et parlez à son cœur ;
Vous déplorerez en vain ma gloire et ma splendeur :
    Vous n'avez rien de si beau qu'elle.
        (Il se retire.)

PANDORE.

A peine j'ai goûté l'aurore de la vie,
Mes yeux s'ouvraient au jour, mon cœur à mon amant ;
    Je n'ai respiré qu'un moment.
Douce félicité, pourquoi m'es-tu ravie ?
    On m'avait fait craindre la mort ;
Je l'ai connue, hélas ! cette mort menaçante :
    N'est-ce pas mourir, quand le sort
    Nous ravit ce qui nous enchante ?

Dieux, rendez-moi la terre et mon obscurité,
Ce bocage où j'ai vu l'amant qui m'a fait naître ;
Il m'avait deux fois donné l'être ;
Je respirais, j'aimais : quelle félicité !
A peine j'ai goûté l'aurore de la vie, etc.
(Tous les dieux avec tous leurs attributs entrent sur la scène.)

CHŒUR DES DIEUX.

Que les astres se réjouissent!
Que tous les dieux applaudissent
Au dieu de l'univers !
Devant lui les soleils pâlissent.

NEPTUNE.

Que le sein des mers,

PLUTON.

Le fond des enfers,

CHŒUR DES DIEUX.

Les mondes divers
Retentissent
D'éternels concerts.
Que les astres, etc.

PANDORE.

Que tout ce que j'entends conspire à m'effrayer !
Je crains, je hais, je fuis cette grandeur suprême
Qu'il est dur d'entendre louer
Un autre dieu que ce que j'aime !

LES TROIS GRACES.

Fille du charmant Amour,
Régnez dans son empire ;
La terre vous désire,
Le ciel est votre cour.

PANDORE.

Mes yeux sont offensés du jour qui m'environne :
Rien ne me plaît, et tout m'étonne.
Mes déserts avaient plus d'appas.
Disparaissez, ô splendeur infinie !
Mon amant ne vous voit pas.
(On entend une symphonie.)
Cessez, inutile harmonie !
Il ne vous entend pas.
(Le chœur recommence. Jupiter sort d'un nuage.)

JUPITER.

Nouveau charme de la nature,
Digne d'être éternel,
Vous tenez de la terre un corps faible et mortel,
Et vous devez cette âme inaltérable et pure
Au feu sacré du ciel.
C'est pour les dieux que vous venez de naître ;

ACTE III.

Commencez à jouir de la divinité ;
Goûtez auprès de votre maître
L'heureuse immortalité.

PANDORE.

Le néant d'où je sors à peine
Est cent fois préférable à ce présent cruel :
Votre immortalité, sans l'objet qui m'enchaîne,
N'est rien qu'un supplice immortel.

JUPITER.

Quoi ! méconnaissez-vous le maître du tonnerre ?
Dans les palais des dieux regrettez-vous la terre ?

PANDORE.

La terre était mon vrai séjour ;
C'est là que j'ai senti l'amour.

JUPITER.

Non, vous n'en connaissez qu'une image infidèle,
Dans un monde indigne de lui.
Que l'amour tout entier, que sa flamme éternelle,
Dont vous sentiez une étincelle,
De tous ses traits de feu nous embrase aujourd'hui !

PANDORE.

Je les ai tous sentis, du moins j'ose le croire ;
Ils ont égalé mes tourments.
Ah ! vous avez pour vous la grandeur et la gloire ;
Laissez les plaisirs aux amants.
Vous êtes dieu ; l'encens doit vous suffire ;
Vous êtes dieu ; comblez mes vœux.
Consolez tout ce qui respire ;
Un dieu doit faire des heureux.

JUPITER.

Je veux vous rendre heureuse, et par vous je veux l'être.
Plaisirs, qui suivez votre maître,
Ministres plus puissants que tous les autres dieux,
Déployez vos attraits, enchantez ses beaux yeux :
Plaisirs, vous triomphez dès qu'on peut vous connaître.

(Les Plaisirs dansent autour de Pandore en chantant ce qui suit.)

CHŒUR.

Aimez, aimez, et régnez avec nous ;
Le dieu des dieux est seul digne de vous.

UNE VOIX.

Sur la terre on poursuit avec peine
Des plaisirs l'ombre légère et vaine ;
Elle échappe, et le dégoût la suit.
Si Zéphire un moment plaît à Flore,
Il flétrit les fleurs qu'il fait éclore ;
Un seul jour les forme et les détruit.

CHŒUR.
Aimez, aimez, et régnez avec nous;
Le dieu des dieux est seul digne de vous.
UNE VOIX.
Les fleurs immortelles
Ne sont qu'en nos champs.
L'Amour et le Temps
Ici n'ont point d'ailes.
CHŒUR.
Aimez, aimez, et régnez avec nous;
Le dieu des dieux est seul digne de vous.
PANDORE.
Oui, j'aime, oui, doux plaisirs, vous redoublez ma flamme,
Mais vous redoublez ma douleur.
Dieux charmants, si c'est vous qui faites le bonheur,
Allez au maître de mon âme.
JUPITER.
Ciel ! ô ciel ! quoi ! mes soins ont ce succès fatal ?
Quoi ! j'attendris son âme, et c'est pour mon rival ?
MERCURE, *arrivant sur la scène.*
Jupiter, arme-toi du foudre;
Prends tes feux, va réduire en poudre
Tes ennemis audacieux.
Prométhée est armé; les Titans furieux
Menacent les voûtes des cieux;
Ils entassent des monts la masse épouvantable
Déjà leur foule impitoyable
Approche de ces lieux.
JUPITER.
Je les punirai tous.... Seul, je suffis contre eux.
PANDORE.
Quoi ! vous le punirez, vous qui causez sa peine ?
Vous n'êtes qu'un tyran jaloux et tout-puissant.
Aimez-moi d'un amour encor plus violent,
Je vous punirai par ma haine.
JUPITER.
Marchons, et que la foudre éclate devant moi.
PANDORE.
Cruel ! ayez pitié de mon mortel effroi !
Jugez de mon amour, puisque je vous implore.
JUPITER, *à Mercure.*
Prends soin de conduire Pandore.
Dieux, que mon cœur est désolé !
J'éprouve les horreurs qui menacent le monde;
L'univers reposait dans une paix profonde,
Une beauté paraît, l'univers est troublé.
(Il sort.)

PANDORE.

O jour de ma naissance! ô charmes trop funestes!
 Désirs naissants, que vous étiez trompeurs!
Quoi! la beauté, l'amour, et les faveurs célestes,
 Tous les biens ont fait mes malheurs?
Amour, qui m'as fait naître, apaise tant d'alarmes
 N'es-tu pas souverain des dieux?
  Viens sécher mes larmes,
   Enchaîne et désarme
   La terre et les cieux.

ACTE QUATRIÈME.

Le théâtre représente les Titans armés, et des montagnes dans le fond; plusieurs géants sont sur les montagnes, et entassent des rochers.

PROMÉTHÉE, LES TITANS.

ENCÉLADE.

Oui, nos frères et nous, et toute la nature,
 Ont senti ta cruelle injure.
La terrible vengeance est déjà dans nos mains :
 Vois-tu ces monts pendants en précipices?
  Vois-tu ces rochers entassés?
  Ils seront bientôt renversés
Sur les barbares dieux qui nous ont offensés.
  Nous punirons les injustices
De nos tyrans jaloux, par nos mains terrassés.

PROMÉTHÉE.

Terre, contre le ciel apprends à te défendre.
Trompettes et tambours, organes des combats,
Pour la première fois vos sons se font entendre,
 Éclatez, guidez nos pas.

(On sort au son des trompettes.)

Le ciel sera le prix de votre heureux courage.
Amis, je ne prétends que Pandore et sa foi.
 Laissez-moi ce juste partage;
 Marchez, Titans, et suivez-moi.

CHŒUR DE TITANS.

 Courons aux armes
 Contre ces dieux cruels.
 Répandons les alarmes
 Dans les cœurs immortels.
 Courons aux armes
 Contre ces dieux cruels.

PANDORE

PROMÉTHÉE

O jour !
Le tonnerre en éclats répond à nos trompettes.
(Un char, qui porte les dieux, descend sur les montagnes, au bruit
du tonnerre. Pandore est auprès de Jupiter. Prométhée continue.)
Jupiter donne les retraites.
La foudre a donné le signal
Commençons le combat final.
(Le théâtre monte.)

CHŒUR DE NYMPHES, *qui bordent le théâtre.*
Tambours, trompettes, et tonnerre,
Dieux et Titans, que faites-vous?
Vous confondez, par vos terribles coups,
Les enfers, le ciel et la terre.
(Bruit du tonnerre et des trompettes.)

LES TITANS
Cédez, tyrans de l'univers,
Soyez punis de vos fureurs cruelles :
Tombez, tyrans.

LES DIEUX
Mourez, rebelles.

LES TITANS
Tombez, descendez dans nos fers.

LES DIEUX
Précipitez-vous aux enfers.

PANDORE
Terre, ciel, ô douleur profonde !
Dieux, Titans, calmez mon effroi.
J'ai causé les malheurs du monde
Terre, ciel, tout périt pour moi.

LES TITANS
Lançons nos traits.

LES DIEUX
Frappez, tonnerres.

LES TITANS
Renversons les dieux.

LES DIEUX
Détruisons la terre.
(Ensemble.)
Tombez, descendez dans nos fers.
Précipitez-vous aux enfers.
(Il se fait un grand silence, un nuage brillant descend; le Destin
paraît au milieu des nuages.)

LE DESTIN
Arrêtez; le Destin, qui vous commande à tous,
Veut suspendre vos coups.
(Il se fait encore un silence.)

PROMÉTHÉE
Être inaltérable, etc.

Souverain des temps,
Dicte à nos tyrans
Ton ordre irrévocable.
CHŒUR.
O Destin, parle, explique-toi :
Les dieux fléchiront sous ta loi.
LE DESTIN, *au milieu des dieux qui se rassemblent autour de lui.*
Cessez, cessez, guerre funeste ;
Ce jour forme un autre univers.
Souverains du séjour céleste,
Rendez Pandore à ses déserts.
Dieux, comblez cet objet de tous vos dons divers.
Titans, qui jusqu'au ciel avez porté la guerre,
Malheureux, soyez terrassés ;
A jamais gémissez
Sous ces monts renversés,
Qui vont retomber sur la terre.
(Les rochers se détachent et retombent. Le char des dieux descend sur la terre. On remet Pandore à Prométhée.)
JUPITER.
O Destin ! le maître des dieux
Est l'esclave de ta puissance.
Eh bien ! sois obéi ; mais que ce jour commence
Le divorce éternel de la terre et des cieux.
Némésis, sors des sombres lieux.
(Némésis sort du fond du théâtre, et Jupiter continue.)
Séduis le cœur, trompe les yeux
De la beauté qui m'offense.
Pandore, connais ma vengeance
Jusque dans mes dons précieux.
Que cet instant commence
Le divorce éternel de la terre et des cieux.

ACTE CINQUIÈME.

Le théâtre représente un bocage à travers lequel on voit les débris des rochers.

PROMÉTHÉE, PANDORE.

PANDORE, *tenant la boîte.*
Eh quoi ! vous me quittez, cher amant que j'adore,
Etes-vous soumis ou vainqueur ?
PROMÉTHÉE.
La victoire est à moi, si vous m'aimez encore.
L'Amour et le Destin parlent en ma faveur.

PANDORE.
Eh quoi! vous me quittez, cher amant que j'adore?
PROMÉTHÉE.
Les Titans sont tombés, plaignez leur sort affreux.
Je dois soulager leur chaîne.
Apprenons à la race humaine
À secourir les malheureux.

PANDORE.
Demeurez un moment, c'est votre victoire.
Ouvrons ce don charmant du souverain des dieux :
Ouvrons.

PROMÉTHÉE.
Que faites-vous? fiebel! daignez me croire.
Je crains tout d'un prix, et cet soins curieux
Sont des pièges nouveaux que vous tendent les dieux.

PANDORE.
Quoi! vous pensez...

PROMÉTHÉE.
Songez à ma prière,
Songez à l'intérêt de la nature entière,
Et du moins attendez mon retour en ces lieux.

PANDORE.
Eh bien! vous le voulez, il faut vous satisfaire,
Je soumets ma raison, je ne veux que vous plaire.
Je jure, je promets à mes tendres amours
De vous croire toujours.

PROMÉTHÉE.
Vous me le promettez?

PANDORE.
J'en jure par vous-même.
On obéit dès qu'on aime.

PROMÉTHÉE.
C'en est assez, je pars, et je suis rassuré.
Nymphes des bois, redoublez votre zèle,
Chantez cet univers détruit et réparé.
Que tout s'embellisse à son gré,
Puisque tout est formé pour elle.
(Il sort.)

UNE NYMPHE.
Voici le siècle d'or, voici le temps de plaire.
Doux loisir, ciel pur, heureux jours,
Tendres amours,
La nature est votre mère,
Comme elle durez toujours.

UNE AUTRE NYMPHE.
La discorde, la triste guerre,
Ne viendront plus nous affliger
Le bonheur est né sur la terre.

ACTE V.   183

Le malheur était étranger.
Les fleurs commencent à paraître;
Quelle main pourrait les flétrir?
Les plaisirs s'empressent de naître;
Quels tyrans les feraient périr?

LE CHŒUR répète.
Voici le siècle d'or, etc.

UNE NYMPHE.
Vous voyez l'éloquent Mercure;
Il est avec Pandore, il confirme en ces lieux,
De la part du maître des dieux,
La paix de la nature.
(Les Nymphes se retirent; Pandore s'avance avec Némésis, qui
paraît sous la figure de Mercure.)

NÉMÉSIS.
Je vous l'ai déjà dit, Prométhée est jaloux;
Il abuse de sa puissance.

PANDORE.
Il est l'auteur de ma naissance;
Mon roi, mon amant, mon époux.

NÉMÉSIS.
Il porte à trop d'excès les droits qu'il a sur vous.
Devait-il jamais vous défendre
De voir ce don charmant que vous tenez des dieux?

PANDORE.
Il craint tout, son amour est tendre,
Et j'aime à complaire à ses vœux.

NÉMÉSIS.
Il en exige trop, adorable Pandore;
Il n'a point fait pour vous ce que vous méritez.
Il put en vous formant vous donner des beautés
Dont vous manquez peut-être encore.

PANDORE.
Il m'a fait un cœur tendre; il me charme, il m'adore;
Pouvait-il mieux m'embellir?

NÉMÉSIS.
Vos charmes périront.

PANDORE.
Vous me faites frémir!

NÉMÉSIS.
Cette boîte mystérieuse
Immortalise la beauté.
Vous serez, en ouvrant ce trésor enchanté,
Toujours belle, toujours heureuse,
Vous régnerez sur votre époux,
Il sera soumis et facile.
Craignez un tyran jaloux,
Formez un sujet docile.

PANDORE.

Non, il est mon amant, il doit l'être à jamais;
Il est mon roi, mon dieu, pourvu qu'il soit fidèle.
C'est pour l'aimer toujours qu'il faut être immortelle;
C'est pour le mieux charmer que je veux plus d'attraits.

NÉMÉSIS.

Ah! c'est trop vous en défendre,
Je sers vos tendres amours;
Je ne veux qu'à vous apprendre
A plaire, à brûler toujours.

PANDORE.

Mais n'abusez-vous point de ma faible innocence?
Auriez-vous tant de cruauté?

NÉMÉSIS.

Ah! qui pourrait tromper une jeune beauté?
Tout prendrait votre défense.

PANDORE.

Hélas! je mourrais de douleur,
Si je méritais sa colère,
Si je pouvais déplaire
Au maître de mon cœur.

NÉMÉSIS.

Au nom de la nature entière,
Au nom de votre époux, rendez-vous à ma voix.

PANDORE.

Ce nom l'emporte, et je vous crois;
Ouvrons.
(Elle ouvre la boîte; la nuit se répand sur le théâtre, et on entend un bruit souterrain).
Quelle vapeur épaisse, épouvantable
M'a dérobé le jour, et trouble tous mes sens!
Dieu trompeur, ministre implacable!
Ah! quels maux affreux je ressens!
Je me vois punie et coupable.

NÉMÉSIS.

Fuyons de la terre et des airs,
Jupiter est vengé, rentrons dans les enfers.
(Némésis s'abîme; Pandore est évanouie sur un lit de gazon.)

PROMÉTHÉE *arrive au fond du théâtre.*

O surprise! ô douleur profonde!
Fatale absence! horribles changements!
Quels astres malfaisants
Ont fleuri la face du monde?
Je ne vois point Pandore, elle ne répond pas
Aux accents de ma voix plaintive.
Pandore! mais, hélas! de l'infernale rive
Les monstres déchaînés volent dans ces climats.

ACTE V.

LES FURIES ET LES DÉMONS, *accourant sur le théâtre.*
Les temps sont remplis ;
Voici notre empire ;
Tout ce qui respire
Nous sera soumis.
La triste froidure
Glace la nature
Dans les flancs du nord
La Crainte tremblante,
L'Injure arrogante,
Le sombre Remord,
La Guerre sanglante,
Arbitre du sort,
Toutes les Furies
Vont avec transport
Dans ces lieux impies
Apporter la mort.

PROMÉTHÉE.
Quoi! la mort en ces lieux s'est donc fait un passage !
Quoi! la terre a perdu son éternel printemps,
Et ses malheureux habitants
Sont tombés en partage
A la fureur des dieux, de l'enfer, et du temps!
Ces Nymphes de leurs pleurs arrosent ce rivage.
Pandore! cher objet, ma vie et mon image,
Chef-d'œuvre de mes mains, idole de mon cœur,
Répondez à ma douleur.
Je la vois, de ses sens elle a perdu l'usage.

PANDORE.
Ah! je suis indigne de vous ;
J'ai perdu l'univers, j'ai trahi mon époux.
Punissez-moi ; nos maux sont mon ouvrage.
Frappez.

PROMÉTHÉE.
Moi, la punir!

PANDORE.
Frappez, arrachez-moi
Cette vie odieuse
Que vous rendiez heureuse,
Ce jour que je vous doi.

CHŒUR DE NYMPHES.
Tendre époux, essuyez ses larmes,
Faites grâce à tant de beauté ;
L'excès de sa fragilité
Ne saurait égaler ses charmes.

PROMÉTHÉE.
Quoi! malgré ma prière, et malgré vos serments,

PANDORE.

Vous avez donc ouvert cette boîte odieuse?

PANDORE.

Un dieu cruel, par ses enchantements,
A séduit ma raison faible et trop curieuse.
O fatale crédulité!
Tous les maux sont sortis de ce don détesté,
Tous les maux sont venus de la triste Pandore.

L'AMOUR, *descendant du ciel.*

Tous les biens sont à vous, l'Amour vous reste encore.
(Le théâtre change, et représente le palais de l'Amour.)

L'AMOUR, *continua.*

Je combattrai pour vous le Destin rigoureux.
Aux humains j'ai donné l'être;
Ils ne seront point malheureux
Quand ils n'auront que moi pour maître.

PANDORE.

Consolateur charmant, dieu digne de mes vœux,
Vous qui vivez dans moi, vous, l'âme de mon âme,
Punissez Jupiter en redoublant la flamme
Dont vous nous embrasez tous deux.

PROMÉTHÉE ET PANDORE.

A la fin....
Le ciel en vain sur nous rassemble
Les maux, la crainte, et l'horreur de mourir.
Nous souffrirons ensemble,
Et ce n'est point souffrir.

L'AMOUR.

Répondez à....
Descendez, douce Espérance,
Venez, Désirs flatteurs,
Habitez dans tous les cœurs.
Vous serez leur jouissance.
Puissiez-vous trouble....
C'est vous qu'on implore;
Par vous on jouit,
Au moment qui passe et qui fuit,
Du moment qui n'est pas encore.

PANDORE.

Des destins la chaîne redoutable
Nous entraîne à d'éternels malheurs :
Mais l'Espoir, à jamais secourable,
De ses mains viendra sécher nos pleurs.
Dans nos maux il sera des délices,
Nous aurons de charmantes erreurs,
Nous serons au bord des précipices,
Mais l'Amour les couvrira de fleurs.

FIN DE PANDORE.

LE FANATISME,
ou
MAHOMET LE PROPHÈTE.

TRAGÉDIE EN CINQ ACTES,

REPRÉSENTÉE A LILLE, EN AVRIL 1741; A PARIS, LE 29 AOÛT 1742.

AVIS DE L'ÉDITEUR [1].

J'ai cru rendre service aux amateurs des belles-lettres de publier une tragédie du *Fanatisme*, si défigurée en France par deux éditions subreptices. Je sais très-certainement qu'elle fut composée par l'auteur en 1736, et que dès lors il en envoya une copie au prince royal, depuis roi de Prusse, qui cultivait les lettres avec des succès surprenants, et qui en fait encore son délassement principal.

J'étais à Lille en 1741, quand M. de Voltaire y vint passer quelques jours; il y avait la meilleure troupe d'acteurs qui ait jamais été en province. Elle représenta cet ouvrage d'une manière qui satisfit beaucoup une très-nombreuse assemblée: le gouverneur de la province et l'intendant y assistèrent plusieurs fois. On trouva que cette pièce était d'un goût si nouveau, et ce sujet si délicat parût traité avec tant de sagesse, que plusieurs prélats voulurent en avoir une représentation par les mêmes acteurs dans une maison particulière. Ils jugèrent comme le public.

L'auteur fut encore assez heureux pour faire parvenir son manuscrit entre les mains d'un des premiers hommes de l'Europe et de l'Église [2], qui soutenait le poids des affaires avec fermeté, et qui jugeait des ouvrages d'esprit avec un goût très-sûr dans un âge où les hommes parviennent rarement, et où l'on conserve encore plus rarement son esprit et sa délicatesse. Il dit que la pièce était écrite avec toute la circonspection convenable, et qu'on ne pouvait éviter plus sagement les écueils du sujet; mais que, pour ce qui regardait la poésie, il y avait encore des choses à corriger. Je sais en effet que l'auteur les a retouchées avec beaucoup de soin. Ce fut aussi le sentiment d'un homme qui tient le même rang, et qui n'a pas moins de lumières [3].

Enfin l'ouvrage, approuvé d'ailleurs selon toutes les formes ordinaires, fut représenté à Paris le 29 d'août 1742. Il y avait une loge entière remplie des premiers magistrats de cette ville; des ministres même y furent présents. Ils pensèrent tous comme les hommes éclairés que j'ai déjà cités.

---

1. Cet avis est de Voltaire. (Éd.) — 2. Le cardinal de Fleury.
3. Le cardinal de Tencin. (Éd.)

Il se trouva¹ à cette première représentation quelques personnes qui ne furent pas de ce sentiment unanime. Soit que, dans la rapidité de la représentation, ils n'eussent pas suivi assez le fil de l'ouvrage, soit qu'ils fussent peu accoutumés au théâtre, ils furent blessés que Mahomet ordonnât un meurtre, et se servît de sa religion pour encourager à l'assassinat un jeune homme qu'il fait l'instrument de son crime. Ces personnes, frappées de cette atrocité, ne firent pas assez réflexion qu'elle est donnée dans la pièce comme le plus horrible de tous les crimes, et que même il est moralement impossible qu'elle puisse être donnée autrement. En un mot, ils ne virent qu'un côté; ce qui est la manière la plus ordinaire de se tromper. Ils avaient raison assurément d'être scandalisés, en ne considérant que ce côté qui les révoltait. Un peu plus d'attention les aurait aisément ramenés; mais, dans la première chaleur de leur zèle, ils dirent que la pièce était un ouvrage très-dangereux, fait pour former des Ravaillac et des Jacques Clément.

On est bien surpris d'un tel jugement, et ces messieurs l'ont désavoué sans doute. Ce serait dire qu'Hermione enseigne à assassiner un roi, qu'Électre apprend à tuer sa mère, que Cléopâtre et Médée montrent à tuer leurs enfants; ce serait dire qu'Harpagon forme des avares; *le Joueur*, des joueurs; *Tartufe*, des hypocrites. L'injustice même contre *Mahomet* serait bien plus grande que contre toutes ces pièces; car le crime du faux prophète y est mis dans un jour beaucoup plus odieux que ne l'est aucun des vices et des dérèglements que toutes ces pièces représentent. C'est précisément contre les Ravaillac et les Jacques Clément que la pièce est composée; ce qui a fait dire à un homme de beaucoup d'esprit que si *Mahomet* avait été écrit du temps de Henri III et de Henri IV, cet ouvrage leur aurait sauvé la vie. Est-il possible qu'on ait pu faire un tel reproche à l'auteur de *la Henriade*, lui qui a élevé sa voix si souvent, dans ce poëme et ailleurs, je ne dis pas seulement contre de tels attentats, mais contre toutes les maximes qui peuvent y conduire?

J'avoue que plus j'ai lu les ouvrages de cet écrivain, plus je les ai trouvés caractérisés par l'amour du bien public. Il inspire partout l'horreur contre les emportements de la rébellion, de la persécution, et du fanatisme. Y a-t-il un bon citoyen qui n'adopte toutes les maximes de *la Henriade?* Ce poëme ne fait-il pas aimer la véritable vertu? *Mahomet* me paraît écrit entièrement dans le même esprit, et je suis persuadé que ses plus grands ennemis en conviendront.

Il vit bientôt qu'il se formait contre lui une cabale dangereuse: les plus ardents avaient parlé à des hommes en place, qui, ne pouvant voir la représentation de la pièce, devaient les en croire. L'illustre Molière, la gloire de la France, s'était trouvé autrefois à peu près dans le même cas, lorsqu'on joua *le Tartufe*; il eut recours directement à Louis le Grand, dont il était connu et

---

1. Le fait est que l'abbé Desfontaines et quelques hommes aussi méchants que lui dénoncèrent cet ouvrage comme scandaleux et impie; et cela fit tant de bruit, que le cardinal de Fleuri, premier ministre, qui avait lu et approuvé la pièce, fut obligé de conseiller à l'auteur de la retirer.

aimé. L'autorité de ce monarque dissipa bientôt les interprétations sinistres qu'on donnait au *Tartufe*. Mais les temps sont différents ; la protection qu'on accorde à des arts tout nouveaux ne peut pas être toujours la même après que ces arts ont été cultivés. D'ailleurs tel artiste n'est pas à portée d'obtenir ce qu'un autre a eu aisément. Il eût fallu des mouvements, des discussions, un nouvel examen. L'auteur jugea plus à propos de retirer sa pièce lui-même, après la troisième représentation, attendant que le temps adoucît quelques esprits prévenus; ce qui ne peut manquer d'arriver dans une nation aussi spirituelle et aussi éclairée que la française¹. On mit dans les nouvelles publiques que la tragédie de *Mahomet* avait été défendue par le gouvernement : je puis assurer qu'il n'y a rien de plus faux. Non-seulement il n'y a pas eu le moindre ordre donné à ce sujet, mais il s'en faut beaucoup que les premières têtes de l'État, qui virent la représentation, aient varié un moment sur la sagesse qui règne dans cet ouvrage.

Quelques personnes ayant transcrit à la hâte plusieurs scènes aux représentations, et ayant eu un ou deux rôles des acteurs, en ont fabriqué les éditions qu'on en a faites clandestinement. Il est aisé de voir à quel point elles diffèrent du véritable ouvrage que je donne ici. Cette tragédie est précédée de plusieurs pièces intéressantes, dont une des plus curieuses, à mon gré, est la lettre que l'auteur écrivit à S. M. le roi de Prusse, lorsqu'il repassa par la Hollande après être allé rendre ses respects à ce monarque. C'est dans de telles lettres, qui ne sont pas d'abord destinées à être publiques, qu'on voit les véritables sentiments des hommes. J'espère qu'elles feront aux vrais philosophes le même plaisir qu'elles m'ont fait.

A Amsterdam, le 18 de novembre 1742.   P. D. L. M.

LETTRE AU PAPE BENOIT XIV.

Beatissimo Padre¹,

La Santità Vostra perdonerà l'ardire che prende uno de' più infimi, fedeli, ma uno de' maggiori ammiratori della virtù, di sottomettere al capo della vera religione questa opera contro il fondatore d'una falsa e barbara setta.

A chi potrei più convenevolmente dedicare la satira della cru-

---

1. Ce que l'éditeur semblait espérer en 1742 est arrivé en 1751. La pièce fut représentée alors avec un prodigieux concours. Les cabales et les persécutions cédèrent au cri public, d'autant plus qu'on commençait à sentir quelque honte d'avoir forcé à quitter sa patrie un homme qui travaillait pour elle. (*Note ajoutée dans l'édition de 1752.*)

2. TRÈS SAINT-PÈRE,

Votre Sainteté voudra bien pardonner la liberté que prend un des plus humbles, mais l'un des plus grands admirateurs de la vertu, de consacrer au chef de la véritable religion un écrit contre le fondateur d'une religion fausse et barbare.

A qui pourrais-je plus convenablement adresser la satire de la cruauté

deltà e degli errori d'un falso profeta, che al vicario ed imitatore d'un Dio di verità e di mansuetudine?

Vostra Santità mi conceda dunque di poter mettere a i suoi piedi il libretto e l'autore, e di domandare umilmente la sua protezione per l'uno, e le sue benedizioni per l'altro. Intanto profondissimamente m'inchino, e le bacio i sacri piedi.

Parigi, 17 agosto 1745.

RÉPONSE DE BENOIT XIV[1].

BENEDICTUS P. P. XIV, DILECTO FILIO,

SALUTEM ET APOSTOLICAM BENEDICTIONEM.

Settimane sono ci fu presentato da sua parte la sua bellissima tragedia di *Mahomet*, la quale leggemmo con sommo piacere. Poi ci presentò il cardinale Passionei in di lei nome il suo eccellente poema di *Fontenoi*.... Monsignor Leprotti ci diede poscia il distico fatto da lei sotto il nostro ritratto; ieri mattina il cardinale Valenti ci presentò la di lei lettera del 17 agosto. In questa serie d'azioni si contengono molti capi, per ciascheduno de' quali ci riconosciamo in obbligo di ringraziarla. Noi gli uniamo tutti assieme, e rendiamo a lei le dovute grazie per così singolare bontà verso di noi, assicurandola che abbiamo tutta la dovuta stima del suo tanto applaudito merito.

Pubblicato in Roma il di lei distico sopradetto[2], ci fu riferito esservi stato un suo paesano letterato che in una pubblica conver-

et des erreurs d'un faux prophète, qu'au vicaire et à l'imitateur d'un Dieu de paix et de vérité?

Que Votre Sainteté daigne permettre que je mette à ses pieds et le livre et l'auteur. J'ose lui demander sa protection pour l'un, et sa bénédiction pour l'autre. C'est avec ces sentiments d'une profonde vénération que je me prosterne, et que je baise vos pieds sacrés.

Paris, 17 auguste 1745.

1.   BENOIT XIV, PAPE, A SON CHER FILS,

SALUT ET BÉNÉDICTION APOSTOLIQUE.

Il y a quelques semaines qu'on me présenta de votre part votre admirable tragédie de *Mahomet*, que j'ai lue avec un très-grand plaisir. Le cardinal Passionei me donna ensuite en votre nom le beau poëme de *Fontenoi*. M. Leprotti m'a communiqué votre distique pour mon portrait; et le cardinal Valenti me remit hier votre lettre du 17 août. Chacune de ces marques de bonté mériterait un remercîment particulier; mais vous voudrez bien que j'unisse ces différentes attentions pour vous en rendre des actions de grâces générales. Vous ne devez pas douter de l'estime singulière que m'inspire un mérite aussi reconnu que le vôtre.

Dès que votre distique fut publié à Rome, on nous dit qu'un homme de lettres français, se trouvant dans une société où l'on en parlait,

2. Voici le distique :

Lambertinus hic est, Romæ decus, et pater orbis,
Qui mundum scriptis docuit, virtutibus ornat.

1742.

sazione aveva detto peccare in una sillaba, avendo fatta la parola *hic* breve, quando sempre deve esser lunga.
Rispondemmo che sbagliava, potendo essere la parola e breve e lunga, conforme vuole il poeta; avendola Virgilio fatta breve in quel verso:

Solus hic inflexit sensus, animumque labantem....
(ÆN., IV, 22.)

avendola fatta lunga in un altro:

Hic finis Priami fatorum, hic exitus illum....
(ÆN., II, 554.)

Ci sembra d'aver risposto ben espresso, ancorché siano più di cinquanta anni che non abbiamo letto Virgilio. Benchè la causa sia propria della sua persona; abbiamo tanta buona idea della sua sincerità e probità, che facciamo la stessa giudice sopra il punto della ragione a chi assista, se a noi o al suo oppositore, ed intanto restiamo pol dare a lei l'apostolica benedizione.

Datum Romæ, apud Sanctam Mariam Majorem, die 19 septembris 1745, pontificatus nostri anno sexto.

LETTRE DE REMERCIMENT AU PAPE [1].

Non vengono tanto meglio figurate le fattezze di Vostra Beatitudine su i medaglioni che ho ricevuti, dalla sua singolare benignità, di quello che si vedono espressi l'ingegno e l'animo nella lettera della quale s'è degnata d'onorarmi; ne pongo a i suoi piedi le più vive ed umilissime grazie.

Veramente sono in obbligo di riconoscere la sua infallibilità

avait repris dans le premier vers une faute de quantité. Il prétendait que le mot *hic*, que vous employez comme bref, doit être toujours long. Nous répondîmes qu'il était dans l'erreur, que cette syllabe était indifféremment brève ou longue dans les poètes, Virgile ayant fait ce mot bref dans ce vers,

Solus hic inflexit sensus, animumque labantem....

et long dans cet autre :

Hic finis Priami fatorum, hic exitus illum....

C'était peut-être assez bien répondre pour un homme qui n'a pas lu Virgile depuis cinquante ans. Quoique vous soyez partie intéressée dans ce différend, nous avons une si haute idée de votre franchise et de votre droiture, que nous n'hésitons pas de vous faire juge entre votre critique et nous. Il ne nous reste plus qu'à vous donner notre bénédiction apostolique.

Donné à Rome, à Sainte-Marie-Majeure, le 19 septembre 1745, la sixième année de notre pontificat.

[1]. Les traits de Votre Sainteté ne sont pas mieux exprimés dans les médailles dont elle m'a gratifié par une bonté toute particulière, que ceux de son esprit et de son caractère dans la lettre dont elle a daigné m'honorer. Je mets à ses pieds mes très-humbles et très-vives actions de grâces.

Je suis forcé de reconnaître son infaillibilité dans les décisions litté-

nelle decisioni di letteratura; siccome nelle altre cose più riverende: V. S. è più pratica del latino che quel Francese il di cui sbaglio s'è degnata di correggere : mi maraviglio come si ricordi così appuntino del suo Virgilio. Tra i più letterati monarchi furono sempre segnalati i sommi pontefici; ma tra loro, credo che non se ne trovasse mai uno che adornasse tanta dottrina di tanti fregi di bella letteratura.

Agnosco rerum dominos, gentemque togatam.
(I, vers 286.)

Se il Francese che sbagliò nel riprendere questo *hic*, avesse tenuto a mente Virgilio come fa Vostra Beatitudine, avrebbe potuto citare un bene adatto verso dove *hic* è breve e lungo insieme. Questo bel verso mi pareva un presagio dei favori a me conferiti dalla sua beneficenza. Eccolo :

Hic vir, hic est, tibi quem promitti sæpius audis.
(ÆN., VI, 791.)

Così Roma doveva gridare quando Benedetto XIV fu esaltato. Intanto bacio con somma riverenza e gratitudine i suoi sacri piedi, etc.

PERSONNAGES.

MAHOMET.
ZOPIRE, shéik ou shérif de la Mecque.
OMAR, lieutenant de Mahomet.
SÉIDE, } esclaves de Mahomet.
PALMIRE, }
PHANOR, sénateur de la Mecque.
TROUPE DE MECQUOIS.
TROUPE DE MUSULMANS.

La scène est à la Mecque.

raires comme dans les autres choses plus respectables. Votre Sainteté a plus d'usage de la langue latine que le censeur français dont elle a daigné relever la méprise. J'admire comment elle s'est rappelé si à propos son Virgile. Parmi les monarques amateurs des lettres, les souverains pontifes se sont toujours signalés; mais aucun n'a paré comme Votre Sainteté la plus profonde érudition des plus riches ornements de la belle littérature.

Agnosco rerum dominos, gentemque togatam.

Si le Français qui a repris avec si peu de justesse la syllabe *hic* avait eu son Virgile aussi présent à la mémoire, il aurait pu citer fort à propos un vers où ce mot est à la fois bref et long : ce beau vers me semblait contenir le présage des faveurs dont votre bonté généreuse m'a comblé. Le voici :

Hic vir, hic est, tibi quem promitti sæpius audis.

Rome a dû retentir de ce vers à l'exaltation de Benoît XIV. C'est avec les sentiments de la plus profonde vénération et de la plus vive gratitude que je baise vos pieds sacrés.

ACTE PREMIER.

SCÈNE I. — ZOPIRE, PHANOR.

ZOPIRE.

Qui? moi, baisser les yeux devant ses faux prodiges!
Moi, de ce fanatique encenser les prestiges!
L'honorer dans la Mecque, après l'avoir banni!
Non. Que des juges dignes Zopire soit puni.
Vous avez tout permis.
Si tu vois cette main jusqu'ici libre et pure,
Caresser la révolte et flatter l'imposture.

PHANOR.

Nous chérissons en vous ce zèle paternel
De chef auguste et saint du sénat d'Ismaël;
Mais ce zèle est funeste, et tant de résistance,
Sans lasser Mahomet, irrite sa vengeance.
Contre ses attentats vous pouviez autrefois
Lever impunément le fer sacré des lois,
Et des embrasements d'une guerre immortelle
Étouffer sous vos pieds la première étincelle.
Mahomet citoyen parut à vos yeux
Qu'un novateur obscur, un vil séditieux;
Aujourd'hui, c'est un prince; il triomphe, il domine,
Imposteur à la Mecque, et prophète à Médine.
Il sait faire adorer à trente nations
Tous ces mêmes forfaits qu'ici nous détestons.
Que dis-je? en ces murs même une troupe égarée,
Des poisons de l'erreur avec zèle enivrée,
De ses miracles faux soutient l'illusion,
Répand le fanatisme et la sédition.
Appelle son armée, et croit qu'un Dieu terrible
L'inspire, le conduit, et le rend invincible.
Tous nos vrais citoyens avec vous sont unis;
Mais les meilleurs conseils sont-ils toujours suivis?
L'amour des nouveautés, le faux zèle, la crainte,
De la Mecque alarmée ont désolé l'enceinte.
Et ce peuple, en tout temps chargé de vos bienfaits,
Crie encore à son père, et demande la paix.

ZOPIRE.

La paix avec ce traître! un peuple sans courage!
N'en attendez jamais qu'un horrible esclavage.
Allez, portez en pompe, et servez à genoux
L'idole dont le poids va vous écraser tous.
Moi, je garde à ce fourbe une haine éternelle;
De mon cœur ulcéré la plaie est trop cruelle.

LE MAHOMÉTISME

Lui-même, contre moi trop de ressentiments.
Le cruel ! il périt au milieu de vos enfants
Et moi .... afflige
La mort de son fils même honora mon courage
Les flambeaux de la haine entre nous allumés
Jamais dans..... le temps ne seront consumés.

PALMIRE

Ne les étouffez point, mais tâchez qu'ils demeurent
Immolez au public les douleurs de votre âme.
Quand vous verrez............................
Vos malheureux enfants...........................
Vous avez tout perdu....................
Ne perdez point l'État, c'est notre famille.

ZOPIRE

On ne perd les États que par timidité

PHANOR

On périt quelquefois par trop de fermeté.

ZOPIRE

Périssons, s'il le faut.

PHANOR

....
....
Quand vous touchez au port, vous exposez au naufrage
Le ciel, vous le voyez, a remis en vos mains
De quoi fléchir encor ce tyran des humains
Cette jeune Palmire en ses camps élevée
Dans vos derniers combats par vous-même enlevée
Semble un ange de paix descendu parmi nous
Qui peut de Mahomet.......................
Déjà par ses hérauts il la redemande

ZOPIRE

Tu veux qu'à ce barbare elle soit accordée ?
Tu veux que d'un si cher et si noble trésor
Ses criminelles mains s'enrichissent encor
Quoi ! lorsqu'il nous apporte et la fraude et la guerre
Lorsque son bras ébauche le carnage............
Les plus tendres liens feront.................
Et la beauté sera le prix de la fureur !
Ce n'est pas...
Je porte à Mahomet une éternelle envie
Ce cœur triste et flétri.....................
Ne peut sentir les feux d'un doux...........
Mais soit qu'en tous les temps l'objet de pour plaire
Arrache de nos cœurs l'hommage volontaire
Soit que privé d'enfants..........à..........
Cette nuit de douleur..............................
Je ne sais quel...................................
Remplit le vide immense de mon âme étonnée.
De mon pays..............................

ACTE I, SCÈNE I.   195

Soit faiblesse ou raison, je ne puis sans horreur
La voir aux mains d'un monstre, artisan de l'erreur.
Je voudrais qu'à mes vœux heureusement docile,
Elle-même en secret pût chérir cet asile;
Je voudrais que son cœur, sensible à mes bienfaits,
Détestât Mahomet autant que je le hais.
Elle vient me parler sous ces sacrés portiques,
Non loin de cet autel, de mes dieux domestiques.
Elle vient, et son front, siège de la candeur,
Annonce en rougissant les vertus de son cœur.

SCÈNE II. — ZOPIRE, PALMIRE.

ZOPIRE.

Jeune et charmant objet, dont le sort de la guerre,
Propice à ma vieillesse, honora cette terre,
Vous n'êtes point tombée en de barbares mains;
Tout respecte avec moi vos malheureux destins:
Votre âge, vos beautés, votre aimable innocence.
Parlez; et s'il me reste encor quelque puissance,
De vos justes désirs si je remplis les vœux,
Ces derniers de mes jours seront des jours heureux.

PALMIRE.
Seigneur, depuis deux mois sous vos lois prisonnière,
Je dus à mes destins pardonner ma misère;
Vos généreuses mains s'empressent d'effacer
Les larmes que le ciel me condamne à verser.
Par vous, par vos bienfaits, à parler enhardie,
C'est de vous que j'attends le bonheur de ma vie.
Aux yeux de Mahomet, j'ose ajouter les miens.
Il vous a demandé de briser mes liens;
Puissiez-vous l'écouter! et puisse-je lui dire
Qu'après le ciel et lui je dois tout à Zopire!

ZOPIRE.
Ainsi de Mahomet vous regrettez les fers!
Ce tumulte des camps, ces horreurs des déserts,
Cette patrie errante, au trouble abandonnée?

PALMIRE.
La patrie est aux lieux où l'âme est enchaînée;
Mahomet a formé mes premiers sentiments;
Et ses femmes en paix guidaient mes faibles ans:
Leur demeure est un temple où ces femmes sacrées
Lavent au ciel des mains de leur maître adorées.
Le jour de mon malheur, hélas! fut le seul jour
Où le sort des combats a troublé leur séjour.
Seigneur, avez-pitié d'une âme déchirée,
Toujours présente aux lieux où je fus adorée.

ZOPIRE.
J'entends ! vous espérez partager quelque jour
De ce maître orgueilleux et la main et l'amour.
PALMIRE.
Seigneur, je le révère, et mon âme tremblante
Croit voir dans Mahomet un dieu qui m'épouvante.
Non, d'un si grand hymen mon cœur n'est point flatté;
Tant d'éclat convient mal à tant d'obscurité.
ZOPIRE.
Ah! qui que vous soyez, il n'est point né peut-être
Pour être votre époux, encor moins votre maître;
Et vous semblez d'un sang fait pour donner des lois
A l'Arabe insolent qui marche égal aux rois.
PALMIRE.
Nous ne connaissons point l'orgueil de la naissance;
Sans parents, sans patrie, esclaves dès l'enfance,
Dans notre égalité nous chérissons nos fers;
Tout nous est étranger, hors le dieu que je sers.
ZOPIRE.
Tout, vous est étranger! cet état peut-il plaire?
Quoi! vous servez un maître! et n'avez point de père?
Dans mon triste palais, seul et privé d'enfants,
J'aurais pu voir en vous l'appui de mes vieux ans;
Le soin de vous former des destins plus propices
Eût adouci des miens les longues injustices.
Mais non, vous abhorrez ma patrie et ma loi.
PALMIRE.
Comment puis-je être à vous? je ne suis point à moi.
Vous aurez mes regrets, votre bonté m'est chère;
Mais enfin Mahomet m'a tenu lieu de père.
ZOPIRE.
Quel père! justes cieux! lui? ce monstre imposteur!
PALMIRE.
Ah! quels noms inouïs lui donnez-vous, seigneur!
Lui, dans qui tant d'États adorent leur prophète!
Lui, l'envoyé du ciel, et son seul interprète!
ZOPIRE.
Étrange aveuglement des malheureux mortels!
Tout m'abandonne ici, pour dresser des autels
A ce coupable heureux qu'épargna ma justice,
Et qui courut au trône, échappé du supplice.
PALMIRE.
Vous me faites frémir, seigneur, et, de mes jours,
Je n'avais entendu ces horribles discours.
Mon penchant, je l'avoue, et ma reconnaissance
Vous donnaient sur mon cœur une juste puissance;
Vos blasphèmes affreux contre mon protecteur

ACTE I, SCÈNE II.

A ce penchant si doux font succéder l'horreur.
O superstition! tes rigueurs inflexibles
Privent d'humanité les cœurs les plus sensibles.
Eh bien! nous verrons... Palmire, est-ce sur vos erreurs
Que je vous plains, Palmire? est-ce sur vos erreurs
Ma pitié malgré moi me fait verser des pleurs.

PALMIRE.
Et vous me refusez...

ZOPIRE.
Oui, je ne puis vous rendre
Au tyran qui trompa ce doux flexible et tendre!
Oui, je crois voir en vous un bien trop précieux,
Qui me rend Mahomet encor plus odieux.

SCÈNE III. — ZOPIRE, PALMIRE, PHANOR.

ZOPIRE.
Que voulez-vous, Phanor?

PHANOR.
Aux portes de la ville
D'où l'on voit de Moad la campagne fertile,
Omar est arrivé.

ZOPIRE.
Quoi? ce farouche Omar,
Que l'erreur aujourd'hui conduit après son char,
Qui combattit longtemps le tyran qu'il adore,
Qui vengea son pays?...

PHANOR.
Peut-être il l'aime encore,
Moins terrible à nos yeux, cet insolent guerrier,
Portant entre ses mains le palme et l'olivier,
De la paix à nos chefs a présenté le gage.
On lui parle; il demande, il reçoit un otage;
Séide est avec lui...

ZOPIRE.
Grand Dieu! destin plus doux
Quoi! Séide?...

PHANOR.
Omar vient, il s'avance vers vous.

ZOPIRE.
Il le faut écouter. Allez, jeune Palmire
(Palmire sort.)
Omar devant mes yeux! qu'osera-t-il me dire?
O dieux de mon pays, qui depuis trois mille ans
Protégiez d'Ismaël les généreux enfants,
Soleil, sacré flambeau, qui dans votre carrière,
Image de ces dieux, nous prêtez la lumière,
Voyez et soutenez la juste fermeté
Que j'opposai toujours contre l'iniquité.

SCÈNE IV. — ZOPIRE, OMAR, PHANOR, SUITE.

ZOPIRE.

Eh bien! après six ans tu revois ta patrie,
Que ton bras défendit, que ton cœur a trahie,
Ces murs sont encor pleins de tes premiers exploits,
Déserteur de nos dieux, déserteur de nos lois,
Persécuteur nouveau de cette cité sainte,
D'où vient que ton audace en profane l'enceinte?
Ministre d'un brigand qu'on doit exterminer,
Parle : que me veux-tu?

OMAR.

Je veux te pardonner.
Le prophète d'un Dieu, par pitié pour ton âge,
Pour tes malheurs passés, surtout pour ton courage,
Te présente une main qui pourrait t'écraser,
Et j'apporte la paix qu'il daigne proposer.

ZOPIRE.

Un vil séditieux prétend avec audace
Nous accorder la paix, et non demander grâce!
Souffrirez-vous, grands dieux! qu'au gré de ses forfaits
Mahomet nous ravisse ou nous rende la paix?
Et vous, qui vous chargez des volontés d'un maître,
Ne rougissez-vous point de servir un tel maître?
Ne l'avez-vous pas vu, sans honneur et sans biens,
Ramper au dernier rang des derniers citoyens?
Qu'alors il était loin de tant de renommée!

OMAR.

A tes viles grandeurs ton âme accoutumée
Juge ainsi du mérite, et pèse les humains
Au poids que la fortune avait mis dans tes mains.
Ne sais-tu pas encore, homme faible et superbe,
Que l'insecte insensible enseveli sous l'herbe,
Et l'aigle impérieux qui plane au haut du ciel,
Rentrent dans le néant aux yeux de l'Éternel?
Les mortels sont égaux; ce n'est point la naissance,
C'est la seule vertu qui fait leur différence.
Il est de ces esprits favorisés des dieux,
Qui sont tout par eux-mêmes et rien par leurs aïeux;
Tel est l'homme, en un mot, que j'ai choisi pour maître;
Lui seul dans l'univers a mérité de l'être,
Tout mortel à sa loi doit un jour obéir,
Et j'ai donné l'exemple aux siècles à venir.

ZOPIRE.

Je te connais, Omar; en vain la politique
Vient m'étaler ici ce tableau fanatique;
En vain tu peux ailleurs éblouir les esprits;

Ce que ton peuple adore excite mes mépris.
Bannis toute imposture, et d'un coup d'œil plus sage,
Regarde ce prophète, à qui tu rends hommage;
Vois l'homme en Mahomet; conçois par quel degré
Tu fais monter aux yeux, ton fantôme sacré.
Enthousiaste ou fourbe, il faut cesser de l'être;
Sers-toi de ta raison, juge avec toi ton maître.
Tu verras de chameaux un grossier conducteur,
Chez sa première épouse insolent imposteur,
Qui, sous le vain appât d'un songe ridicule,
Des plus vils des humains tente la foi crédule;
Comme un séditieux à mes pieds amené,
Par quarante vieillards à l'exil condamné,
Trop léger châtiment qui l'enhardit au crime.
De caverne en caverne il fuit avec Fatime.
Ses disciples errants de cités en déserts,
Proscrits, persécutés, bannis, chargés de fers,
Promènent leur fureur, qu'ils appellent divine.
De leurs venins bientôt ils infectent Médine.
Toi-même alors, toi-même, écoutant la raison,
Tu voulus dans sa source arrêter le poison.
Je te vis plus heureux, et plus juste, et plus brave,
Attaquer le tyran dont je te vois l'esclave.
S'il est un vrai prophète, oses-tu le punir?
S'il est un imposteur, oses-tu le servir?

OMAR.

Je voulus le punir quand mon peu de lumière
Méconnut ce grand homme entré dans la carrière;
Mais enfin, quand j'ai vu que Mahomet est né
Pour changer l'univers à ses pieds consterné,
Quand mes yeux, éclairés du feu de son génie,
Le virent s'élever dans sa course infinie,
Éloquent, intrépide, admirable en tout lieu,
Agir, parler, punir, ou pardonner en dieu;
J'associai ma vie à ses travaux immenses.
Des trônes, des autels en sont les récompenses.
Je fus, je te l'avoue, aveugle comme toi;
Ouvre les yeux, Zopire, et change ainsi que moi;
Et, sans plus me vanter les fureurs de ton zèle,
Ta persécution si vaine et si cruelle,
Nos frères gémissants, notre Dieu blasphémé,
Tombe aux pieds d'un héros par toi-même opprimé;
Viens baiser cette main qui porte ici tonnerre;
Tu me vois après lui le premier de la terre,
Le poste qui te reste est encore assez beau
Pour fléchir noblement sous ce maître nouveau.
Vois ce que nous étions, et vois ce que nous sommes.

Le peuple, aveugle et faible, est né pour les grands hommes,
Pour admirer, pour croire, et pour nous obéir.
Viens régner avec nous, si tu crains de servir;
Partage nos grandeurs au lieu de t'y soustraire;
Et, las de l'imiter, fais trembler le vulgaire.

ZOPIRE.

Ce n'est qu'à Mahomet, à ses pareils, à toi,
Que je prétends, Omar, inspirer quelque effroi.
Tu veux que du sénat le chérif infidèle
Encense un imposteur, et couronne un rebelle.
Je ne te nierai point que ce fier séducteur
N'ait beaucoup de prudence et beaucoup de valeur;
Je connais comme toi les talents de ton maître;
S'il était vertueux, c'est un héros peut-être;
Mais ce héros, Omar, est un traître, un cruel,
Et de tous les tyrans c'est le plus criminel.
Cesse de m'annoncer sa trompeuse clémence;
Le grand art qu'il possède est l'art de la vengeance.
Dans le cours de la guerre un funeste destin
Le priva de son fils que fit périr ma main.
Mon bras perça le fils, ma voix bannit le père;
Ma haine est inflexible, ainsi que sa colère;
Pour rentrer dans la Mecque, il doit m'exterminer,
Et le juste aux méchants ne doit point pardonner.

OMAR.

Eh bien! pour te montrer que Mahomet pardonne,
Pour te faire embrasser l'exemple qu'il te donne,
Partage avec lui-même, et donne à les tribus
Les dépouilles des rois que nous avons vaincus.
Mets un prix à la paix, mets un prix à Palmire,
Nos trésors sont à toi.

ZOPIRE.

Tu penses me séduire,
Me vendre ici ma honte, et marchander la paix
Par ses trésors honteux, le prix de ses forfaits?
Tu veux que sous ses lois Palmire se remette?
Elle a trop de vertus pour être sa sujette;
Et je veux l'arracher aux tyrans imposteurs
Qui renversent les lois et corrompent les mœurs.

OMAR.

Tu me parles toujours comme un juge implacable,
Qui sur son tribunal intimide un coupable.
Pense et parle en ministre; agis, traite avec moi
Comme avec l'envoyé d'un grand homme et d'un roi.

ZOPIRE.

Qui l'a fait roi? qui l'a couronné?

ACTE I, SCÈNE IV.

OMAR.
La victoire
Ménage sa puissance, et respecte sa gloire.
Aux noms de conquérant et de triomphateur,
Il veut joindre le nom de pacificateur:
Son armée est encore aux bords du Sabare;
Des murs où je suis né le siège se prépare;
Sauvons, si tu m'en crois, le sang qui va couler:
Mahomet veut ici te voir et te parler.

ZOPIRE.
Lui? Mahomet?

OMAR.
Lui-même; il t'en conjure.

ZOPIRE.
Traître!
Si de ces lieux sacrés j'étais l'unique maître,
C'est en te punissant que j'aurais répondu.

OMAR.
Zopire, j'ai pitié de ta fausse vertu.
Mais puisqu'un vil sénat insolemment partage
De ton gouvernement le fragile avantage,
Puisqu'il règne avec toi, je cours m'y présenter.

ZOPIRE.
Je t'y suis; nous verrons qui l'on doit écouter.
Je défendrai mes lois, mes dieux, et ma patrie.
Viens-y contre ma voix prêter ta voix impie
Au dieu persécuteur, effroi du genre humain,
Qu'un fourbe ose annoncer les armes à la main.
(A Phanor.)
Toi, viens m'aider, Phanor, à repousser un traître:
Le souffrir parmi nous, et l'épargner, c'est l'être.
Renversons ses desseins, confondons son orgueil,
Préparons son supplice, ou creusons mon cercueil.
Je vais, si le sénat m'écoute et me seconde,
Délivrer d'un tyran ma patrie et le monde.

ACTE SECOND.

SCÈNE I. — SEIDE, PALMIRE.

PALMIRE.
Dans ma prison cruelle est-ce un dieu qui te guide?
Mes maux sont-ils finis? te revois-je, Seïde?

SEIDE.
O charme de ma vie et de tous mes malheurs!

Palmire, unique objet qui m'a coûté des pleurs,
Depuis ce jour de sang qu'un ennemi barbare,
Près des camps du prophète, aux bords du Jourdain,
Vint arracher sa proie à mes bras tout sanglants,
Qu'étendu loin de toi sur des corps expirants,
Mes cris mal entendus sur cette infâme rive,
Invoquèrent la mort sourde à ma voix plaintive,
O ma chère Palmire, mais où souffres-tu longueur
Tes périls et ma perte ont abîmé mon cœur !
Que mes feux, que ma crainte, et mon impatience,
Accusaient la lenteur des jours de la vengeance !
Que je hâtais l'assaut si longtemps différé,
Cette heure de carnage où, tout sang enivré,
Je devais de mes mains brûler la ville impie
Où Palmire a peut-être sa liberté ravie !
Enfin de Mahomet les sublimes assassins,
Que n'a approfondis le vulgaire esprit des humains,
Ont fait entrer Omar en ce lieu d'esclavage ;
Je l'apprends, et j'y vole. On demande un otage ;
J'entre, je me présente, on accepte ma foi ;
Et je me rends captif, que je meurs avec toi.

PALMIRE.

Séide, au moment même, avant que ta présence
Vint de mon désespoir calmer la violence,
Je me jetais aux pieds de mon ravisseur même.
« Vous voyez, ai-je dit, les secrets de mon cœur ;
Ma vie est dans les camps dont vous m'avez tirée ;
Rendez-moi le seul bien dont je suis séparée. »
Mes pleurs, en lui parlant, ont arrosé ses pieds ;
Ses refus ont suivi mes respects effrayés.
J'ai senti dans mes yeux la lumière obscurcie ;
Mon cœur sans mouvement, sans douleur et sans vie,
D'aucune ombre d'espoir n'était plus secouru.
Tout finissait pour moi, quand Séide est paru...
Quel est donc ce mortel insensible à tes larmes ?

PALMIRE.

C'est Zopire : il semblait touché de mes alarmes ;
Mais le cruel enfin vient de me déclarer
Que des lieux où je suis rien ne peut me tirer.

SÉIDE.

Le barbare se trompe, et Mahomet mon maître,
Et l'invincible Omar, et moi-même peut-être
(Car j'ose me nommer après ces noms fameux,
Pardonne à ton amant cet espoir précieux) ;
Nous briserons ta chaîne, et tarirons les larmes.
Le Dieu de Mahomet, protecteur de nos armes,

ACTE II, SCÈNE I.

Le Dieu dont j'ai porté les sacrés étendards,
Le Dieu qui de Médine a détruit les remparts,
Renversera la Mecque à nos pieds abattue ;
Au milieu de jours,
Mahomet marche aux vengeances [illegible]
Omar est dans la ville, et le peuple, à sa voix [illegible]
N'a point fait éclater ce trouble si horrible
Qu'inspire aux ennemis un ennemi vainqueur ;
Au nom de Mahomet, un grand dessein [illegible]

PALMIRE.
Mahomet nous chérit ; il briserait ma chaîne ;
Il unirait nos cœurs ; nos cœurs lui sont offerts ;
Mais il est loin de nous, et nous sommes aux fers.

SCÈNE II. — PALMIRE, SEÏDE, OMAR.

OMAR.
Promettez, prononcez que la vérité sacrée
Qu'on adore mon Dieu, mais mais [illegible]
Vos fers seront brisés, soyez pleins d'espérance ;
Le ciel vous favorise, et Mahomet s'avance.

SEÏDE.
Lui !

[illegible]
Notre auguste père ?

OMAR.
Au conseil assemblé
L'esprit de Mahomet par ma bouche a parlé.
« Ce favori du Dieu qui préside aux batailles
Ce grand homme, ai-je dit, est-il dans vos murailles
Il s'est rendu des rois le maître et le soutien
Et vous lui refusez le rang de citoyen
Vient-il vous enchaîner, vous perdre [illegible]
Les mêmes [illegible]
Il vient vous protéger, mais surtout vous [illegible]
Il vient dans vos [illegible]
Loin de [illegible]
Plus d'un juge [illegible] paraît s'émouvoir
Les esprits s'ébranlaient ; l'inflexible Zopire
Qui craint de la raison l'inévitable empire,
Veut convoquer le peuple, et s'en faire un appui
On l'assemble ; j'y cours, et j'arrive avec lui
Je parle aux citoyens, j'intimide, j'exhorte
J'obtiens qu'à Mahomet on ouvrira la porte
Après quinze ans d'exil, il revoit les [illegible]
Il entre accompagné des plus braves guerriers
D'Ali, d'Ammon, d'Hercide, et de sa noble suite
Il entre, et sur les pas chacun se précipite [illegible]
Chacun porte un regard, comme un cœur différent
L'un croit voir un héros, l'autre voir un tyran
Celui-ci le blasphème, et là [illegible] encore [illegible]
Cet autre est à ses pieds, les embrasse, et l'adore
Nous faisons retentir à ce peuple agité [illegible]
Les noms sacrés de Dieu, de paix, de liberté

De Zopire éperdu la cabale impuissante
Vomit en vain les feux de sa rage expirante.
Au milieu de leurs cris, le front calme et serein,
Mahomet marche en maître, et l'olive à la main :
La trêve est publiée, et le voici lui-même.

SCÈNE III. — MAHOMET, OMAR, ALI, HERCIDE, SÉIDE, PALMIRE, SUITE.

MAHOMET.

Invincibles soutiens de mon pouvoir suprême,
Noble et sublime Ali, Morad, Hercide, Ammon,
Retournez vers ce peuple, instruisez-le en mon nom ;
Promettez, menacez ; que la vérité règne ;
Qu'on adore mon Dieu, mais surtout qu'on le craigne.
Vous, Séide, en ces lieux

SÉIDE.

O mon père ! ô mon roi !
Le Dieu qui vous inspire a marché devant moi.
Prêt à mourir pour vous, prêt à tout entreprendre,
J'ai prévenu votre ordre.

MAHOMET.

Il eût fallu l'attendre.
Qui fait plus qu'il ne doit ne sait point me servir.
J'obéis à mon Dieu ; vous, sachez m'obéir.

PALMIRE.

Ah ! seigneur ! pardonnez à son impatience.
Élevés près de vous dans notre tendre enfance,
Les mêmes sentiments nous animent tous deux ;
Hélas ! mes tristes jours sont assez malheureux !
Loin de vous, loin de lui, j'ai langui prisonnière,
Mes yeux de pleurs noyés s'ouvraient à la lumière ;
Empoisonneriez-vous l'instant de mon bonheur ?

MAHOMET.

Palmire, c'est assez ; je lis dans votre cœur ;
Que rien ne vous alarme, et rien ne vous étonne,
Allez : malgré les soins de l'autel et du trône,
Mes yeux sur vos destins seront toujours ouverts ;
Je veillerai sur vous comme sur l'univers.
(A Séide.)
Vous, suivez mes guerriers ; et vous, jeune Palmire,
En servant votre Dieu, ne craignez que Zopire.

SCÈNE IV. — MAHOMET, OMAR.

MAHOMET.

Toi, reste, brave Omar : il est temps que mon cœur
De ses derniers replis t'ouvre la profondeur.

ACTE II, SCÈNE IV.

D'un siège encor douteux la lenteur ordinaire
Peut retarder ma course, et borner ma carrière :
Ne donnons point le temps aux mortels détrompés
De rassurer leurs yeux de tant d'éclat frappés.
Les préjugés, ami, font les rois du vulgaire.
Tu connais quel oracle et quel bruit populaire
Ont promis l'univers à l'envoyé d'un Dieu,
Qui reçu dans la Mecque, et vainqueur en tout lieu
Entrerait dans ces murs en écartant la guerre :
Je viens mettre à profit les erreurs de la terre.
Mais tandis que les miens, par de nouveaux efforts,
De ce peuple inconstant font mouvoir les ressorts,
De quel œil revois-tu Palmire avec Séide?

OMAR.
Parmi tous ces enfants enlevés par Hercide,
Qui, formés sous ton joug, et nourris dans ta loi,
N'ont de Dieu que le tien, ne sont de père que toi,
Aucun ne te servit avec moins de scrupule.
N'eut un cœur plus docile, un esprit plus crédule;
De tous tes musulmans ce sont les plus soumis.

MAHOMET.
Cher Omar, je n'ai point de plus grands ennemis.
Ils s'aiment, c'est assez.

OMAR.
Blâmes-tu leurs tendresses?

MAHOMET.
Ah! quel tu fureurs et toutes mes faiblesses!

OMAR.
Comment?

MAHOMET.
Tu sais assez quel sentiment vainqueur
Parmi mes passions règne au fond de mon cœur.
Chargé du soin du monde, environné d'alarmes,
Je porte l'encensoir, et le sceptre, et les armes;
Ma vie est un combat, et ma frugalité
Asservit la nature à mon austérité.
J'ai banni loin de moi cette liqueur traîtresse,
Qui nourrit des humains la brutale mollesse;
Dans des sables brûlants, sur des rochers déserts,
Je supporte avec toi l'inclémence des airs.
L'amour seul me console, il est ma récompense,
L'objet de mes travaux, l'idole que j'encense.
Le Dieu de Mahomet, et cette passion
Est égale aux fureurs de mon ambition.
Je préfère en secret Palmire à mes épouses.
Conçois-tu bien l'excès de mes fureurs jalouses?
Quand Palmire à mes pieds par un aveu fatal,

Insulte à Mahomet, et lui donne un rival ;
Et tu n'es pas vengé ?

MAHOMET.

Juge si je dois l'être.
Pour le mieux détester, apprends à le connaître.
De mes deux ennemis apprends tous les forfaits :
Tous deux sont nés ici du tyran que je hais.

Quoi ! Zopire....

OMAR.

Est leur père. Hercide en ma puissance
Remit depuis quinze ans leur malheureuse enfance ;
J'ai nourri dans mon sein ces serpents dangereux ;
Déjà sans se connaître, ils m'outragent tous deux.
J'attisai de mes mains leurs feux illégitimes.
Le ciel voulut ici rassembler tous les crimes.
Je veux.... Leur père vient ; ses yeux tendent vers nous
Les regards de la haine et les traits du courroux.
Observe tout, Omar : va d'avec ton escorte
Le vigilant Hercide assiége cette porte.
Reviens me rendre compte, et vois s'il faut hâter
Ou retenir les coups que je dois lui porter.

SCÈNE V. — ZOPIRE, MAHOMET.

ZOPIRE.

Ah ! quel fardeau cruel à ma douleur profonde !
Moi, recevoir ici cet ennemi du monde !

MAHOMET.

Approche, et puisque enfin le ciel veut nous unir,
Vois Mahomet sans crainte, et parle sans rougir.

ZOPIRE.

Je rongis pour toi seul, pour toi dont l'artifice
A traîné ta patrie au bord du précipice ;
Pour toi de qui la main sème ici les forfaits,
Et fait naître la guerre au milieu de la paix ;
Ton nom seul parmi nous divise les familles,
Les époux, les parents, les mères et les filles ;
Et la trêve pour toi n'est qu'un moyen nouveau
Pour venir dans nos cœurs enfoncer le couteau.
La discorde civile est partout sur ta trace :
Assemblage inouï de mensonge et d'audace,
Tyran de ton pays, est-ce ainsi qu'en ce lieu
Tu viens donner la paix, et m'annoncer un Dieu ?

MAHOMET.

Si j'avais à répondre à d'autres qu'à Zopire,
Je ne ferais parler que le dieu qui m'inspire ;

ACTE II, SCÈNE V.

Le glaive et l'Alcoran, dans mes sanglantes mains,
Imposeraient silence au reste des humains.
Ma voix ferait sur eux les effets du tonnerre,
Je verrais à leurs fronts attachés à la terre
Avec l'esprit humain, tous les cœurs abattus.
Mais je te parle en homme, et sans rien déguiser.
Je me sens assez grand pour ne pas t'abuser.
Vois quel est Mahomet : nous sommes seuls ; écoute :
Je suis ambitieux ; tout homme l'est sans doute ;
Mais jamais roi, pontife, ou chef, ou citoyen,
Ne conçut un projet aussi grand que le mien.
Chaque peuple à son tour a brillé sur la terre,
Par les lois, par les arts, et surtout par la guerre ;
Le temps de l'Arabie est à la fin venu.
Ce peuple généreux, trop longtemps inconnu,
Laissait dans ses déserts ensevelir sa gloire ;
Voici les jours nouveaux marqués pour la victoire.
Vois du nord au midi l'univers désolé,
La Perse encor sanglante, et son trône ébranlé,
L'Inde esclave et timide, et l'Égypte abaissée,
Des murs de Constantin la splendeur éclipsée ;
Vois l'empire romain tombant de toutes parts,
Ce grand corps déchiré, dont les membres épars
Languissent dispersés sans honneur et sans vie :
Sur ces débris du monde élevons l'Arabie.
Il faut un nouveau culte, il faut de nouveaux fers,
Il faut un nouveau Dieu pour l'aveugle univers.
En Égypte Osiris, Zoroastre en Asie,
Chez les Crétois Minos, Numa dans l'Italie,
A des peuples sans mœurs, et sans culte, et sans rois,
Donnèrent aisément d'insuffisantes lois.
Je viens après mille ans changer ces lois grossières :
J'apporte un joug plus noble aux nations entières :
J'abolis les faux dieux, et mon culte épuré
De ma grandeur naissante est le premier degré.
Ne me reproche point de tromper ma patrie ;
Je détruis sa faiblesse et son idolâtrie ;
Sous un roi, sous un Dieu, je viens la réunir ;
Et, pour la rendre illustre, il la faut asservir.

OMAR.
Voilà donc tes desseins ! c'est donc toi dont l'envie
De la terre à ton gré prétend changer la face !
Tu veux, en apportant le carnage et l'effroi,
Commander aux humains de penser comme toi !
Tu ravages le monde, et tu prétends l'instruire.
Ah ! si par des erreurs il s'est laissé séduire,
Si la nuit du mensonge a pu nous égarer,
Par quels flambeaux affreux veux-tu nous éclairer ?

Quel droit as-tu reçu d'enseigner, de prédire,
De porter l'encensoir, et d'affecter l'empire ?

MAHOMET.

Le droit qu'un esprit vaste, et ferme en ses desseins,
A sur l'esprit grossier des vulgaires humains.

ZOPIRE.

Eh quoi ! tout factieux qui pense avec courage
Doit donner aux mortels un nouvel esclavage ?
Il a droit de tromper, s'il trompe avec grandeur ?

MAHOMET.

Oui ; je connais ton peuple, il a besoin d'erreurs ;
Ou véritable ou faux, mon culte est nécessaire.
Qu'ont produit tes dieux ? quel bien t'ont-ils pu faire ?
Quels lauriers vois-tu croître au pied de leurs autels ?
Ta secte obscure et basse avilit les mortels,
Énerve le courage, et rend l'homme stupide ;
La mienne élève l'âme, et la rend intrépide.
Ma loi fait des héros.

ZOPIRE.

Dis plutôt des brigands.
Porte ailleurs tes leçons, l'école des tyrans :
Va vanter l'imposture à Médine où tu règnes,
Où tes maîtres séduits marchent sous tes enseignes,
Où tu vois tes égaux à tes pieds abattus.

MAHOMET.

Des égaux ! dès longtemps Mahomet n'en a plus.
Je fais trembler la Mecque, et je règne à Médine ;
Crois-moi, reçois la paix, si tu crains ta ruine.

ZOPIRE.

La paix est dans ta bouche, et ton cœur en est loin.
Penses-tu me tromper ?

MAHOMET.

Je n'en ai pas besoin.
C'est le faible qui trompe, et le puissant commande.
Demain j'ordonnerai ce que je te demande.
Demain, je puis te voir à mon joug asservi ;
Aujourd'hui Mahomet veut être ton ami.

ZOPIRE.

Nous amis ! nous, cruel ! ah ! quel nouveau prestige !
Connais-tu quelque dieu qui fasse un tel prodige ?

MAHOMET.

J'en connais un puissant, et toujours écouté,
Qui te parle avec moi.

ZOPIRE.

Oui.

MAHOMET.

La nécessité.

ACTE II, SCÈNE V.

Ton intérêt.

Les enfers et les cieux seront unis ensemble.
L'intérêt est ton dieu, le mien est l'équité;
Entre ces ennemis il n'est point de traité.
Quel serait le ciment, réponds-moi, dis! m'l'oses?
De l'horrible amitié qu'ici tu me proposes?
Réponds; est-ce ton fils que mon bras te ravit?
Est-ce le sang des miens que ta main répandit?

MAHOMET.

Oui, ce sont tes fils mêmes. Oui, connais un mystère
Dont seul dans l'univers je suis dépositaire;
Tu pleures tes enfants, ils respirent tous deux.

ZOPIRE.

Ils vivraient! qu'as-tu dit? ô ciel! ô jour heureux!
Ils vivraient! c'est de toi qu'il faut que je l'apprenne!

MAHOMET.

Élevés dans mon camp, tous deux sont dans ma chaîne.

ZOPIRE.

Mes enfants dans tes fers! ils pourraient te servir!

MAHOMET.

Mes bienfaisantes mains ont daigné les nourrir.

ZOPIRE.

Quoi! tu n'as point sur eux étendu la colère.

MAHOMET.

Je ne les punis point des fautes de leur père.

ZOPIRE.

Achève, éclaircis-moi, parle, quel est leur sort?

MAHOMET.

Je tiens entre mes mains et leur vie et leur mort;
Tu n'as qu'à dire un mot, et je t'en fais l'arbitre.

ZOPIRE.

Moi, je puis les sauver! à quel prix? à quel titre?
Faut-il donner mon sang? faut-il porter leurs fers?

MAHOMET.

Non; mais il faut m'aider à tromper l'univers;
Il faut rendre la Mecque, abandonner ton temple,
De la crédulité donner à tous l'exemple,
Annoncer l'Alcoran aux peuples effrayés,
Me servir en prophète, et tomber à mes pieds;
Je te rendrai ton fils, et je serai ton gendre.

ZOPIRE.

Mahomet, je suis père, et je porte un cœur tendre;
Après quinze ans d'ennuis, retrouver mes enfants!
Les revoir! et mourir dans leurs embrassements!
C'est le premier des biens pour mon âme attendrie

Mais s'il faut à ton culte asservir ma patrie,
Où de ma propre main les immoler tous deux,
Connais-moi, Mahomet, mon choix n'est pas douteux.
Adieu.

MAHOMET, seul.

Fier citoyen, vieillard honorable,
Je serai plus que toi cruel, impitoyable.

SCÈNE IV. — MAHOMET, OMAR.

OMAR.

Mahomet, il faut l'être, ou nous sommes perdus :
Les secrets des tyrans me sont déjà vendus.
Demain la trêve expire, et demain l'on t'arrête.
Demain Zopire est maître, et fait tomber ta tête.
La moitié du sénat vient de le condamner.
N'osant pas te combattre, on nomme assassiner.
Ce meurtre d'un héros, ils le nomment supplice;
Et ce complot obscur, ils l'appellent justice.

MAHOMET.

Ils sentiront la mienne; ils verront ma fureur.
La persécution fit toujours ma grandeur :
Zopire périra...

OMAR.

Cette tête funeste
En tombant à tes pieds, fera fléchir le reste.
Mais ne perds point de temps.

MAHOMET.

Mais, malgré mon courroux,
Je dois cacher la main qui va lancer les coups,
Et détourner de moi les soupçons du vulgaire.

OMAR.

Il est trop méprisable.

MAHOMET.

Il faut pourtant lui plaire,
Et j'ai besoin d'un bras qui, par ma voix conduit,
Soit seul chargé du meurtre, et m'en laisse le fruit.

OMAR.

Pour un tel attentat je réponds de Séide.

MAHOMET.

De lui ?

OMAR.

C'est l'instrument d'un pareil homicide.
Otage de Zopire, il peut seul aujourd'hui
L'aborder en secret, et le venger de lui.
Tes autres favoris, mêlés avec prudence
Pour s'exposer à tout, ont trop d'expérience;
Ils sont tous dans cet âge où la maturité

ACTE II, SCÈNE VI.

Fait tomber le bandeau de la crédulité;
Il faut un cœur plus simple, aveugle avec courage,
Des faux zèles ardents le fanatique ouvrage,
Un esprit amoureux de son propre esclavage.
La jeunesse est le temps de ces illusions.
Séide est tout en proie aux superstitions,
C'est un lion docile à la voix du prophète.

MAHOMET.
Le frère de Palmire ?

[...]

De ton fier ennemi le fils audacieux,
De son maître offensé rival incestueux.

MAHOMET.
Je déteste Séide, et son nom seul m'offense;
La cendre de mon fils me crie encor vengeance;
Mais tu connais l'objet de mon fatal amour.
Tu connais dans quel sang elle a puisé le jour:
Tu vois que dans ces lieux environnés d'alarmes
Je viens chercher un trône, un autel, des victimes;
Qu'il faut d'un peuple fier enchanter les esprits,
Qu'il faut perdre Zopire, et perdre encor son fils.
Allons, consultons bien mon intérêt, ma haine,
L'amour, l'indigne amour, qui malgré moi m'entraîne,
Et la religion, à qui tout est soumis,
Et la nécessité, par qui tout est permis.

ACTE TROISIÈME.

SCÈNE I. — SÉIDE, PALMIRE.

Demeure. Quel est donc ce secret sacrifice ?
Quel sang a demandé l'éternelle justice ?
Ne m'abandonne pas.

SÉIDE.
Dieu daigne m'appeler.
Mon bras doit le servir, mon cœur va lui parler.
Omar veut, à l'instant, par un serment terrible,
M'attacher de plus près à ce maître invincible;
Je vais jurer à Dieu de mourir pour sa loi,
Et mes seconds serments ne seront que pour toi.

PALMIRE.
D'où vient qu'à ce serment je ne suis point présente ?
Si je t'accompagnais, j'aurais moins d'épouvante.
Omar, ce même Omar, loin de me consoler,

Parle de trahison, de sang prêt à couler,
Des fureurs du sénat, des complots de Zopire.
Les feux sont allumés, bientôt la trêve expire,
Le fer cruel est prêt; on s'arme, on va frapper,
Le prophète l'a dit, il ne peut nous tromper,
Je crains tout de Zopire, et je crains pour Séide.

SÉIDE.

Croirai-je que Zopire ait un cœur si perfide?
Ce matin, comme ôtage à mes yeux présenté,
J'admirais sa noblesse et son humanité;
Je sentais qu'en secret une force inconnue
Enlevait jusqu'à lui mon âme prévenue :
Soit respect pour son nom, soit qu'un dehors heureux
Me cachât de son cœur les replis dangereux;
Soit que, dans ces moments où je l'ai rencontrée,
Mon âme tout entière, à son bonheur livrée,
Oubliant ses douleurs, et chassant tout effroi,
Ne connût, n'entendît, ne vit plus rien que toi,
Je me trouvais heureux d'être auprès de Zopire.
Je le hais d'autant plus qu'il m'avait su séduire;
Mais malgré le courroux dont je dois m'animer
Qu'il est dur de haïr ceux qu'on voulait aimer.

PALMIRE.

Ah! que le ciel en tout a joint nos destinées!
Qu'il a pris soin d'unir nos âmes enchaînées!
Hélas! sans mon amour, sans ce tendre lien,
Sans cet instinct charmant qui joint mon cœur au tien,
Sans la religion que Mahomet m'inspire,
J'aurais eu des remords en accusant Zopire.

SÉIDE.

Laissons ces vains remords, et nous abandonnons
A la voix de ce Dieu qu'à l'envi nous servons.
Je sors. Il faut prêter ce serment redoutable;
Le Dieu qui m'entendra nous sera favorable,
Et le pontife roi, qui veille sur nos jours,
Bénira de ses mains de si chastes amours.
Adieu. Pour être à toi, je vais tout entreprendre

SCÈNE II. — PALMIRE.

D'un noir pressentiment je ne puis me défendre.
Cet amour dont l'idée avait fait mon bonheur
Ce jour tant souhaité n'est qu'un jour de terreur.
Quel est donc ce serment qu'on attend de Séide?
Tout m'est suspect ici; Zopire m'intimide,
J'invoque Mahomet, et cependant mon cœur
Éprouve à son nom même une secrète horreur.

ACTE III, SCÈNE II.   213

Dans les profonds respects que ce héros m'inspire,
Je sens que je le crains presque autant que Zopire.
Délivre-moi, grand Dieu! de ce trouble qui je suis
Craintive je te sers; aveugle je te suis :
Hélas! daigne essuyer les pleurs où je me noie.

SCÈNE III. — MAHOMET, PALMIRE.

PALMIRE.

C'est vous qu'à mon secours un Dieu propice envoie,
Seigneur, Séide....

MAHOMET.

              Eh bien! d'où vous vient cet effroi?
Et que craint-on pour lui, quand on est près de moi?

PALMIRE.

Ô ciel! vous redoublez la douleur qui m'agite.
Quel prodige inouï! votre âme est interdite;
Mahomet est troublé pour la première fois.

MAHOMET.

Je devrais l'être au moins du trouble où je vous vois.
Est-ce ainsi qu'à mes yeux votre simple innocence
Ose avouer un feu qui peut-être m'offense?
Votre cœur a-t-il pu, sans être épouvanté,
Avoir un sentiment que je n'ai pas dicté?
Ce cœur que j'ai formé n'est-il plus qu'un rebelle,
Ingrat à mes bienfaits, à mes lois infidèle?

PALMIRE.

Que dites-vous? surprise, et tremblante à vos pieds,
Je baisse en frémissant mes regards effrayés.
Eh quoi! n'avez-vous pas daigné, dans ce lieu même,
Vous rendre à nos souhaits, et consentir qu'il m'aime?
Ces nœuds, ces chastes nœuds, que Dieu formait en nous,
Sont un lien de plus qui nous attache à vous.

MAHOMET.

Redoutez des liens formés par l'imprudence.
Le crime quelquefois suit de près l'innocence.
Le cœur peut se tromper; l'amour et ses douceurs
Pourront coûter, Palmire, et du sang, et des pleurs.

PALMIRE.

N'en doutez pas, mon sang coulerait pour Séide.

MAHOMET.

Vous l'aimez à ce point?

PALMIRE.

              Depuis le jour qu'Hercide
Nous soumit l'un et l'autre à votre joug sacré,
Cet instinct tout-puissant, de nous-même ignoré,
Devançant la raison, croissant avec notre âge,

Du ciel, qui conduit tout, fut le secret ouvrage.
Nos penchants, dites-vous, ne viennent que de lui.
Dieu ne saurait changer : pourrait-il aujourd'hui
Réprouver un amour que lui-même il fit naître ?
Ce qui fut innocent peut-il cesser de l'être ?
Pourrais-je être coupable ?

MAHOMET.

Oui, vous devez trembler :
Attendez les secrets que je dois révéler ;
Attendez que ma voix veuille enfin vous apprendre
Ce qu'on peut approuver, ce qu'on doit se défendre.
Ne croyez que moi seul.

PALMIRE.

Et qui croire que vous ?
Esclave de vos lois, soumise à vos genoux,
Mon cœur d'un saint respect ne perd point l'habitude.

MAHOMET.

Trop de respect souvent mène à l'ingratitude.

PALMIRE.

Non, si de vos bienfaits je perds le souvenir,
Que Séide à vos yeux s'empresse à me punir.

MAHOMET.

Séide !

PALMIRE.

Ah ! quel courroux anime votre œil sévère ?

MAHOMET.

Allez, rassurez-vous, je n'ai point de colère.
J'ai éprouvé assez vos sentiments secrets.
Reposez-vous sur moi de vos vrais intérêts.
Je suis digne du moins de votre confiance.
Vos destins dépendront de votre obéissance.
Si j'eus soin de vos jours, si vous m'appartenez,
Méritez des bienfaits qui vous sont destinés.
Quoi que la voix du ciel prononce de Séide,
Affermissez ses pas où son devoir le guide ;
Qu'il garde ses serments, qu'il soit digne de vous.

PALMIRE.

N'en doutez point, mon père, il les remplira tous :
Je réponds de son cœur ainsi que de moi-même :
Séide vous adore encor plus qu'il ne m'aime.
Il voit en vous son roi, son père, son appui.
J'en atteste à vos pieds l'amour que j'ai pour lui.
Je cours à vous servir, encourager son âme.

SCÈNE IV. — MAHOMET.

Quoi ! je suis, malgré moi, confident de sa flamme !
Quoi ! sa naïveté, confondant ma fureur,

Enfoncé innocemment le poignard dans mon cœur !
Père, enfants, destinés au malheur de ma vie,
Race toujours funeste et toujours ennemie,
Maître des nations, …… …… …… ……
Vous allez éprouver, dans cet horrible jour,
Ce que peut à la fois ma haine et mon amour.
…… …… …… …… …… …… ……

SCÈNE V. — MAHOMET, OMAR.

…… …… …… …… …… ……
Enfin voici le temps et de ravir Palmire,
Et d'envahir la Mecque et de punir Zopire.
Sa mort seule à tes pieds mettra nos citoyens
Va, d'un combat …… …… ……
Tout est désespéré si tu ne les préviens.
…… …… …… …… …… ……
Le seul Séide ici peut servir sans doute;
Il voit souvent Zopire, il lui parle, il l'écoute.
Tu vois cette retraite et cet obscur détour
Qui peut de ton palais conduire à son séjour
Là, cette nuit, Zopire à ses dieux fantastiques
Offre un encens frivole et des vœux chimériques.
Là, Séide, ivre du zèle de la loi
Va l'immoler au Dieu qui lui parle par toi.
…… …… …… …… …… ……
Qu'il l'immole, il le faut; il est temps qu'il le croie;
Qu'il en soit l'instrument, qu'il en soit la victime,
Ma vengeance, mes feux, ma loi, …… ……
L'irrévocable arrêt de la fatalité,
Tout le veut; mais crois-tu que son jeune courage,
Nourri du fanatisme, en ait toute la rage?

OMAR.

Lui seul était formé pour remplir ton dessein.
Palmire à te servir excite……… ses mains,
L'amour, le fanatisme, …… …… ……
Il sera furieux par accès de faiblesse.
…… …… …… …… …… ……
…… …… …… …… …… ……
Par les nœuds des serments …… …… ……
Êtes-vous qu'il …… …… …… ……
Du plus saint appareil la ténébreuse horreur,
Les autels, les serments, tout enchaîne Séide,
J'ai mis un fer sacré dans sa main patricide
Et la religion le remplit de fureur.
Il vient.

SCÈNE VI. — MAHOMET, OMAR, SÉIDE.

…… …… …… …… …… ……
…… …… …… …… …… ……
Enfant d'un Dieu qui parle à votre cœur,
Écoutez par ma voix sa volonté suprême,
Il faut venger son culte, il faut venger Dieu même.

Roi, pontife, et prophète à qui je suis voué,
Maître des nations, par le ciel avoué,
Vous avez sur mon être une entière puissance ;
Éclairez seulement ma docile ignorance.
Un mortel venger Dieu !

MAHOMET.
C'est par vos faibles mains
Qu'il veut épouvanter les profanes humains.

SÉIDE.
Ah ! sans doute ce Dieu, dont vous êtes l'image,
Va d'un combat illustre honorer mon courage.

MAHOMET.
Faites ce qu'il ordonne, il n'est point d'autre honneur
De ses décrets divins aveugle exécuteur,
Adorez et frappez ; vos mains seront armées
Par l'ange de la mort et du Dieu des armées.

SÉIDE.
Parlez : quels ennemis vous faut-il immoler ?
Quel tyran faut-il perdre ? et quel sang doit couler ?

MAHOMET.
Le sang du meurtrier que Mahomet abhorre,
Qui nous persécuta, qui nous poursuit encore,
Qui combattit mon Dieu, qui massacra mon fils ;
Le sang du plus cruel de tous nos ennemis,
De Zopire.

SÉIDE.
De lui ! quoi ! mon bras...

MAHOMET.
Téméraire,
On devient sacrilège alors qu'on délibère.
Loin de moi les mortels assez audacieux
Pour juger par eux-mêmes, et pour voir par leurs yeux !
Quiconque ose penser n'est pas né pour me croire.
Obéir en silence est votre seule gloire.
Savez-vous qui je suis ? Savez-vous en quels lieux
Ma voix vous a chargé des volontés des cieux ?
Si, malgré ses erreurs et son idolâtrie,
Des peuples d'Orient la Mecque est la patrie,
Si ce temple du monde est promis à ma loi,
Si Dieu m'en a créé le pontife et le roi,
Si la Mecque est sacrée, en savez-vous la cause ?
Ibrahim y naquit, et sa cendre y repose :
Ibrahim, dont le bras, docile à l'Éternel,
Traîna son fils unique aux marches de l'autel,
Étouffant pour son Dieu les cris de la nature,
Et quand ce Dieu par vous veut venger son injure,

ACTE III, SCÈNE VI.

Quand je demande un sang à lui seul adressé,
Quand Dieu vous a choisi, vous avez balancé,
Allez, vil idolâtre, et né pour toujours l'être,
Indigne musulman, cherchez un autre maître.
Le prix était tout prêt, Palmire était à vous ;
Mais vous bravez Palmire et le ciel en courroux.
Lâche et faible instrument des vengeances suprêmes,
Les traits que vous portez vont tomber sur vous-mêmes.
Fuyez, servez, rampez, sous mes fiers ennemis.

SÉIDE.
Je crois entendre Dieu ; tu parles, j'obéis.

MAHOMET.
Obéissez, frappez, teint du sang d'un impie,
Méritez par sa mort une éternelle vie.
(A Omar.)
Ne l'abandonne pas ; et, non loin de ces lieux,
Sur tous ses mouvements ouvre toujours les yeux.

SCÈNE VII. — SÉIDE.

Immoler un vieillard de qui je suis l'otage,
Sans armes, sans défense, appesanti par l'âge !
N'importe ; une victime amenée à l'autel
Y tombe sans défense, et son sang plaît au ciel.
Enfin Dieu m'a choisi pour ce grand sacrifice ;
J'en ai fait le serment ; il faut qu'il s'accomplisse.
Venez à mon secours, ô vous, de qui le bras
Aux tyrans de la terre a donné le trépas ;
Ajoutez vos fureurs à mon zèle intrépide ;
Affermissez ma main saintement homicide.
Ange de Mahomet, ange exterminateur,
Mets ta férocité dans le fond de mon cœur !
Ah ! que vois-je ?

SCÈNE VIII. — ZOPIRE, SÉIDE.

ZOPIRE.
A mes yeux tu te troubles, Séide !
Vois d'un œil plus content le dessein qui me guide,
Otage infortuné, que le sort m'a remis,
Je te vois à regret parmi mes ennemis.
La trêve a suspendu le moment du carnage,
Ce torrent retenu peut s'ouvrir un passage.
Je ne t'en dis pas plus ; mais mon cœur, malgré moi,
A frémi des dangers assemblés près de toi.
Cher Séide, en un mot, dans cette horreur publique,
Souffre que ma maison soit ton asile unique.

Je réponds de tes jours, ils me sont précieux
Ne me refuse pas......

O mon devoir ! ô dieux !
Ah ! Zopire ! est-ce vous qui n'avez d'autre envie
Que de me protéger, de veiller sur ma vie ?
Prêt à verser son sang, qu'ai-je osé ! qu'ai-je vu ?
Pardonne, Mahomet, tout mon cœur s'est ému.

ZOPIRE.
De ma pitié pour toi tu t'étonnes peut-être ;
Mais enfin je suis homme, et c'est assez de l'être
Pour aimer à donner des soins compatissants
A des cœurs malheureux que l'on croit innocents.
Exterminez, grands dieux, de la terre où nous sommes,
Quiconque avec plaisir répand le sang des hommes !

SEÏDE.
Que ce langage est cher à mon cœur combattu !
L'ennemi de mon Dieu connaît donc la vertu !

ZOPIRE.
Tu la connais bien peu, puisque tu t'en étonnes.
Mon fils, à quelle erreur, hélas ! tu t'abandonnes !
Ton esprit, fasciné par les lois d'un tyran,
Pense que tout est crime hors d'être musulman.
Cruellement docile aux leçons de ton maître,
Tu m'avais en horreur avant de me connaître.
Avec un joug de fer, un affreux préjugé
Tient ton cœur innocent dans le piège engagé.
Je pardonne aux erreurs où Mahomet t'entraîne ;
Mais peux-tu croire un Dieu qui commande la haine ?

SEÏDE.
Ah ! je sens qu'à ce Dieu je vais désobéir :
Non, seigneur, non, mon cœur ne saurait vous haïr.

ZOPIRE, à part.
Hélas ! plus je lui parle, et plus il m'intéresse ;
Son âge, sa candeur, ont surpris ma tendresse.
Se peut-il qu'un soldat de ce monstre imposteur
Ait trouvé malgré lui le chemin de mon cœur ?
(A Seïde.)
Quel es-tu ? de quel sang les dieux t'ont-ils fait naître ?

SEÏDE.
Je n'ai point de parents, seigneur, je n'ai qu'un maître,
Que jusqu'à ce moment j'avais toujours servi ;
Mais qu'en vous écoutant ma faiblesse a trahi.

ZOPIRE.
Quoi ! tu ne connais point de qui tu tiens la vie ?

SEÏDE.
Son camp fut mon berceau, son temple est ma patrie ;

ACTE III, SCÈNE VIII.

Je n'en connais point d'autre, et parmi ces enfants
Qu'en tribut à mon maître on offre, tous les ans,
Nul n'a plus que Séide éprouvé sa clémence.

Je ne puis le blâmer de sa reconnaissance :
Oui, les bienfaits, Séide, ont des droits sur un cœur.
Ciel ! pourquoi Mahomet tuerait son bienfaiteur ?
Il t'a servi de père. Aussi bien qu'à Palmire
Revere-t-elle en lui ?...
D'où vient que tu frémis ? d'où ce ciel ! soupire ?
Tu détournes de moi ton regard égaré ?
De quelque grand remords tu semble déchiré ?

SÉIDE.

Eh ! qui n'en aurait pas dans ce jour effroyable !

ZOPIRE.

Si tes remords sont vrais, ton cœur n'est plus coupable :
Viens, le sang va couler ; je veux sauver le ciel
Juste ciel ! et c'est moi qui répandrais le sien ! et
O serments ! ô Palmire ! ô vous, Dieu des vengeances !
Prête à ta voix ou sang qui...

ZOPIRE.

Remets-toi dans mes bras ; tremble, et te balances ?
Pour la dernière fois, viens, ton sort en dépend.

SCÈNE IX. — ZOPIRE, SÉIDE, OMAR, SUITE.

OMAR.

Traître ! que faites-vous ? Mahomet vous attend.

SÉIDE.

Où suis-je ? ô ciel ! où suis-je, et que dois-je résoudre ?
D'un et d'autre côté je vois tomber la foudre.
Où courir ? où porter un trouble si cruel ?
Où fuir ?

OMAR.

Aux pieds du roi qu'a choisi l'Éternel.

SÉIDE.

Oui, j'y cours abjurer un serment que j'abhorre.

SCÈNE X. — ZOPIRE.

Ah ! Séide ! où vas-tu ? Mais il me fuit encore !
Il sort désespéré, frappé d'un sombre effroi.
Et mon cœur qui le suit s'échappe loin de moi.
Ses remords, ma pitié, son aspect, son absence,
A mes sens déchirés font trop de violence.
Suivons ses pas.

SCÈNE XI. — ZOPIRE, PHANOR.

Qu'on attribue à mon trépas le sang les ans
Nul n'a plus que Séide aggravé mes ennuis.
Livre-moi l'billet important.
Qu'un Arabe en secret m'a donné dans l'instant.

ZOPIRE.

Héroïde ! qu'ai-je lu ! Grands dieux ! votre clémence
Répare-t-elle enfin soixante ans de souffrance !
Il a servi de père à ce fils de douleur,
D'où vient que mes pleurs dont le bras sert
Arracha mes enfants à ce bras paternel ?
Ils vivent ! Mahomet les tient sous sa puissance ;
De quelques grands destins a-t-il su les nourrir ?
Et Séide et Palmire ignorent leur naissance !
Mes enfants ! tendre espoir, que j'ai déjà goûté !
Je suis trop malheureux, je crains de me flatter.
Pressentiments confus, peut-être je vous crois ;
Si les remords du sang rappelaient leur voix,
Viens, je sens, que porter mes larmes et son nom ! Ô mon sang !
Mon cœur ne peut suffire à tant de mouvements.
Beau ciel ! je suis prêt d'embrasser mes enfants !
Je cours, et ma douleur craintive
Prête à la voix du sang une oreille attentive.
Allons. Voyons Hercide au temple de Mahomet
Qu'il soit pas de ce temple plus longtemps absent
Pour la dernière fois sans doute
Au pied de tes autels, où les pleurs de tes enfants
Ont baigné tes dieux, qui s'apaisent peut-être...
Dieux ! rendez-moi mes fils ! dieux, rendez aux vertus
Deux cœurs des généreux, qu'un traître a corrompus !
S'ils ne sont point à moi, si Zaïre est ma misère,
Je les veux adopter, je veux être leur père.

ACTE QUATRIÈME.

SCÈNE I. — MAHOMET, OMAR.

OMAR.

Oui, de ce grand secret la trame est découverte ;
Ta gloire est en danger, la tombe est entr'ouverte.
Séide obéira, mais éveillé que son cœur,
Raffermi par ta voix, éclate en sa fureur.
Séide a révélé cet horrible mystère,
Il s'est découvert à l'autre mahométan,
Et mon cœur qui jeta jadis Mahomet ici
Et ses remords, ma pitié, sur son silence,
À mes sens dédaignés tout le temps l'ordonne,
Hercide l'aime, il lui tient lieu de père.

MAHOMET.

Eh bien ! que pense Hercide ?

SCÈNE II.

Il semble pour Zopire avoir quelque pitié.

MAHOMET.

Hércide est faible; tant: le faible est bientôt traître.
Qu'il tremble ! il est chargé du secret de son maître.
Je sais comme on écarte un témoin dangereux.
Vieux, et peu
Suis-le: en veux-tu obéir ?

OMAR.

J'ai fait ce que tu veux.
Un mot de Mahomet suit...
Préparons donc le reste. Il faut que dans une heure
Ou nous traîne au supplice, ou que Zopire meure.
S'il meurt, c'en est assez; tout ce peuple éperdu
Adorera mon Dieu, qui m'aura défendu.
Voilà le premier pas; mais sitôt que Séide
Aura rougi ses mains de ce grand homicide,
Réponds-tu qu'au trépas Séide soit livré ?
Réponds-tu du poison qui lui fut préparé ?

OMAR.

N'en doute point.

MAHOMET.

Séide, la nuit...
Soient cachés dans la mort, et couverts de ses ombres,
Mais tout prêt à frapper, prêt à percer le flanc
Dont Palmire a tiré la source de son sang
A Mahomet, à Dieu...
(Prends soin de redoubler son heureuse ignorance)
Épaississons la nuit qui voile sa naissance,
Parle...
Pour son propre intérêt, pour moi, pour mon bonheur,
Mon triomphe en tout temps est fondé sur l'erreur.
Elle naquit en vain, de ce sang que j'abhorre,
Tenez-moi lieu de sang que...
On n'a point de parents alors qu'on les ignore,
Les cris du sang, sa force, ses impressions,
Des cœurs toujours trompés sont les illusions.
La nature, à mes yeux, n'est rien que l'habitude,
Celle de m'obéir fit son unique étude,
Il sentait son...
Je lui tiens lieu de tout. Qu'elle passe en mes bras
Sur la cendre des siens, qu'elle ne connaît pas
C'est tout ce...
Son cœur même en secret, ambitieux peut-être,
Sentira quelque orgueil à captiver son maître.
Mais déjà l'heure approche où Séide en ces lieux
Doit m'immoler son père à l'aspect de ses dieux.
Retirons-nous.
Mais mon esprit confus ne peut point encore
Ce qu'un prêtre...
Pour un meurtre en...
Je ne sais que trop, que nous suit ce pas un crime,
Qu'un prêtre sans remords égorge sa victime.

SCÈNE II. — MAHOMET, OMAR, *sur le devant, mais retirés de côté;* SÉIDE, *dans le fond.*

SÉIDE.
Il le faut donc remplir, ce terrible devoir!

MAHOMET.
Viens, et par d'autres coups assurons mon pouvoir.
(Il sort avec Omar.)

SÉIDE, *seul.*
A tout ce qu'ils m'ont dit je n'ai rien à répondre.
Un mot de Mahomet suffit pour me confondre.
Mais quand il m'accablait de cette sainte horreur,
La persuasion n'a point rempli mon cœur.
Si le ciel a parlé, j'obéirai sans doute;
Mais quelle obéissance! ô ciel! et qu'il en coûte!

SCÈNE III. — SÉIDE, PALMIRE.

SÉIDE.
Palmire, que veux-tu? Quel funeste transport!
Qui t'amène en ces lieux consacrés à la mort?

PALMIRE.
Séide, la frayeur et l'amour sont mes guides;
Mes pleurs baignent tes mains saintement homicides.
Quel sacrifice horrible, hélas! faut-il offrir?
A Mahomet, à Dieu, tu vas donc obéir?
O de mes sentiments souverains arbitres,
Parlez, déterminez ma fureur égarée;
Éclairez mon esprit, et conduisez mon bras;
Tenez-moi lieu d'un Dieu que je ne comprends pas;
Pourquoi m'a-t-il choisi? Ce terrible prophète
D'un ordre irrévocable est-il donc l'interprète?

PALMIRE.
Tremblons d'examiner. Mahomet voit nos cœurs,
Il entend nos soupirs, il observe mes pleurs.
Chacun redoute en lui la Divinité même.
C'est tout ce que je sais, le doute est un blasphème;
Et le Dieu qu'il annonce avec tant de hauteur,
Séide, est le vrai Dieu, puisqu'il le rend vainqueur.

SÉIDE.
Il l'est, puisque Palmire et le croit et l'adore.
Mais mon esprit confus ne conçoit point encore
Comment ce Dieu si bon, ce père des humains,
Pour un meurtre effroyable a réservé mes mains.
Je ne le sais que trop, que mon doute est un crime,
Qu'un prêtre sans remords égorge sa victime,

ACTE III, SCÈNE III.

Que, par la voix du ciel Zopire est condamné,
Qu'à soutenir ma loi j'étais prédestiné,
Mahomet s'expliquait, il a su me faire croire
Qui à jamais je dois à lui-même ma gloire,
Et, tout fier de servir la céleste colère,
Sur l'ennemi du Dieu j'ai promis le trépas ;
Un autre Dieu, peut-être, a rendu mon bras...
Du moins, lorsque j'ai vu ce malheureux Zopire,
De ma religion j'ai senti moins l'empire ;
Vainement mon devoir au meurtre m'appelait ;
A mon cœur éperdu l'humanité parlait.
Mais avec quel courroux, avec quelle tendresse,
Mahomet de mes sens accusa la faiblesse !
Avec quelle grandeur et quelle autorité
Sa voix vient d'endurcir ma sensibilité !
Que la religion est terrible et puissante !
J'ai senti la fureur en mon cœur renaissante ;
Palmire, je suis faible, et du meurtre effrayé ;
De ces saintes fureurs je passe à la pitié ;
De sentiments confus une foule m'assiège ;
Je crains d'être barbare, ou d'être sacrilège.
Je ne me sens point fait pour être un assassin.
Mais quoi ! Dieu me l'ordonne, et j'ai promis ma main.
J'en verse encor des pleurs de douleur et de rage.
Vous me voyez, Palmire, en proie à cet orage,
Nageant dans le reflux des contrariétés,
Qui pousse et qui retient mes faibles volontés :
C'est à vous de fixer mes fureurs incertaines.
Nos cœurs sont réunis par les plus fortes chaînes ;
Mais, sans ce sacrifice à mes mains imposé,
Le nœud qui nous unit est à jamais brisé.
Ce n'est qu'à ce seul prix que j'obtiendrai Palmire.

PALMIRE.

Je suis le prix du sang du malheureux Zopire !
Le ciel et Mahomet ainsi l'ont arrêté...

PALMIRE.

L'amour est-il donc fait pour tant de cruauté ?

SÉIDE.

Ce n'est qu'au meurtrier que Mahomet te donne.

PALMIRE.

Quelle effroyable loi !

SÉIDE.

Mais si le ciel l'ordonne ?
Si je sers et l'amour et la religion ?

PALMIRE.

Hélas !

SÉIDE.
Vous connaissez la malédiction
Qui punit à jamais la désobéissance.
PALMIRE.
Si Dieu même en tes mains a remis sa vengeance,
S'il exige le sang que ta bouche a promis.
SÉIDE.
Eh bien ! pour être à toi que faut-il ?
PALMIRE.
Je frémis.
SÉIDE.
Je t'entends ; son arrêt est parti de ta bouche.
PALMIRE.
Qui ? moi ?
SÉIDE.
Tu l'as voulu.
PALMIRE.
Dieu ! quel arrêt farouche !
Que t'ai-je dit ?
SÉIDE.
Le ciel vient d'emprunter ta voix ;
C'est son dernier oracle, et j'accomplis ses lois.
Voici l'heure où Zopire à cet autel funeste
Doit prier en secret des dieux que je déteste.
Palmire, éloigne-toi.
PALMIRE.
Je ne puis te quitter.
SÉIDE.
Ne vois-point l'attentat qui va s'exécuter.
Ces moments sont affreux. Va, fuis, cette retraite
Est voisine des lieux qu'habite le prophète.
Va, dis-je.
PALMIRE.
Ce vieillard va donc être immolé !
SÉIDE.
De ce grand sacrifice ainsi l'ordre est réglé ;
Il le faut de ma main traîner sur la poussière,
De trois coups dans le sein lui ravir la lumière,
Renverser dans son sang cet autel dispersé.
PALMIRE.
Lui, mourir par tes mains ! tout mon sang s'est glacé.
Le voici, juste ciel !...
(Le fond du théâtre s'ouvre. On voit un autel.)

SCÈNE IV. — ZOPIRE, SÉIDE, PALMIRE, *sur le devant.*
ZOPIRE, *près de l'autel.*
O dieux de ma patrie !
Dieux prêts à succomber sous une secte impie,

ACTE IV, SCÈNE IV.

C'est pour vous-même où que ma débile voix
Vous implore aujourd'hui pour la dernière fois.
La guerre va renaître, et ses mains meurtrières
De cette faible paix vont briser les barrières.
Dieux! si d'un scélérat vous respectez le sort....

SÉIDE, *à Palmire.*

Tu l'entends qui blasphème?

ZOPIRE.

Accordez-moi la mort.
Mais rendez-moi mes fils à mon heure dernière,
Que j'expire en leurs bras; qu'ils ferment ma paupière.
Hélas! si j'en croyais mes secrets sentiments,
Si vos mains en ces lieux ont conduit mes enfants...

PALMIRE, *à Séide.*

Que dit-il? ses enfants!

ZOPIRE.

O mes dieux que j'adore!
Je mourrais du plaisir de les revoir encore.
Arbitre des destins, daignez veiller sur eux;
Qu'ils pensent comme moi, mais qu'ils soient plus heureux!

SÉIDE.

Il court à ses faux dieux! frappons.
(Il tire son poignard.)

PALMIRE.

Que vas-tu faire?
Hélas!

SÉIDE.

Servir le ciel, le mériter, te plaire.
Ce glaive à notre Dieu vient d'être consacré;
Que l'ennemi de Dieu soit par lui massacré!
Marchons. Ne vois-tu pas dans ces demeures sombres
Ces traits de sang, ce spectre, et ces errantes ombres?

PALMIRE.

Que dis-tu?

SÉIDE.

Je vous suis, ministres du trépas;
Vous me montrez l'autel, vous conduisez mon bras.
Allons.

PALMIRE.

Non, trop d'horreur entre nous deux s'assemble.
Demeure.

SÉIDE.

Il n'est plus temps; avançons; l'autel tremble.

PALMIRE.

Le ciel se manifeste, il n'en faut pas douter.

SÉIDE.

Me pousse-t-il au meurtre, ou veut-il m'arrêter?
Du prophète de Dieu la voix se fait entendre;

Il me reproche un cœur trop flexible et trop tendre;
Palmire!

PALMIRE.
Eh bien?

SÉIDE.
Au ciel adressez tous vos vœux.
Je vais frapper.
(Il sort, et va derrière l'autel où est Zopire.)

PALMIRE.
Je meurs! O moment douloureux!
Quelle effroyable voix dans mon âme s'élève!
D'où vient que tout mon sang malgré moi se soulève?
Si le ciel veut un meurtre, est-ce à moi d'en juger?
Est-ce à moi de m'en plaindre, et de l'interroger?
J'obéis. D'où vient donc que le remords m'accable?
Ah! quel cœur sait jamais s'il est juste ou coupable?
Je me trompe, ou les coups sont portés cette fois;
J'entends les cris plaintifs d'une mourante voix.
Séide.... hélas!

SÉIDE, *revient d'un air égaré.*
Où suis-je? et quelle voix m'appelle?
Je ne vois point Palmire; un Dieu m'a privé d'elle.

PALMIRE.
Eh quoi! méconnais-tu celle qui vit pour toi?

SÉIDE.
Où sommes-nous?

PALMIRE.
Eh bien! cette effroyable loi,
Cette triste promesse est-elle enfin remplie?

SÉIDE.
Que me dis-tu?

PALMIRE.
Zopire a-t-il perdu la vie?

SÉIDE.
Qui? Zopire?

PALMIRE.
Ah! grand Dieu! Dieu de sang altéré,
Ne persécutez point son esprit égaré.
Fuyons d'ici.

SÉIDE.
Je sens que mes genoux s'affaissent.
(Il s'assied.)
Ah! je revois le jour, et mes forces renaissent.
Quoi! c'est vous?

PALMIRE.
Qu'as-tu fait?

SÉIDE, *se relevant.*
Moi! je viens d'obéir.

ACTE IV, SCÈNE IV.

D'un bras désespéré je viens de la saisir.
Par ses cheveux blanchis j'ai traîné ma victime.
O ciel! tu l'as voulu! peux-tu vouloir un crime?
Tremblant, saisi d'effroi, j'ai plongé dans son flanc
Ce glaive consacré qui dut verser son sang.
J'ai voulu redoubler; ce vieillard vénérable
A jeté dans mes bras un cri si lamentable!
La nature a tracé dans ses regards mourants
Un si grand caractère, et des traits si touchants!...
De tendresse et d'effroi mon âme s'est remplie,
Et, plus mourant que lui, je déteste ma vie.

PALMIRE.

Fuyons vers Mahomet qui doit nous protéger.
Près de ce corps sanglant vous êtes en danger.
Suivez-moi.

SÉIDE.

Je ne puis. Je me meurs. Ah! Palmire!...

PALMIRE.

Quel trouble épouvantable à mes yeux le déchire!

SÉIDE, *en pleurant.*

Ah! si tu l'avais vu, le poignard dans le sein,
S'attendrir à l'aspect de son lâche assassin!
Je fuyais. Croirais-tu que sa voix affaiblie
Pour m'appeler encor a ranimé sa vie?
Il retirait ce fer de ses flancs malheureux.
Hélas! il m'observait d'un regard douloureux.
« Cher Séide, a-t-il dit, infortuné Séide! »
Cette voix, ces regards, ce poignard homicide,
Ce vieillard attendri, tout sanglant à mes pieds,
Poursuivent devant toi mes regards effrayés.
Qu'avons-nous fait?

PALMIRE.

On vient; je tremble pour ta vie.
Fuis, au nom de l'amour et du nœud qui nous lie.

SÉIDE.

Va, laisse-moi. Pourquoi cet amour malheureux
M'a-t-il pu commander ce sacrifice affreux?
Non, cruelle! sans toi, sans ton ordre suprême,
Je n'aurais pu jamais obéir au ciel même.

PALMIRE.

De quel reproche horrible oses-tu m'accabler!
Hélas! plus que le tien mon cœur se sent troubler.
Cher amant, prends pitié de Palmire éperdue!

SÉIDE.

Palmire! quel objet vient effrayer ma vue?
(*Zopire paraît, appuyé sur l'autel, après s'être relevé derrière cet autel où il a reçu le coup.*)

PALMIRE.
C'est cet infortuné luttant contre la mort,
Qui vers nous tout sanglant se traîne avec effort.

SÉIDE.
Eh quoi! tu vas à lui?

PALMIRE.
De remords dévorée,
Je cède à la pitié dont je suis déchirée.
Je n'y puis résister; elle entraîne mes sens.

ZOPIRE, *avançant et soutenu par elle.*
Hélas! servez de guide à mes pas languissants!
(Il s'assied.)
Séide, ingrat! c'est toi qui m'arraches la vie!
Tu pleures! ta pitié succède à ta furie!

SCÈNE V. — ZOPIRE, SÉIDE, PALMIRE, PHANOR.

PHANOR.
Ciel! quels affreux objets se présentent à moi!

ZOPIRE.
Si je voyais Hercide!... Ah! Phanor, est-ce toi?
Voilà mon assassin.

PHANOR.
O crime! affreux mystère!
Assassin malheureux, connaissez votre père!

SÉIDE.
Qui?

PALMIRE.
Lui?

SÉIDE.
Mon père?

ZOPIRE.
O ciel!

PHANOR.
Hercide est expirant:
Il me voit, il m'appelle, il s'écrie en mourant:
« S'il en est encor temps, préviens un parricide;
Cours arracher ce fer à la main de Séide.
Malheureux confident d'un horrible secret,
Je suis puni, je meurs des mains de Mahomet.
Cours, hâte-toi d'apprendre au malheureux Zopire
Que Séide est son fils, et frère de Palmire. »

SÉIDE.
Vous!

PALMIRE.
Mon frère?

ZOPIRE.
O mes fils! ô nature! ô mes dieux!
Vous ne me trompiez pas quand vous parliez pour eux.

ACTE IV, SCÈNE V. 229

Vous m'éclairiez sans doute. Ah! malheureux Séide!
Qui t'a pu commander cet affreux homicide?
   SÉIDE, *se jetant à genoux.*
L'amour de mon devoir et de ma nation,
Et ma reconnaissance, et ma religion;
Tout ce que les humains ont de plus respectable
M'inspira des forfaits le plus abominable.
Rendez, rendez ce fer à ma barbare main.
   PALMIRE, *à genoux, arrêtant le bras de Séide.*
Ah! mon père! ah! seigneur! plongez-le dans mon sein.
J'ai seule à ce grand crime encouragé Séide;
L'inceste était pour nous le prix du parricide.
   SÉIDE.
Le ciel n'a point pour nous d'assez grands châtiments.
Frappez vos assassins.
   ZOPIRE, *en les embrassant.*
   J'embrasse mes enfants.
Le ciel voulut mêler, dans les maux qu'il m'envoie,
Le comble des horreurs au comble de la joie.
Je bénis mon destin; je meurs, mais vous vivez.
O vous, qu'en expirant mon cœur a retrouvés,
Séide, et vous, Palmire, au nom de la nature,
Par ce reste de sang qui sort de ma blessure,
Par ce sang paternel, par vous, par mon trépas,
Vengez-vous, vengez-moi, mais ne vous perdez pas.
L'heure approche, mon fils, où la trêve rompue
Laissait à mes desseins une libre étendue;
Les dieux de tant de maux ont pris quelque pitié;
Le crime de tes mains n'est commis qu'à moitié.
Le peuple avec le jour en ces lieux va paraître;
Mon sang va les conduire; ils vont punir un traître.
Attendons ces moments.
   SÉIDE.
   Ah! je cours de ce pas
Vous immoler ce monstre, et hâter mon trépas;
Me punir, vous venger.

SCÈNE VI. — ZOPIRE, SÉIDE, PALMIRE, PHANOR, OMAR,
   SUITE.

   OMAR.
   Qu'on arrête Séide!
Secourez tous Zopire; enchaînez l'homicide.
Mahomet n'est venu que pour venger les lois.
   ZOPIRE.
Ciel! quel comble du crime! et qu'est-ce que je vois?
   SÉIDE.
Mahomet me punir?

PALMIRE
Eh quoi! tyran farouche,
Après ce meurtre horrible ordonné par ta bouche!

OMAR
On n'a rien ordonné.

PALMIRE
Va, j'ai bien mérité
Cet exécrable prix de ma crédulité.

OMAR
Soldats, obéissez.

PALMIRE
Non, arrêtez. Perfide!

OMAR
Madame, obéissez, si vous aimez Séide.
Mahomet vous protége, et son juste courroux,
Prêt à tout foudroyer, peut s'arrêter pour vous:
Auprès de votre roi, madame, il faut me suivre.

PALMIRE
Grand Dieu! de tant d'horreurs que la mort me délivre!

(On emmène Palmire et Séide.)

ZOPIRE, à Phanor.
On les enlève! ô ciel! ô père malheureux!
Le coup qui m'assassine est cent fois moins affreux.

PHANOR
Déjà le jour renaît; tout le peuple s'avance
On s'arme, on vient à vous, on prend votre défense.

ZOPIRE
Quoi! Séide est mon fils!

PHANOR
N'en doutez point.

ZOPIRE
Hélas!
O forfaits! ô nature!... Allons, soutiens mes pas.
Je meurs. Sauvez, grands dieux, de tant de barbarie
Mes deux enfants que j'aime, et qui m'ôtent la vie.

ACTE CINQUIÈME.

SCÈNE I. — MAHOMET, OMAR; SUITE *dans le fond*.

OMAR
Zopire est expirant, et ce peuple éperdu
Levait déjà son front dans la poudre abattu.
Tes prophètes et moi, que ton esprit inspire,
Nous désavouons tous le meurtre de Zopire.
Ici, nous l'annonçons à ce peuple en fureur,

ACTE V, SCÈNE I.

Comme un coup du Très-Haut qui s'arme en ta faveur :
Là nous en gémissons, nous promettons vengeance :
Nous vantons ta justice, ainsi que ta clémence.
Partout on nous écoute, on fléchit à ton nom ;
Et ce reste importun de la sédition
N'est qu'un bruit passager de flots après l'orage,
Dont le courroux mourant frappe encor le rivage,
Quand la sérénité règne aux plaines du ciel.

MAHOMET.
Imposons à ces flots un silence éternel.
As-tu fait des remparts approcher mon armée ?

OMAR.
Elle a marché la nuit vers la ville alarmée ;
Osman la conduisait par de secrets chemins.

MAHOMET.
Faut-il toujours combattre, ou tromper les humains ?
Séide ne sait point qu'aveugle en sa furie
Il vient d'ouvrir le flanc dont il reçut la vie ?

OMAR.
Qui pourrait l'en instruire ? un éternel oubli
Tient avec ce secret Hercide enseveli :
Séide va le suivre, et son trépas commence.
J'ai détruit l'instrument qu'employa ta vengeance.
Tu sais que dans son sang ses mains ont fait couler
Le poison qu'en sa coupe on avait su mêler.
Le châtiment sur lui tombait avait le crime,
Et tandis qu'à l'autel il traînait sa victime,
Tandis qu'au sein d'un père il enfonçait son bras,
Dans ses veines, lui-même, il portait son trépas.
Il est dans la prison, et bientôt il expire.
Cependant en ces lieux j'ai fait garder Palmire.
Palmire à tes desseins va même encor servir :
Croyant sauver Séide, elle va t'obéir.
Je lui fais espérer la grâce de Séide.
Le silence est encor sur sa bouche timide ;
Son cœur toujours docile, et fait pour t'adorer,
En secret seulement n'osera murmurer.
Législateur, prophète, et roi dans ta patrie,
Palmire achèvera le bonheur de ta vie.
Tremblante, inanimée, on l'amène à tes yeux.

MAHOMET.
Va rassembler mes chefs, et revole en ces lieux.

LE FANATISME.

SCÈNE II. — MAHOMET, PALMIRE; SUITE DE PALMIRE
ET DE MAHOMET.

PALMIRE.

Ciel ! où suis-je ? ah ! grand Dieu !

MAHOMET.

Soyez moins consternée;
J'ai du peuple et de vous pesé la destinée.
Le grand événement qui vous remplit d'effroi,
Palmire, est un mystère entre le ciel et moi.
De vos indignes fers à jamais dégagée,
Vous êtes en ces lieux libre, heureuse, et vengée.
Ne pleurez point Séide, et laissez à mes mains
Le soin de balancer le destin des humains.
Ne songez plus qu'au vôtre; et si vous m'êtes chère,
Si Mahomet sur vous jeta des yeux de père,
Sachez qu'un sort plus noble, un titre encor plus grand,
Si vous le méritez, peut-être vous attend.
Portez vos yeux hardis au faîte de la gloire;
De Séide et du reste étouffez la mémoire;
Vos premiers sentiments doivent tous s'effacer
A l'aspect des grandeurs où vous n'osiez penser.
Il faut que votre cœur à mes bontés réponde,
Et suive en tout mes lois, lorsque j'en donne au monde.

PALMIRE.

Qu'entends-je ? quelles lois, ô ciel ! et quels bienfaits !
Imposteur teint de sang, que j'abjure à jamais,
Bourreau de tous les miens, va, ce dernier outrage
Manquait à ma misère, et manquait à ta rage.
Le voilà donc, grand Dieu ! ce prophète sacré,
Ce roi que je servis, ce dieu que j'adorai !
Monstre, dont les fureurs et les complots perfides
De deux cœurs innocents ont fait deux parricides;
De ma faible jeunesse infâme séducteur,
Tout souillé de mon sang, tu prétends à mon cœur ?
Mais tu n'as pas encore assuré ta conquête;
Le voile est déchiré, la vengeance s'apprête.
Entends-tu ces clameurs ? entends-tu ces éclats ?
Mon père te poursuit des ombres du trépas;
Le peuple se soulève; on s'arme en ma défense;
Leurs bras vont, à ta rage arracher l'innocence,
Puissé-je de mes mains te déchirer le flanc,
Voir mourir tous les tiens, et nager dans leur sang !
Puissent la Mecque ensemble, et Médine, et l'Asie,
Punir tant de fureur et tant d'hypocrisie !
Que le monde, par toi séduit et ravagé,
Rougisse de ses fers, les brise, et soit vengé !

ACTE V, SCÈNE II. 233

Que la religion, qui fonda l'imposture,
Soit l'éternel mépris de la race future !
Que l'enfer, dont les cris menaçaient tant de fois
Quiconque osait douter de tes indignes lois ;
Que l'enfer, que ces lieux de douleur et de rage,
Pour toi seul préparés, soient ton juste partage !
Voilà les sentiments qu'on doit à tes bienfaits ;
L'hommage, les serments, et les vœux que je fais !

MAHOMET.
Je vois qu'on m'a trahi ; mais, quoi qu'il en puisse être,
Et qui que vous soyez, fléchissez sous un maître.
Apprenez que mon cœur....

SCÈNE III. — MAHOMET, PALMIRE, OMAR, ALI, SUITE

OMAR.
On sait tout, Mahomet :
Hercide en expirant révéla ton secret.
Le peuple en est instruit ; la prison est forcée ;
Tout s'arme, tout s'émeut ; une foule insensée,
Élevant contre toi ses hurlements affreux,
Porte le corps sanglant de son chef malheureux.
Séide est à leur tête, et, d'une voix funeste,
Les excite à venger ce déplorable reste.
Ce corps, souillé de sang, est l'horrible signal
Qui fait courir ce peuple à ce combat fatal.
Il s'écrie en pleurant : « Je suis un parricide : »
La douleur le ranime, et la rage le guide,
Il semble respirer pour se venger de toi.
On déteste ton Dieu, tes prophètes, ta loi.
Ceux même qui devaient dans la Mecque alarmée
Faire ouvrir, cette nuit, la porte à ton armée,
De la fureur commune avec zèle enivrés,
Viennent lever sur toi leurs bras désespérés.
On n'entend que les cris de mort et de vengeance.

PALMIRE.
Achève, juste ciel ! et soutiens l'innocence.
Frappe.

MAHOMET, à Omar.
Eh bien ! que crains-tu ?

OMAR.
Tu vois quelques amis,
Qui contre les dangers comme moi raffermis,
Mais vainement armés contre un pareil orage,
Viennent tous à tes pieds mourir avec courage.

MAHOMET.
Seul je les défendrai. Rangez-vous près de moi,
Et connaissez enfin qui vous avez pour roi.

SCÈNE IV. — MAHOMET, OMAR, sa suite, d'un côté; SÉIDE
ET LE PEUPLE, de l'autre; PALMIRE, au milieu.

SÉIDE, *un poignard à la main, mais déjà affaibli par le poison.*
Peuple, vengez mon père, et courez à ce traître.
MAHOMET.
Peuple, né pour me suivre, écoutez votre maître.
SÉIDE.
N'écoutez point ce monstre, et suivez-moi.... Grands dieux!
Quel nuage épais se répand sur mes yeux!
(Il avance, il chancelle.)
Frappons.... Ciel! je me meurs.
MAHOMET.
Je triomphe.
PALMIRE, *courant à lui.*
Ah! mon frère!
N'auras-tu pu verser que le sang de ton père?
SÉIDE.
Avançons. Je ne puis. Quel dieu vient m'accabler?
(Il tombe entre les bras des siens.)
MAHOMET.
Ainsi tout téméraire à mes yeux doit trembler.
Incrédules esprits, qu'un zèle aveugle inspire
Qui m'osez blasphémer, et qui vengez Zopire,
Ce seul bras que la terre apprit à redouter,
Ce bras peut vous punir d'avoir osé douter.
Dieu qui m'a confié sa parole et sa foudre,
Si je me veux venger, va vous réduire en poudre.
Malheureux! connaissez son prophète et sa loi,
Et que ce Dieu soit juge entre Séide et moi:
De nous deux, à l'instant, que le coupable expire!
PALMIRE.
Mon frère! eh quoi! sur eux ce monstre a tant d'empire!
Ils demeurent glacés, ils tremblent à sa voix.
Mahomet, comme un dieu, leur dicte encor ses lois!
Et toi, Séide, aussi!
SÉIDE, *entre les bras des siens.*
Le ciel punit ton frère.
Mon crime était horrible autant qu'involontaire;
En vain la vertu même habitait dans mon cœur.
Toi, tremble, scélérat! si Dieu punit l'erreur,
Vois quel foudre il prépare aux artisans des crimes:
Tremble; son bras s'essaye à frapper ses victimes.
Détournez d'elle, ô Dieu! cette mort qui me suit!
PALMIRE.
Non, peuple, ce n'est point un dieu qui le poursuit;
Non; le poison sans doute....

ACTE V, SCÈNE IV.

MAHOMET, *en l'interrompant, et s'adressant au peuple.*
                    Apprenez, infidèles,
A former contre moi des trames criminelles ;
Aux vengeances des cieux reconnaissez mes droits.
La nature et la mort ont entendu ma voix ;
La mort qui m'obéit, qui, prenant ma défense,
Sur ce front pâlissant a tracé ma vengeance ;
La mort est, à vos yeux, prête à fondre sur vous.
Ainsi mes ennemis sentiront mon courroux ;
Ainsi je punirai les erreurs insensées,
Les révoltes du cœur, et les moindres pensées.
Si ce jour luit pour vous, ingrats, si vous vivez,
Rendez grâce au pontife à qui vous le devez.
Fuyez, courez au temple apaiser ma colère.
                    (*Le peuple se retire.*)
            PALMIRE, *revenant à elle.*
Arrêtez. Le barbare empoisonna mon frère.
Monstre, ainsi son trépas t'aura justifié !
A force de forfaits tu t'es déifié.
Malheureux assassin de ma famille entière,
Ote-moi de tes mains ce reste de lumière.
O frère ! ô triste objet d'un amour plein d'horreurs !
Que je te suive au moins !
        (*Elle se jette sur le poignard de son frère, et s'en frappe.*)
            MAHOMET.
                    Qu'on l'arrête !
            PALMIRE.
                    Je meurs.
Je cesse de te voir, imposteur exécrable.
Je me flatte, en mourant, qu'un Dieu plus équitable
Réserve un avenir pour les cœurs innocents.
Tu dois régner ; le monde est fait pour les tyrans.
            MAHOMET.
Elle m'est enlevée. Ah ! trop chère victime !
Je me vois arracher le seul prix de mon crime.
De ses jours pleins d'appas détestable ennemi,
Vainqueur et tout-puissant, c'est moi qui suis puni.
Il est donc des remords ! ô fureur ! ô justice !
Mes forfaits dans mon cœur ont donc mis mon supplice !
Dieu, que j'ai fait servir au malheur des humains,
Adorable instrument de mes affreux desseins,
Toi que j'ai blasphémé, mais que je crains encore,
Je me sens condamné, quand l'univers m'adore.
Je brave en vain les traits dont je me sens frappé,
J'ai trompé les mortels, et ne puis me tromper.
Père, enfants malheureux, immolés à ma rage,
Vengez la terre et vous, et le ciel que j'outrage

Arrachez-moi ce jour, et ce perfide cœur,
Ce cœur né pour haïr, qui brûle avec fureur.
(A Omar.)
Et toi, de tant de honte étouffe la mémoire;
Cache au moins ma faiblesse, et sauve encor ma gloire;
Je dois régir en Dieu l'univers prévenu;
Mon empire est détruit, si l'homme est reconnu.

VARIANTES.

Acte I, scène IV, après ces vers :

Tout mortel à sa loi doit un jour obéir,
Et j'ai donné l'exemple aux siècles à venir,

l'édition de 1742 porte :

Dieu, maître de son choix, ne doit rien à personne;
Il éclaire, il aveugle, il condamne, il pardonne :
C'est lui qui par ma voix daigne ici te parler;
Au nom de Mahomet, qu'on apprenne à trembler.

Dans l'édition de 1743, l'acte II commence ainsi :

SÉIDE.

Quoi! Zopire en secret demande à vous parler?
Dans quel temps, dans quel lieu, qu'a-t-il à révéler?
Le temps presse, dit-il.

PALMIRE.

Ah! demeure, Séide :
Crains les complots sanglants d'un sénat homicide.
Zopire nous trahit; on s'arme, on va frapper;
Le pontife l'a dit; il ne peut nous tromper;
Garde-toi de Zopire, évite sa présence.

SÉIDE.

Je verrais ce vieillard avec pleine assurance;
Mais mon devoir m'appelle, il lui faut obéir.
Je m'arrache à moi-même, et c'est pour t'obtenir.
Omar offre pour nous un secret sacrifice :
J'y vais parler à Dieu, réclamer sa justice,
Lui jurer de mourir pour défendre sa loi;
Et mes seconds serments ne seront que pour toi.

PALMIRE.

D'où vient qu'à ces serments je ne suis point présente?...
Si je t'accompagnais j'aurais moins d'épouvante.
Omar, ce même Omar, loin de nous consoler,
Ne parle que de sang déjà prêt à couler;
Il m'avertit surtout de craindre pour Séide.

SÉIDE.

Croirai-je que Zopire ait un cœur si perfide?
Ce matin, comme otage, etc.

VARIANTES. 237

Édition de 1742 : après ce vers (acte III, scène x) :

Et mon cœur qui le hait s'échappé loin de moi.

On lit :

Séide,... cet écrit, ton aspect, ton absence
A mes sens déchirés font trop de violence.
Hercide devant moi cherche à se présenter.
Ah! les cœurs malheureux osent-ils se flatter?
Hercide est ce guerrier dont la main meurtrière
Me ravit mes enfants, et fit périr leur mère;
Mes enfants sont vivants, et sans doute aujourd'hui
Mon sort et leurs destins s'éclairciront par lui.
Mahomet les retient, dit-il, sous sa puissance,
Et Palmire et Séide ignorent leur naissance!
Je m'abuse peut-être, et, noyé dans les pleurs,
J'embrasse aveuglément de flatteuses erreurs ;
Je m'arrête, je doute, si ma douleur craintive
Prête à la voix du sang une oreille attentive.

PHANOR.

Espérez ; mais craignez. Songez combien d'enfants
Mahomet chaque jour arrache à leurs parents
Il en a fait les siens, ils n'ont pas d'autre père ;
Et tous, en l'écoutant, ont pris son caractère.

ZOPIRE.

N'importe, amène Hercide au milieu de la nuit,
Qu'il soit sous cette voûte en secret introduit,
Au pied de cet autel, où les pleurs de ton maître
Ont fatigué les dieux qui s'apaisent peut-être;
Un moment peut finir un siècle de malheurs ;
Hâte un moment si doux. Va, cours, vole, ou je meurs.

SCÈNE XII. — ZOPIRE, seul.

O ciel! ayez pitié d'un destin que j'ignore.
Grands dieux, apprenez-moi si je suis père encore!
Rendez-moi mes enfants ; mais rendez aux vertus
Deux cœurs nés généreux qu'un traître a corrompus.

Dans sa lettre du 10 janvier 1741, Voltaire demande à d'Argental s'il aimerait que la pièce finît ainsi :

Périsse, mon empire! il est trop acheté.
Périsse Mahomet, son culte et sa mémoire!

(A Omar.)

Ah! donne-moi la mort, mais sauve au moins ma gloire;
Délivre-moi du jour, mais cache à tous les yeux
Que Mahomet coupable est faible et malheureux.

FIN DU FANATISME.

MÉROPE.

TRAGÉDIE EN CINQ ACTES.
(20 février 1743.)

Hoc tantum, hodierni ornant admorti abest.

LETTRE
DU P. DE TOURNEMINE, JÉSUITE, AU P. BRUMOY,
SUR LA TRAGÉDIE DE MÉROPE.

Je vous renvoie, mon révérend père, *Mérope*, ce matin à huit heures. Vous vouliez l'avoir dès hier au soir; j'ai pris le temps de la lire avec attention. Quelque succès que lui donne le goût inconstant de Paris, elle passera jusqu'à la postérité comme une de nos tragédies les plus parfaites, comme un modèle de tragédie. Aristote, ce sage législateur du théâtre, a mis ce sujet au premier rang des sujets tragiques. Euripide l'avait traité; et nous apprenons d'Aristote que, toutes les fois qu'on représentait sur le théâtre de l'ingénieuse Athènes, le *Cresphonte* d'Euripide, ce peuple, accoutumé aux chefs-d'œuvre tragiques, était frappé, saisi, transporté d'une émotion extraordinaire. Si le goût de Paris ne s'accorde pas avec celui d'Athènes, Paris aura tort sans doute. Le *Cresphonte* d'Euripide est perdu; M. de Voltaire nous le rend. Vous, mon père, qui nous avez donné en français Euripide, tel qu'il charmait la Grèce, avez reconnu, dans la *Mérope* de notre illustre ami, la simplicité, le naturel, le pathétique d'Euripide. M. de Voltaire a conservé la simplicité du sujet : il l'a débarrassé non-seulement d'épisodes superflus, mais encore de scènes inutiles. Le péril d'Égisthe occupe seul le théâtre. L'intérêt sort de la scène en scène jusqu'au dénoûment, dont la surprise est ménagée, préparée avec beaucoup d'art. On l'attend du petit-fils d'Alcide. Tout se passe sur le théâtre comme il se passa dans Messène. Les coups de théâtre ne sont point des situations forcées, dont le merveilleux choque la vraisemblance : ils naissent du sujet : c'est l'évènement historique vivement représenté. Peut-on n'être pas touché, enlevé, dans la scène où Narbas arrive au moment que Mérope va immoler son fils qu'elle croit venger ? dans la scène où elle ne peut sauver son fils d'une mort inévitable qu'en le faisant connaître au tyran ? Le cinquième acte égale ou surpasse le peu de cinquièmes actes excellents qu'on a vus sur le théâtre. Tout se passe hors du théâtre ; et l'auteur a transporté, ce semble, toute l'action sur le théâtre avec un art admirable. La narration d'Isménie n'est pas de ces narrations étudiées, hors d'œuvre, où l'esprit brille à contre-temps, qui ralentissent l'action, qui dégénèrent en fadeur ; elle est toute action. Le trouble d'Isménie peint le tumulte qu'elle raconte. Je ne parle point de la versification : le poète, admirable versificateur, s'est surpassé; jamais sa versification ne fut plus belle et plus claire. Tous ceux qu'un zèle raisonnable anime contre la corruption des mœurs, qui souhaitent la réformation du théâtre, qui voudraient qu'imitateurs exacts des Grecs, que nous avons surpassés dans plusieurs perfections de la poésie dramatique, nous eussions plus de soin d'atteindre à sa véritable fin, de rendre le théâtre, comme il peut l'être, une école des mœurs : tous ceux qui pensent si raisonnablement, doivent être charmés de voir un aussi grand poète, un poète aussi accrédité que le fameux Voltaire, donner une tragédie sans amour.

Il n'a point hasardé imprudemment une entreprise si utile; aux sentiments de l'amour, il substitue des sentiments vertueux qui n'ont pas moins de force. Quelque prévenu qu'on soit pour les tragédies dont l'amour forme l'intrigue, il est cependant vrai (et nous l'avons souvent remarqué) que les tragédies qui ont le plus réussi ne doivent pas leurs succès aux scènes amoureuses. Au contraire, tous les connaisseurs habiles soutiennent que la galanterie romanesque a dégradé notre théâtre, et aussi nos meilleurs poètes. Le grand Corneille l'a senti; il souffrait avec peine la servitude où le réduisait le mauvais goût dominant : c'est à lui encore à bannir du théâtre l'amour; il en a banni l'amour heureux; il ne lui a permis ni bassesse ni faiblesse; il l'a élevé jusqu'à l'héroïsme, aimant mieux passer le naturel que de s'abaisser à un naturel trop tendre et contagieux.

Voilà, mon révérend père, le jugement que votre illustre ami demande; je l'ai écrit à la hâte, c'est une preuve de ma déférence; mais l'amitié paternelle, qui m'attache à lui depuis son enfance, ne m'a point aveuglé. J'ai l'honneur d'être avec les sentiments que vous connaissez, mon cher ami, mon cher fils, la gloire de votre père, entièrement à vous.

TOURNEMINE, *jésuite.*

Ce 22 décembre 1736.

A M. LE MARQUIS SCIPION MAFFEI,

AUTEUR DE LA *Mérope italienne* ET DE BEAUCOUP D'AUTRES OUVRAGES CÉLÈBRES.

Monsieur,

Ceux dont les Italiens modernes et les autres peuples ont presque tout appris, les Grecs et les Romains, adressaient leurs ouvrages, sans la vaine formule d'un compliment, à leurs amis et aux maîtres de l'art. C'est à ces titres que je vous dois l'hommage de la *Mérope* française.

Les Italiens, qui ont été les restaurateurs de presque tous les beaux-arts, et les inventeurs de quelques-uns, furent les premiers qui, sous les yeux de Léon X, firent renaître la tragédie; et vous êtes le premier, monsieur, qui, dans ce siècle où l'art des Sophocle commençait à être amolli par des intrigues d'amour souvent étrangères au sujet, ou avili par d'indignes bouffonneries qui déshonoraient le goût de votre ingénieuse nation, vous êtes le premier, dis-je, qui avez eu le courage et le talent de donner une tragédie sans galanterie, une tragédie digne des beaux jours d'Athènes, dans laquelle l'amour d'une mère fait toute l'intrigue, et où le plus tendre intérêt naît de la vertu la plus pure.

La France se glorifie d'*Athalie* : c'est le chef-d'œuvre de notre théâtre; c'est celui de la poésie; c'est de toutes les pièces qu'on joue la seule où l'amour ne soit pas introduit; mais aussi elle est soutenue par la pompe de la religion, et par cette majesté de l'éloquence des prophètes. Vous n'avez point eu cette ressource, et cependant vous avez fourni cette longue carrière de cinq actes, qui est si prodigieusement difficile à remplir sans épisodes.

J'avoue que votre sujet me paraît beaucoup plus intéressant et plus tragique que celui d'*Athalie* ; et, si notre admirable Racine a mis plus d'art, de poésie et de grandeur dans son chef-d'œuvre, je ne doute pas que le vôtre n'ait fait couler beaucoup plus de larmes.

Le précepteur d'Alexandre (et il faut de tels précepteurs aux rois), Aristote, cet esprit si étendu, si juste, et si éclairé dans les choses qui étaient alors à la portée de l'esprit humain, Aristote, dans sa *Poétique* immortelle, ne balance pas à dire que la reconnaissance de Mérope et de son fils était le moment le plus intéressant de toute la scène grecque. Il donnait à ce coup de théâtre la préférence sur tous les autres. Plutarque dit que les Grecs, ce peuple si sensible, frémissaient de crainte que le vieillard qui devait arrêter le bras de Mérope n'arrivât pas assez tôt. Cette pièce, qu'on jouait de son temps, et dont il nous reste très-peu de fragments, lui paraissait la plus touchante de toutes les tragédies d'Euripide; mais ce n'était pas seulement le choix du sujet qui fit le grand succès d'Euripide, quoique en tout genre le choix soit beaucoup.

Il a été traité plusieurs fois en France, mais sans succès : peut-être les auteurs voulurent charger ce sujet si simple d'ornements étrangers. C'était la Vénus toute nue de Praxitèle qu'ils cherchaient à couvrir de clinquant. Il faut toujours beaucoup de temps aux hommes pour leur apprendre qu'en tout ce qui est grand on doit revenir au naturel et au simple.

En 1641, lorsque le théâtre commençait à fleurir en France, et à s'élever même fort au-dessus de celui de la Grèce, par le génie de P. Corneille, le cardinal de Richelieu, qui recherchait toute sorte de gloire, et qui avait fait bâtir la salle des spectacles du Palais-Royal pour y représenter des pièces dont il avait fourni le dessein, y fit jouer une *Mérope* sous le nom de *Téléphonte*. Le plan est, à ce qu'on croit, entièrement de lui. Il y avait une centaine de vers de sa façon; le reste était de Colletet, de Bois-Robert, de Desmarets, et de Chapelain; mais toute la puissance du cardinal de Richelieu ne pouvait donner à ces écrivains le génie qui leur manquait. Il n'avait peut-être pas lui-même celui du théâtre, quoiqu'il en eût le goût, et tout ce qu'il pouvait et devait faire, c'était d'encourager le grand Corneille.

M. Gilbert, résident de la célèbre reine Christine, donna, en 1643, sa *Mérope*, aujourd'hui non moins inconnue que l'autre. Jean de La Chapelle, de l'Académie française, auteur d'une *Cléopâtre*, jouée avec quelque succès, fit représenter sa *Mérope* en 1683. Il ne manqua pas de remplir sa pièce d'un épisode d'amour. Il se plaint d'ailleurs, dans sa préface, de ce qu'on lui reprochait trop de merveilleux. Il se trompait; ce n'était pas ce merveilleux qui avait fait tomber son ouvrage, c'était en effet le défaut de génie, et la froideur de la versification : car voilà le grand point; voilà le vice capital qui fait périr tant de poëmes. L'art d'être éloquent en vers est de tous les arts le plus difficile et le plus rare. On trouvera mille génies qui sauront arranger un ouvrage, et le versifier d'une manière commune; mais le traiter en vrais poëtes, c'est un talent qui est donné à trois ou quatre hommes sur la terre.

Au mois de décembre 1701, M. de La Grange fit jouer son *Amasis*, qui n'est autre chose que le sujet de *Mérope* sous d'autres noms : la galanterie règne aussi dans cette pièce, et il y a beaucoup plus d'incidents merveilleux que dans celle de La Chapelle; mais aussi elle est conduite avec plus d'art, plus de génie, plus d'intérêt; elle est écrite avec plus de chaleur et de force : cependant elle n'eut pas d'abord un succès éclatant, *et habent sua fata libelli*. Mais depuis elle a été rejouée avec de très-grands applaudissements, et c'est une des pièces dont la représentation a fait le plus de plaisir au public.

Avant et après *Amasis*, nous avons eu beaucoup de tragédies sur des sujets à peu près semblables, dans lesquelles une mère va venger la mort de son fils sur son propre fils même, et le reconnaît dans l'instant qu'elle va le tuer. Nous étions même accoutumés à voir sur notre théâtre cette situation frappante, mais rarement vraisemblable, dans laquelle un personnage vient un poignard à la main pour tuer son ennemi, tandis qu'un autre personnage arrive dans l'instant même, et lui arrache le poignard. Ce coup de théâtre avait fait réussir, du moins pour un temps, le *Camma* de Thomas Corneille.

Mais de toutes les pièces dont je vous parle, il n'y en a aucune qui ne soit chargée d'un petit épisode d'amour, ou plutôt de galanterie; car il faut que tout se plie au goût dominant. Et ne croyez pas, monsieur, que cette malheureuse coutume d'accabler nos tragédies d'un épisode inutile de galanterie soit due à Racine, comme on le lui reproche en Italie; c'est lui, au contraire, qui a fait ce qu'il a pu pour réformer en cela le goût de la nation. Jamais chez lui la passion de l'amour n'est épisodique, elle est le fondement de toutes ses pièces; elle en forme le principal intérêt. C'est la passion la plus théâtrale de toutes, la plus fertile en sentiments, la plus variée : elle doit être l'âme d'un ouvrage de théâtre, ou en être entièrement bannie. Si l'amour n'est pas tragique, il est insipide; et s'il est tragique, il doit régner seul : il n'est pas fait pour la seconde place. C'est Rotrou, c'est le grand Corneille même, il le faut avouer, qui, en créant notre théâtre, l'ont presque toujours défiguré par ces amours de commande, par ces intrigues galantes qui, n'étant point de vraies passions, ne sont point dignes du théâtre; et, si vous demandez pourquoi on joue si peu de pièces de Pierre Corneille, n'en cherchez point ailleurs la raison; c'est que, dans la tragédie d'*Othon* (II, 1),

Othon à la princesse a fait un compliment
Plus en homme de cour qu'en véritable amant....
Il suivait pas à pas un effort de mémoire,

Qu'il était plus aisé d'admirer que de croire.
Camilla semblait même assez de cet avis ;
Elle aurait mieux goûté des discours moins suivis....
Dis-moi donc, lorsqu'Othon s'est offert à Camille,
A-t-il paru contraint? a-t-elle été facile?

C'est que, dans *Pompée* (II, 1), l'inutile Cléopatre dit que César

Lui trace des soupirs, et, d'un style plaintif
Dans son champ de victoire il se dit son captif.

C'est que César demande à Antoine (III, 3)

S'il a vu cette reine adorable?

et qu'Antoine répond :

Oui, seigneur, je l'ai vue ; elle est incomparable.

C'est que, dans *Sertorius*, le vieux Sertorius même est amoureux à la fois par politique et par goût, et dit :

J'aime ailleurs : à mon âge il sied si mal d'aimer,
Que je le cache même à qui m'a su charmer..., (I, 2.)
Et que d'un front ridé les replis jaunissants
Ne sont pas un grand charme à captiver les sens. (II, 1.)

C'est que, dans *Œdipe* (I, 1), Thésée débute par dire à Circé :

Quelque ravage affreux qu'étale ici la peste,
L'absence aux vrais amants est encor plus funeste.

Enfin, c'est que jamais un tel amour ne fait verser de larmes ; et, quand l'amour n'émeut pas, il refroidit.

Je ne vous dis ici, monsieur, que ce que tous les connaisseurs, les véritables gens de goût, se disent tous les jours en conversation ; ce que vous avez entendu plusieurs fois chez moi ; enfin ce qu'on pense, et ce que personne n'ose encore imprimer. Car vous savez comment les hommes sont faits ; ils écrivent presque tous contre leur propre sentiment, de peur de choquer le préjugé reçu. Pour moi, qui n'ai jamais mis dans la littérature aucune politique, je vous dis hardiment la vérité, et j'ajoute que je respecte plus Corneille, et que je connais mieux le grand mérite de ce père du théâtre que ceux qui le louent au hasard de ses défauts.

On a donné une *Mérope* sur le théâtre de Londres en 1731. Qui croirait qu'une intrigue d'amour y entrât encore? Mais, depuis le règne de Charles II, l'amour s'était emparé du théâtre d'Angleterre ; et il faut avouer qu'il n'y a point de nation au monde qui ait point si mal cette passion. L'amour ridiculement amené, et traité de même, est encore le défaut le moins monstrueux de la *Mérope* anglaise. Le jeune Égisthe, tiré de sa prison par une fille d'honneur, amoureuse de lui, est conduit devant la reine, qui lui présente une coupe de poison et un poignard, et qui lui dit : « Si tu n'avales le poison, ce poignard va servir à tuer ta maîtresse. » Le jeune homme boit, et on l'emporte mourant. Il revient, au cinquième acte, annoncer froidement à Mé rope qu'il est son fils, et qu'il a tué le tyran. Mérope lui demande comment ce miracle s'est opéré : « Une amie de la fille d'honneur, répond-il, avait mis du jus de pavot, au lieu de poison, dans la coupe. Je n'étais qu'endormi quand on m'a cru mort ; j'ai appris, en m'éveillant, que j'étais votre fils, et sur-le-champ j'ai tué le tyran. » Ainsi finit la tragédie.

Elle fut sans doute mal reçue : mais n'est-il pas bien étrange qu'on l'ait représentée ? N'est-ce pas une preuve que le théâtre anglais n'est pas encore épuré ? Il semble que la même cause qui prive les Anglais du génie de la peinture et de la musique, leur ôte aussi celui de la tragédie. Cette île, qui a produit les plus grands philosophes de la terre, n'est pas aussi fertile pour les beaux-arts ; et, si les Anglais ne s'appliquent sérieusement à suivre les préceptes de leurs excellents citoyens Addison et Pope, ils n'approcheront pas des autres peuples en fait de goût et de littérature.

Mais, tandis que le sujet de *Mérope* était ainsi défiguré dans une partie de l'Europe, il y avait longtemps qu'il était traité en Italie selon le goût des anciens. Dans ce xvi° siècle, qui sera fameux dans tous les siècles, le comte de Torelli avait donné sa *Mérope* avec des chœurs. Il paraît que, si M. de La Chapelle a outré tous les défauts du théâtre français, qui sont l'air romanesque, l'amour inutile, et les épisodes, et que si l'auteur anglais a poussé à l'excès la barbarie, l'indécence et l'absurdité, l'auteur italien avait outré les défauts des Grecs, qui sont le vide d'action et la déclamation. Enfin, monsieur, vous avez évité tous ces écueils ; vous, qui avez donné à vos compatriotes des modèles en plus d'un genre, vous leur avez donné dans votre *Mérope* l'exemple d'une tragédie simple et intéressante.

J'en fus saisi dès que je la lus : mon amour pour ma patrie ne m'a jamais fermé les yeux sur le mérite des étrangers ; au contraire, plus je suis bon citoyen, plus je cherche à enrichir mon pays des trésors qui ne sont point nés dans son sein. Mon envie de traduire votre *Mérope* redoubla lorsque j'eus l'honneur de vous connaître à Paris en 1733 ; je m'aperçus qu'en aimant l'auteur je me sentais encore plus d'inclination pour l'ouvrage : mais, quand je voulus y travailler, je vis qu'il était absolument impossible de la faire passer sur notre théâtre français. Notre délicatesse est devenue excessive : nous sommes peut-être des sybarites plongés dans le luxe, qui ne pouvons supporter cet air naïf et rustique, ces détails de la vie champêtre, que vous avez imités du théâtre grec.

Je craindrais qu'on ne souffrît pas chez nous le jeune Égisthe faisant présent de son anneau à celui qui l'arrête, et qui s'empare de cette bague. Je n'oserais hasarder de faire prendre un héros pour un voleur, quoique la circonstance où il se trouve autorise cette méprise.

Nos usages, qui probablement permettent tant de choses que les vôtres n'admettent point, nous empêcheraient de représenter le tyran de Mérope, l'assassin de son époux et de ses fils, feignant d'avoir, après quinze ans, de l'amour pour cette reine ; et même je n'oserais pas faire dire par Mérope au tyran : « Pourquoi donc ne m'avez-vous pas parlé d'amour auparavant, dans le temps que la fleur de la jeunesse ornait encore mon visage ? »

Ces entretiens sont naturels; mais votre parterre, quelquefois si indifférent et d'autres fois si délicat, pourrait les trouver trop familiers, et voir même de la coquetterie où il n'y a au fond que de la raison.

Notre théâtre français ne souffrirait pas non plus que Mérope fit lier son fils sur la scène à une colonne, ni qu'elle courût sur lui deux fois, le javelot et la hache à la main, ni que le jeune homme s'enfuît deux fois devant elle, en demandant la vie à son tyran.

Nos usages permettraient encore moins que la confidente de Mérope engageât le jeune Egisthe à dormir sur la scène, afin de donner le temps à la reine de venir l'y assassiner. Ce n'est pas, encore une fois, que tout cela ne soit dans la nature; mais il faut que l'art du tragédien à notre nation, qui exige que la nature soit toujours présentée avec certains traits de l'art, et ces traits sont bien différents à Paris et à Vérone.

Pour donner une idée sensible de ces différences, que le génie des nations cultivées met entre les mêmes arts, permettez-moi, monsieur, de vous rappeler ici quelques traits de votre célèbre ouvrage, qui me paraissent dictés par la pure nature. Celui qui arrête le jeune Cresphonte, et qui lui prend sa bague, lui dit (1) :

Or dunque io tuo paese i vero.
Han di cotesta gemma? Un bel paese!
Fra questo tuo, nel nostro, una tal gemma
Ad un dito regal non sconverrebbe.

Je vais prendre la liberté de traduire cet endroit en vers blancs, comme votre pièce est écrite, parce que le temps qui me presse ne me permet pas le long travail qu'exige la rime.

« Les esclaves, chez vous, portent de tels joyaux!
« Votre pays doit être un beau pays, sans doute;
« Chez nous de tels anneaux ornent la main des rois. »

Le confident du tyran lui dit, en parlant de la reine, qui refuse d'épouser après vingt ans l'assassin reconnu de sa famille :

La donna, come sai, ricusa e brama. (II. 3.)

« La femme, comme on sait, nous refuse et désire. »

La suivante de la reine répond au tyran, qui la presse de disposer sa maîtresse au mariage (II.) :

Dissimulato in vano
Soffre di febbre assalto alquanti giorni
Donave e forse a rinfrancar suo spirti.

« On ne peut vous cacher que la reine a la fièvre.
« Accordez quelque temps pour lui rendre ses forces. »

Dans votre quatrième acte, le vieillard Polydore demande à un homme de la cour de Mérope quel est « Je suis Eurisès, le fils de Nicandre, répond-il. » Polydore, alors, en parlant de Nicandre s'exprime comme le Nestor d'Homère :

Egli era umano
E liberal, quando apparvo lui

Face agli onor. Io mi ricordo ancora
Di quando ei festeggiò con bella pompa
Le sue nozze con Silvia, ch' era figlia
D'Olimpia e di Glicon fratel d'Ipparco.
Tu dunque sei quel fanciullin che in corte
Silvia condur solea quasi per pompa?
Parmi l'altr' jeri. O quanto siete presti,
Quanto mai v' affrettate, o giovinetti,
A farvi adulti, ed a gridar tacendo,
Che noi diam loco ! »

Oh ! qu'il était humain ! qu'il était libéral !
Que, dès qu'il paraissait, on lui faisait d'honneur !
Je me souviens encor du festin qu'il donna,
De tout cet appareil, alors qu'il épousa
La fille de Glicon et de cette Olympie,
La belle-sœur d'Hipparque. Eurisès, c'est donc vous?
Vous, cet aimable enfant, que si souvent Silvie
Se faisait un plaisir de conduire à la cour?
Je crois que c'est hier. O que vous êtes prompts !
Que vous croissez, jeunesse ! et que, dans vos beaux jours,
Vous nous avertissez de vous céder la place !
(Acte IV, sc. IV.)

Et dans un autre endroit, le même vieillard, invité d'aller voir la cérémonie du mariage de la reine, répond :

.............Oh ! curioso
Punto i' non son : passò stagione : assai
Veduti ho sacrificj. Io mi ricordo
Di quello ancora quando il re Cresfonte
Incominciò a regnar. Quella fu pompa !
Ora più non si fanno a questi tempi
Di cotai sacrificj. Più di cento
Fur le bestie svenate : i sacerdoti
Risplendean tutti, ed ove ti volgessi,
Altro non si vedea che argento ed oro.

.............Je suis sans curiosité.
Le temps en est passé ; mes yeux ont assez vu
De ces apprêts d'hymen, et de ces sacrifices.
Je me souviens encor de cette pompe auguste,
Qui jadis en ces lieux marqua les premiers jours
Du règne de Cresphonte. Ah ! le grand appareil !
Il n'est plus aujourd'hui de semblables spectacles.
Plus de cent animaux y furent immolés.
Tous les prêtres brillaient, et les yeux éblouis
Voyaient l'argent et l'or partout étinceler.
(Acte V, sc. V.)

Tous ces traits sont naïfs, tout y est convenable à ceux que vous introduisez sur la scène, et aux mœurs que vous leur donnez. Ces familiarités naturelles eussent été, à ce que je crois, bien reçues dans Athènes ; mais Paris et notre parterre veulent une autre espèce de simplicité. Notre ville pourrait même se vanter d'avoir un goût plus cultivé qu'on ne l'avait dans Athènes ;

car enfin il me semble qu'on ne représentait d'ordinaire des pièces de théâtre, dans cette première ville de la Grèce, que dans quatre fêtes solennelles, et Paris a plus d'un spectacle tous les jours de l'année. On ne comptait dans Athènes que dix mille citoyens, et notre ville est peuplée de près de huit cent mille habitants, parmi lesquels je crois qu'on peut compter trente mille juges des ouvrages dramatiques, et qui jugent presque tous les jours.

Vous avez pu, dans votre tragédie, traduire cette élégante et simple comparaison de Virgile (*Georg.*, IV, 511):

Qualis populea mœrens Philomela sub umbra
Amissos queritur fœtus.

Si je prenais une telle liberté, on me renverrait au poëme épique : tant nous avons affaire à un maître dur, qui est le public.

Nescis, heu! nescis dominæ fastidia Romæ....
Et pueri nasum rhinocerotis habent.

Les Anglais ont la coutume de finir presque tous leurs actes par une comparaison ; mais nous exigeons, dans une tragédie, que ce soient les héros qui parlent, et non le poëte : et notre public pense que, dans une grande crise d'affaires, dans un conseil, dans une passion violente, dans un danger pressant, les princes, les ministres, ne font point de comparaisons poétiques.

Comment pourrais-je encore faire parler souvent ensemble des personnages subalternes? Ils servent chez vous à préparer des scènes intéressantes entre les principaux acteurs ; ce sont les avenues d'un beau palais : mais notre public impatient veut entrer tout d'un coup dans le palais. Il faut donc se plier au goût d'une nation, d'autant plus difficile qu'elle est depuis longtemps rassasiée de chefs-d'œuvre.

Cependant, parmi tant de détails que notre extrême sévérité réprouve, combien de beautés je regrettais ! combien me plaisait la simple nature, quoique sous une forme étrangère, pour nous ! Je vous rends compte, monsieur, d'une partie des raisons qui m'ont empêché de vous suivre[1], en vous admirant.

Je fus obligé, à regret, d'écrire une *Mérope* nouvelle ; je l'ai donc faite différemment, mais je suis bien loin de croire l'avoir mieux faite. Je me regarde avec vous comme un voyageur à qui un roi d'Orient aurait fait présent des plus riches étoffes : ce roi

---

1. Voltaire ne s'était d'abord proposé que de traduire la *Mérope* italienne ; il avait même commencé cette traduction, dont voici les premiers vers :

Sortez, il en est temps, du sein de ces ténèbres,
Montrez-vous ; dépouillez ces vêtements funèbres,
Ces tristes monuments, l'appareil des douleurs :
Que le bandeau des rois puisse essuyer vos pleurs :
Que dans ce jour heureux les peuples de Messène
Reconnaissent dans vous mon épouse et leur reine.
Oubliez tout le reste, et daignez accepter
Et le sceptre et la main qu'on vient vous présenter.

(Éd.)

devrait permettre que le voyageur s'en fît habiller à la mode de son pays.

Ma *Mérope* fut achevée au commencement de 1736, à peu près telle qu'elle est aujourd'hui. D'autres études m'empêchèrent de la donner au théâtre; mais la raison qui m'en éloignait le plus était la crainte de la faire paraître après d'autres pièces heureuses, dans lesquelles on avait vu depuis peu le même sujet sous des noms différents. Enfin, j'ai hasardé ma tragédie, et notre nation a fait connaître qu'elle ne dédaignait pas de voir la même matière différemment traitée. Il est arrivé à notre théâtre ce qu'on voit tous les jours dans une galerie de peinture, où plusieurs tableaux représentent le même sujet : les connaisseurs se plaisent à remarquer les diverses manières; chacun saisit, selon son goût, le caractère de chaque peintre; c'est une espèce de concours qui sert à la fois à perfectionner l'art, et à augmenter les lumières du public.

Si la *Mérope* française a eu le même succès que la *Mérope* italienne, c'est à vous, monsieur, que je le dois; c'est à cette simplicité dont j'ai toujours été idolâtre, qui, dans votre ouvrage, m'a servi de modèle. Si j'ai marché dans une route différente, vous m'y avez toujours servi de guide.

J'aurais souhaité pouvoir, à l'exemple des Italiens et des Anglais, employer l'heureuse facilité des vers blancs, et je me suis souvenu plus d'une fois de ce passage de Rucellai :

*Tu sai pur che l'imagin della voce
Che risponde dai sassi, in Eco alberga,
Sempre nemica fu del nostro regno,
E fu inventrice delle prime rime.*

Mais je me suis aperçu, et j'ai dit, il y a longtemps, qu'une telle tentative n'aurait jamais de succès en France, et qu'il y aurait beaucoup plus de faiblesse que de force à éluder un joug qu'ont porté les auteurs de tant d'ouvrages qui durèrent autant que la nation française. Notre poésie n'a aucune des libertés de la vôtre, et c'est peut-être une des raisons pour lesquelles les Italiens nous ont précédés de plus de trois siècles dans cet art si aimable et si difficile.

Je voudrais, monsieur, pouvoir vous suivre dans vos autres connaissances, comme j'ai eu le bonheur de vous imiter dans la tragédie. Que n'ai-je pu me former sur votre goût dans la science de l'histoire! non pas dans cette science vague et stérile des faits et des dates, qui se borne à savoir en quel temps mourut un homme inutile ou funeste au monde; science uniquement de dictionnaire, qui chargerait la mémoire sans éclairer l'esprit : je veux parler de cette histoire de l'esprit humain, qui apprend à connaître les mœurs, qui nous trace, de fautes en fautes et de préjugés en préjugés, les effets des passions des hommes, qui nous fait voir ce que l'ignorance, ou un savoir mal entendu, ont causé de maux, et qui suit surtout le fil du progrès des arts, à travers ce choc effroyable de tant de puissances, et ce bouleversement de tant d'empires.

C'est par là que l'histoire m'est précieuse, et elle me le devient davantage par la place que vous tiendrez parmi ceux qui ont donné de nouveaux plaisirs et de nouvelles lumières aux hommes. La postérité apprendra avec émulation que votre patrie vous a rendu les honneurs les plus rares, et que Vérone vous a élevé une statue avec cette inscription : AU MARQUIS SCIPION MAFFEI VIVANT; inscription aussi belle en son genre que celle qu'on lit à Montpellier : A LOUIS XIV APRÈS SA MORT.

Daignez, donc, monsieur, aux hommages de vos concitoyens, celui d'un étranger, que sa respectueuse estime vous attache autant que s'il était de Vérone.

LETTRE DE M. DE LA LINDELLE A VOLTAIRE

Vous avez eu la politesse de dédier votre tragédie de *Mérope* à M. Maffei, et vous avez rendu service aux gens de lettres d'Italie et de France, en remarquant, avec la grande connaissance que vous avez du théâtre, la différence qui se trouve établie entre les bienséances de la scène française et celles de la scène italienne.

Le goût que vous avez pour l'Italie, et les ménagements que vous avez pour M. Maffei, ne vous ont pas permis de remarquer les défauts de son *Mérope* si attrayante; mais moi qui n'ai en vue que la vérité et le progrès des arts, je ne craindrai point de dire ce que pense le public éclairé, et ce que vous ne pouvez vous empêcher de penser vous-même.

L'abbé Desfontaines avait déjà relevé quelques fautes palpables de la *Mérope* de M. Maffei; mais, à son ordinaire, avec plus de grossièreté que de justesse. Il avait mêlé les bonnes critiques avec des mauvaises. Ce satirique décrié n'avait ni assez de connaissance de la langue italienne, ni assez de goût, pour porter un jugement sain et exempt d'erreur.

Voici ce que pensent les littérateurs les plus judicieux que j'ai consultés en France et delà les monts. La *Mérope* leur paraît sans contredit le sujet le plus touchant et le plus vraiment tragique; mais ils conviennent tous de la grande supériorité de celui d'*Athalie*, en ce que l'une Athalie ne veut pas assassiner le petit Joas qu'elle est, connue, par le grand prêtre qui veut venger sur elle des crimes passés, au lieu que, dans la *Mérope*, c'est une mère qui, en vengeant son fils, est sur le point d'assassiner ce fils même, son amour et son espérance. L'intérêt de *Mérope* est tout autrement touchant que celui de la tragédie d'*Athalie*; mais il paraît que M. Maffei s'est contenté de ce que présente naturellement son sujet, et qu'il n'y a mis aucun art théâtral.

1° Les scènes souvent ne sont point liées, et le théâtre se trouve vide, défaut qui ne se pardonne pas aujourd'hui aux moindres poëtes.

2° Les acteurs arrivent et partent souvent sans raison, défaut non moins essentiel.

3° Nulle vraisemblance, nulle dignité, nulle bienséance, nul

1. Il est sans doute inutile d'avertir que cette lettre est de Voltaire lui-même.

art dans le dialogue, et cela dès la première scène, où l'on voit un tyran raisonner paisiblement avec Mérope, dont il a égorgé le mari et les enfants, et lui parler d'amour ; cela serait sifflé à Paris par les moins connaisseurs.

4° Tandis que le tyran parle d'amour, si ridiculement à cette vieille reine, on annonce qu'on a trouvé un jeune homme coupable d'un meurtre ; mais on ne sait point, dans le cours de la pièce, qui ce jeune homme a tué. Il prétend que c'est un voleur qui voulait lui prendre ses habits. Quelle petitesse! quelle bassesse! quelle stérilité! Cela ne serait pas supportable dans une farce de la Foire.

5° Le barigel, ou le capitaine des gardes, ou le grand prévôt, il n'importe, interroge le meurtrier, qui porte au doigt un bel anneau; ce qui fait une scène du plus bas comique, laquelle est écrite d'une manière digne de la scène.

6° La mère s'imagine d'abord que le voleur qui a été tué est son fils. Il est pardonnable à une mère de tout craindre, mais il fallait à une reine mère d'autres indices un peu plus nobles.

7° Au milieu de ces craintes, le tyran Polyphonte raisonne de son prétendu amour avec la suivante de Mérope. Ces scènes froides et indécentes, qui ne sont imaginées que pour remplir un acte, ne seraient pas souffertes sur un théâtre tragique régulier. Vous vous êtes contenté, monsieur, de remarquer modestement une de ces scènes, dans laquelle la suivante de Mérope prie le tyran de ne pas presser les noces[1], parce que, dit-elle, sa maîtresse a un assaut de fièvre : et moi, monsieur, je vous dis hardiment, au nom de tous les connaisseurs, qu'un tel dialogue et une telle réponse ne sont dignes que du théâtre d'Arlequin.

8° J'ajouterai encore que, quand la reine, croyant son fils mort, dit qu'elle veut arracher le cœur au meurtrier, et le déchirer avec les dents, elle parle en cannibale plus encore qu'en mère affligée, et qu'il faut de la décence partout.

9° Égisthe, qui a été annoncé comme un voleur, et qui a dit qu'on l'avait voulu voler lui-même, est encore pris pour un voleur une seconde fois; il est mené devant la reine malgré le roi, qui pourtant prend sa défense. La reine le lie à une colonne, le veut tuer avec un dard, et, avant de le tuer, elle l'interroge. Égisthe lui dit que son père est un vieillard ; et, à ce mot de vieillard, la reine s'attendrit. Ne voilà-t-il pas une bonne raison de changer d'avis, et de soupçonner qu'Égisthe pourrait bien être son fils? ne voilà-t-il pas un indice bien marqué? Est-il donc si étrange qu'un jeune homme ait un père âgé? Maffei a substitué cette faute, et ce manque d'art et de génie à une autre faute plus grossière, qu'il avait faite dans la première édition. Égisthe disait à la reine : *Ah! Polydore, mon père!* Et ce Polydore était en effet l'homme à qui Mérope avait confié Égisthe. Au nom de Polydore, la reine ne devait plus douter qu'Égisthe ne fût son fils; la pièce était finie. Ce défaut a été ôté, mais on y a substitué un défaut encore plus grand.

10° Quand la reine est ridiculement et sans raison en suspens sur ce mot de vieillard, arrive le tyran, qui prend Égisthe sous

1. Voy. pages 343, 349. (Éd.)

sa protection. Le jeune homme, qu'on devait représenter comme un héros, remercie le roi de lui avoir donné la vie, et le remercie avec un avilissement et une bassesse qui fait mal au cœur, et qui dégrade entièrement Égisthe.

11° Ensuite Mérope et le tyran passent leur temps ensemble. Mérope évapore sa colère en injures qui ne finissent point. Rien n'est plus froid que ces scènes de déclamations qui manquent de nœud, d'embarras, de passion contrastée ; ce sont des scènes d'écolier. Toute scène qui n'est pas une espèce d'action est inutile.

12° Il y a si peu d'art dans cette pièce, que l'auteur est toujours forcé d'employer des confidentes et des confidents pour remplir son théâtre. Le quatrième acte commence encore par une scène froide et inutile entre le tyran et la suivante ; ensuite cette suivante rencontre le jeune Égisthe, je ne sais comment et lui persuade de se reposer dans le vestibule, afin que, quand il sera endormi, la reine puisse le tuer tout à son aise. En effet il s'endort comme il l'a promis. Belle intrigue ! Et la reine vient pour la seconde fois une hache à la main pour tuer le jeune homme, qui dormait exprès. Cette situation, répétée deux fois, est le comble du ridicule. M. Maffei prétend qu'il y a beaucoup de peine et de vanté dans cette situation répétée, parce que la première fois la reine arrive à son fils dardé et la seconde fois avec une hache ! quel effort de génie !

13° Enfin le vieillard Polydore arrive tout à propos, et empêche la reine de faire le coup. On croirait que ce beau moment devrait faire naître mille incidents intéressants entre la mère et le fils, entre eux deux et le tyran. Rien de tout cela : Égisthe s'enfuit et ne voit point sa mère ; il n'a aucune scène avec elle, ce qui est encore un défaut de génie insupportable. Mérope demande au vieillard quelle récompense il veut ; et ce vieux fou la prie de le rajeunir. Voilà à quoi passe son temps une reine qui devrait courir après son fils. Tout cela est bas, déplacé, et ridicule au dernier point.

14° Dans la scène de Polydore, le tyran veut toujours épouser, et, pour y parvenir, il fait dire à Mérope qu'il va faire égorger tous les domestiques et les courtisans de cette princesse si elle ne lui donne la main. Quelle ridicule idée ! quel extravagant que ce tyran ! M. Maffei ne pouvait-il trouver un meilleur prétexte pour sauver l'honneur de la reine, qui à la lâcheté d'épouser le meurtrier de sa famille ?

15° Autre puérilité de collège. Le tyran dit à son confident : « Je sais l'art de régner, je ferai mourir les audacieux, je lâcherai la bride à tous les vices, j'inviterai mes sujets à commettre les plus grands crimes, en pardonnant aux plus coupables ; l'exposerai les gens de bien à la fureur des scélérats, etc. » Quel homme a jamais pensé et prononcé de telles sottises ? Cette déclamation de régent de sixième ne donne-t-elle pas une jolie idée d'un homme qui sait gouverner ?

« On a reproché au grand Racine d'avoir dans *Athalie*, fait dire à Mathan trop de mal de lui-même. Encore Mathan parle-t-il raisonnablement ; mais ici, c'est le comble de la folie de prétendre que de tout mettre en combustion soit l'art de régner ;

c'est l'art d'être détrôné; et on ne peut lire de pareilles absurdités sans rire. M. Maffei est un étrange politique.

En un mot, monsieur, l'ouvrage de Maffei est un très-beau sujet, et une très-mauvaise pièce. Tout le monde convient à Paris que la représentation n'en serait pas achevée, et tous les gens sensés d'Italie en font très-peu de cas. C'est très-vainement que l'auteur, dans ses voyages, n'a rien négligé pour engager les plus mauvais écrivains à traduire sa tragédie : il lui était bien plus aisé de payer un traducteur que de rendre sa pièce bonne.

RÉPONSE A M. DE LA LINDELLE.

La lettre que vous m'avez fait l'honneur de m'écrire, monsieur, doit vous valoir le nom d'hypercritique, qu'on donnait à Scaliger. Vous me paraissez bien redoutable, et, si vous traitez ainsi M. Maffei, que n'ai-je point à craindre de vous ? J'avoue que vous avez trop raison sur bien des points. Vous vous êtes donné la peine de ramasser beaucoup de ronces et d'épines : mais pourquoi ne vous êtes-vous pas donné le plaisir de cueillir les fleurs? Il y en a, sans doute, dans la pièce de M. Maffei, et que j'ose croire immortelles : telles sont les scènes de la mère et du fils, et le récit de la fin. Il me semble que ces morceaux sont bien touchants et bien pathétiques. Vous prétendez que c'est le sujet seul qui en fait la beauté; mais, monsieur, n'était-ce pas le même sujet dans les autres auteurs qui ont traité la *Mérope*? Pourquoi, avec les mêmes secours, n'ont-ils pas eu le même succès ? Cette seule raison ne prouve-t-elle pas que M. Maffei doit autant à son génie qu'à son sujet ?

Je ne vous le dissimulerai pas : je trouve que M. Maffei a mis plus d'art que moi dans la manière dont il s'y prend pour faire penser à Mérope que son fils est l'assassin de son fils même. Je n'ai pu me servir comme lui d'un anneau, parce que, depuis l'anneau royal dont Boileau se moque dans ses satires, cela semblerait trop petit sur notre théâtre. Il faut se plier aux usages de son siècle et de sa nation : mais, par cette raison-là même, il ne faut pas condamner légèrement les nations étrangères.

Ni M. Maffei ni moi n'exposons des motifs bien nécessaires pour que le tyran Polyphonte veuille absolument épouser Mérope. C'est peut-être là un défaut du sujet; mais je vous avoue que je crois qu'un tel défaut est fort léger quand l'intérêt qu'il produit est considérable. Le grand point est d'émouvoir et de faire verser des larmes. On a pleuré à Vérone et à Paris : voilà une grande réponse aux critiques. On ne peut être parfait; mais qu'il est beau de toucher avec ses imperfections ! Il est vrai qu'on pardonne beaucoup de choses en Italie qu'on ne passerait pas en France : premièrement, parce que les goûts, les bienséances, les théâtres, n'y sont pas les mêmes; secondement, parce que les Italiens, n'ayant point de ville où l'on représente tous les jours des pièces dramatiques, ne peuvent être aussi exercés que nous, en ce genre. Le beau monstre de l'opéra étouffe chez eux Melpomène; et il y a tant de castrati, qu'il n'y a plus de place pour les Ésopus et les Roscius. Mais si jamais les Italiens avaient un théâtre régulier, je crois qu'ils iraient plus loin que nous. Leurs théâtres sont mieux entendus; leur langue, plus maniable; leurs vers blancs, plus aisés à faire; leur nation plus sensible. Il leur manque l'encouragement, l'abondance, et la paix, etc.

PERSONNAGES.

MÉROPE, veuve de Cresphonte, roi de Messène.
ÉGISTHE, fils de Mérope.
POLYPHONTE, tyran de Messène.
NARBAS, vieillard.
EURYCLÈS, favori de Mérope.
ÉROX, favori de Polyphonte.
ISMÉNIE, confidente de Mérope.

La scène est à Messène, dans le palais de Mérope.

ACTE PREMIER.

SCÈNE I. — MÉROPE, ISMÉNIE.

ISMÉNIE.
Grande reine, écartez ces horribles images;
Goûtez des jours sereins, nés du sein des orages.
Les dieux nous ont donné la victoire et la paix :
Ainsi que leur courroux ressentez leurs bienfaits.
Messène, après quinze ans de guerres intestines,
Lève un front moins timide, et sort de ses ruines.
Vos yeux ne verront plus tous ces chefs ennemis
Divisés d'intérêts, et pour le crime unis,
Par les saccagements, le sang, et le ravage,
Du meilleur de nos rois disputer l'héritage.
Nos chefs, nos citoyens, rassemblés sous vos yeux,
Les organes des lois, les ministres des dieux,
Vont, libres dans leur choix, décerner la couronne.
Sans doute elle est à vous, si la vertu la donne.
Vous seule avez sur nous d'irrévocables droits;
Vous, veuve de Cresphonte, et fille de nos rois;
Vous, que tant de constance, et quinze ans de misère
Font encor plus auguste et nous rendent plus chère;
Vous, pour qui tous les cœurs en secret réunis....

MÉROPE.
Quoi! Narbas ne vient point! Reverrai-je mon fils?

ISMÉNIE.
Vous pouvez l'espérer ; déjà d'un pas rapide
Vos esclaves en foule ont couru dans l'Élide;

ACTE I, SCÈNE I.

La paix a de l'Élide ouvert tous les chemins.
Vous avez mis sans doute en de fidèles mains
Ce dépôt si sacré, l'objet de tant d'alarmes.

MÉROPE.

Me rendrez-vous mon fils, dieux témoins de mes larmes ?
Egisthe est-il vivant ? Avez-vous conservé
Cet enfant malheureux, le seul que j'ai sauvé ?
Écartez loin de lui la main de l'homicide.
C'est votre fils, hélas ! c'est le pur sang d'Alcide.
Abandonnerez-vous ce reste précieux
Du plus juste des rois, et du plus grand des dieux,
L'image de l'époux dont j'adore la cendre ?

ISMÉNIE.

Mais quoi ! cet intérêt si juste et si tendre
De tout autre intérêt peut-il vous détourner ?

MÉROPE.

Je suis mère, et tu peux encor t'en étonner ?

ISMÉNIE.

Du sang dont vous sortez l'auguste caractère
Sera-t-il effacé par cet amour de mère ?
Son enfance était chère à vos yeux éplorés ;
Mais vous avez peu vu ce fils que vous pleurez.

MÉROPE.

Mon cœur a vu toujours ce fils que je regrette ;
Ses périls nourrissaient ma tendresse inquiète ;
Un si juste intérêt s'accrut avec le temps.
Un mot seul de Narbas, depuis plus de quatre ans,
Vint, dans la solitude où j'étais retenue,
Porter un nouveau trouble à mon âme éperdue.
Égisthe écrivait-il, mérite un meilleur sort ;
Il est digne de vous et des dieux dont il sort ;
En butte à tous les maux, sa vertu les surmonte :
Espérez tout de lui, mais craignez Polyphonte.

ISMÉNIE.

De Polyphonte au moins prévenez les desseins ;
Laissez passer l'empire en vos augustes mains.

MÉROPE.

L'empire est à mon fils. Périsse la marâtre,
Périsse le cœur dur, de soi-même idolâtre,
Qui peut goûter en paix, dans le suprême rang,
Le barbare plaisir d'hériter de son sang.
Si je n'ai plus de fils, que m'importe un empire ?
Que m'importe, ô ciel, ce jour que je respire ?
Je dus y renoncer alors que, dans ces lieux,
Mon époux fut trahi des mortels et des dieux.
O perfidie ! ô crime ! ô jour fatal au monde !
O mort toujours présente à ma douleur profonde !

J'entends encor ces voix, ces lamentables cris,
Ces cris : « Sauvez le roi, son épouse, et ses fils ! »
Je vois ces murs sanglants, ces portes embrasées,
Sous ces lambris fumants ces femmes écrasées,
Ces esclaves fuyants, le tumulte, l'effroi,
Les armes, les flambeaux, la mort, autour de moi.
Là, nageant dans son sang, et souillé de poussière,
Tournant encor vers moi sa mourante paupière,
Cresphonte en expirant me serra dans ses bras ;
Là, deux fils malheureux, condamnés au trépas,
Tendres et premiers fruits d'une union si chère,
Sanglants et renversés sur le sein de leur père,
A peine soulevaient leurs innocentes mains.
Hélas ! ils m'imploraient contre leurs assassins.
Egisthe échappa seul ; un dieu prit sa défense :
Veille sur lui, grand dieu, qui sauvas son enfance !
Qu'il vienne ; que Narbas le ramène à mes yeux
Du fond de ses déserts au rang de ses aïeux !
J'ai supporté quinze ans mes fers et son absence ;
Qu'il règne au lieu de moi : voilà ma récompense.

SCÈNE II. — MÉROPE, ISMÉNIE, EURYCLÈS.

MÉROPE.

Eh bien, Narbas, mon fils ?

EURYCLÈS.

Vous me voyez confus ;
Tant de pas, tant de soins, ont été superflus.
On a couru, madame, aux rives du Pénée,
Dans les champs d'Olympie, aux murs de Salmonée ;
Narbas est inconnu, le sort dans ces climats
Dérobe à tous les yeux la trace de ses pas.

MÉROPE.

Hélas ! Narbas n'est plus ; j'ai tout perdu, sans doute.

ISMÉNIE.

Vous croyez tous les maux que votre âme redoute ;
Peut-être, sur les bruits de cette heureuse paix,
Narbas ramène un fils si cher à nos souhaits.

EURYCLÈS.

Peut-être sa tendresse, éclairée et discrète,
A caché son voyage ainsi que sa retraite :
Il veille sur Egisthe ; il craint ces assassins
Qui du roi votre époux ont tranché les destins.
De leurs affreux complots il faut tromper la rage.
Autant que je l'ai pu j'assure son passage,
Et j'ai sur ces chemins de carnage abreuvés
Des yeux toujours ouverts, et des bras éprouvés.

ACTE I, SCÈNE II.

MÉROPE.
Dans ta fidélité j'ai mis ma confiance.

EURYCLÈS.
Hélas! que peut pour vous ma triste vigilance?
On va donner son trône : en vain ma faible voix
Du sang qui le fit naître a fait parler les droits;
L'injustice triomphe, et ce peuple, à sa honte,
Au mépris de nos lois, penche vers Polyphonte.

MÉROPE.
Et le sort jusque-là pourrait nous avilir!
Mon fils dans ses États reviendrait pour servir!
Il verrait son sujet au rang de ses ancêtres!
Le sang de Jupiter aurait ici des maîtres!
Je n'ai donc plus d'amis? Le nom de mon époux,
Insensibles sujets, a donc péri pour vous?
Vous avez oublié ses bienfaits et sa gloire!

EURYCLÈS.
Le nom de votre époux est cher à leur mémoire;
On regrette Cresphonte, on le pleure, on vous plaint;
Mais la force l'emporte, et Polyphonte est craint.

MÉROPE.
Ainsi donc, par mon peuple en tout temps accablée,
Je verrai la justice à la brigue immolée;
Et le vil intérêt, cet arbitre du sort,
Vend toujours le plus faible aux crimes du plus fort.
Allons, et rallumons dans ces âmes timides
Ces regrets mal éteints du sang des Héraclides;
Flattons leur espérance, excitons leur amour,
Parlez, et de leur maître annoncez le retour.

EURYCLÈS.
Je n'ai que trop parlé : Polyphonte en alarmes
Craint déjà votre fils, et redoute vos larmes;
La fière ambition dont il est dévoré
Est inquiète, ardente, et n'a rien de sacré;
S'il chassa les brigands de Pylos et d'Amphryse,
S'il a sauvé Messène, il croit l'avoir conquise;
Il agit pour lui seul; il veut tout asservir;
Il touche à la couronne, et, pour mieux la ravir,
Il n'est point de rempart que sa main ne renverse,
De lois qu'il ne corrompe, et de sang qu'il ne verse.
Ceux dont la main cruelle égorgea votre époux
Peut-être ne sont pas plus à craindre pour vous.

MÉROPE.
Quoi! partout sous mes pas le sort creuse un abîme?
Je vois autour de moi le danger et le crime!
Polyphonte, un sujet de qui les attentats....

EURYCLÈS.

Dissimulez, madame, il porte ici ses pas.

SCÈNE III. — MÉROPE, POLYPHONTE, ÉROX.

POLYPHONTE.

Madame, il faut enfin que mon cœur se déploie.
Ce bras qui vous servit m'ouvre au trône une voie ;
Et les chefs de l'État, tout prêts de prononcer,
Me font entre nous deux l'honneur de balancer.
Des partis opposés qui désolaient Messène,
Qui versaient tant de sang, qui formaient tant de haines,
Il ne reste aujourd'hui que le vôtre et le mien.
Nous devons l'un à l'autre un mutuel soutien :
Nos ennemis communs, l'amour de la patrie,
Le devoir, l'intérêt, la raison, tout nous lie ;
Tout vous dit qu'un guerrier, vengeur de votre époux,
S'il aspire à régner, peut aspirer à vous.
Je me connais ; je sais que, blanchi sous les armes,
Ce front triste et sévère a pour vous peu de charmes ;
Je sais que vos appas, encor dans leur printemps,
Pourraient s'effaroucher de l'hiver de mes ans ;
Mais la raison d'État connaît peu ces caprices ;
Et de ce front guerrier les nobles cicatrices
Ne peuvent se couvrir que du bandeau des rois.
Je veux le sceptre et vous pour prix de mes exploits.
N'en croyez pas, madame, un orgueil téméraire :
Vous êtes de nos rois et la fille et la mère ;
Mais l'État veut un maître, et vous devez songer
Que pour garder vos droits il les faut partager.

MÉROPE.

Le ciel, qui m'accabla du poids de sa disgrâce,
Ne m'a point préparée à ce comble d'audace.
Sujet de mon époux, vous m'osez proposer
De trahir sa mémoire et de vous épouser ?
Moi, j'irais de mon fils, du seul bien qui me reste,
Déchirer avec vous l'héritage funeste ?
Je mettrais en vos mains sa mère et son État ?
Et le bandeau des rois sur le front d'un soldat ?

POLYPHONTE.

Un soldat tel que moi peut justement prétendre
A gouverner l'État quand il l'a su défendre.
Le premier qui fut roi fut un soldat heureux ;
Qui sert bien son pays n'a pas besoin d'aïeux.
Je n'ai plus rien du sang qui m'a donné la vie ;
Ce sang s'est épuisé, versé pour la patrie ;
Ce sang coula pour vous ; et, malgré vos refus,

Je crois valoir au moins les rois que j'ai vaincus :
Et je n'offre en un mot à votre âme rebelle
Que la moitié d'un trône où mon parti m'appelle.

MÉROPE.
Un parti ! vous, barbare, au mépris de nos lois!
Est-il d'autre parti que celui de vos rois?
Est-ce là cette foi si pure et si sacrée,
Qu'à mon époux, à moi, votre bouche a jurée?
La foi que vous devez à ses mânes trahis,
A sa veuve éperdue, à son malheureux fils,
A ces dieux dont il sort, et dont il tient l'empire?

POLYPHONTE.
Il est encor douteux si votre fils respire.
Mais, quand du sein des morts il viendrait en ces lieux
Redemander son trône à la face des dieux,
Ne vous y trompez pas, Messène veut un maître
Éprouvé par le temps, digne en effet de l'être;
Un roi qui la défende; et j'ose me flatter
Que le vengeur du trône a seul droit d'y monter.
Égisthe, jeune encore, et sans expérience,
Étalerait en vain l'orgueil de sa naissance;
N'ayant rien fait pour nous, il n'a rien mérité.
D'un prix bien différent ce trône est acheté.
Le droit de commander n'est plus un avantage
Transmis par la nature, ainsi qu'un héritage;
C'est le fruit des travaux et du sang répandu;
C'est le prix du courage, et je crois qu'il m'est dû.
Souvenez-vous du jour où vous fûtes surprise
Par ces lâches brigands de Pylos et d'Amphryse;
Revoyez votre époux et vos fils malheureux,
Presque en votre présence, assassinés par eux;
Revoyez-moi, madame, arrêtant leur furie,
Chassant vos ennemis, défendant la patrie;
Voyez ces murs enfin par mon bras délivrés;
Songez que j'ai vengé l'époux que vous pleurez :
Voilà mes droits, madame, et mon rang, et mon titre :
La valeur fit ces droits; le ciel en est l'arbitre.
Que votre fils revienne; il apprendra sous moi
Les leçons de la gloire, et l'art de vivre en roi :
Il verra si mon front soutiendra la couronne.
Le sang d'Alcide est beau, mais n'a rien qui m'étonne.
Je recherche un honneur et plus noble et plus grand :
Je songe à ressembler au dieu dont il descend :
En un mot, c'est à moi de défendre la mère
Et de servir au fils et d'exemple et de père.

MÉROPE.
N'affectez point ici des soins si généreux.

Et cessez d'insulter à mon fils malheureux.
Si vous osez marcher sur les traces d'Alcide,
Rendez donc l'héritage au fils d'un Héraclide.
Ce dieu, dont vous seriez l'injuste successeur,
Vengeur de tant d'États, n'en fut point ravisseur.
Imitez sa justice ainsi que sa vaillance :
Défendez votre roi ; secourez l'innocence ;
Découvrez, rendez-moi ce fils que j'ai perdu,
Et méritez sa mère à force de vertu :
Dans nos murs relevés rappelez votre maître :
Alors jusques à vous je descendrais peut-être ;
Je pourrais m'abaisser ; mais je ne puis jamais
Devenir la complice et le prix des forfaits.

SCÈNE IV. — POLYPHONTE, ÉROX.

ÉROX.
Seigneur, attendez-vous que son âme fléchisse ?
Ne pouvez-vous régner qu'au gré de son caprice ?
Vous avez su du trône aplanir le chemin,
Et pour vous y placer vous attendez sa main !

POLYPHONTE.
Entre ce trône et moi je vois un précipice ;
Il faut que ma fortune y tombe ou le franchisse.
Mérope attend Égisthe ; et le peuple aujourd'hui,
Si son fils reparaît, peut se tourner vers lui.
En vain, quand j'immolai son père et ses deux frères
De ce trône sanglant je m'ouvris les barrières ;
En vain, dans ce palais, où la sédition
Remplissait tout d'horreur et de confusion,
Ma fortune a permis qu'un voile heureux et sombre
Couvrît mes attentats du secret de son ombre ;
En vain du sang des rois, dont je suis l'oppresseur,
Les peuples abusés m'ont cru le défenseur :
Nous touchons au moment où mon sort se décide.
S'il reste un rejeton de la race d'Alcide,
Si ce fils, tant pleuré, dans Messène est produit,
De quinze ans de travaux j'ai perdu tout le fruit.
Crois-moi, ces préjugés de sang et de naissance
Revivront dans les cœurs, y prendront sa défense.
Le souvenir du père, et cent rois pour aïeux,
Cet honneur prétendu d'être issu de nos dieux,
Les cris, le désespoir d'une mère éplorée,
Détruiront ma puissance encor mal assurée.
Égisthe est l'ennemi dont il faut triompher.
Jadis dans son berceau je voulus l'étouffer.
De Narbas à mes yeux l'adroite diligence

ACTE I, SCÈNE IV.

Aux mains qui me servaient arracha son enfance :
Narbas, depuis ce temps, errant loin de ces bords,
A bravé ma recherche, a trompé mes efforts.
J'arrêtai ses courriers ; ma juste prévoyance
De Mérope et de lui rompit l'intelligence.
Mais je connais le sort ; il peut se démentir ;
De la nuit du silence un secret peut sortir ;
Et des dieux quelquefois la longue patience
Fait sur nous à pas lents descendre la vengeance.

ÉROX.
Ah! livrez-vous sans crainte à vos heureux destins :
La prudence est le dieu qui veille à vos desseins.
Vos ordres sont suivis ; déjà vos satellites,
D'Élide et de Messène occupent les limites.
Si Narbas reparaît, si jamais à leurs yeux
Narbas ramène Égisthe, ils périssent tous deux.

POLYPHONTE.
Mais me réponds-tu bien de leur aveugle zèle ?

ÉROX.
Vous les avez guidés par une main fidèle :
Aucun d'eux ne connaît ce sang qui doit couler,
Ni le nom de ce roi qu'ils doivent immoler.
Narbas leur est dépeint comme un traître, un transfuge,
Un criminel errant, qui demande un refuge ;
L'autre, comme un esclave, et comme un meurtrier,
Qu'à la rigueur des lois il faut sacrifier.

POLYPHONTE.
Eh bien! encor ce crime ! il m'est trop nécessaire.
Mais en perdant le fils, j'ai besoin de la mère :
J'ai besoin d'un hymen utile à ma grandeur,
Qui détourne de moi le nom d'usurpateur,
Qui fixe enfin les vœux de ce peuple infidèle,
Qui m'apporte pour dot l'amour qu'on a pour elle.
Je lis au fond des cœurs ; à peine ils sont à moi ;
Échauffés par l'espoir, ou glacés par l'effroi,
L'intérêt me les donne ; il les ravit de même.
Toi, dont le sort dépend de ma grandeur suprême,
Appui de mes projets par tes soins dirigés,
Érox, va réunir les esprits partagés ;
Que l'avare en secret te vende son suffrage ;
Assure au courtisan ma faveur en partage ;
Du lâche qui balance échauffe les esprits ;
Promets, donne, conjure, intimide, éblouis ;
Ce fer aux pieds du trône en vain m'a su conduire ;
C'est encor peu de vaincre, il faut savoir séduire,
Flatter l'hydre du peuple, au frein l'accoutumer,
Et pousser l'art enfin jusqu'à m'en faire aimer.

ACTE SECOND.

SCÈNE I. — MÉROPE, EURYCLÈS, ISMÉNIE.

MÉROPE.
Quoi ! l'univers se tait sur le destin d'Égisthe !
Je n'entends que trop bien ce silence si triste.
Aux frontières d'Élide enfin n'a-t-on rien su ?

EURYCLÈS.
On n'a rien découvert ; et tout ce qu'on a vu,
C'est un jeune étranger, de qui la main sanglante
D'un meurtre encor récent paraissait dégouttante ;
Enchaîné par mon ordre, on l'amène au palais.

MÉROPE.
Un meurtre ! un inconnu ! Qu'a-t-il fait, Euryclès ?
Quel sang a-t-il versé ? Vous me glacez de crainte.

EURYCLÈS.
Triste effet de l'amour dont votre âme est atteinte !
Le moindre événement vous porte un coup mortel ;
Tout sert à déchirer ce cœur trop maternel ;
Tout fait parler en vous la voix de la nature.
Mais de ce meurtrier la commune aventure
N'a rien dont vos esprits doivent être agités.
De crimes, de brigands, ces bords sont infectés ;
C'est le fruit malheureux de nos guerres civiles.
La justice est sans force ; et nos champs et nos villes
Redemandent aux dieux, trop longtemps négligés,
Le sang des citoyens l'un par l'autre égorgés.
Écartez des terreurs dont le poids vous afflige.

MÉROPE.
Quel est cet inconnu ? Répondez-moi, vous dis-je.

EURYCLÈS.
C'est un de ces mortels du sort abandonnés,
Nourris dans la bassesse, aux travaux condamnés ;
Un malheureux sans nom, si l'on croit l'apparence.

MÉROPE.
N'importe, quel qu'il soit, qu'il vienne en ma présence ;
Le témoin le plus vil et les moindres clartés
Nous montrent quelquefois de grandes vérités.
Peut-être j'en crois trop le trouble qui me presse ;
Mais ayez-en pitié, respectez ma faiblesse :
Mon cœur a tout à craindre, et rien à négliger.
Qu'il vienne, je le veux, je veux l'interroger.

ACTE SECOND.

SCÈNE I. — MÉROPE, EURYCLÈS, ISMÉNIE.

MÉROPE.

Quoi ! l'univers se tait sur le destin d'Égisthe !
Je n'entends que trop bien ce silence si triste.
Aux frontières d'Élide enfin n'a-t-on rien su ?

EURYCLÈS.

On n'a rien découvert ; et tout ce qu'on a vu,
C'est un jeune étranger, de qui la main sanglante
D'un meurtre encor récent paraissait dégouttante ;
Enchaîné par mon ordre, on l'amène au palais.

MÉROPE.

Un meurtre ! un inconnu ! Qu'a-t-il fait, Euryclès ?
Quel sang a-t-il versé ? Vous me glacez de crainte.

EURYCLÈS.

Triste effet de l'amour dont votre âme est atteinte !
Le moindre événement vous porte un coup mortel ;
Tout sert à déchirer ce cœur trop maternel ;
Tout fait parler en vous la voix de la nature.
Mais de ce meurtrier la commune aventure
N'a rien dont vos esprits doivent être agités.
De crimes, de brigands, ces bords sont infectés ;
C'est le fruit malheureux de nos guerres civiles.
La justice est sans force ; et nos champs et nos villes
Redemandent aux dieux, trop longtemps négligés,
Le sang des citoyens l'un par l'autre égorgés.
Écartez des terreurs dont le poids vous afflige.

MÉROPE.

Quel est cet inconnu ? Répondez-moi, vous dis-je.

EURYCLÈS.

C'est un de ces mortels du sort abandonnés,
Nourris dans la bassesse, aux travaux condamnés ;
Un malheureux sans nom, si l'on croit l'apparence.

MÉROPE.

N'importe, quel qu'il soit, qu'il vienne en ma présence ;
Le témoin le plus vil et les moindres clartés
Nous montrent quelquefois de grandes vérités.
Peut-être j'en crois trop le trouble qui me presse ;
Mais ayez-en pitié, respectez ma faiblesse :
Mon cœur a tout à craindre, et rien à négliger.
Qu'il vienne, je le veux, je veux l'interroger.

MÉROPE.
Ah! c'est ce même amour, à mon cœur précieux,
Qui me rend Polyphonte encor plus odieux.
Que parlez-vous toujours et d'hymen et d'empire?
Parlez-moi de mon fils, dites-moi s'il respire.
Cruel! apprenez-moi...

EURYCLÈS.
Voici cet étranger
Que vos tristes soupçons brûlaient d'interroger.

SCÈNE II. — MÉROPE, EURYCLÈS, ÉGISTHE, *enchaîné*, ISMÉNIE, GARDES.

ISMÉNIE, *dans le fond du théâtre, à Ismènie.*
Est-ce là cette reine auguste et malheureuse,
Celle de qui la gloire et l'infortune affreuse
Retentit jusqu'à moi dans le fond des déserts?

ISMÉNIE.
Rassurez-vous, c'est elle.
(Elle sort.)

ÉGISTHE.
O Dieu de l'univers!
Dieu, qui formas ses traits, veille sur son image!
La vertu sur le trône est ton plus digne ouvrage.

MÉROPE.
C'est là ce meurtrier! Se peut-il qu'un mortel
Sous des dehors si doux ait un cœur si cruel!
Approche, malheureux, et dissipe tes craintes;
Réponds-moi: de quel sang tes mains sont-elles teintes?

ÉGISTHE.
O reine, pardonnez: le trouble, le respect,
Glacent ma triste voix tremblante à votre aspect.
(A Euryclès.)
Mon âme, en sa présence, étonnée, attendrie...

MÉROPE.
Parle. De qui ton bras a-t-il tranché la vie?

ÉGISTHE.
D'un jeune audacieux, que les arrêts du sort
Et ses propres fureurs ont conduit à la mort.

MÉROPE.
D'un jeune homme! Mon sang s'est glacé dans mes veines.
Ah!... T'était-il connu?

ÉGISTHE.
Non; les champs de Messènes,
Ses murs, leurs citoyens, tout est nouveau pour moi.

MÉROPE.
Quoi! ce jeune inconnu s'est armé contre toi?
Tu n'aurais employé qu'une juste défense?

ACTE II, SCÈNE II.

ÉGISTHE.
J'en atteste le ciel; il sait mon innocence.
Aux bords de la Pamise, en un temple sacré,
Où l'un de vos aïeux, Hercule, est adoré,
J'osais prier pour vous ce dieu vengeur des crimes :
Je ne pouvais offrir ni présents ni victimes;
Né dans la pauvreté, j'offrais de simples vœux,
Un cœur pur et soumis, présent des malheureux,
Il semblait que le dieu, touché de mon hommage,
Au-dessus de moi-même élevât mon courage.
Deux inconnus armés m'ont abordé soudain,
L'un dans la fleur des ans, l'autre vers son déclin.
« Quel est donc, m'ont-ils dit, le dessein qui te guide?
Et quels vœux formes-tu pour la race d'Alcide ? »
L'un et l'autre à ces mots ont levé le poignard.
Le ciel m'a secouru dans ce triste hasard :
Cette main du plus jeune a puni la furie;
Percé de coups, madame, il est tombé sans vie ;
L'autre a fui lâchement, tel qu'un vil assassin.
Et moi, je l'avouerai, de mon sort incertain,
Ignorant de quel sang j'avais rougi la terre,
Craignant d'être puni d'un meurtre involontaire,
J'ai traîné dans les flots ce corps ensanglanté.
Je fuyais; vos soldats m'ont bientôt arrêté;
Ils ont nommé Mérope, et j'ai rendu les armes.

EURYCLÈS.
Eh ! madame, d'où vient que vous versez des larmes?

MÉROPE.
Te le dirai-je? hélas ! tandis qu'il m'a parlé,
Sa voix m'attendrissait, tout mon cœur s'est troublé.
Cresphonte, ô ciel !... j'ai cru..., que j'en rougis de honte !
Oui, j'ai cru démêler quelques traits de Cresphonte.
Jeux cruels du hasard, en qui me montrez-vous
Une si fausse image, et des rapports si doux?
Affreux ressouvenir, quel vain songe m'abuse?

EURYCLÈS.
Rejetez donc, madame, un soupçon qui l'accuse ;
Il n'a rien d'un barbare, et rien d'un imposteur.

MÉROPE.
Les dieux ont sur son front imprimé la candeur.
Demeurez; en quel lieu le ciel vous fit-il naître?

ÉGISTHE.
En Élide.

MÉROPE.
Qu'entends-je? en Élide ! Ah ! peut-être...
L'Élide.... répondez... Narbas vous est connu?
Le nom d'Égisthe au moins jusqu'à vous est venu?

Quel était votre état, votre rang, votre père ?
ÉGISTHE.
Mon père est un vieillard accablé de misère ;
Polyclète est son nom ; mais Égisthe, Narbas,
Ceux dont vous me parlez, je ne les connais pas.
MÉROPE.
O dieux ! vous vous jouez d'une triste mortelle !
J'avais de quelque espoir une faible étincelle :
J'entrevoyais le jour, et mes yeux affligés
Dans la profonde nuit sont déjà replongés.
Et quel rang vos parents tiennent-ils dans la Grèce ?
ÉGISTHE.
Si la vertu suffit pour faire la noblesse,
Ceux dont je tiens le jour, Polyclète, Sirris,
Ne sont pas des mortels dignes de vos mépris :
Leur sort les avilit ; mais leur sage constance
Fait respecter en eux l'honorable indigence.
Sous ses rustiques toits mon père vertueux
Fait le bien, suit les lois, et ne craint que les dieux.
MÉROPE.
Chaque mot qu'il me dit est plein de nouveaux charmes.
Pourquoi donc le quitter ? pourquoi causer ses larmes ?
Sans doute il est affreux d'être privé d'un fils.
ÉGISTHE.
Un vain désir de gloire a séduit mes esprits.
On me parlait souvent des troubles de Messène,
Des malheurs dont le ciel avait frappé la reine,
Surtout de ses vertus, dignes d'un autre prix ;
Je me sentais ému par ces tristes récits.
De l'Élide en secret dédaignant la mollesse,
J'ai voulu dans la guerre exercer ma jeunesse,
Servir sous vos drapeaux, et vous offrir mon bras ;
Voilà le seul dessein qui conduisit mes pas.
Ce faux instinct de gloire égara mon courage :
A mes parents, flétris sous les rides de l'âge,
J'ai de mes jeunes ans dérobé les secours ;
C'est ma première faute ; elle a troublé mes jours ;
Le ciel m'en a puni ; le ciel inexorable
M'a conduit dans le piége, et m'a rendu coupable.
MÉROPE.
Il ne l'est point ; j'en crois son ingénuité :
Le mensonge n'a point cette simplicité.
Tendons à sa jeunesse une main bienfaisante ;
C'est un infortuné que le ciel me présente :
Il suffit qu'il soit homme, et qu'il soit malheureux.
Mon fils peut éprouver un sort plus rigoureux.
Il me rappelle Égisthe ; Égisthe est de son âge !

Peut-être, comme lui, de rivage en rivage,
Inconnu, fugitif, et partout rebuté,
Il souffre le mépris qui suit la pauvreté.
L'opprobre avilit l'âme, et flétrit le courage.
Pour le sang de nos dieux quel horrible partage !
Si du moins...

SCÈNE III. — MÉROPE, ÉGISTHE, EURYCLÈS, ISMÉNIE.

ISMÉNIE.
Ah ! madame, entendez-vous ces cris ?
Savez-vous bien...
MÉROPE.
Quel trouble alarme tes esprits ?
ISMÉNIE.
Polyphonte l'emporte, et nos peuples volages
A son ambition prodiguent leurs suffrages.
Il est roi, c'en est fait.
ÉGISTHE.
J'avais cru que les dieux
Auraient placé Mérope au rang de ses aïeux.
Dieux ! que plus on est grand, plus vos coups sont à craindre !
Errant, abandonné, je suis le moins à plaindre.
Tout homme a ses malheurs.

(On emmène Égisthe.)
EURYCLÈS, à Mérope.
Je vous l'avais prédit :
Vous avez trop bravé son offre et son crédit.
MÉROPE.
Je vois toute l'horreur de l'abîme où nous sommes.
'ai mal connu les dieux, j'ai mal connu les hommes :
J'en attendais justice ; ils la refusent tous.
EURYCLÈS.
Permettez que du moins j'assemble autour de vous
Ce peu de nos amis qui, dans un tel orage,
Pourraient encor sauver les débris du naufrage,
Et vous mettre à l'abri des nouveaux attentats
D'un maître dangereux, et d'un peuple d'ingrats.

SCÈNE IV. — MÉROPE, ISMÉNIE.

ISMÉNIE.
L'État n'est point ingrat, madame ; on vous aime ;
On vous conserve encor l'honneur du diadème ;
On veut que Polyphonte, en vous donnant la main,
Semble tenir de vous le pouvoir souverain.
MÉROPE.
On ose me donner au tyran qui me brave ;

On a trahi le fils, on fait la mère esclave.
ISMÉNIE.
Le peuple vous rappelle au rang de vos aïeux;
Suivez sa voix, madame; elle est la voix des dieux.
MÉROPE.
Inhumaine, tu veux que Mérope avilie
Rachète un vain honneur à force d'infamie?

SCÈNE V. — MÉROPE, EURYCLÈS, ISMÉNIE.

EURYCLÈS.
Madame, je reviens en tremblant devant vous :
Préparez ce grand cœur aux plus terribles coups;
Rappelez votre force à ce dernier outrage.
MÉROPE.
Je n'en ai plus; les maux ont lassé mon courage;
Mais n'importe; parlez.
EURYCLÈS.
C'en est fait; et le sort....
Je ne puis achever.
MÉROPE.
Quoi! mon fils?...
EURYCLÈS.
Il est mort.
Il est trop vrai : déjà cette horrible nouvelle
Consterne vos amis, et glace tout leur zèle.
MÉROPE.
Mon fils est mort!
ISMÉNIE.
O dieux!
EURYCLÈS.
D'indignes assassins
Des piéges de la mort ont semé les chemins.
Le crime est consommé.
MÉROPE.
Quoi! ce jour, que j'abhorre!
Ce soleil luit pour moi! Mérope vit encore!
Il n'est plus! Quelles mains ont déchiré son flanc?
Quel monstre a répandu les restes de mon sang?
EURYCLÈS.
Hélas! cet étranger, ce séducteur impie,
Dont vous-même admiriez la vertu poursuivie,
Pour qui tant de pitié naissait dans votre sein,
Lui que vous protégiez...
MÉROPE.
Ce monstre est l'assassin?
EURYCLÈS.
Oui, madame : on en a des preuves trop certaines;

ACTE II, SCÈNE V.

On vient de découvrir, de mettre dans les chaînes,
Deux de ses compagnons, qui, cachés parmi nous,
Cherchaient encor Narbas, échappé de leurs coups.
Celui qui sur Égisthe a mis ses mains hardies,
A pris de votre fils les dépouilles chéries,
L'armure que Narbas emporta de ces lieux :
(On apporte cette armure dans le fond du théâtre.)
Le traître avait jeté ces gages précieux,
Pour n'être point connu par ses marques sanglantes.

MÉROPE.

Ah ! que me dites-vous ? mes mains, ces mains tremblantes
En armèrent Cresphonte ; alors que de mes bras
Pour la première fois, il courut aux combats.
O dépouille trop chère, en quelles mains livrée !
Quoi ! ce monstre avait pris cette armure sacrée ?

EURYCLÈS.

Celle qu'Égisthe même apportait en ces lieux.

MÉROPE.

Et teinte de son sang on la montre à mes yeux !
Ce vieillard qu'on a vu dans le temple d'Alcide....

EURYCLÈS.

C'était Narbas, c'était son déplorable guide ;
Polyphonte l'avoue.

MÉROPE.

Affreuse vérité !
Hélas ! de l'assassin le bras ensanglanté,
Pour dérober aux yeux son crime et son parjure,
Donne à mon fils sanglant les flots pour sépulture !
Je vois tout. O mon fils ! quel horrible destin !

EURYCLÈS.

Voulez-vous tout savoir de ce lâche assassin ?

SCÈNE VI. — MÉROPE, EURYCLÈS, ISMÉNIE, ÉROX ;
GARDES DE POLYPHONTE.

ÉROX.

Madame, par ma voix, permettez que mon maître,
Trop dédaigné de vous, trop méconnu peut-être,
Dans ces cruels moments vous offre son secours.
Il a su qu'Égisthe on a tranché les jours,
Et cette part qu'il prend aux malheurs de la reine...

MÉROPE.

Il y prend part, Érox, et je le crois sans peine ;
Il en jouit du moins, et les destins l'ont mis
Au trône de Cresphonte, au trône de mon fils.

ÉROX.

Il vous offre ce trône ; agréez qu'il partage

De ce fils, qui n'est plus, le sanglant héritage,
Et que, dans vos malheurs, il mette à vos genoux
Un front que la couronne a fait digne de vous.
Mais il faut dans mes mains remettre le coupable :
Le droit de le punir est un droit respectable ;
C'est le devoir des rois ; le glaive de Thémis,
Ce grand soutien du trône, à lui seul est commis :
A vous, comme à son peuple, il veut rendre justice.
Le sang des assassins est le vrai sacrifice
Qui doit de votre hymen ensanglanter l'autel.

MÉROPE.

Non ; je veux que ma main porte le coup mortel.
Si Polyphonte est roi, je veux que sa puissance
Laisse à mon désespoir le soin de ma vengeance.
Qu'il règne, qu'il possède et mes biens et mon rang ;
Tout l'honneur que je veux, c'est de venger mon sang.
Ma main est à ce prix ; allez, qu'il s'y prépare :
Je la retirerai du sein de ce barbare,
Pour la porter fumante aux autels de nos dieux.

EUROX.

Le roi, n'en doutez point, va remplir tous vos vœux.
Croyez qu'à vos regrets son cœur sera sensible.

SCÈNE VII. — MÉROPE, EURYCLÈS, ISMÉNIE.

MÉROPE.

Non, ne m'en croyez point ; non, cet hymen horrible,
Cet hymen que je crains ne s'accomplira pas.
Au sein du meurtrier j'enfoncerai mon bras ;
Mais ce bras à l'instant m'arrachera la vie.

EURYCLÈS.

Madame, au nom des dieux....

MÉROPE.

Ils m'ont trop poursuivie.
Irai-je à leurs autels, objet de leur courroux,
Quand ils m'ôtent un fils, demander un époux,
Joindre un sceptre étranger au sceptre de mes pères,
Et les flambeaux d'hymen aux flambeaux funéraires ?
Moi, vivre ! moi, lever mes regards éperdus
Vers ce ciel outragé que mon fils ne voit plus !
Sous un maître odieux dévorant ma tristesse,
Attendre dans les pleurs une affreuse vieillesse !
Quand on a tout perdu, quand on n'a plus d'espoir,
La vie est un opprobre, et la mort un devoir.

ACTE TROISIÈME.

SCÈNE I. — NARBAS.

O douleur! ô regrets! ô vieillesse pesante!
Je n'ai pu retenir cette fougue imprudente.
Cette ardeur d'un héros, ce courage emporté,
S'indignant dans mes bras de son obscurité.
Je l'ai perdu! la mort me l'a ravi peut-être.
De quel front aborder la mère de mon maître?
Quels maux sont en ces lieux accumulés sur moi!
Je reviens sans Égisthe; et Polyphonte est roi!
Cet heureux artisan de fraudes et de crimes,
Cet assassin farouche, entouré de victimes,
Qui, nous persécutant de climats en climats,
Sema partout la mort, attachée à nos pas :
Il règne; il affermit le trône qu'il profane;
Il y jouit en paix du ciel qui le condamne!
Dieux! cachez mon retour à ses yeux pénétrants;
Dieux! dérobez Égisthe au fer de ses tyrans :
Guidez-moi vers sa mère, et qu'à ses pieds je meure.
Je vois, je reconnais cette triste demeure
Où le meilleur des rois a reçu le trépas,
Où son fils tout sanglant fut sauvé dans mes bras
Hélas! après quinze ans d'exil et de misère,
Je viens coûter encor des larmes à sa mère.
A qui me déclarer? Je cherche dans ces lieux
Quelque ami dont la main me conduise à ses yeux;
Aucun ne se présente à ma débile vue.
Je vois près d'une tombe une foule éperdue :
J'entends des cris plaintifs. Hélas! dans ce palais
Un dieu persécuteur habite pour jamais.

SCÈNE II. — NARBAS, ISMÉNIE, *dans le fond du théâtre, où l'on découvre le tombeau de Cresphonte.*

ISMÉNIE.
Quel est cet inconnu dont la vue indiscrète
Ose troubler la reine, et percer sa retraite?
Est-ce de nos tyrans quelque ministre affreux,
Dont l'œil vient épier les pleurs des malheureux?

NARBAS.
Oh! qui que vous soyez, excusez mon audace!
C'est un infortuné qui demande une grâce.
Il peut servir Mérope; il voudrait lui parler.

MÉROPE.

ISMÉNIE.
Ah ! quel temps prenez-vous pour oser la troubler ?
Respectez la douleur d'une mère en spectacle.
Malheureux étranger, n'offensez point sa vue;
Éloignez-vous.

NARBAS.
Hélas ! au nom des dieux vengeurs,
Accordez cette grâce à mon âge, à mes pleurs.
Je ne suis point, madame, étranger dans Messène.
Croyez, si vous servez, si vous aimez la reine,
Que mon cœur, à son sort attaché comme vous,
De sa longue infortune a senti tous les coups.
Quelle est donc cette tombe en ces lieux élevée ?
Que j'ai vu de vos pleurs en ce moment lavée ?

ISMÉNIE.
C'est la tombe d'un roi des dieux abandonné,
D'un héros, d'un époux, d'un père infortuné
De Cresphonte.

NARBAS, allant vers le tombeau.
O mon maître ! ô cendres que j'adore !

ISMÉNIE.
L'épouse de Cresphonte est plus à plaindre encore.

NARBAS.
Quels coups auraient comblé ses malheurs inouïs ?

ISMÉNIE.
Le coup le plus terrible ; on a tué son fils.

NARBAS.
Son fils Égisthe, ô dieux ! le malheureux Égisthe !

ISMÉNIE.
Nul mortel en ces lieux n'ignore un sort si triste.

NARBAS.
Son fils ne serait plus ?

ISMÉNIE.
Un barbare assassin
Aux portes de Messène a déchiré son sein.

NARBAS.
O désespoir ! ô mort que ma crainte a prédite !
Il est assassiné ? Mérope en est instruite ?
Ne vous trompez-vous pas ?

ISMÉNIE.
Des signes trop certains
Ont éclairé nos yeux sur ces affreux destins.
C'est vous en dire assez, sa perte est assurée.

NARBAS.
Quel fruit de tant de soins !

ISMÉNIE.
Au désespoir livrée,

Mérope va mourir; son courage est vaincu ;
Pour son fils seulement Mérope avait vécu :
Des nœuds qui l'arrêtaient sa vie est dégagée ;
Mais avant de mourir elle sera vengée.
Le sang de l'assassin par sa main doit couler ;
Au tombeau de Cresphonte elle doit l'immoler.
Le roi, qui l'a permis, cherche à flatter sa peine ;
Un des siens en ces lieux doit aux pieds de la reine
Amener à l'instant ce lâche meurtrier,
Qu'au sang d'un fils si cher on va sacrifier.
Mérope cependant, dans sa douleur profonde,
Veut de ce lieu funeste écarter tout le monde.

NARBAS, *s'en allant.*
Hélas ! s'il est ainsi, pourquoi me découvrir
Aux pieds de ce tombeau je n'ai plus qu'à mourir.

SCÈNE III. — ISMÉNIE.

Ce vieillard est, sans doute, un citoyen fidèle ;
Il pleure ; il ne craint point de marquer un vrai zèle :
Il pleure, et tout le reste, esclave des tyrans,
Détourne loin de nous des yeux indifférents.
Quel si grand intérêt prend-il à nos alarmes ?
La tranquille pitié fait verser moins de larmes.
Il montrait pour Égisthe un cœur trop paternel !
Hélas ! courons à lui.... Mais quel objet cruel !

SCÈNE IV. — MÉROPE, ISMÉNIE, EURYCLÈS, ÉGISTHE,
enchaîné; GARDES, SACRIFICATEURS.

MÉROPE.
Qu'on amène à mes yeux cette horrible victime.
Inventons des tourments qui soient égaux au crime ;
Ils ne pourront jamais égaler ma douleur.

ÉGISTHE.
On m'a vendu bien cher un instant de faveur.
Secourez-moi, grands dieux, à l'innocent propices.

EURYCLÈS.
Avant que d'expirer, qu'il nomme ses complices.

MÉROPE *avançant.*
Oui ; sans doute, il le faut. Monstre ! qui t'a porté
A ce comble du crime, à tant de cruauté ?
Que t'ai-je fait ?

ÉGISTHE.
Les dieux, qui vengent le parjure,
Sont témoins si ma bouche a connu l'imposture.
J'avais dit à vos pieds la simple vérité.
J'avais déjà fléchi votre cœur irrité ;

Vous étendiez sur moi votre main protectrice :
Qui peut avoir sitôt lassé votre justice?
Et quel est donc ce sang qu'a versé mon erreur?
Quel nouvel intérêt vous parle en sa faveur?
　　　　　　　　MÉROPE.
Quel intérêt? barbare!
　　　　　　　　ÉGISTHE.
　　　　　　　　　　Hélas! sur son visage
J'entrevois de la mort la douloureuse image :
Que j'en suis attendri! j'aurais voulu cent fois
Racheter de mon sang l'état où je la vois.
　　　　　　　　MÉROPE.
Le cruel! à quel point on l'instruisit à feindre!
Il m'arrache la vie, et semble encor me plaindre!
　　　　(Elle se jette dans les bras d'Isménie.)
　　　　　　　　EURYCLÈS.
Madame, vengez-vous, et vengez à la fois
Les lois, et la nature, et le sang de nos rois.
　　　　　　　　ÉGISTHE.
A la cour de ces rois telle est donc la justice!
On m'accueille, on me flatte ; on résout mon supplice!
Quel destin m'arrachait à mes tristes forêts?
Vieillard infortuné, quels seront vos regrets?
Mère trop malheureuse, et dont la voix si chère
M'avait prédit....
　　　　　　　　MÉROPE.
　　　　　　　　　　Barbare! il te reste une mère!
Je serais mère encor sans toi, sans ta fureur.
Tu m'as ravi mon fils.
　　　　　　　　ÉGISTHE.
　　　　　　　　　　Si tel est mon malheur,
S'il était votre fils, je suis trop condamnable.
Mon cœur est innocent, mais ma main est coupable.
Que je suis malheureux! Le ciel sait qu'aujourd'hui
J'aurais donné ma vie et pour vous et pour lui.
　　　　　　　　MÉROPE.
Quoi, traître! quand ta main lui ravit cette armure....
　　　　　　　　ÉGISTHE.
Elle est à moi.
　　　　　　　　MÉROPE.
　　　　　　　　Comment? que dis-tu?
　　　　　　　　ÉGISTHE.
　　　　　　　　　　　　Je vous jure
Par vous, par ce cher fils, par vos divins aïeux,
Que mon père en mes mains mit ce don précieux.
　　　　　　　　MÉROPE.
Qui, ton père? En Élide? En quel trouble il me jette!
Son nom? parle, réponds.

ACTE III, SCÈNE IV.

ÉGISTHE.
Son nom est Polyclète :
Je vous l'ai déjà dit.
MÉROPE.
Tu m'arraches le cœur.
Quelle indigne pitié suspendait ma fureur!
C'en est trop; secondez la rage qui me guide.
Qu'on traîne à ce tombeau ce monstre, ce perfide.
(Levant le poignard.)
Mânes de mon cher fils! mes bras ensanglantés....
NARBAS, *paraissant avec précipitation*.
Qu'allez-vous faire, ô dieux!
MÉROPE.
Qui m'appelle?
NARBAS.
Arrêtez!
Hélas! il est perdu, si je nomme sa mère,
S'il est connu.
MÉROPE.
Meurs, traître!
NARBAS.
Arrêtez!
ÉGISTHE, *tournant les yeux vers Narbas*.
O mon père!
MÉROPE.
Son père!
ÉGISTHE, *à Narbas*.
Hélas! que vois-je? où portez-vous vos pas?
Venez-vous être ici témoin de mon trépas?
NARBAS.
Ah! madame, empêchez qu'on achève le crime.
Euryclès, écoutez; écartez la victime :
Que je vous parle.
EURYCLÈS *emmène Égisthe, et ferme le fond au théâtre*.
O ciel!
MÉROPE, *s'avançant*.
Vous me faites trembler :
J'allais venger mon fils.
NARBAS, *se jetant à genoux*.
Vous alliez l'immoler.
Égisthe....
MÉROPE, *laissant tomber le poignard*.
Eh bien, Égisthe?
NARBAS.
O reine infortunée!
Celui dont votre main tranchait la destinée,
C'est Égisthe.
MÉROPE.
Il vivrait!

VOLTAIRE — III 13

NARBAS.
C'est lui, c'est votre fils.
MÉROPE, tombant dans les bras d'Isménie.
Je me meurs!
ISMÉNIE.
Dieux puissants!
NARBAS, à Isménie.
Rappelez ses esprits.
Hélas! ce juste excès de joie et de tendresse,
Ce trouble si soudain, ce remords qui la presse,
Vont consumer ses jours usés par la douleur.
MÉROPE, revenant à elle.
Ah! Narbas, est-ce vous? est-ce un songe trompeur?
Quoi! c'est vous! c'est mon fils, qu'il vienne, qu'il paraisse.
NARBAS.
Redoutez, renfermez cette juste tendresse.
(A Isménie.)
Vous, cachez à jamais ce secret important:
Le salut de la reine et d'Égisthe en dépend.
MÉROPE.
Ah! quel nouveau danger empoisonne ma joie!
Cher Égisthe! quel dieu défend que je te voie?
Ne m'est-il donc rendu que pour mieux m'affliger?
NARBAS.
Ne le connaissant pas, vous alliez l'égorger;
Et, si son arrivée est ici découverte,
En le reconnaissant vous assurez sa perte,
Malgré la voix du sang, feignez, dissimulez;
Le crime est sur le trône; on vous poursuit; tremblez.

SCÈNE V. — MÉROPE, EURYCLÈS, NARBAS, ISMÉNIE.

EURYCLÈS.
Ah! madame, le roi commande qu'on saisisse....
MÉROPE.
Qui?
EURYCLÈS.
Ce jeune étranger qu'on destine au supplice.
MÉROPE, avec transport.
Eh bien! cet étranger, c'est mon fils, c'est mon sang.
Narbas, on va plonger le couteau dans son flanc!
Courons tous.
NARBAS.
Demeurez.
MÉROPE.
C'est mon fils qu'on entraîne!
Pourquoi? quelle entreprise exécrable et soudaine!
Pourquoi m'ôter Égisthe?

ACTE III, SCÈNE V.

EURYCLÈS.
Avant de vous venger,
Polyphonte, dit-il, prétend l'interroger.

MÉROPE.
L'interroger? qui? lui? sait-il quelle est sa mère?

EURYCLÈS.
Nul ne soupçonne encor ce terrible mystère.

MÉROPE.
Courons à Polyphonte, implorons son appui.

NARBAS.
N'implorez que les dieux, et ne craignez que lui.

EURYCLÈS.
Si les droits de ce fils au roi font quelque ombrage,
De son salut au moins votre hymen est le gage.
Prêt à s'unir à vous d'un éternel lien,
Votre fils aux autels va devenir le sien,
Et dût sa politique en être encor jalouse,
Il faut qu'il serve Égisthe, alors qu'il vous épouse.

NARBAS.
Il vous épouse! lui! quel coup de foudre! ô ciel!

MÉROPE.
C'est mourir trop longtemps dans ce trouble cruel.
Je vais....

NARBAS.
Vous n'irez point, ô mère déplorable!
Vous n'accomplirez point cet hymen exécrable.

EURYCLÈS.
Narbas, elle est forcée à lui donner la main.
Il peut venger Cresphonte.

NARBAS.
Il en est l'assassin.

MÉROPE.
Lui? ce traître?

NARBAS.
Oui, lui-même; oui, ses mains sanguinaires
Ont égorgé d'Égisthe et le père et les frères :
Je l'ai vu sur mon roi, j'ai vu porter les coups;
Je l'ai vu tout couvert du sang de votre époux.

MÉROPE.
Ah! dieux!

NARBAS.
J'ai vu ce monstre entouré de victimes;
Je l'ai vu contre vous accumuler les crimes :
Il déguisa sa rage à force de forfaits;
Lui-même aux ennemis il ouvrit ce palais.
Il y porta la flamme; et parmi le carnage,
Parmi les traits, les feux, le trouble, le pillage,

Teint du sang de vos fils, mais des brigands vainqueur,
Assassin de son prince, il parut son vengeur.
D'ennemis, de mourants, vous étiez entourée ;
Et moi, perçant à peine une foule égarée,
J'emportai votre fils dans mes bras languissants.
Les dieux ont pris pitié de ses jours innocents :
Je l'ai conduit, seize ans, de retraite en retraite ;
J'ai pris pour me cacher le nom de Polyclète ;
Et lorsqu'en arrivant je l'arrache à vos coups,
Polyphonte est son maître et devient votre époux !

MÉROPE.

Ah ! tout mon sang se glace à ce récit horrible.

EURYCLÈS.

On vient : c'est Polyphonte.

MÉROPE.

O dieux ! est-il possible ?

(A Narbas.)

Va, dérobe surtout ta vue à sa fureur.

NARBAS.

Hélas ! si votre fils est cher à votre cœur,
Avec son assassin dissimulez, madame.

EURYCLÈS.

Renfermons ce secret dans le fond de notre âme.
Un seul mot peut le perdre.

MÉROPE, à Euryclès.

Ah ! cours, et que tes yeux
Veillent sur ce dépôt si cher, si précieux.

EURYCLÈS.

N'en doutez point.

MÉROPE.

Hélas ! j'espère en ta prudence :
C'est mon fils, c'est ton roi. Dieux ! ce monstre s'avance !

SCÈNE VI. — MÉROPE, POLYPHONTE, ÉROX, ISMÉNIE, SUITE.

POLYPHONTE.

Le trône vous attend, et les autels sont prêts ;
L'hymen qui va nous joindre unit nos intérêts.
Comme roi, comme époux, le devoir me commande
Que je venge le meurtre, et que je vous défende.
Deux complices déjà, par mon ordre saisis,
Vont payer de leur sang le sang de votre fils.
Mais, malgré tous mes soins, votre lente vengeance
A bien mal secondé ma prompte vigilance.
J'avais à votre bras remis cet assassin ;
Vous-même, disiez-vous, deviez percer son sein.

ACTE III, SCÈNE VI.

MÉROPE.
Plût aux dieux que mon bras fût le vengeur du crime!
POLYPHONTE.
C'est le devoir des rois, c'est le soin qui m'anime.
MÉROPE.
Vous?
POLYPHONTE.
Pourquoi donc, madame, avez-vous différé?
Votre amour pour un fils serait-il altéré?
MÉROPE.
Puissent ses ennemis périr dans les supplices!
Mais si ce meurtrier, seigneur, a des complices;
Si je pouvais par lui reconnaître le bras,
Le bras dont mon époux a reçu le trépas....
Ceux dont la race impie a massacré le père
Poursuivront à jamais et le fils et la mère.
Si l'on pouvait....
POLYPHONTE.
C'est là ce que je veux savoir;
Et déjà le coupable est mis en mon pouvoir.
MÉROPE.
Il est entre vos mains?
POLYPHONTE.
Oui, madame, et j'espère
Percer en lui parlant ce ténébreux mystère.
MÉROPE.
Ah! barbare!... A moi seule il faut qu'il soit remis.
Rendez-moi.... Vous savez que vous l'avez promis.
(A part.)
O mon sang! ô mon fils! quel sort on vous prépare!
(A Polyphonte.)
Seigneur, ayez pitié...
POLYPHONTE.
Quel transport vous égare!
Il mourra.
MÉROPE.
Lui?
POLYPHONTE.
Sa mort pourra vous consoler.
MÉROPE.
Ah! je veux à l'instant le voir et lui parler.
POLYPHONTE.
Ce mélange inouï d'horreur et de tendresse,
Ces transports dont votre âme à peine est la maîtresse,
Ces discours commencés, ce visage interdit,
Pourraient de quelque ombrage alarmer mon esprit.
Mais puis-je m'expliquer avec moins de contrainte?
D'un déplaisir nouveau votre âme semble atteinte.

Qu'a donc dit ce vieillard que l'on vient d'amener?
Pourquoi fuit-il mes yeux? que dois-je en soupçonner?
Quel est-il?

MÉROPE.
Eh! seigneur, à peine sur le trône,
La crainte, le soupçon, déjà vous environne!

POLYPHONTE.
Partagez donc le trône; et sûr de mon bonheur,
Je verrai les soupçons exilés de mon cœur.
L'autel attend déjà Mérope et Polyphonte.

MÉROPE, *en pleurant.*
Les dieux vous ont donné le trône de Cresphonte;
Il y manquait sa femme, et ce comble d'horreur,
Ce crime épouvantable...

ISMÉNIE.
Eh! madame!

MÉROPE.
Ah! seigneur,
Pardonnez.... Vous voyez une mère éperdue.
Les dieux m'ont tout ravi; les dieux m'ont confondue.
Pardonnez.... De mon fils rendez-moi l'assassin.

POLYPHONTE.
Tout son sang, s'il le faut, va couler sous ma main.
Venez, madame.

MÉROPE.
O dieux! dans l'horreur qui me presse,
Secourez une mère, et cachez sa faiblesse.

ACTE QUATRIÈME.

SCÈNE 1. — POLYPHONTE, EROX.

POLYPHONTE.
A ses emportements, je croirais qu'à la fin
Elle a de son époux reconnu l'assassin;
Je croirais que ses yeux ont éclairé l'abîme,
Où dans l'impunité s'était caché mon crime.
Son cœur avec effroi se refuse à mes vœux;
Mais ce n'est pas son cœur, c'est sa main que je veux:
Telle est la loi du peuple; il la faut satisfaire.
Cet hymen m'asservit et le fils et la mère;
Et par ce nœud sacré, qui la met dans mes mains,
Je n'en fais qu'une esclave unie à mes desseins.
Qu'elle écoute à son gré son impuissante haine!
Au char de ma fortune il est temps qu'on l'enchaîne.

ACTE IV, SCÈNE I.

Mais vous, au meurtrier vous venez de parler;
Que pensez-vous de lui?

ÉROX.
Rien ne peut le troubler;
Simple dans ses discours, mais ferme, invariable,
La mort ne fléchit point cette âme impénétrable.
J'en suis frappé, seigneur, et je n'attendais pas
Un courage aussi grand dans un rang aussi bas.
J'avouerai qu'en secret moi-même je l'admire.

POLYPHONTE.
Quel est-il, en un mot?

ÉROX.
Ce que j'ose vous dire,
C'est qu'il n'est point, sans doute, un de ces assassins
Disposés en secret pour servir vos desseins.

POLYPHONTE.
Pouvez-vous en parler avec tant d'assurance?
Leur conducteur n'est plus. Ma juste défiance
A pris soin d'effacer dans son sang dangereux
De ce secret d'État les vestiges honteux;
Mais ce jeune inconnu me tourmente et m'irrite.
Me répondez-vous bien qu'il n'ait défait d'Égisthe?
Croirai-je que, toujours seigneur, de m'obéir
Le sort jusqu'à ce point n'ait voulu prévenir?

ÉROX.
Mérope, dans les pleurs mourant désespérée,
Est de votre bonheur une preuve assurée;
Et tout ce que je vois, le confirme en effet.
Plus fort que tous nos soins, le hasard a tout fait.

POLYPHONTE.
Le hasard va souvent plus loin que la prudence;
Mais j'ai trop d'ennemis, et trop d'expérience,
Pour laisser le hasard arbitre de mon sort.
Quel que soit l'étranger, il faut hâter sa mort.
Sa mort sera le prix de cet hymen auguste,
Elle affermit mon trône; il suffit, elle est juste.
Le peuple, sous mes lois pour jamais engagé,
Croira son prince mort, et le croira vengé.
Mais répondez : quel est ce vieillard téméraire
Qu'on dérobe à ma vue avec tant de mystère?
Mérope allait verser le sang de l'assassin,
Ce vieillard, dites-vous, a retenu sa main.
Que voulait-il?

ÉROX.
Seigneur, chargé de sa misère,
De ce jeune étranger ce vieillard est le père :
Il venait implorer la grâce de son fils.

POLYPHONTE.

Sa grâce ? Devant moi je veux qu'il soit admis.
Ce vieillard me trahit, crois-moi, puisqu'il se cache,
Ce secret m'importune, il faut que je l'arrache.
Le meurtrier, surtout, excite mes soupçons.
Pourquoi, par quel caprice, et par quelles raisons,
La reine, qui tantôt pressait tant son supplice,
N'ose-t-elle achever ce juste sacrifice ?
La pitié paraissait adoucir ses fureurs;
Sa joie éclatait même à travers ses douleurs.

ÉROX.

Qu'importe sa pitié, sa joie, et sa vengeance ?

POLYPHONTE.

Tout m'importe, et de tout je suis en défiance.
Elle vient : qu'on m'amène ici cet étranger.

SCÈNE II. — POLYPHONTE, ÉROX, ÉGISTHE, EURYCLÈS,
MÉROPE, ISMÉNIE, GARDES.

MÉROPE.

Remplissez vos serments, songez à me venger :
Qu'à mes mains, à moi seule, on laisse la victime.

POLYPHONTE.

La voici devant vous. Votre intérêt m'anime.
Vengez-vous, baignez-vous au sang du criminel;
Et sur son corps sanglant je vous mène à l'autel.

MÉROPE.

Ah dieux !

ÉGISTHE, à Polyphonte.

Tu vends mon sang à l'hymen de la reine;
Ma vie est peu de chose, et je mourrai sans peine :
Mais je suis malheureux, innocent, étranger;
Si le ciel t'a fait roi, c'est pour me protéger.
J'ai tué justement un injuste adversaire.
Mérope veut ma mort; je l'excuse, elle est mère;
Je bénirai ses coups prêts à tomber sur moi
Et je n'accuse ici qu'un tyran tel que toi.

POLYPHONTE.

Malheureux ! oses-tu dans ta rage insolente....

MÉROPE.

Eh ! seigneur, excusez sa jeunesse imprudente :
Élevé loin des cours, et nourri dans les bois,
Il ne sait pas encor ce qu'on doit à des rois.

POLYPHONTE.

Qu'entends-je ? quel discours ! quelle surprise extrême !
Vous, le justifier !

MÉROPE.

Qui ? moi, seigneur ?

ACTE IV, SCÈNE II.

POLYPHONTE.
　　　　　　　　　　Vous-même,
De cet égarement sortirez-vous enfin?
De votre fils, madame, est-ce ici l'assassin?

MÉROPE.
Mon fils, de tant de rois le déplorable reste,
Mon fils, enveloppé dans un piège funeste,
Sous les coups d'un barbare...

ISMÉNIE.
　　　　　　　O ciel! que faites-vous?

POLYPHONTE.
Quoi! vos regards sur lui se tournent sans courroux?
Vous tremblez à sa vue, et vos yeux s'attendrissent?
Vous voulez me cacher les pleurs qui les remplissent?

MÉROPE.
Je ne les cache point, ils paraissent assez;
La cause en est trop juste, et vous la connaissez.

POLYPHONTE.
Pour en tarir la source il est temps qu'il expire.
Qu'on l'immole, soldats!

MÉROPE, *s'avançant*.
　　　　　　　Cruel! qu'osez-vous dire?

ÉGISTHE.
Quoi! de pitié pour moi tous vos sens sont saisis!

POLYPHONTE.
Qu'il meure!

MÉROPE.
　　　Il est...

POLYPHONTE.
　　　　　Frappez.

MÉROPE, *se jetant entre Égisthe et les soldats*.
　　　　　　　　Barbare! il est mon fils.

ÉGISTHE.
Moi! votre fils?

MÉROPE, *en l'embrassant*.
　　　　Tu l'es, et ce ciel que j'atteste,
Ce ciel qui t'a formé dans un sein si funeste,
Et qui trop tard, hélas! a dessillé mes yeux,
Te remet dans mes bras pour nous perdre tous deux.

ÉGISTHE.
Quel miracle, grands dieux, que je ne puis comprendre!

POLYPHONTE.
Une telle imposture a de quoi me surprendre.
Vous, sa mère! qui? vous qui demandiez sa mort?

ÉGISTHE.
Ah! si je meurs son fils, je rends grâce à mon sort.

MÉROPE.
Je suis sa mère. Hélas! mon amour m'a trahie.

Oui, tu tiens dans tes mains le secret de ma vie;
Tu tiens le fils des dieux enchaîné devant toi.
L'héritier de Cresphonte est ton maître, il est roi;
Tu peux, si tu le veux, m'accabler d'impostures;
Ce n'est pas aux tyrans à sentir la nature;
Ton cœur, nourri de sang, trop peut être frappé
Oui, c'est mon fils, il d'ici du carnage échappé.

POLYPHONTE.
Que prétendez-vous dire? et que d'telles alarmes...?

MÉROPE.
Va, je me crois son fils, mes preuves sont ses larmes.
Mes sentiments pour lui sont la pierre même;
Mon bras qui t'eût puni, mon bras désarmé...

POLYPHONTE.
Ta rage auparavant sera seule punie.
C'est trop...

MÉROPE, se jetant à ses genoux.
Commencez donc par m'arracher la vie;
Ayez pitié des pleurs dont mes yeux sont noyés,
Que vous faut-il de plus? Mérope est à vos pieds.
Mérope les embrasse, et craint votre colère.
A cet effort affreux jugez si je suis mère.
Jugez de mes tourments, ma détestable erreur,
Ce matin, de mon fils allait percer le cœur,
Je pleure à vos genoux mon crime involontaire.
Cruel! vous qui vouliez lui tenir lieu de père,
Qui deviez protéger ses jours infortunés,
Le voilà devant vous, et vous l'assassinez!
Son père est mort, hélas! par un crime funeste;
Sauvez le fils, je puis oublier tout le reste,
Sauvez le sang des dieux, et de vos souverains.
Il est seul, sans défense, il est entre vos mains.
Qu'il vive, et c'est assez. Heureuse en mes misères,
Lui seul me rendra mon époux et ses frères.
Vous voyez avec moi ses aïeux à genoux,
Votre roi dans les fers,

AEGISTE.
O reine! levez-vous,
Et daignez me prouver que Cresphonte est mon père,
En cessant d'avilir, et sa veuve, et ma mère.
Je sais peu de mes droits quelle est la dignité;
Mais le ciel m'a fait naître avec trop de fierté,
Avec un cœur trop haut pour qu'un tyran l'abaisse.
De mon premier état j'ai bravé la bassesse,
Et mes yeux du présent ne sont point éblouis.
Je ne sens ni des rois, je me sens votre fils.
Hercule ainsi que moi, commença sa carrière,

ACTE IV, SCÈNE II.

Il sentit l'infortune en ouvrant la paupière;
Et les dieux l'ont conduit à l'immortalité
Pour avoir, comme moi, vaincu l'adversité.
S'il m'a transmis son sang, j'en aurai le courage.
Mourir digne de vous, voilà mon héritage.
Cessez de le prier, cessez de démentir
Le sang des demi-dieux dont on me fait sortir.

POLYPHONTE, à *Mérope*.
Eh bien! il faut ici nous expliquer sans feinte.
Je prends part aux douleurs dont vous êtes atteinte;
Son courage me plaît; je l'estime, et je crois
Qu'il mérite en effet d'être du sang des rois.
Mais une vérité d'une telle importance
N'est pas de ces secrets qu'on croit sans évidence.
Je le prends sous ma garde, il m'est déjà remis;
Et, s'il est né de vous, je l'adopte pour fils.

ÉGISTHE.
Vous? m'adopter!

MÉROPE.
Hélas!

POLYPHONTE.
Réglez sa destinée.
Vous achetiez sa mort avec mon hyménée!
La vengeance à ce point a pu vous captiver;
L'amour fera-t-il moins quand il faut le sauver?

MÉROPE.
Quoi, barbare!

POLYPHONTE.
Madame, il y va de sa vie.
Votre âme en sa faveur paraît trop attendrie
Pour vouloir exposer à mes justes rigueurs,
Par d'imprudents refus, l'objet de tant de pleurs.

MÉROPE.
Seigneur, que de son sort il soit du moins le maître.
Daignez....

POLYPHONTE.
C'est votre fils, madame, ou c'est un traître.
Je dois m'unir à vous pour lui servir d'appui,
Ou je dois me venger et de vous et de lui.
C'est à vous d'ordonner sa grâce ou son supplice.
Vous êtes en un mot sa mère, ou sa complice.
Choisissez; mais sachez qu'au sortir de ces lieux
Je ne vous en croirai qu'en présence des dieux.
Vous, soldats, qu'on le garde; et vous, que l'on me suive.
(A Mérope.)
Je vous attends; voyez si vous voulez qu'il vive;
Déterminez d'un mot mon esprit incertain;
Confirmez sa naissance en me donnant la main

Votre seule réponse où le sauve ou l'opprime.
Voilà mon fils, madame, ou voilà ma victime.
Adieu.
MÉROPE.
Ne m'ôtez pas la douceur de le voir;
Rendez-le à mon amour, à mon vain désespoir.
POLYPHONTE.
Vous le verrez au temple.
ÉGISTHE, *que les soldats emmènent.*
O reine auguste et chère!
O vous que j'ose à peine encor nommer ma mère!
Ne faites rien d'indigne et de vous et de moi;
Si je suis votre fils, je sais mourir en roi.

SCÈNE III. — MÉROPE.

Cruels, vous l'enlevez; en vain je vous implore :
Je ne l'ai donc revu que pour le perdre encore?
Pourquoi m'exauciez-vous, ô Dieu trop imploré?
Pourquoi rendre à mes vœux ce fils tant désiré?
Vous l'avez arraché d'une terre étrangère,
Victime réservée au bourreau de son père;
Ah! privez-moi de lui, cachez ses pas errants
Dans le fond des déserts, à l'abri des tyrans.

SCÈNE IV. — MÉROPE, NARBAS, EURYCLÈS.

MÉROPE.
Sais-tu l'excès d'horreur où je me vois livrée?
NARBAS.
Je sais que de mon roi la perte est assurée,
Que déjà dans les fers Égisthe est retenu,
Qu'on observe mes pas.
MÉROPE.
C'est moi qui l'ai perdu.
NARBAS.
Vous!
MÉROPE.
J'ai tout révélé. Mais, Narbas, quelle mère,
Prête à perdre son fils, peut le voir et se taire?
J'ai parlé, c'en est fait; et je dois désormais
Réparer ma faiblesse à force de forfaits.
NARBAS.
Quels forfaits dites-vous?

SCÈNE V. — MÉROPE, NARBAS, EURYCLÈS, ISMÉNIE.

ISMÉNIE.
Voici l'heure, madame,
Qu'il vous faut rassembler les forces de votre âme.
Un vain peuple, qui vole après la nouveauté,
Attend votre hyménée avec avidité.
Le tyran règle tout; il semble qu'il apprête
L'appareil du carnage, et non pas d'une fête.
Par l'or de ce tyran le grand prêtre inspiré
A fait parler le dieu dans son temple adoré.
Au nom de vos aïeux et du dieu qu'il atteste,
Il vient de déclarer cette union funeste.
Polyphonte, dit-il, a reçu vos serments ;
Messène en est témoin, les dieux en sont garants.
Le peuple a répondu par des cris d'allégresse ;
Et, ne soupçonnant pas le chagrin qui vous presse,
Il célèbre à genoux cet hymen plein d'horreur :
Il bénit le tyran qui vous perce le cœur.

MÉROPE.
Et mes malheurs encor font la publique joie!

NARBAS.
Pour sauver votre fils quelle funeste voie!

MÉROPE.
C'est un crime effroyable, et déjà tu frémis.

NARBAS.
Mais c'en est un plus grand de perdre votre fils.

MÉROPE.
Eh bien! le désespoir m'a rendu mon courage.
Courons tous vers le temple où m'attend mon outrage.
Montrons mon fils au peuple, et plaçons-le à leurs yeux,
Entre l'autel et moi, sous la garde des dieux.
Il est né de leur sang, ils prendront sa défense ;
Ils ont assez longtemps trahi son innocence.
De son lâche assassin je peindrai les fureurs ;
L'horreur et la vengeance empliront tous les cœurs.
Tyrans, craignez les cris et les pleurs d'une mère.
On vient. Ah! je frissonne. Ah! tout me désespère.
On m'appelle et mon fils est au bord du cercueil ;
Le tyran peut encor l'y plonger d'un coup d'œil.
(Aux sacrificateurs.)
Ministres rigoureux du monstre qui m'opprime,
Vous venez à l'autel entraîner la victime.
Ô vengeance! ô tendresse! ô nature! ô devoir!
Qu'allez-vous ordonner d'un cœur au désespoir?

ACTE CINQUIÈME.

SCÈNE I. — ÉGISTHE, NARBAS, EURYCLÈS.

NARBAS.

Le tyran nous retient au palais de la reine,
Et notre destinée est encore incertaine.
Je tremble pour vous seul. Ah! mon prince! ah! mon fils!
Souffrez qu'un nom si doux me soit encor permis.
Ah! vivez. D'un tyran désarmez la colère,
Conservez une tête, hélas! si nécessaire,
Si longtemps menacée, et qui m'a tant coûté.

EURYCLÈS.

Songez que, pour vous seul abaissant sa fierté,
Mérope de ses pleurs daigne arroser encore
Les parricides mains d'un tyran qu'elle abhorre.

ÉGISTHE.

D'un long étonnement à peine revenu,
Je crois renaître ici dans un monde inconnu.
Un nouveau sang m'anime, un nouveau jour m'éclaire.
Qui? moi, né de Mérope! Et Cresphonte est mon père!
Son assassin triomphe; il commande, et je sers!
Je suis le sang d'Hercule, et je suis dans les fers!

NARBAS.

Plût aux dieux qu'avec moi le petit-fils d'Alcide
Fût encore inconnu dans les champs de l'Élide!

ÉGISTHE.

Eh quoi! tous les malheurs aux humains réservés,
Faut-il, si jeune encor, les avoir éprouvés?
Les ravages, l'exil, la mort, l'ignominie,
Dès ma première aurore ont assiégé ma vie.
De déserts en déserts errant, persécuté,
J'ai langui dans l'opprobre et dans l'obscurité.
Le ciel sait cependant si, parmi tant d'injures,
J'ai permis à ma voix d'éclater en murmures.
Malgré l'ambition qui dévorait mon cœur,
J'embrassai les vertus qu'exigeait mon malheur;
Je respectai, j'aimai jusqu'à votre misère;
Je n'aurais point aux dieux demandé d'autre père.
Ils m'en donnent un autre, et c'est pour m'outrager.
Je suis fils de Cresphonte, et ne puis le venger.
Je retrouve une mère, un tyran me l'arrache!
Un détestable hymen à ce monstre l'attache.
Je maudis dans vos bras le jour où je suis né;
Je maudis le secours que vous m'avez donné.

Ah ! mon père ! ah ! pourquoi d'une mère égarée
Reteniez-vous tantôt la main désespérée ?
Mes malheurs finissaient, mon sort était rempli.

NARBAS.
Ah ! vous êtes perdu : le tyran vient ici.

SCÈNE II. — POLYPHONTE, ÉGISTHE, NARBAS,
EURYCLES, GARDES.

POLYPHONTE.
(Narbas et Eurycles s'éloignent un peu.)
Retirez-vous ; et toi, dont l'aveugle jeunesse
Inspire une pitié qu'on doit à la faiblesse,
Ton roi veut bien encor, pour la dernière fois,
Permettre à tes destins de changer à ton choix.
Le présent, l'avenir, et jusqu'à ta naissance,
Tout ton être, en un mot, est dans ma dépendance.
Je puis au plus haut rang d'un seul mot t'élever,
Te laisser dans les fers, te perdre ou te sauver.
Élevé loin des cours et sans expérience,
Laisse-moi gouverner ta farouche imprudence.
Crois-moi, n'affecte point, dans ton sort abattu,
Cet orgueil dangereux que tu prends pour vertu.
Si dans un rang obscur le destin t'a fait naître,
Conforme à ton état, sois humble avec ton maître.
Si le hasard heureux t'a fait naître d'un roi,
Rends-toi digne de l'être, en servant près de moi.
Une reine en ces lieux te donne un grand exemple ;
Elle a suivi mes lois et marche vers le temple ;
Suis ses pas et les miens, viens aux pieds de l'autel
Me jurer à genoux un hommage éternel.
Puisque tu crains les dieux, atteste leur puissance,
Prends-les tous à témoin de ton obéissance.
La porte des grandeurs est ouverte pour toi,
Un refus te perdra ; choisis, et réponds-moi.

ÉGISTHE.
Tu me vois désarmé, comment puis-je répondre ?
Tes discours, je l'avoue, ont de quoi me confondre ;
Mais rends-moi seulement ce glaive que tu crains,
Ce fer que ta prudence écarte de mes mains ;
Je répondrai pour lors, et tu pourras connaître
Qui de nous deux, perfide, est l'esclave ou le maître ;
Si c'est à Polyphonte à régler nos destins,
Et si le fils des rois punit les assassins.

POLYPHONTE.
Faible et fier ennemi, ma bonté t'encourage ;
Tu me crois assez grand pour oublier l'outrage,

Pour ne m'avilir pas jusqu'à punir en toi
Un esclave inconnu qui s'attaque à son roi.
Eh bien! cette bonté, qui s'indigne et se lasse,
Te donne un seul moment pour obtenir ta grâce.
Je t'attends aux autels, et tu peux y venir
Viens recevoir la mort, ou jurer d'obéir.
Gardes, auprès de moi vous pourrez l'introduire;
Qu'aucun autre ne sorte, et n'ose le conduire.
Vous, Narbas, Euryclès, je le laisse en vos mains.
Tremblez, vous répondrez de ses caprices vains.
Je connais votre haine, et j'en sais l'impuissance;
Mais je me fie au moins à votre expérience.
Qu'il soit né de Mérope, ou qu'il soit votre fils,
D'un conseil imprudent sa mort sera le prix.

SCÈNE III. — ÉGISTHE, NARBAS, EURYCLÈS.

ÉGISTHE.

Ah! je n'en recevrai que du sang qui m'anime.
Hercule! instruis mon bras à me venger du crime;
Éclaire mon esprit, du sein des immortels!
Polyphonte m'appelle aux pieds de tes autels;
Et j'y cours.

NARBAS.

Ah! mon prince, êtes-vous las de vivre?

EURYCLÈS.

Dans ce péril du moins si nous pouvions vous suivre!
Mais laissez-nous le temps d'éveiller un parti,
Qui, tout faible qu'il est, n'est point anéanti.
Souffrez...

ÉGISTHE.

En d'autres temps mon courage tranquille
Au frein de vos leçons serait souple et docile;
Je vous croirais tous deux; mais dans un tel malheur,
Il ne faut consulter que le ciel et son cœur.
Qui ne peut se résoudre, aux conseils s'abandonne;
Mais le sang des héros ne croit ici personne.
Le sort en est jeté.... Ciel! qu'est-ce que je vois?
Mérope!

SCÈNE IV. — MÉROPE, ÉGISTHE, NARBAS, EURYCLÈS,
SUITE.

MÉROPE.

Le tyran m'ose envoyer vers toi :
Ne crois pas que je vive après cet hyménée;
Mais cette honte horrible où je suis entraînée,
Je la subis pour toi, je me fais cet effort.

ACTE V, SCÈNE IV.

Fais-toi celui de vivre, et commande à ton sort.
Cher objet des terreurs dont mon âme est atteinte,
Toi pour qui je connais et la honte et la crainte,
Fils des rois et des dieux, mon fils, il faut servir.
Pour savoir se venger, il faut savoir souffrir.
Je sens que ma faiblesse est indigne et t'outrage;
Je t'en aime encor plus, et je crains davantage.
Mon fils....

ÉGISTHE.
Osez me suivre.

MÉROPE.
Arrête. Que fais-tu?
Dieux! je me plains à vous de son trop de vertu.

ÉGISTHE.
Voyez-vous en ces lieux le tombeau de mon père?
Entendez-vous sa voix? Êtes-vous reine et mère?
Si vous l'êtes, venez.

MÉROPE.
Il semble que le ciel
T'élève en ce moment au-dessus d'un mortel.
Je respecte mon sang; je vois le sang d'Alcide;
Ah! parle: remplis-moi de ce dieu qui te guide.
Il te presse, il t'inspire. O mon fils! mon cher fils!
Achève, et rends la force à mes faibles esprits.

ÉGISTHE.
Auriez-vous des amis dans ce temple funeste?

MÉROPE.
J'en eus quand j'étais reine, et le peu qui m'en reste
Sous un joug étranger baisse un front abattu;
Le poids de mes malheurs accable leur vertu;
Polyphonte est haï, mais c'est lui qu'on couronne;
On m'aime et l'on me fuit.

ÉGISTHE.
Quoi! tout vous abandonne!
Ce monstre est à l'autel?

MÉROPE.
Il m'attend.

ÉGISTHE.
Ses soldats
A cet autel horrible accompagnent ses pas?

MÉROPE.
Non: la porte est livrée à leur troupe cruelle;
Il est environné de la foule infidèle
Des mêmes courtisans que j'ai vus autrefois
S'empresser à ma suite et ramper sous mes lois.
Et moi, de tous les siens à l'autel entourée,
De ces lieux à toi seul je puis ouvrir l'entrée.

ÉGISTHE.

Seul, je vous y suivrai; je trouverai des dieux
Qui punissent le meurtre, et qui sont mes aïeux.

MÉROPE.

Ils t'ont trahi quinze ans.

ÉGISTHE.

Ils m'éprouvaient, sans doute.

MÉROPE.

Eh! quel est ton dessein?

ÉGISTHE.

Marchons, quoi qu'il en coûte.
Adieu, tristes amis; vous connaîtrez du moins
Que le fils de Mérope a mérité vos soins.
(A Narbas, en l'embrassant.)
Tu ne rougiras point, crois-moi, de ton ouvrage;
Au sang qui m'a formé tu rendras témoignage.

SCÈNE V. — NARBAS, EURYCLÈS.

NARBAS.

Que va-t-il faire? Hélas! tous mes soins sont trahis;
Les habiles tyrans ne sont jamais punis.
J'espérais que du temps la main tardive et sûre
Justifierait les dieux en vengeant leur injure;
Qu'Égisthe reprendrait son empire usurpé;
Mais le crime l'emporte, et je meurs détrompé.
Égisthe va se perdre à force de courage;
Il désobéira; la mort est son partage.

EURYCLÈS.

Entendez-vous ces cris dans les airs élancés?

NARBAS.

C'est le signal du crime.

EURYCLÈS.

Écoutons.

NARBAS.

Frémissez.

EURYCLÈS.

Sans doute qu'au moment d'épouser Polyphonte
La reine, en expirant a prévenu sa honte;
Tel était son dessein dans son mortel ennui.

NARBAS.

Ah! son fils n'est donc plus! Elle eût vécu pour lui.

EURYCLÈS.

Le bruit croît, il redouble; il vient comme un tonnerre
Qui s'approche en grondant, et qui fond sur la terre.

NARBAS.

J'entends de tous côtés les cris des combattants,
Les sons de la trompette, et les voix des mourants.

ACTE V, SCÈNE V.

Du palais de Mérope on enfonce la porte.

EURYCLÈS.
Ah! ne voyez-vous pas cette cruelle escorte,
Qui court, qui se dissipe, et qui va loin de nous?

NARBAS.
Va-t-elle du tyran servir l'affreux courroux?

EURYCLÈS.
Autant que mes regards au loin peuvent s'étendre,
On se mêle, on combat.

NARBAS.
Quel sang va-t-on répandre?
De Mérope et du roi le nom remplit les airs.

EURYCLÈS.
Grâces aux immortels! les chemins sont ouverts.
Allons voir à l'instant s'il faut mourir ou vivre.
(Il sort.)

NARBAS.
Allons. D'un pas égal que ne puis-je vous suivre!
O dieux! rendez la force à ces bras énervés
Pour le sang de mes rois autrefois éprouvés;
Que je donne du moins les restes de ma vie.
Hâtons-nous.

SCÈNE VI. — NARBAS, ISMÉNIE, PEUPLE.

NARBAS.
Quel spectacle! est-ce vous, Isménie?
Sanglante, inanimée, est-ce vous que je vois?

ISMÉNIE.
Ah! laissez-moi reprendre et la vie et la voix.

NARBAS.
Mon fils est-il vivant? Que devient notre reine?

ISMÉNIE.
De mon saisissement je reviens avec peine;
Par les flots de ce peuple entraînée en ces lieux....

NARBAS.
Que fait Égisthe?

ISMÉNIE.
Il est le digne fils des dieux;
Égisthe! il a frappé le coup le plus terrible
Non, d'Alcide jamais la valeur invincible
N'a d'un exploit si rare étonné les humains.

NARBAS.
O mon fils! ô mon roi, qu'ont élevé mes mains!

ISMÉNIE.
La victime était prête, et de fleurs couronnée;
L'autel étincelait des flambeaux d'hyménée;
Polyphonte, l'œil fixe, et d'un front inhumain,

Présentait à Mérope une odieuse main ;
Le prêtre prononçait les paroles sacrées ;
Et la reine, au milieu des femmes éplorées,
S'avançant tristement, tremblante entre mes bras,
Au lieu de l'hyménée invoquait le trépas ;
Le peuple observait tout dans un profond silence.
Dans l'enceinte sacrée en ce moment s'avance
Un jeune homme, un héros, semblable aux immortels :
Il court ; c'était Égisthe ; il s'élance aux autels ;
Il monte, il y saisit d'une main assurée
Pour les fêtes des dieux la hache préparée.
Les éclairs sont moins prompts ; je l'ai vu de mes yeux,
Je l'ai vu qui frappait ce monstre audacieux.
« Meurs, tyran, disait-il ; dieux, prenez vos victimes. »
Érox, qui de son maître a servi tous les crimes,
Érox, qui dans son sang voit ce monstre nager,
Lève une main hardie, et pense le venger.
Égisthe se retourne, enflammé de furie ;
A côté de son maître il le jette sans vie.
Le tyran se relève : il blesse le héros ;
De leur sang confondu j'ai vu couler les flots.
Déjà la garde accourt avec des cris de rage.
Sa mère.... Ah ! que l'amour inspire de courage !
Quel transport animait ses efforts et ses pas !
Sa mère.... Elle s'élance au milieu des soldats.
« C'est mon fils ! arrêtez, cessez, troupe inhumaine !
C'est mon fils ; déchirez sa mère et votre reine,
Ce sein qui l'a nourri, ces flancs qui l'ont porté ! »
A ces cris douloureux le peuple est agité ;
Une foule d'amis, que son danger excite,
Entre elle et ces soldats vole et se précipite.
Vous eussiez vu soudain les autels renversés,
Dans des ruisseaux de sang leurs débris dispersés ;
Les enfants écrasés dans les bras de leurs mères ;
Les frères méconnus immolés par leurs frères ;
Soldats, prêtres, amis, l'un sur l'autre expirants :
On marche, on est porté sur les corps des mourants ;
On veut fuir, on revient ; et la foule pressée
D'un bout du temple à l'autre est vingt fois repoussée.
De ces flots confondus le flux impétueux
Roule, et dérobe Égisthe et la reine à mes yeux.
Parmi les combattants je vole ensanglantée ;
J'interroge à grands cris la foule épouvantée.
Tout ce qu'on me répond redouble mon horreur.
On s'écrie : « Il est mort, il tombe, il est vainqueur. »
Je cours, je me consume, et le peuple m'entraîne,
Me jette en ce palais, éplorée, incertaine,

ACTE V, SCÈNE VI.

Au milieu des mourants, des morts, et des débris.
Venez, suivez mes pas, joignez-vous à mes cris :
Venez. J'ignore encor si la reine est sauvée,
Si de son digne fils la vie est conservée,
Si le tyran n'est plus. Le trouble, la terreur,
Tout ce désordre horrible est encor dans mon cœur.

NARBAS.
Arbitre des humains, divine Providence,
Achève ton ouvrage, et soutiens l'innocence :
A nos malheurs passés mesure tes bienfaits ;
O ciel ! conserve Égisthe, et que je meure en paix !
Ah ! parmi ces soldats ne vois-je point la reine ?

SCÈNE VII. — MÉROPE, ISMÉNIE, NARBAS, PEUPLE, SOLDATS.

(On voit dans le fond du théâtre le corps de Polyphonte couvert d'une robe sanglante.)

MÉROPE.
Guerriers, prêtres, amis, citoyens de Messène,
Au nom des dieux vengeurs, peuples, écoutez-moi.
Je vous le jure encore, Égisthe est votre roi :
Il a puni le crime, il a vengé son père.
Celui que vous voyez traîné sur la poussière,
C'est un monstre ennemi des dieux et des humains :
Dans le sein de Cresphonte il enfonça ses mains.
Cresphonte mon époux, mon appui, votre maître,
Mes deux fils sont tombés sous les coups de ce traître.
Il opprimait Messène, il usurpait mon rang ;
Il m'offrait une main fumante de mon sang.
(En courant vers Égisthe, qui arrive la hache à la main.)
Celui que vous voyez, vainqueur de Polyphonte,
C'est le fils de vos rois, c'est le sang de Cresphonte ;
C'est le mien, c'est le seul qui reste à ma douleur.
Quels témoins voulez-vous plus certains que mon cœur ?
Regardez ce vieillard ; c'est lui dont la prudence
Aux mains de Polyphonte arracha son enfance.
Les dieux ont fait le reste.

NARBAS.
Oui, j'atteste ces dieux
Que c'est là votre roi qui combattait pour eux.

ÉGISTHE.
Amis, pouvez-vous bien méconnaître une mère ?
Un fils qu'elle défend ? un fils qui venge un père ?
Un roi vengeur du crime ?

MÉROPE.
Et si vous en doutez,

Reconnaissez mon fils aux coups qu'il a portés,
A votre délivrance, à son âme intrépide.
Eh! quel autre jamais qu'un descendant d'Alcide,
Nourri dans la misère, à peine en son printemps,
Eût pu venger Messène et punir les tyrans?
Il soutiendra son peuple, il vengera la terre.
Écoutez : le ciel parle; entendez son tonnerre.
Sa voix qui se déclare et se joint à mes cris,
Sa voix rend témoignage, et dit qu'il est mon fils.

SCÈNE VIII. — MÉROPE, ÉGISTHE, ISMÉNIE, NARBAS, EURYCLÈS, PEUPLE.

EURYCLÈS.

Ah! montrez-vous, madame, à la ville calmée :
Du retour de son roi la nouvelle semée,
Volant de bouche en bouche, a changé les esprits.
Nos amis ont parlé; les cœurs sont attendris :
Le peuple impatient verse des pleurs de joie;
Il adore le roi que le ciel lui renvoie;
Il bénit votre fils, il bénit votre amour;
Il consacre à jamais ce redoutable jour.
Chacun veut contempler son auguste visage;
On veut revoir Narbas : on veut vous rendre hommage.
Le nom de Polyphonte est partout abhorré;
Celui de votre fils, le vôtre est adoré.
O roi! venez jouir du prix de la victoire.
Ce prix est notre amour; il vaut mieux que la gloire.

ÉGISTHE.

Elle n'est point à moi; cette gloire est aux dieux :
Ainsi que le bonheur, la vertu nous vient d'eux.
Allons monter au trône, en y plaçant ma mère;
Et vous, mon cher Narbas, soyez toujours mon père.

VARIANTES.

La scène suivante, la première de l'acte II, fut supprimée par l'auteur le jour de la première représentation.

ISMÉNIE, EURYCLÈS.

Oui, toujours de son fils sa douleur occupée,
D'aucun autre intérêt ne peut être frappée.
Cet hymen nécessaire irrite ses esprits.
Elle craint d'offenser le nom seul de son fils.
Elle a devant les yeux cette éternelle image,

De ses illusions tendre et funeste ouvrage :
Elle rembrasse cette ombre, et ses humides yeux
Relisent ce billet, ce gage précieux,
Ce billet de Narbas, unique témoignage
Qui jusqu'en sa prison put trouver un passage.
Le nom de ce cher fils, effacé par ses pleurs,
Flatte son espérance, irrite ses douleurs,
La soutient et l'abat, la console et la tue :
Vous ne guérirez point cette âme prévenue.

EURYCLÈS.

Je saurai l'admirer ; une autre en son état
De la grandeur suprême aurait mieux vu l'éclat,
Eût pleuré sur le trône, et, bientôt consolée,
Oublierait la nature aux grandeurs immolée.
Je vois avec respect ce courage obstiné,
Dans ses nobles douleurs ferme et déterminé,
Vainqueur de l'intérêt, et vainqueur du temps même.
Mérope se perdra, je le vois ; mais elle aime.
Que n'ai-je pu savoir ce vertueux amour !
Que n'ai-je pu d'Égisthe annoncer le retour !
J'ai des temples voisins parcouru les salles ;
De moi, de mes amis, les pas sont inutiles ;
Ils n'ont rien aperçu sur ces bords odieux
Que le vil assassin que j'amène en ces lieux.

FRAGMENT DE THÉRÈSE[1].
(1743.)

PERSONNAGES.

THÉRÈSE.
M. GRIPAUD.
GERMON.
DORIMAN.
Mme AUBONNE.
LUBIN.
MATHURINE.

ACTE PREMIER.

SCÈNE III.

. . . .

M. GRIPAUD. — Laisse là l'estime; je veux de la complaisance et de l'amitié, entends-tu ?

THÉRÈSE. — Je la joindrai au respect, et je n'abuserai jamais des distinctions dont vous m'honorez, comme vous ne prendrez point trop d'avantages sans doute ni de mon état ni de ma jeunesse.

M. GRIPAUD. — Je ne sais, mais elle me dit toujours des choses auxquelles je n'ai rien à dire. Comment fais-tu pour parler comme ça ?

THÉRÈSE. — Comment comme ça? Est-ce, monsieur, que j'aurais dit quelque chose de mal à propos ?

M. GRIPAUD. — Non, au contraire. Mais tu ne sais rien, et tu parles mieux que mon bailli, mon bel esprit, qui sait tout.

THÉRÈSE. — Vous me faites rougir. Je dis ce que m'inspire la simple nature; je tâche d'observer ce milieu qui est, ce me semble, entre la mauvaise honte et l'assurance, et je voudrais ne point déplaire, sans chercher trop à plaire.

DORIMAN, à part. — L'adorable créature! que je voudrais être à la place de son maître !

M. GRIPAUD. — Que dis-tu là? eh !

DORIMAN. — Je dis qu'elle est bien heureuse, monsieur, d'appartenir à un tel maître.

1. Cette pièce n'a été jouée que sur des théâtres particuliers. (ÉD.)

GRIPAUD. — Oui, oui, elle sera heureuse. Mais dis, réponds donc, Thérèse; parle-moi toujours, dis-moi comme tu fais pour avoir tant d'esprit. Est-ce parce que tu lis des romans et des comédies? Parbleu! je veux m'en faire lire. Que trouves-tu dans ces romans, dans ces farces? Dis, dis, parle, jase, dis donc.

THÉRÈSE. — M. Germon m'en a prêté quelques-uns, dont les sentiments vertueux ont échauffé mon cœur, et dont les expressions me représentent toute la nature, plus belle cent fois que je ne l'avais vue auparavant. Il me prête aussi des comédies dans lesquelles je crois apprendre en une heure à connaître le monde plus que je n'aurais fait en quatre ans. Elles me font le même effet que ces petits intruments à plusieurs verres que j'ai vus chez M. le bailli, qui font distinguer dans les objets des choses et des nuances qu'on ne voyait pas avec ses simples yeux.

DORIMAN. — Oh! oui. Tu veux dire des microscopes, mademoiselle.

THÉRÈSE. — Oui, des microscopes, monsieur Doriman. Ces comédies, je l'avoue, m'ont instruite, éclairée, attendrie (*Se tournant vers Mme Aubonne*), et j'avoue, madame, que j'ai bien souhaité de vous suivre dans quelque voyage de Paris, pour y voir représenter ces pièces qui sont, je crois, l'école du monde et de la vertu.

MADAME AUBONNE. — Oui ma chère Thérèse, je te mènerai à Paris, je te le promets.

M. GRIPAUD. — Ce sera moi qui l'y mènerai. J'irai voir ces farces-là avec elle; mais je ne veux plus que M. Germon lui prête des livres. Je veux qu'on ne lui prête rien. Je lui donnerai tout.

MADAME AUBONNE. — Mon Dieu, que mon neveu devient honnête homme! Mon cher neveu, voilà le bon M. Germon qui vient dîner avec vous.

M. GRIPAUD. — Ah! bonjour, monsieur Germon, bonjour. Qu'y a-t-il de nouveau? venez-vous de la chasse? avez-vous lu les gazettes? quelle heure est-il? comment vous va?

GERMON, *bas*. — Monsieur, souffrez qu'en vous faisant ma cour j'aie encore l'honneur de vous représenter l'état cruel où je suis, et le besoin que j'ai de votre secours.

M. GRIPAUD, *assis*. — Oui, oui, faites-moi votre cour, mais ne me représentez rien, je vous prie. Eh bien! Thérèse?

MADAME AUBONNE, *de l'autre côté*. — Ah! pouvez-vous bien traiter ainsi un pauvre gentilhomme d'importance, qui dîne tous les jours avec le secrétaire de M. l'intendant?

GERMON. — Vous savez, monsieur, que depuis la dernière guerre, où les ennemis brûlèrent mes granges, je suis réduit à cultiver de mes mains une partie de l'héritage de mes ancêtres.

M. GRIPAUD. — Eh! il n'y a qu'à le bien cultiver, il produira.

GERMON. — Je me suis flatté que si vous pouviez me prêter....

M. GRIPAUD. — Nous parlerons de ça, mons' Germon; nous verrons ça. Ça m'importune à présent. Que dis-tu de ça, Thérèse ?

THÉRÈSE. — J'ose dire, monsieur, si vous m'en donnez la permission, que la générosité me paraît la première des vertus; que la naissance de M. Germon mérite bien des égards, son état, de la compassion, et sa personne, de l'estime.

M. GRIPAUD. — Ouais, je n'aime point qu'on estime tant M. Germon, tout vieux qu'il est.

SCÈNE IV. — THÉRÈSE, M. GRIPAUD, GERMON, DORIMAN, MADAME AUBONNE, LUBIN ET MATHURINE, *dans l'enfoncement.*

LUBIN. — M'est avis que c'est lui, Mathurine.

MATHURINE. — Oui, le v'là enharnaché comme on nous l'a dit.

LUBIN. — Oh! la drôle de métamorphose! eh! bonjour donc, Matthieu.

MATHURINE. — Comme te v'là fait, mon cousin!

M. GRIPAUD. — Qu'est-ce que c'est que ça, qu'est-ce que c'est que ça? Quelle impudence est ça? Mes gens, mon écuyer, qu'on me chasse ces ivrognes-là!

DORIMAN. — Allons, mes amis, monsieur, pardonnez à ces pauvres gens; leur simplicité fait leur excuse.

LUBIN. — Ivrognes!

MATHURINE. — J'ardienne, comme on nous traite! Je ne sommes point ivrognes, je sommes tes cousins, Matthieu. J'avons fait plus de douze lieues à pied pour te venir voir. J'avons tout perdu ce que j'avions, mais je distions : « ça ne fait rien; qui a bon parent n'a rien perdu. » Et nous v'là.

M. GRIPAUD. — Ma bonne femme, si tu ne te tais!... O ciel, devant M. Germon, devant mes gens, devant Thérèse!

LUBIN. — Eh pardi! je t'avons vu que tu étais pas plus grand que ma jambe, quand ton père était à la cuisine de feu monseigneur, et qui nous donnait des franches lippées.

M. GRIPAUD. — Encore!... coquin!

MATHURINE. — Coquin toi-même. J'étais la nourrice du petit comte qui est mort. Est-ce que tu ne connais plus Mathurine?

M. GRIPAUD. — Je crève! Ces enragés-là ne finiront point. Écoutez... (*A part.*) Je chasserai mon suisse, qui me laisse entrer ces gueux-là. Écoutez, mes amis, j'aurai soin de vous, si vous dites que vous vous êtes mépris, si vous me demandez pardon tout haut, et si vous m'appelez monseigneur.

LUBIN. — Toi, monseigneur! Eh pardi! j'aimerais autant donner le nom de Paris à Vaugirard.

MATHURINE. — Oh! le plaisant cousin que Dieu nous a donné

là! Allons, allons, mène-nous dîner, fais-nous bonne chère, et ne fais point l'insolent.

MADAME AUBONNE. — Mon neveu!

THÉRÈSE. — Quelle aventure!

M. GRIPARD, à Germon. — Monsieur, c'est une pièce qu'on me joue. Retirez-vous, fripons, ou je vous ferai mettre au cachot pour votre vie. Allons, madame ma tante, monsieur Germon, Thérèse, allons-nous mettre à table; et vous, mon écuyer, chassez-moi ces impudents par les épaules.

MATHURINE, à Mme Aubonne. — Ma bonne parente, ayez pitié de nous, et ne soyez pas aussi méchante que lui.

MADAME AUBONNE. — Ne dites mot. Tenez, j'aurai soin de vous; ayez bon courage.

SCÈNE V. — THÉRÈSE, DORIMAN, LUBIN, MATHURINE.

THÉRÈSE. — Tenez, mes amis; voilà tout ce que j'ai. Votre état et votre réception me font une égale peine.

DORIMAN. — Faites-moi l'amitié d'accepter aussi ce petit secours. Si nous étions plus riches, nous vous donnerions davantage. Allez, et gardez-nous le secret.

MATHURINE. — Ah! les bonnes gens! les bonnes gens! Quoi, vous ne m'êtes rien, et vous me faites des libéralités, tandis que notre cousin Matthieu nous traite avec tant de dureté!

LUBIN. — Ma foi! c'est vous qu'il faut appeler monseigneur. Vous êtes sans doute queuque gros monsieur du voisinage, queuque grande dame.

DORIMAN. — Non, nous ne sommes que des domestiques; mais nous pensons comme notre maître doit penser.

MATHURINE. — Ah! c'est le monde sens dessus dessous.

LUBIN. — Ah! les braves enfants! ah! le vilain cousin!

MATHURINE. — Mes beaux enfants, le ciel vous donnera du bonheur, puisque vous êtes si généreux.

LUBIN. — Ah! ce n'est pas une raison, Mathurine. Je sommes généreux aussi, et je sommes misérables; et notre bon seigneur M. le comte de Sambourg était bien le plus digne homme de la terre et cependant ça a perdu son fils, et ça mourut malheureusement.

MATHURINE. — Oui, hélas! j'avais nourri mon pauvre nourrisson, et ça me perce l'âme. Mais comment est-ce que mon cousin Matthieu a fait une si grande fortune, qu'il la mérite si peu? Ah! comme le monde va!

DORIMAN. — Comme il a toujours été. Mais nous n'avons pas le temps d'en dire davantage. Allez, mes chers amis....

LUBIN. — Mais, Mathurine, m'est avis que ce beau monsieur a bien l'air de ce pauvre petit enfant tout nu qui vint gueuser dans notre village à l'âge de sept à huit ans?

300   FRAGMENT DE THÉRÈSE.

DORIMAN. — Vous avez raison ; c'est moi-même, je n'en rougis point.

MATHURINE. — Trédame ! ça a fait fortune, et c'est pourtant honnête et bon.

DORIMAN. — C'est apparemment parce que ma fortune est bien médiocre. Je sens pourtant que, si elle était meilleure, j'aimerais à secourir les malheureux.

MATHURINE. — Dieu vous comble de bénédictions, monsieur et mademoiselle !

LUBIN. — Si vous avez besoin des deux bras de Lubin et de sa vie, tout ça est à vous, mon bon monsieur...

FIN DU FRAGMENT DE THÉRÈSE.

LA PRINCESSE DE NAVARRE.

COMÉDIE-BALLET EN TROIS ACTES.

(23 février 1745.)

AVERTISSEMENT [1].

Le roi a voulu donner à Mme la Dauphine une fête qui ne fût pas seulement un de ces spectacles pour les yeux, tels que toutes les nations peuvent les donner, et qui, passant avec l'éclat qui les accompagne, ne laissent après eux aucune trace. Il a commandé un spectacle qui pût à la fois servir d'amusement à la cour et d'encouragement aux beaux-arts, dont il sait que la culture contribue à la gloire de son royaume. M. le duc de Richelieu, premier gentilhomme de la chambre en exercice, a ordonné cette fête magnifique.

Il a fait élever un théâtre de cinquante-six pieds de profondeur dans le grand manège de Versailles, et fait construire une salle dont les décorations et les embellissements sont tellement ménagés que tout ce qui sert au spectacle doit s'enlever en une nuit, et laisser la salle ornée pour un bal paré, qui doit former la fête du lendemain.

Le théâtre et les loges ont été construits avec la magnificence convenable, et avec le goût qu'on connaît depuis longtemps dans ceux qui ont dirigé ces préparatifs.

On a voulu réunir sur ce théâtre tous les talents qui pourraient contribuer aux agréments de la fête, et rassembler à la fois tous les charmes de la déclamation, de la danse et de la musique, afin que la personne auguste à qui cette fête est consacrée pût connaître tout d'un coup les talents qui doivent être dorénavant employés à lui plaire.

On a donc voulu que celui qui a été chargé de composer la fête fît un de ces ouvrages dramatiques où les divertissements en musique forment une partie du sujet, où la plaisanterie se mêle à l'héroïque, et dans lesquels on voit un mélange de l'opéra, de la comédie et de la tragédie.

On n'a pu ni dû donner à ces trois genres toute leur étendue; on s'est efforcé seulement de réunir les talents de tous les artistes qui se distinguent le plus, et l'unique mérite de l'auteur a été de faire valoir celui des autres.

Il a choisi le lieu de la scène sur les frontières de la Castille, et il en a fixé l'époque sous le roi de France Charles V, prince juste, sage et heureux, contre lequel les Anglais ne purent prévaloir, qui secourut la Castille, et qui lui donna un monarque.

Il est vrai que l'histoire n'a pu fournir de semblables allégories

1. Cet avertissement est de Voltaire. (ÉD.)

pour l'Espagne; car il y régnait alors un prince cruel, à ce qu'on dit, et sa femme n'était point une héroïne dont les enfants fussent des héros. Presque tout l'ouvrage est donc une fiction dans laquelle il a fallu s'asservir à introduire un peu de poltronnerie au milieu des plus grands intérêts, et des fêtes au milieu de la guerre.

Ce divertissement a été exécuté le 23 février 1745, vers les six heures du soir. Le roi s'est placé au milieu de la salle, environné de la famille royale, des princes et princesses de son sang, et des dames de la cour, qui formaient un spectacle beaucoup plus beau que tous ceux qu'on pouvait leur donner.

Il eût été à désirer qu'un plus grand nombre de Français eût pu voir cette assemblée, tous les princes de cette maison qui est sur le trône longtemps avant les plus anciennes du monde, cette foule de dames parées de tous les ornements qui sont encore des chefs-d'œuvre du goût de la nation, et qui étaient effacés par elles; enfin cette joie noble et décente qui occupait tous les cœurs, et qu'on lisait dans tous les yeux.

On est sorti du spectacle à neuf heures et demie, dans le même ordre qu'on était entré : alors on a trouvé toute la façade du palais et des écuries illuminées. La beauté de cette fête n'est qu'une faible image de la joie d'une nation qui voit réunir le sang de tant de princes auxquels elle doit son bonheur et sa gloire.

Sa Majesté, satisfaite de tous les soins qu'on a pris pour lui plaire, a ordonné que ce spectacle fût représenté encore une seconde fois.

PROLOGUE
DE LA FÊTE POUR LE MARIAGE DE M. LE DAUPHIN.

LE SOLEIL *descend dans son char et prononce ces paroles :*
L'inventeur des beaux-arts, le dieu de la lumière,
Descend du haut des cieux dans le plus beau séjour
Qu'il puisse contempler en sa vaste carrière.

La Gloire, l'Hymen, et l'Amour,
Astres charmants de cette cour,
Y répandent plus de lumière
Que le flambeau du dieu du jour.

J'envisage en ces lieux le bonheur de la France
Dans ce roi qui commande à tant de cœurs soumis;
Mais, tout dieu que je suis, et dieu de l'éloquence,
Je ressemble à ses ennemis,
Je suis timide en sa présence.

Faut-il qu'ayant tant d'assurance
Quand je fais entendre son nom,

PROLOGUE.

Il ne m'inspire ici que de la défiance ?
Tout grand homme a de l'indulgence,
Et tout héros aime Apollon.

Qui rend son siècle heureux veut vivre en la mémoire;
Pour mériter Homère Achille a combattu.
Si l'on dédaignait trop la gloire,
On chérirait peu la vertu.

(Tous les acteurs bordent le théâtre, représentant les Muses et les Beaux-Arts.)

O vous qui lui rendez tant de divers hommages,
Vous qui le couronnez, et dont il est l'appui,
N'espérez pas pour vous avoir tous les suffrages
Que vous réunissez pour lui.

Je sais que de la cour la science profonde
Serait de plaire à tout le monde;
C'est un art qu'on ignore; et peut-être les dieux
En ont cédé l'honneur au maître de ces lieux.

Muses, contentez-vous de chercher à lui plaire;
Ne vantez point ici d'une voix téméraire
La douceur de ses lois, les efforts de son bras,
Thémis, la Prudence, et Bellone,
Conduisant son cœur et ses pas;
La bonté généreuse assise sur son trône,
Le Rhin libre par lui, l'Escaut épouvanté,
Les Apennins fumants que sa foudre environne;
Laissons ces entretiens à la postérité.
Ces leçons à son fils, cet exemple à la terre,
Vous graverez ailleurs, dans les fastes des temps,
Tous ces terribles monuments,
Dressés par les mains de la Guerre.
Célébrez aujourd'hui l'hymen de ses enfants;
Déployez l'appareil de vos jeux innocents.
L'objet qu'on désirait, qu'on admire et qu'on aime,
Jette déjà sur vous des regards bienfaisants;
On est heureux sans vous; mais le bonheur suprême
Veut encor des amusements.

Cueillez toutes les fleurs, et parez-en vos têtes;
Mêlez tous les plaisirs, unissez tous les jeux,
Souffrez le plaisant même; il faut de tout aux fêtes,
Et toujours les héros ne sont pas sérieux.
Enchantez un plaisir, hélas! trop peu durable.
Ce peuple de guerriers, qui ne paraît qu'aimable,
Vous écoute un moment, et revole aux dangers,
Leur maître en tous les temps veille sur la patrie.

Les soins sont éternels, ils consument la vie ;
　　Les plaisirs sont trop passagers.
Il n'en est pas ainsi de la vertu solide ;
Cet hymen l'éternise : il assure à jamais
A cette race auguste, à ce peuple intrépide,
　　Des victoires et des bienfaits.

Muses, que votre zèle à mes ordres réponde,
Le cœur plein des beautés dont cette cour abonde,
Et que ce jour illustre assemble autour de moi,
Je vais voler au ciel, à la source féconde
　　De tous les charmes que je voi ;
　　　Je vais, ainsi que votre roi,
Recommencer mon cours pour le bonheur du monde.

NOUVEAU PROLOGUE
DE LA PRINCESSE DE NAVARRE,

ENVOYÉ A M. LE MARÉCHAL DUC DE RICHELIEU, POUR LA REPRÉSENTATION
QU'IL FIT DONNER A BORDEAUX, LE 26 NOVEMBRE 1763.

Nous osons retracer cette fête éclatante
Que donna dans Versaille au plus aimé des rois
　　Le héros qui le représente,
　　Et qui nous fait chérir ses lois.

Ses mains en d'autres lieux ont porté la victoire ;
Il porte ici le goût, les beaux-arts et les jeux ;
　　Et c'est une nouvelle gloire :
Mars fait des conquérants, la paix fait des heureux.

Des Grecs et des Romains les spectacles pompeux
De l'univers encore occupent la mémoire ;
Aussi bien que leurs camps, leurs cirques sont fameux.
Melpomène, Thalie, Euterpe, et Terpsichore,
Ont enchanté les Grecs, et savent plaire encore
A nos Français polis et qui pensent comme eux.
　　　La guerre défend la patrie,
　　　Le commerce peut l'enrichir ;
Les lois font son repos, les arts la font fleurir.
La valeur, les talents, les travaux, l'industrie,
Tout brille parmi vous ; que vos heureux remparts
Soient le temple éternel de la paix et des arts.

PERSONNAGES CHANTANTS

DANS TOUS LES CHŒURS.

QUINZE FEMMES.
VINGT-CINQ HOMMES.

PERSONNAGES DU POËME.

CONSTANCE, princesse de Navarre.
LE DUC DE FOIX.
DON MORILLO, seigneur de campagne.
SANCHETTE, fille de Morillo.
LÉONOR, l'une des femmes de la princesse.
HERNAND, écuyer du duc.
GUILLOT, jardinier.
UN OFFICIER DES GARDES.
UN ALCADE.
SUITE.

La scène est dans les jardins de don Morillo, sur les confins de la Navarre.

ACTE PREMIER.

SCÈNE I. — CONSTANCE, LÉONOR.

LÉONOR.

Ah! quel voyage et quel séjour
Pour l'héritière de Navarre!
Votre tuteur, don Pèdre, est un tyran barbare :
Il vous force à fuir de sa cour.
Du fameux duc de Foix vous craignez la tendresse;
Vous fuyez la haine et l'amour;
Vous courez la nuit et le jour
Sans page et sans dame d'atour.
Quel état pour une princesse!
Vous vous exposez tour à tour
A des dangers de toute espèce.

CONSTANCE.

J'espère que demain ces dangers, ces malheurs,
De la guerre civile effet inévitable,
Seront au moins suivis d'un ennui tolérable;
Et je pourrai cacher mes pleurs
Dans un asile inviolable.
O sort! à quels chagrins me veux-tu réserver?
De tous côtés infortunée,

LA PRINCESSE DE NAVARRE.

Don Pèdre aux fers m'avait abandonnée ;
Gaston de Foix veut m'enlever.
LÉONOR.
Je suis de vos malheurs comme vous occupée ;
Malgré mon humeur gaie, ils troublent ma raison ;
Mais un enlèvement, où je suis fort trompée,
Vaut un peu mieux qu'une prison.
Contre Gaston de Foix quel courroux vous anime ?
Il veut finir votre malheur.
Il voit ainsi que nous don Pèdre avec horreur.
Un roi cruel qui vous opprime
Doit vous faire aimer un vengeur.
CONSTANCE.
Je hais Gaston de Foix autant que le roi même.
LÉONOR.
Et pourquoi ? parce qu'il vous aime ?
CONSTANCE.
Lui, m'aimer ! nos parents se sont toujours haïs.
LÉONOR.
Belle raison !
CONSTANCE.
Son père accabla ma famille.
LÉONOR.
Le fils est moins cruel, madame, avec la fille ;
Et vous n'êtes point faits pour vivre en ennemis.
CONSTANCE.
De tout temps la haine sépare
Le sang de Foix et le sang de Navarre.
LÉONOR.
Mais l'amour est utile aux raccommodements.
Enfin dans vos raisons je n'entre qu'avec peine.
Et je ne crois point que la haine
Produise les enlèvements.
Mais ce beau duc de Foix que votre cœur déteste,
L'avez-vous vu, madame ?
CONSTANCE.
Au moins mon sort funeste
A mes yeux indignés n'a point voulu l'offrir.
Quelque hasard aux siens m'a pu faire paraître.
LÉONOR.
Vous m'avouerez qu'il faut connaître
Du moins avant que de haïr.
CONSTANCE.
J'ai juré, Léonor, au tombeau de mon père,
De ne jamais m'unir à ce sang que je hais.
LÉONOR.
Serment d'aimer toujours, ou de n'aimer jamais ;

ACTE I, SCÈNE I.

Me paraît un peu téméraire.
Enfin, de peur des rois et des amants, hélas !
Vous allez dans un cloître enfermer tant d'appas.

CONSTANCE.

Je vais dans un couvent tranquille,
Loin de Gaston, loin des combats,
Cette nuit trouver un asile.

LÉONOR.

Ah ! c'était à Burgos, dans votre appartement,
Qu'était en effet le couvent.
Loin des hommes renfermée,
Vous n'avez pas vu seulement
Ce jeune et redoutable amant
Qui vous avait tant alarmée.
Grâce aux troubles affreux dont nos États sont pleins,
Au moins dans ce château nous voyons des humains.
Le maître du logis, ce baron qui vous prie
À dîner malgré vous, faute d'hôtellerie,
Est un baron absurde, ayant assez de bien,
Grossièrement galant avec peu de scrupule ;
Mais un homme ridicule
Vaut peut-être encor mieux que rien.

CONSTANCE.

Souvent dans le loisir d'une heureuse fortune
Le ridicule amuse, on se prête à ses traits ;
Mais il fatigue, il importune
Les cœurs infortunés et les esprits bien faits.

LÉONOR.

Mais un esprit bien fait peut remarquer, je pense,
Ce noble cavalier si prompt à vous servir,
Qui avec tant de respects, de soins, de complaisance,
Au-devant de vos pas nous avons vu venir.

CONSTANCE.

Vous le nommez ?

LÉONOR.

Je crois qu'il se nomme Alamir.

CONSTANCE.

Alamir ? il paraît d'une tout autre espèce
Que monsieur le baron.

LÉONOR.

Oui, plus de politesse,
Plus de monde, de grâce.

CONSTANCE.

Il porte dans son air
Je ne sais quoi de grand.

LÉONOR.

Oui.

CONSTANCE.
De noble...
LÉONOR.
Oui.
CONSTANCE.
De fier.
LÉONOR.
Oui. J'ai cru même y voir je ne sais quoi de tendre.
CONSTANCE.
Oh! point : dans tous les soins qu'il s'empresse à nous rendre
Son respect est si retenu !
LÉONOR.
Son respect est si grand qu'en vérité j'ai cru
Qu'il a deviné votre altesse.
CONSTANCE.
Les voici ; mais surtout point d'altesse en ces lieux :
Dans mes destins injurieux
Je conserve le cœur, non le rang de princesse.
Garde de découvrir mon secret à leurs yeux ;
Modère ta gaieté déplacée, imprudente ;
Ne me parle point en suivante.
Dans le plus secret entretien
Il faut t'accoutumer à passer pour ma tante.
LÉONOR.
Oui, j'aurai cet honneur, je m'en souviens très-bien.
CONSTANCE.
Point de respect, je te l'ordonne.

SCÈNE II. — DON MORILLO, LE DUC DE FOIX, *en jeune officier, d'un côté du théâtre; de l'autre*, CONSTANCE, LÉONOR.

MORILLO, *au duc de Foix, qu'il prend toujours pour Alamir.*
Oh! oh! qu'est-ce donc que j'entends ?
La tante est tutoyée! Ah! ma foi, je soupçonne
Que cette tante-là n'est pas de ses parents.
Alamir, mon ami, je crois que la friponne,
Ayant sur moi du dessein,
Pour renchérir sa personne
Prit cette tante en chemin.
LE DUC DE FOIX.
Non, je ne le crois pas : elle paraît bien née ;
La vertu, la noblesse éclate en ses regards.
De nos troubles civils les funestes hasards
Près de votre château l'ont sans doute amenée.
MORILLO.
Parbleu, dans mon château je prétends la garder ;
En bon parent tu dois m'aider :

ACTE I, SCÈNE II.

C'est une bonne aubaine; et des nièces pareilles
Se trouvent rarement, et m'iraient à merveilles.

LE DUC DE FOIX.
Gardez de les laisser échapper de vos mains.

LÉONOR, à la princesse.
On parle ici de vous, et l'on a des desseins.

MORILLO.
Je réponds de leur complaisance.
(Il s'avance vers la princesse de Navarre.)
Madame, jamais mon château....
(Au duc de Foix.)
Aide-moi donc un peu.

LE DUC DE FOIX, bas.
Ne vit rien de si beau.

MORILLO.
Ne vit rien de si beau.... Je sens en sa présence
Un embarras tout nouveau :
Que veut dire cela? Je n'ai plus d'assurance.

LE DUC DE FOIX.
Son aspect en impose, et se fait respecter.

MORILLO.
A peine elle daigne écouter.
Ce maintien réservé glace mon éloquence;
Elle jette sur nous un regard bien altier!
Quels grands airs! Allons donc, sers-moi de chancelier
Explique-lui le reste, et touche un peu son âme.

LE DUC DE FOIX.
Ah! que je le voudrais!.... Madame,
Tout reconnaît ici vos souveraines lois;
Le ciel, sans doute, vous a faite
Pour en donner aux plus grands rois.
Mais du sein des grandeurs on aime quelquefois
A se cacher dans la retraite.
On dit que les dieux autrefois
Dans de simples hameaux se plaisaient à paraître :
On put souvent les méconnaître.
On ne peut se méprendre aux charmes que je vois.

MORILLO.
Quels discours ampoulés! quel diable de langage!
Es-tu fou?

LE DUC DE FOIX.
Je crains bien de n'être pas trop sage.
(A Léonor.)
Vous qui semblez la sœur de cet objet divin,
De nos empressements daignez être attendrir;
Accordez un seul jour, ne partez que demain;
Ce jour le plus heureux, le plus beau de ma vie;

Du reste de nos jours va régler le destin.
(A Morillo.)
Je parle ici pour vous.

MORILLO.
Eh bien ! que dit la tante ?

LÉONOR.
Je ne vous cache point que cette offre me tente ;
Mais, madame.... ma nièce....

MORILLO, à Léonor.
Oh ! c'est trop de raison.
A la fin je serai le maître en ma maison.
Ma tante, il faut souper alors que l'on voyage ;
Petites façons et grands airs,
A mon avis sont des travers.
Humanisez un peu cette nièce sauvage.
Plus d'une reine en mon château
A couché dans la route, et l'a trouvé fort beau.

CONSTANCE.
Ces reines voyageaient en des temps plus paisibles,
Et vous savez quel trouble agite ces États.
A tous vos soins polis nos cœurs seront sensibles ;
Mais nous partons ; daignez ne nous arrêter pas.

MORILLO.
La petite obstinée ! Où courez-vous si vite ?

CONSTANCE.
Au couvent.

MORILLO.
Quelle idée ! et quels tristes projets !
Pourquoi préférez-vous un aussi vilain gîte ?
Qu'y pourriez-vous trouver ?

CONSTANCE.
La paix.

LE DUC DE FOIX.
Que cette paix est loin de ce cœur qui soupire !

MORILLO.
Eh bien ! espères-tu de pouvoir la réduire ?

LE DUC DE FOIX.
Je vous promets du moins d'y mettre tout mon art.

MORILLO.
J'emploierai tout le mien.

LÉONOR.
Souffrez qu'on se retire ;
Il faut ordonner tout pour ce prochain départ.
(Elles font un pas vers la porte.)

LE DUC DE FOIX.
Le respect nous défend d'insister davantage ;

ACTE I, SCÈNE II.

Vous obéir en tout est le premier devoir.
(Ils font une révérence.)
Mais quand on cesse de vous voir,
En perdant vos beaux yeux, on garde votre image.

SCÈNE III. — LE DUC DE FOIX, DON MORILLO.

MORILLO.
On ne partira point, et j'y suis résolu.
LE DUC DE FOIX.
Le sang m'unit à vous, et c'est une vertu
D'aider dans leurs desseins des parents qu'on révère.
MORILLO.
La nièce est mon vrai fait, quoique un peu froide et fière;
La tante sera ton affaire,
Et nous serons tous deux contents.
Que me conseilles-tu?
LE DUC DE FOIX.
D'être aimable, de plaire.
MORILLO.
Fais-moi plaire.
LE DUC DE FOIX.
Il y faut mille soins complaisants,
Les plus profonds respects, des fêtes, et du temps.
MORILLO.
J'ai très-peu de respect; le temps est long; les fêtes
Coûtent beaucoup, et ne sont jamais prêtes;
C'est de l'argent perdu.
LE DUC DE FOIX.
L'argent fut inventé
Pour payer, si l'on peut, l'agréable et l'utile.
Eh! jamais le plaisir fut-il trop acheté?
MORILLO.
Comment t'y prendras-tu?
LE DUC DE FOIX.
La chose est très-facile.
Laissez-moi partager les frais.
Il vient de venir ici près
Quelques comédiens de France,
Des troubadours experts dans la haute science,
Dans le premier des arts, le grand art du plaisir :
Ils ne sont pas dignes peut-être
Des adorables yeux qui les verront paraître;
Mais ils savent beaucoup, s'ils savent réjouir.
MORILLO.
Réjouissons-nous donc.
LE DUC DE FOIX.
Oui, mais avec mystère.

MORILLO.

Avec mystère, avec fracas,
Sers-moi comme tu voudras;
Je trouve tout fort bon quand j'ai l'amour en tête.
Prépare ta petite fête;
De mes menus plaisirs je te fais l'intendant.
Je veux subjuguer la friponne,
Avec son air important,
Et je vais pour danser ajuster ma personne.

SCÈNE IV. — LE DUC DE FOIX, HERNAND.

LE DUC DE FOIX.

Hernand, tout est-il prêt?

HERNAND.

Pouvez-vous en douter?
Quand monseigneur ordonne, on sait exécuter.
Par mes soins secrets tout s'apprête
Pour amollir ce cœur et si fier et si grand.
Mais j'ai grand peur que votre fête
Réussisse aussi mal que votre enlèvement.

LE DUC DE FOIX.

Ah! c'est là ce qui fait la douleur qui me presse.
Je pleure ces transports d'une aveugle jeunesse,
Et je veux expier le crime d'un moment
Par une éternelle tendresse.
Tout me réussira, car j'aime à la fureur.

HERNAND.

Mais en déguisements vous avez du malheur :
Chez don Pèdre en secret j'eus l'honneur de vous suivre
En qualité de conjuré;
Vous fûtes reconnu, tout prêt d'être livré,
Et nous sommes heureux de vivre :
Vos affaires ici ne tournent pas trop bien,
Et je crains tout pour vous.

LE DUC DE FOIX.

J'aime, et je ne crains rien.
Mon projet avorté, quoique plein de justice,
Dut sans doute être malheureux;
Je ne méritais pas un destin plus propice,
Mon cœur n'était point amoureux.
Je voulais d'un tyran punir la violence,
Je voulais enlever Constance,
Pour unir nos maisons, nos noms et nos amis;
La seule ambition fut d'abord mon partage.
Belle Constance, je vous vis;
L'amour seul arme mon courage.

ACTE I, SCÈNE IV. 313

HERNAND.

Elle ne vous vit point, c'est là votre malheur ;
　Vos grands projets lui firent peur,
　Et, dès qu'elle en fut informée,
Sa fureur contre vous dès longtemps allumée
　En avertit toute la cour.
Il fallut fuir alors.

LE DUC DE FOIX.

　　Elle fuit à son tour.
Nos communs ennemis la rendront plus traitable.

HERNAND.

Elle hait votre sang.

LE DUC DE FOIX.

　　Quelle haine indomptable
　Peut tenir contre tant d'amour ?

HERNAND.

Pour un héros tout jeune et sans expérience,
Vous embrassez beaucoup de terrain à la fois ;
Vous voudriez finir la mésintelligence
　Du sang de Navarre et de Foix ;
Vous avez en secret avec le roi de France
　Un chiffre de correspondance ;
Contre un roi formidable ici vous conspirez ;
Vous y risquez vos jours et ceux des conjurés ;
Vos troupes vers ces lieux s'avancent à la file ;
Vous préparez la guerre au milieu des festins ;
Vous bernez le seigneur qui vous donne un asile,
Sa fille, pour combler vos singuliers destins,
Devient folle de vous, et vous tient en contrainte
Il vous faut employer et l'audace et la feinte ;
Téméraire en amour, et criminel d'État,
Perdant votre raison, vous risquez votre tête.
　　Vous allez livrer un combat,
　　Et vous préparez une fête !

LE DUC DE FOIX.

Mon cœur de tant d'objets n'en voit qu'un seul ici ;
Je ne vois, je n'entends que la belle Constance.
Si par mes tendres soins son cœur est adouci,
　Tout le reste est en assurance.
Don Pèdre périra, don Pèdre est trop haï.
Le fameux du Guesclin vers l'Espagne s'avance ;
　Le fier Anglais, notre ennemi,
D'un tyran détesté prend en vain la défense ;
Par le bras des Français les rois sont protégés :
Des tyrans de l'Europe ils domptent la puissance ;
Le sort des Castillans sera d'être vengés
　Par le courage de la France.

LA PRINCESSE DE NAVARRE.

HERNAND.
Et cependant en ce séjour
Vous ne connaissez rien qu'un charmant esclavage.

LE DUC DE FOIX.
Va, tu verras bientôt ce que peut un courage
Qui sert la patrie et l'amour.
Ici tout ce qui m'inquiète,
C'est cette passion dont m'honore Sanchette,
La fille de notre baron.

HERNAND.
C'est une fille neuve, innocente, indiscrète,
Bonne par inclination,
Simple par éducation,
Et par instinct un peu coquette;
C'est la pure nature en sa simplicité.

LE DUC DE FOIX.
Sa simplicité même est fort embarrassante,
Et peut nuire aux projets de mon cœur agité.
J'étais loin d'en vouloir à cette âme innocente.
J'apprends que la princesse arrive en ce canton;
Je me rends sur la route, et me donne au baron
Pour un fils d'Alamir, parent de la maison.
En amour comme en guerre, une ruse est permise.
J'arrive, et sur un compliment
Moitié poli, moitié galant,
Que partout l'usage autorise,
Sanchette prend feu promptement;
Et son cœur tout neuf s'humanise.
Elle me prend pour son amant,
Se hâte d'un engagement.
M'aime, et le dit avec franchise.
Je crains plus la fièreté
Que d'une femme bien apprise
Je ne craindrais la fausseté.

HERNAND.
Elle vous cherche.

LE DUC DE FOIX.
Je te laisse;
Tâche de dérouter sa curiosité.
Je vole aux pieds de la princesse.

SCÈNE V. — SANCHETTE, HERNAND.

SANCHETTE.
Je suis au désespoir.

HERNAND.
Qu'est-ce qui vous déplait,

ACTE I, SCÈNE V.

Mademoiselle?
SANCHETTE.
Votre maître
HERNAND.
Vous déplaît-il beaucoup?
SANCHETTE.
Beaucoup; car c'est un traître,
Ou du moins il est prêt de l'être;
Il ne prend plus à moi nul intérêt.
Avant-hier il vint, et je fus transportée
De son séduisant entretien;
Hier, il m'a beaucoup flattée;
A présent il ne me dit rien.
Il court, ou je me trompe, après cette étrangère,
Moi, je cours après lui; tous mes pas sont perdus,
Et, depuis qu'elle est chez mon père,
Il semble que je n'y sois plus.
Quelle est donc cette femme, et si belle et si fière
Pour qui l'on fait tant de façons?
On va pour elle encor donner les violons;
Et c'est ce qui me désespère.
HERNAND.
Elle va tout gâter.... Mademoiselle, eh bien,
Si vous me promettiez de n'en témoigner rien,
D'être discrète....
SANCHETTE.
Oh! oui, je jure de me taire,
Pourvu que vous parliez.
HERNAND.
Le secret, le mystère
Rend les plaisirs piquants.
SANCHETTE.
Je ne vois pas pourquoi.
HERNAND.
Mon maître, né galant, dont vous tournez la tête,
Sans vous en avertir vous prépare une fête.
SANCHETTE.
Quoi! tous ces violons?
HERNAND.
Sont tous pour vous.
SANCHETTE.
Pour moi!
HERNAND.
N'en faites point semblant, gardez un beau silence;
Vous verrez vingt Français entrer dans un moment;
Ils sont parés superbement;

Ils parlent en chansons, ils marchent en cadence,
Et la joie est leur élément.

SANCHETTE.

Vingt beaux messieurs français! j'en ai l'âme ravie;
J'eus de voir des Français toujours très-grande envie :
Entreront-ils bientôt?

HERNAND.

Ils sont dans le château.

SANCHETTE.

L'aimable nation! que de galanterie!

HERNAND.

On vous donne un spectacle, un plaisir tout nouveau.
Ce que font les Français est si brillant, si beau!

SANCHETTE.

Eh! qu'est-ce qu'un spectacle?

HERNAND.

Une chose charmante.
Quelquefois un spectacle est un mouvant tableau
Où la nature agit, où l'histoire est parlante,
Où les rois, les héros, sortent de leur tombeau :
Des mœurs des nations c'est l'image vivante.

SANCHETTE.

Je ne vous entends point.

HERNAND.

Un spectacle assez beau
Serait encore une fête galante;
C'est un art tout français d'expliquer ses désirs
Par l'organe des jeux, par la voix des plaisirs;
Un spectacle est surtout un amoureux mystère
Pour courtiser Sanchette et tâcher de lui plaire.
Avant d'aller tout uniment
Parler au baron votre père
De notaire, d'engagement,
De fiançaille, et de douaire.

SANCHETTE.

Ah! je vous entends bien; mais moi, que dois-je faire?

HERNAND.

Rien.

SANCHETTE.

Comment! rien du tout?

HERNAND.

Le goût, la dignité,
Consistent dans la gravité,
Dans l'art d'écouter tout, finement, sans rien dire,
D'approuver d'un regard, d'un geste, d'un sourire
Le feu dont mon maître soupire
Sous des noms empruntés devant vous paraîtra;

Et l'adorable Sanchette,
Toujours tendre, toujours discrète,
En silence triomphera.

SANCHETTE.

Je comprends fort peu tout cela ;
Mais je vous avouerai que je suis enchantée
De voir de beaux Français, et d'en être fêtée.

SCÈNE VI. — SANCHETTE ET HERNAND *sont sur le devant,*
LA PRINCESSE DE NAVARRE *arrive par un des côtés du fond
sur le théâtre, entre* DON MORILLO ET LE DUC DE FOIX;
LÉONOR, SUITE.

LÉONOR, *à Morillo.*

Oui, monsieur, nous allons partir.

LE DUC DE FOIX, *à part.*

Amour, daigne éloigner un départ qui me tue.

SANCHETTE, *à Hernand.*

On ne commence point. Je ne puis me tenir ;
Quand aurai-je une fête aux yeux de l'inconnue ?
Je la verrai jalouse, et c'est un grand plaisir.

CONSTANCE *voulant passer par une porte, elle s'ouvre et paraît
remplie de guerriers.*

Que vois-je, ô ciel ! suis-je trahie ?
Ce passage est rempli de guerriers menaçants!
Quoi ! don Pèdre en ces lieux étend sa tyrannie ?

LÉONOR.

La frayeur trouble tous mes sens.

(*Les guerriers entrent sur la scène, précédés de trompettes, et tous les
acteurs de la comédie se rangent d'un côté du théâtre.*)

UN GUERRIER, *chantant.*

Jeune beauté, cessez de vous plaindre,
Bannissez vos terreurs ;
C'est vous qu'il faut craindre :
Bannissez vos terreurs ;
C'est vous qu'il faut craindre;
Régnez sur nos cœurs.

LE CHŒUR *répète.*

Jeune beauté, cessez de vous plaindre, etc.

(Marche de guerriers dansants.)

UN GUERRIER.

Lorsque Vénus vient embellir la terre,
C'est dans nos champs qu'elle établit sa cour.
Le terrible dieu de la guerre,
Désarmé dans ses bras, sourit au tendre amour.
Toujours la beauté dispose
Des invincibles guerriers ;

318 LA PRINCESSE DE NAVARRE.

Et le charmant Amour est sur un lit de rose,
A l'ombre des lauriers.

LE CHŒUR.

Jeune beauté, cessez de vous plaindre, etc.

(On danse.)

UN GUERRIER.

Si quelque tyran vous opprime,
Il va tomber la victime
De l'amour et de la valeur ;
Il va tomber sous le glaive vengeur.

UN GUERRIER.

A votre présence
Tout doit s'enflammer ;
Pour votre défense
Tout doit s'armer.
L'amour, la vengeance
Doit nous animer.

LE CHŒUR répète :

A votre présence,
Tout doit s'enflammer, etc.

(On danse.)

CONSTANCE, à *Léonor.*

Je l'avouerai, ce divertissement
Me plaît ; m'alarme davantage.
On dirait qu'ils ont su l'objet de mon voyage.
Ciel ! avec mon état quel rapport étonnant !

LÉONOR.

Bon ! c'est pure galanterie,
C'est un air de chevalerie
Que prend le vieux Baron pour faire l'important.

(La princesse veut s'en aller ; le chœur l'arrête en chantant.)

LE CHŒUR.

Demeurez, présidez à nos fêtes ;
Que nos cœurs soient ici vos conquêtes.

DEUX GUERRIERS.

Tout l'univers doit vous rendre
L'hommage qu'on rend aux dieux ;
Mais où cœurs peuvent-ils
Pouvez-vous attendre
Un hommage plus tendre,
Plus digne de vos yeux ?

LE CHŒUR.

Demeurez, présidez à nos fêtes !
Que nos cœurs soient vos tendres conquêtes.

(Les personnages du divertissement rentrent par le même portique.)

(Pendant que Constance parle à Léonor, don Morillo, qui est devant

ACTE I, SCÈNE VI.

elles, leur fait des mines; et Sanchette, qui est alors auprès du duc
de Foix, le tire à part sur le devant du théâtre.

SANCHETTE, *au duc de Foix.*

Écoutez donc, mon cher amant,
L'aubade qu'on me donne est étrangement faite :
Je n'ai pas su danser. Pourquoi cette trompette?
Qu'est-ce qu'un Mars, Vénus, des combats, un tyran,
Et pas un seul mot de Sanchette?
A cette dame-ci tout s'adresse en ces lieux :
Cette préférence me touche.

LE DUC DE FOIX.

Croyez-moi, taisons-nous; l'amour respectueux,
Doit avoir quelquefois son bandeau sur la bouche,
Bien plus encor que sur les yeux.

SANCHETTE.

Quel bandeau! quels respects? ils sont bien ennuyeux!

MORILLO, *s'avançant vers la princesse.*

Eh bien! que dites-vous de notre sérénade?
La tante est-elle un peu contente de l'aubade?

LÉONOR.

Et la tante et la nièce y trouvent mille appas.

CONSTANCE, *à Léonor.*

Qu'est-ce que tout ceci? Non, je ne comprends pas
Les contrariétés qui s'offrent à ma vue,
Cette rusticité du seigneur du château,
Et ce goût si noble, si beau,
D'une fête si prompte et si bien entendue.

MORILLO.

Eh bien donc! notre tante approuve mon cadeau.

LÉONOR.

Il me paraît brillant, fort heureux, et nouveau.

MORILLO.

La porte était gardée avec de beaux gendarmes :
Eh! eh! l'on n'est pas neuf dans le métier des armes.

CONSTANCE.

C'est magnifiquement recevoir nos adieux;
Toujours le souvenir m'en sera précieux.

MORILLO.

Je le crois. Vous pourriez voyager par le monde
Sans être fêtoyée ainsi qu'on l'est ici.
Soyez sage, demeurez-y.
Cette fête, ma foi, n'aura pas sa seconde
Vous chômerez ailleurs. Quand je vous parle ainsi,
C'est pour votre seul bien; car pour moi je vous jure
Que, si vous décampez, de bon cœur je l'endure,
Et quand il vous plaira vous pourrez nous quitter.

CONSTANCE.
De cette offre polie il nous faut profiter;
Par cet autre côté permettez que je sorte.
LÉONOR.
On nous arrête encore à la seconde porte?
CONSTANCE.
Que vois-je? quels objets! quels spectacles charmants!
LÉONOR.
Ma nièce, c'est ici le pays des romans.
(Il sort de cette seconde porte une troupe de danseurs et de danseuse
avec des tambours de basque et des tambourins.)
(Après cette entrée, Léonor se trouve à côté de Morillo, et lui dit :)
Qui sont donc ces gens-ci?
MORILLO, *au duc de Foix.*
C'est à toi de leur dire
Ce que je ne sais point.
LE DUC DE FOIX, *à la princesse de Navarre.*
Ce sont des gens savants,
Qui dans le ciel tout courant savent lire
Des mages d'autrefois illustres descendants,
A qui fut réservé le grand art de prédire.
(Les astrologues arabes, qui étaient restés sous le portique pendant
la danse, s'avancent sur le théâtre, et tous les acteurs de la comédie se rangent pour les écouter.)
UNE DEVINERESSE *chante.*
Nous enchaînons le temps; le plaisir suit nos pas :
Nous portons dans les cœurs la flatteuse espérance;
Nous leur donnons la jouissance
Des biens même qu'ils n'ont pas;
Le présent fuit, il nous entraîne;
Le passé n'est plus rien.
Charme de l'avenir, vous êtes le seul bien
Qui reste à la faiblesse humaine.
Nous enchaînons le temps, ETC.
(On danse.)
UN ASTROLOGUE.
L'astre éclatant et doux de la fille de l'onde,
Qui devance ou qui suit le jour,
Pour vous recommençait son tour.
Mars a voulu s'unir pour le bonheur du monde
A la planète de l'Amour.
Mais quand les faveurs célestes
Sur nos jours précieux allaient se rassembler,
Des dieux inhumains et funestes
Se plaisent à les troubler.
UN ASTROLOGUE, *alternativement avec le chœur.*
Dieux ennemis, dieux impitoyables,

ACTE I, SCÈNE VI.

Soyez confondus.
Dieux secourables,
Tendre Vénus,
Soyez à jamais favorables.

CONSTANCE.

Ces astrologues me paraissent
Plus instruits du passé que du sombre avenir;
Dans mon ignorance ils me laissent;
Comme moi, sur mes maux ils semblent s'attendrir;
Ils forment, comme moi, des souhaits inutiles,
Et des espérances stériles,
Sans rien prévoir et sans rien prévenir.

LE DUC DE FOIX.

Peut-être ils prédiront ce que vous devez faire;
Des secrets de nos cœurs ils percent le mystère.

UNE DEVINERESSE s'approche de la princesse, et chante.

Vous excitez la plus sincère ardeur,
Et vous ne sentez que la haine;
Pour punir votre âme inhumaine,
Un ennemi doit toucher votre cœur.

(Ensuite s'avançant vers Sanchette.)

Et vous, jeune beauté que l'Amour veut conduire,
L'Amour doit vous instruire;
Suivez ses douces lois.
Votre cœur est né tendre;
Aimez, mais, en faisant un choix,
Gardez de vous méprendre.

SANCHETTE.

Ah! l'on s'adresse à moi; la fête était pour nous.
J'attendais; j'éprouvais des transports si jaloux!

UN DEVIN ET UNE DEVINERESSE, s'adressant à Sanchette.

En mariage
Un sort heureux
Est un rare avantage;
Ses plus doux feux
Sont un long esclavage.
Du mariage
Formez les nœuds;
Mais ils sont dangereux.
L'amour heureux
Est trop volage.
Du mariage
Craignez les nœuds;
Ils sont trop dangereux.

SANCHETTE, *au duc de Foix.*

Bon! quels dangers seraient à craindre en mariage?
Moi, je n'en vois aucun; de bon cœur je m'engage:

VOLTAIRE — III 21

Nous nous aimerons tout tra bien.
Puisque nous nous aimons, nous serons fort fidèles;
Donnez-moi bien souvent des fêtes aussi belles,
Et je ne me plaindrai de rien.

LE DUC DE FOIX.
Hélas! j'en donnerai tous les jours de ma vie,

Et les jours et les nuits vous seront consacrés.
Mais je n'espère point.....

SANCHETTE.
Quoi donc?

LE DUC DE FOIX.
Il est déjà tout fait, vous enchantez mon cœur.

(on danse)

(Les acteurs de la comédie sont à leur place. Sanchette veut
danser avec le duc de Foix, et celui-ci Morillo prend la princesse de Navarre, et danse avec elle.)

GUILLOT, avec un cor de chasse. Il faut qu'on rompe la danse,
dérange tout, prend le duc de Foix et Morillo par la main,
fait des signes en leur parlant bas, et voyant fort cesser la musique, il dit au duc de Foix:

Oh! vous allez bientôt avoir une autre danse:
Tout est prêt... comptez sur moi.

LE DUC DE FOIX, à Morillo.
Quelle étrange aventure! Oh! ciel!... Eh! pourquoi?

MORILLO.
Il vient la demander par ordre exprès du roi.

LE DUC DE FOIX.
De quel roi?

MORILLO.
De mon Padre.

LE DUC DE FOIX.
Quoi! le roi de France
Vous défend vient-il de cette violence!

LÉNOR, à la princesse.
Il paraît que sur vous roule la conférence.

MORILLO.
Bon; mais en attendant qu'allons-nous devenir?
Quand un alcade parle, il faut bien obéir.

LE DUC DE FOIX.
Obéir, moi?

MORILLO.
Sans doute, à quoi peux-tu prétendre?

LE DUC DE FOIX.
Nous battre contre tous, contre tous la défendre.

MORILLO.
Qui? toi, te révolter contre un ordre précis
Émané du roi d'Espagne et de sang rassis?

LE DUC DE FOIX.
Le premier des devoirs est de servir les belles.

ACTE I, SCÈNE VI.

Et les rois ne vont qu'après elles.

MORILLO.
Ce petit parent-là m'a l'air d'un franc vaurien;
Tu seras... Mais, ma foi, je ne m'en mêle en rien.
Rebelle à la justice! Allons, rentrez, Sanchette,
Plus de fête.

(Morillo pousse Sanchette dans la maison, renvoie la musique, et sort avec son monde.)

SANCHETTE.
Eh quoi donc?

LÉONOR.
D'où vient cette retraite,
Ce trouble, cet effroi, ce changement soudain?

CONSTANCE.
Je crains de nouveaux coups de mon triste destin.

LE DUC DE FOIX.
Madame, il est affreux de causer vos alarmes.
Nos divertissements vont finir par des larmes.
Un cruel....

CONSTANCE.
Ciel! qu'entends-je? Eh quoi! jusqu'en ces lieux
Gaston poursuivrait-il ses projets odieux?

LÉONOR.
Qu'avez-vous dit?

LE DUC DE FOIX.
Quel nom prononce votre bouche?
Gaston de Foix, madame, a-t-il un cœur farouche?
Sur la foi de son nom j'ose vous protester
Qu'ainsi que moi, pour vous, il donnerait sa vie;
Mais d'un autre ennemi craignez la barbarie :
De la part de don Pèdre on vient vous arrêter.

CONSTANCE.
M'arrêter?

LE DUC DE FOIX.
Un alcade avec impatience
Jusqu'en ces lieux suivit vos pas :
Il doit venir vous prendre.

CONSTANCE.
Eh! sur quelle apparence,
Sous quel nom, quel prétexte?

LE DUC DE FOIX.
Il ne vous nomme pas;
Mais il a désigné vos gens, votre équipage,
Tout envoyé qu'il est d'un ennemi sauvage,
Il a surtout désigné vos appas.

LÉONOR.
Ah! cachons-nous, madame!

CONSTANCE.
Où?
LÉONOR.
Chez la jardinière,
Chez Guillot.
LE DUC DE FOIX.
Chez Guillot on viendra vous chercher :
La beauté ne peut se cacher.
CONSTANCE.
Fuyons.
LE DUC DE FOIX.
Ne fuyez point.
LÉONOR.
Restons donc.
CONSTANCE.
Ciel! que faire?
LE DUC DE FOIX.
Si vous rester, si vous fuyez,
Je mourrai partout à vos pieds.
Madame, je n'ai point la coupable imprudence
D'oser vous demander quelle est votre naissance :
Soyez reine ou bergère, il n'importe à mon cœur;
Et le secret que vous m'en faites
Du soin de vous servir n'affaiblit point l'ardeur :
Le trône est partout où vous êtes.
Cachez, s'il se peut, vos appas;
Je vais voir en ces lieux si l'on peut vous surprendre;
Et je ne me cacherai pas
Quand il faudra vous défendre.

SCÈNE VII. — CONSTANCE, LÉONOR.

LÉONOR.
Enfin nous avons un appui.
Le brave chevalier; nous viendrait-il de France?
CONSTANCE.
Il n'est point d'Espagnol plus généreux que lui.
LÉONOR.
J'en espère beaucoup, s'il prend votre défense,
CONSTANCE.
Mais que peut-il seul aujourd'hui
Contre le danger qui me presse?
Le sort a sur ma tête épuisé tous ses coups.
LÉONOR.
Je craindrais le sort en courroux,
Si vous n'étiez qu'une princesse;
Mais vous avez, madame, un partage plus doux;

ACTE I, SCÈNE VII.

La nature elle-même a pris votre querelle
Puisque vous êtes jeune et belle,
Le monde entier sera pour vous.

ACTE SECOND.

SCÈNE I. — SANCHETTE, GUILLOT.

SANCHETTE.
Arrête, parle-moi, Guillot.
GUILLOT.
Oh! Guillot est pressé.
SANCHETTE.
Guillot, demeure; un mot :
Que fait notre Alamir?
GUILLOT.
Oh! rien n'est plus étrange.
SANCHETTE.
Mais que fait-il? dis-moi.
GUILLOT.
Moi, je crois qu'il fait tout,
Libéral comme un roi, jeune et beau comme un ange.
SANCHETTE.
L'infidèle me pousse à bout.
N'est-il pas au jardin avec cette étrangère ?
GUILLOT.
Eh! vraiment oui.
SANCHETTE.
Qu'elle doit me déplaire !
GUILLOT.
Eh, mon Dieu! d'où vient ce courroux?
Vous devez l'aimer au contraire,
Car elle est belle comme vous.
SANCHETTE.
D'où vient qu'on a cessé sitôt la sérénade?
GUILLOT.
Je n'en sais rien.
SANCHETTE.
Que veut dire un alcade?
GUILLOT.
Je n'en sais rien.
SANCHETTE.
D'où vient que mon père voulait
M'enfermer sous la clef? d'où vient qu'il s'en allait ?
GUILLOT.
Je n'en sais rien.

SANCHETTE.
D'où vient qu'Alamir est près d'elle?
GUILLOT.
Eh! je le sais; c'est qu'elle est belle :
Il lui parle à genoux, tout comme on parle au roi;
C'est des respects, des soins, j'en suis tout hors de moi.
Vous en seriez charmée.
SANCHETTE.
Guillot, le fat!
GUILLOT.
Adieu; car on m'attend; on a besoin d'un guide;
Elle veut s'en aller.
SANCHETTE, seule.
Puisse-t-elle partir,
Et me laisser mon Alamir!
Oh! que je suis honteuse et dépitée!
Il m'aimait en un jour; en deux suis-je quittée?
Monsieur Hernand m'a dit que c'est là le bon ton;
Je n'en crois rien du tout. Alamir! quel fripon!
S'il était sot et laid, il me serait fidèle,
Et, ne pouvant trouver de conquête nouvelle,
Il m'aimerait faute de mieux.
Comment faut-il faire à mon âge?
J'ai des amants constants, ils sont fort ennuyeux;
J'en trouve un seul aimable, et le traître est volage.

SCÈNE II. — SANCHETTE, L'ALCADE, suite.
L'ALCADE.
Mes amis, vous avez un important emploi;
Elle est dans ces jardins. Ah! la voici; c'est elle :
Le portrait qu'on m'en fit me semble assez fidèle;
Voilà son air, sa taille, elle est jeune, elle est belle;
Remplissons les ordres du roi.
Soyez prêts à me suivre, et faites sentinelle.
UN LIEUTENANT DE L'ALCADE.
Nous vous obéirons; comptez sur notre zèle.
SANCHETTE.
Ah! messieurs, vous parlez de moi.
L'ALCADE.
Oui, madame, à vos traits nous savons vous connaître;
Votre air nous dit assez ce que vous devez être;
Nous venons vous prier de venir avec nous;
La moitié de mes gens marchera devant vous,
L'autre moitié suivra; vous serez transportée
Sûrement et sans bruit, et partout respectée.

ACTE III, SCÈNE II.

SANCHETTE.
Quel étrange propos! me transporter! Quoi moi!
Eh! qui donc êtes-vous?

L'ALCADE.
Des officiers du roi
Vous l'offensez beaucoup d'habiter ces retraites;
Monsieur l'amirante, en secret,
Sans nous dire qui vous êtes,
Nous a fait votre portrait.

SANCHETTE.
Mon portrait, dites-vous?

L'ALCADE.
Madame, trait pour trait.

SANCHETTE.
Mais je ne connais point ce monsieur l'amirante.

L'ALCADE.
Il fait pourtant de vous la peinture vivante.

SANCHETTE.
Mon portrait à la cour a donc été porté?

L'ALCADE.
Apparemment.

SANCHETTE.
Voyez ce que fait la beauté!
Et de la part du roi vous m'enlevez!

L'ALCADE.
Sans doute;
C'est notre ordre, on le faut, quoi qu'il coûte.

SANCHETTE.
Où m'allez-vous mener?

L'ALCADE.
A Burgos, à la cour,
Vous y serez demain avant la fin du jour.

SANCHETTE.
A la cour! mais vraiment ce n'est pas me déplaire;
La cour j'y consens fort; mais que dira mon père?

L'ALCADE.
Votre père? il dira tout ce qu'il lui plaira.

SANCHETTE.
Il doit être charmé de ce voyage-là.

L'ALCADE.
C'est un honneur très-grand qui sans doute la flatte.

SANCHETTE.
On m'a dit que la cour est un pays si beau!
Hélas! hors ce jour-ci, le vivre en ce château
Fut toujours ennuyeuse et plate.

L'ALCADE.
Il faut que dans la cour votre personne éclate.

SANCHETTE.
Eh! qu'est-ce qu'on y fait?
L'ALCADE.
Mais du bien et du mal;
On y vit d'espérance, on tâche de paraître;
Près des belles toujours on a quelque rival.
On en a cent auprès du maître.
SANCHETTE.
Eh! quand je serai là, je verrai donc le roi?
L'ALCADE.
C'est lui qui veut vous voir.
SANCHETTE.
Ah! quel plaisir pour moi!
Ne me trompez-vous point? eh quoi! le roi souhaite
Que je vive à sa cour? il veut avoir Sanchette?
Hélas! de tout mon cœur; il m'enlève; partons.
Est-il comme Alamir? quelles sont ses façons?
Comment en use-t-il, messieurs, avec les belles?
L'ALCADE.
Il ne m'appartient pas d'en savoir des nouvelles;
A ses ordres sacrés je ne sais qu'obéir.
SANCHETTE.
Vous emmenez sans doute à la cour Alamir?
L'ALCADE.
Comment? quel Alamir?
SANCHETTE.
L'homme le plus aimable,
Le plus fait pour la cour, brave, jeune, adorable.
L'ALCADE.
Si c'est un gentilhomme à vous,
Sans doute, il peut venir; vous êtes la maîtresse.
SANCHETTE.
Un gentilhomme à moi, plût à Dieu!
L'ALCADE.
Le temps presse;
La nuit vient; les chemins ne sont pas sûrs pour nous:
Partons.
SANCHETTE.
Ah! volontiers.

SCÈNE III. — MORILLO, SANCHETTE, L'ALCADE, SUITE.

MORILLO.
Messieurs, êtes-vous fous?
Arrêtez donc, qu'allez-vous faire?
Où menez-vous ma fille?
SANCHETTE.
A la cour, mon cher père.

ACTE II, SCÈNE III.

MORILLO.
Elle est folle! arrêtez; c'est ma fille.

L'ALCADE.
Comment?
Ce n'est pas cette dame, à qui je...?

MORILLO.
Non, vraiment:
C'est ma fille, et je suis don Morillo son père;
Jamais on ne l'enlèvera.

SANCHETTE.
Quoi, jamais!

MORILLO.
Emmenez, s'il le faut, l'étrangère;
Mais ma fille me restera.

SANCHETTE.
Elle aura donc sur moi toujours la préférence;
C'est elle qu'on enlève!

MORILLO.
Allez en diligence.

SANCHETTE.
L'heureuse créature! on l'emmène à la cour :
Hélas! quand sera-ce mon tour?

MORILLO.
Vous voyez que du roi la volonté sacrée
Est chez don Morillo comme il faut révérée;
Vous en rendrez compte.

L'ALCADE.
Oui, fiez-vous à nos soins.

SANCHETTE.
Messieurs, ne prenez qu'elle au moins.

SCÈNE IV. — MORILLO, SANCHETTE.

MORILLO.
Je suis saisi de crainte : ah! l'affaire est fâcheuse.

SANCHETTE.
Eh! qu'ai-je à craindre, moi?

MORILLO.
La chose est sérieuse;
C'est affaire d'État, vois-tu, que tout ceci.

SANCHETTE.
Comment, d'État?

MORILLO.
Eh, oui; j'apprends que près d'ici
Tous les Français sont en campagne
Pour donner un maître à l'Espagne.

SANCHETTE.
Qu'est-ce que cela fait?

LA PRINCESSE DE NAVARRE.

MORILLO.
On dit qu'en cantón
Alamir est leur espion;
Cette dame est errante, et chez moi se déguise;
Elle a tout l'air d'être comprise
Dans quelque conspiration;
Et, si tu veux que je le dise,
Tout cela sent la pendaison.
J'ai fait une grosse sottise
De faire entrer dans ma maison
Cette dame en ce temps de crise,
Et cet agréable fripon,
Qui me joue, et qui la courtise
Je veux qu'il parte tout de bon,
Et qu'ailleurs il s'impatronise.

SANCHETTE.
Lui? mon père, ce beau garçon?

MORILLO.
Lui-même; il peut ailleurs donner la sérénade

SCÈNE V. — MORILLO, SANCHETTE, GUILLOT.

GUILLOT, tout essouflé.
Au secours, au secours! ah! quelle étrange aubade!

MORILLO.
Quoi donc?

SANCHETTE.
Qu'a-t-il donc fait?

GUILLOT.
Dans ces jardins là-bas....

MORILLO.
Eh bien?

GUILLOT.
Cet Alamir et ce monsieur l'alcade,
Les gens d'Alamir, des soldats,
Ayant du fer partout, en tête, au corps aux bras,
L'étrangère enlevée au milieu des gendarmes,
Et le brave Alamir tout brillant sous les armes,
Qui la reprend soudain, et fait tomber à bas
Tout alentour de lui, nez, mentons, jambes, bras,
Et la belle étrangère en larmes,
Des chevaux renversés, et des maîtres dessous,
Et des valets dessus, des jambes fracassées,
Des vainqueurs, des fuyards, des cris, du sang, des coups,
Des lances à la fois et des têtes cassées,
Et la tante, et ma femme, et ma fille avec moi;
C'est horrible à penser, je suis tout mort d'effroi.

SANCHETTE.
Eh ! n'est-il point blessé ?
GUILLOT.
C'est lui qui blesse et tue ;
C'est un héros, un diable.
MORILLO.
Ah ! quelle étrange issue !
Quel maudit Alamir ! quel enragé ! quel fou !
S'attaquer à son maître, et hasarder son cou,
Et le mien, qui pis est ! Ah ! le maudit esclandre
Qu'allons-nous devenir ? Le plus grand châtiment
Sera le digne fruit de cet emportement ;
Et moi bien sot aussi de vouloir entreprendre
De retenir chez moi cette fière beauté ;
Voilà ce qu'il m'en a coûté.
Assemblons nos parents ; allons chez votre mère,
Et tâchons d'assoupir cette effroyable affaire.
SANCHETTE, *en s'en allant*.
Ah ! Guillot ! prends bien soin de ce jeune officier ;
Il a tort, en effet, mais il est bien aimable ;
Il est si brave !

SCÈNE VI. — GUILLOT.

Ah ! oui, c'est un homme admirable !
On ne peut mieux se battre ; on ne peut mieux payer :
Que j'aime les héros, quand ils sont de l'espèce
De cet amoureux chevalier !
J'ai vu ça tout d'un coup ; la dame a sa tendresse,
J'aime à voir un jeune guerrier
Bien payer ses amis, bien servir sa maîtresse ;
C'est comme il faut me plaire.

SCÈNE VII. — CONSTANCE, LÉONOR, GUILLOT.

CONSTANCE.
Où me réfugier
Hélas ! qu'est devenu ce guerrier intrépide,
Dont l'âme généreuse et la valeur rapide
Étaient tant d'exploits avec tant de vertu ?
Comme il me défendait ! comme il a combattu
L'aurais-tu vu ? réponds.
GUILLOT.
J'ai vu... je n'ai rien vu ;
Je ne vois rien encore : une semblable fête
Trouble terriblement les yeux.
LÉONOR.
Eh ! va donc t'informer.

GUILLOT.
Où, madame ?
CONSTANCE.
En tous lieux.
Va, vole !... Réponds donc : que fait-il ?... cours.... arrête.
Aurait-il succombé ? Que ne puis-je à mon tour
Défendre ce héros, et lui sauver le jour !
LÉONOR.
Hélas ! plus que jamais le danger est extrême ;
Le nombre était trop grand.
GUILLOT.
Contre un ils étaient dix.
LÉONOR.
Peut-être qu'on vous cherche, et qu'Alamir est pris.
GUILLOT.
Qui ? lui ! vous vous moquez ; il aurait pris lui-même
Tous les alcades d'un pays.
Allez, croyez, sans vous méprendre,
Qu'il sera mort cent fois avant que de se rendre.
CONSTANCE.
Il serait mort !
LÉONOR.
Va donc.
CONSTANCE.
Tâche de t'éclaircir.
(Il sort.)
Va vite.... Il serait mort !
LÉONOR.
Je vous en vois frémir ;
Il le mérite bien ; votre âme est attendrie ;
Mais sur quoi jugez-vous qu'il ait perdu la vie ?
CONSTANCE.
S'il vivait, Léonor, il serait près de moi.
De l'honneur qui le guide il connaît trop la loi.
Sa main, pour me servir par le ciel réservée,
M'abandonnerait-elle après m'avoir sauvée ?
Non ; je crois qu'en tout temps il serait mon appui.
Puisqu'il ne paraît pas, je dois trembler pour lui.
LÉONOR.
Tremblez aussi pour vous ; car tout vous est contraire :
En vain partout vous savez plaire ;
Partout on vous poursuit, on menace vos jours ;
Chacun craint ici pour sa tête.
Le maître du château, qui vous donne une fête,
N'ose vous donner du secours ;
Alamir seul vous sert, le reste vous opprime.
CONSTANCE.
Que devient Alamir, et quel sera son sort ?

ACTE II, SCÈNE VII.

LÉONOR.
Songez au trône, hélas ! quel transport vous anime !
CONSTANCE.
Léonor, ce n'est point un aveugle transport
C'est un sentiment légitime.
Ce qu'il a fait pour moi....

SCÈNE VIII. — CONSTANCE, LÉONOR, LE DUC DE FOIX.

LE DUC DE FOIX.
J'ai fait ce que j'ai dû.
J'exécutais votre ordre, et vous avez vaincu.
CONSTANCE.
Vous n'êtes point blessé ?
LE DUC DE FOIX.
Le ciel, le ciel propice,
De votre cause en tout seconda la justice.
Puisse un jour cette main, par de plus heureux coups,
De tous vos ennemis vous faire un sacrifice !
Mais un de vos regards doit les désarmer tous.
CONSTANCE.
Hélas ! du sort encor je ressens le courroux ;
De vous récompenser il m'ôte la puissance.
Je ne puis qu'admirer cet excès de vaillance,
LE DUC DE FOIX.
Non, c'est moi qui vous dois de la reconnaissance.
Vos yeux me regardaient ; je combattais pour vous :
Quelle plus belle récompense ?
CONSTANCE.
Ce que j'entends, ce que je vois,
Votre sort et le mien, vos discours, vos exploits,
Tout étonne mon âme ; elle en est confondue :
Quel destin nous rassemble ? et par quel noble effort,
Par quelle grandeur d'âme, en ces lieux peu connue,
Pour ma seule défense affrontiez-vous la mort ?
LE DUC DE FOIX.
Eh ! n'est-ce pas assez que de vous avoir vue ?
CONSTANCE.
Quoi ! vous ne connaissez ni mon nom, ni mon sort,
Ni mes malheurs, ni ma naissance ?
LE DUC DE FOIX.
Tout cela dans mon cœur eût-il été plus fort
Qu'un moment de votre présence ?
CONSTANCE.
Alamir, je vous dois ma juste confiance ;
Après des services si grands.
Je suis fille des rois et du sang de Navarre

Mon sort est cruel et bizarre.
Je fuyais loi deux tyrans
Mais vous de qui le bras protége l'innocence
A votre tour daignez vous découvrir.

LE DUC DE FOIX.

Le sort, juste une fois, me fit pour vous servir,
Et ce bonheur me tient lieu de naissance :
Quoi ! puis-je encor vous secourir ?
Quels sont ces deux tyrans de qui la violence
Vous persécutait à la fois ?
Don Pèdre est le premier. Je brave sa vengeance.
Mais l'autre, quel est-il ?

CONSTANCE.

L'autre est le duc de Foix.

LE DUC DE FOIX.

Ce duc de Foix qu'on dit et si juste et si tendre !
Eh ! que pourrait-je contre lui ?

CONSTANCE.

Alamir, contre vous, vous serez mon appui ;
Il cherche à m'enlever.

LE DUC DE FOIX.

Il cherche à vous défendre ;
On le dit, il le doit, et tout le prouve assez.

CONSTANCE.

Alamir ! et c'est vous, c'est vous qui l'excusez !

LE DUC DE FOIX.

Non, je dois le haïr, si vous le haïssez,
Vous étant odieux, il doit l'être à lui-même ;
Mais comment condamner un mortel qui vous aime ?
On dit que la vertu l'a pu seule enflammer ;
S'il est ainsi, grand Dieu ! comme il doit vous aimer.
On dit que devant vous il tremble de paraître,
Que ses jours aux remords sont tous sacrifiés ;
On dit qu'enfin, si vous le connaissiez,
Vous lui pardonneriez peut-être.

CONSTANCE.

C'est vous seul que je veux connaître,
Parlez-moi de vous seul, ne trompez plus mes vœux.

LE DUC DE FOIX.

Ah ! daignez épargner un soldat malheureux,
Ce que je suis dément ce que je peux paraître.

CONSTANCE.

Vous êtes un héros, et votre œil le paraîsset.

LE DUC DE FOIX.

Mon sang me fait rougir, il me condamne assez.

CONSTANCE.

Si votre sang est d'une source obscure,

ACTE II, SCÈNE VIII. 335

Il est noble par vos vertus,
Et des destins j'effacerai l'injure.
Si vous êtes sorti d'une source plus pure,
Je.... Mais vous êtes prince, et je n'en doute plus;
Je n'en veux que l'aveu, le reste me l'assure :
Parlez.

LE DUC DE FOIX.
J'obéis à vos lois;
Je voudrais être prince, alors que je vous vois.
Je suis un cavalier....

SCÈNE IX. — CONSTANCE, LE DUC DE FOIX, LÉONOR,
SANCHETTE.

SANCHETTE.
Vous? vous êtes un traître;
Vous n'échapperez pas, et je prétends connaître
Pour qui la fête était; qui vous trompiez des deux.

LE DUC DE FOIX.
Je n'ai trompé personne; et si je fais des vœux,
Ces vœux sont trop cachés, et tremblent de paraître.
Ne jugez point de moi par ces frivoles jeux.
Une fête est un hommage
Que la galanterie, ou bien la vanité,
Sans en prendre aucun avantage,
Quelquefois donne à la beauté.
Si jamais, si j'osais m'abandonner aux flammes
De cette passion, vertu des grandes âmes,
J'aimerais constamment, sans espoir de retour;
Je mêlerais dans le silence
Les plus profonds respects au plus ardent amour.
J'aimerais un objet d'une illustre naissance.

SANCHETTE, à part.
Mon père est bon baron.

LE DUC DE FOIX.
Un objet ingénu...

SANCHETTE.
Je la suis fort.

LE DUC DE FOIX.
Doux, fier, éclairé, retenu,
Qui joindrait sans effort l'esprit et l'innocence.

SANCHETTE, à part.
Est-ce moi?

LE DUC DE FOIX.
J'aimerais certain air de grandeur,
Qui produit le respect sans inspirer la crainte,
La beauté sans orgueil, la vertu sans contrainte,

L'auguste majesté sur le visage empreinte,
Sous les voiles de la douceur.
SANCHETTE.
De la majesté ! moi !
LE DUC DE FOIX.
Si j'écoutais mon cœur,
Si j'aimais, j'aimerais avec délicatesse,
Mais en brûlant avec transport
Et je cacherais ma tendresse,
Comme je dois cacher mes malheurs et mon sort.
LÉONOR.
Eh bien ! connaissez-vous la personne qu'il aime?
CONSTANCE, à Léonor.
Je ne me connais pas moi-même;
Mon cœur est trop ému pour oser vous parler.

SCÈNE X. — MORILLO, ET LES PRÉCÉDENTS.

MORILLO.
Hélas ! tout cela fait trembler :
Ta mère en va mourir ; que deviendra ma fille?
L'enfer est déchaîné, mon château, ma famille,
Mon bien, tout est pillé, tout est à l'abandon :
Le duc de Foix a fait investir ma maison.
CONSTANCE.
Le duc de Foix ? Qu'entends-je ? O ciel ! ta tyrannie
Veut encor par ses mains persécuter ma vie!
MORILLO.
Bon, ce n'est là que la moindre partie
De ce qu'il nous faut essuyer.
Un certain du Guesclin, brigand de son métier,
Turc de religion, et Breton d'origine,
Avec des spadassins devers Burgos chemine.
Le traître duc de Foix vient de s'associer
Avec toute cette racaille.
Contre eux, tout près d'ici, le roi va guerroyer,
Et nous allons avoir bataille.
CONSTANCE.
Ainsi donc à mon sort je n'ai pu résister;
Son inévitable poursuite
Dans le piège me précipite
Par les mêmes chemins choisis pour l'éviter,
Toujours le duc de Foix ! sa funeste tendresse
Est pire que la haine, il me poursuit sans cesse.
MORILLO.
C'est bien moi qu'il poursuit, si vous le trouvez bon :
Serait-ce donc pour vous que je suis au pillage?

On fera sauter ma maison :
Est-ce vous qui causez tout ce maudit ravage?
Quelle personne étrange êtes-vous, s'il vous plaît,
 Pour que les rois et les princes
 Prennent à vous tant d'intérêt,
Et qu'on coure après vous au fond de nos provinces?
CONSTANCE.
Je suis infortunée, et c'est assez pour vous,
Si vous avez un cœur.

SCÈNE XI. — LES PRÉCÉDENTS, UN OFFICIER DU DUC DE
 FOIX, SUITE.

L'OFFICIER.
 Voyez à vos genoux,
Madame, un envoyé du duc de Foix mon maître;
 De sa part je mets en vos mains
Cette place où lui-même il n'oserait paraître :
 En son nom je viens reconnaître
 Vos commandements souverains.
Mes soldats sous vos lois vont, avec allégresse,
Vous suivre, ou vous garder, ou sortir de ces lieux;
Et quand le duc de Foix combat pour vos beaux yeux,
Nous répondons ici des jours de Votre Altesse.
MORILLO.
Son Altesse! Eh, bon Dieu! Quoi! madame est princesse?
L'OFFICIER.
Princesse de Navarre, et suprême maîtresse
De vos jours et des miens, et de votre maison.
CONSTANCE.
Je suis hors de moi-même.
MORILLO.
 Ah! madame, pardon :
Je me jette à vos pieds.
LÉONOR.
 Vous voilà reconnue.
MORILLO.
De mes desseins coquets la singulière issue!
SANCHETTE.
Quoi! vous êtes princesse, et faite comme nous?
L'OFFICIER.
Nous attendons ici vos ordres à genoux.
CONSTANCE.
Je rends grâce à vos soins, mais ils sont inutiles;
Je ne crains rien dans ces asiles;
Alamir est ici, contre mes oppresseurs
Je n'aurai pas besoin de nouveaux défenseurs.

L'OFFICIER.
Alamir ! de ce nom je n'ai point connaissance ;
Mais je respecte en lui l'honneur de votre choix.
S'il combat pour votre défense,
Nous serons trop heureux de servir sous ses loix.
Je vous ramène aussi vos compagnies fidèles,
Vos premiers officiers, vos dames du palais ;
Échappés aux tyrans, ils nous suivent de près.

LÉONOR.
Ah ! les agréables nouvelles !

CONSTANCE.
Ciel ! qu'est-ce que je vois ?

LES TROIS GRACES ET UNE TROUPE D'AMOURS ET DE PLAISIRS
paraissent sur la scène.

LÉONOR.
Les Grâces, les Amours ?

LE DUC DE FOIX.
Ainsi Gaston de Foix veut vous servir toujours.
(On danse.)

SANCHETTE, *au duc de Foix.*
(interrompant la danse.)
Ce sont donc là ses domestiques !
Que les grands sont heureux, et qu'ils sont magnifiques !
Quoi ! de toute princesse est-ce là la maison ?
Ah ! que j'en sois, je vous conjure.
Quel cortége ! quel train !

LE DUC DE FOIX.
Ce cortége est un don
Qui vient des mains de la nature :
Toute femme y prétend.

SANCHETTE.
Puis-je y prétendre aussi ?

LE DUC DE FOIX.
Oui, sans doute ; avec vous les Grâces sont ici :
Les Grâces suivent la jeunesse,
Et vous les partagez avec cette princesse.

SANCHETTE.
Il le faut avouer, on n'a point de parents
Plus agréable et plus galant.
Venez que je vous parle, expliquez-moi, de grâce,
Ce qu'est un duc de Foix, et tout ce qui se passe :
Restez auprès de moi, contez-moi tout cela,
Et parlez-moi toujours pendant qu'on dansera.
(Elle s'assied auprès du duc de Foix.)
On danse.

LES TROIS GRACES *chantent.*
La nature en vous formant

Près de vous nous voulions,
Loin de vos yeux nous ne pouvions paraître;
Nous vous servons fidèlement
Mais le charmant Amour est notre premier maître.
(On danse.)
UNE DES GRACES.
Vents furieux, tristes tempêtes,
Fuyez de nos climats
Beaux jours, levez-vous sur nos têtes;
Fleurs, naissez sur nos pas.
(On danse.)
Écho, voix errante,
Légère habitante
De ce séjour;
Écho, fille de l'Amour,
Doux rossignol, bois épais, onde pure,
Répétez avec moi ce que dit la nature
Il faut aimer à son tour.
(On danse.)
UN PLAISIR.
(Paroles sur un menuet.)
Non le plus grand empire
Ne peut remplir un cœur.
Charmant vainqueur,
Dieu séducteur,
C'est ton délire
Qui fait le bonheur.
(On danse.)

UNE BERGÈRE.   UN BERGER.
J'aime, et je crains ma flamme;   Ah! le refus, la feinte
Je crains le repentir;   Ont des charmes puissants,
Tendre désir,   Désirs naissants,
Premier plaisir,   Combats charmants,
Dieu de mon âme,   Tendre contrainte,
Fais-moi mieux gémir.   Tout sert les amants.
(On danse.)
UN AMOUR, alternativement avec le chœur.
Divinité de cet heureux séjour,
Triomphe et fais grâce;
Pardonne à l'audace,
Pardonne à l'Amour.
(On danse.)
LE MÊME AMOUR.
Toi seule es cause
De ce qu'il ose;
Toi seule allumas ses feux
Quel crime est plus pardonnable?
C'est celui de tes beaux yeux.

En les voyant tout mortel est coupable.

LE CHŒUR.
Divinité de cet heureux séjour,
Triomphe et fais grâce,
Pardonne à l'audace,
Pardonne à d'amour.

CONSTANCE.
On pardonne à l'amour, et non pas à l'audace.
Un téméraire amant, ennemi de ma race,
Ne pourra m'apaiser jamais.

LE DUC DE FOIX.
Je connais son malheur, et sans doute il l'accable;
Mais serez-vous toujours inexorable?

CONSTANCE.
Alamir, je vous le promets.

LE DUC DE FOIX.
On ne fuit pas sa destinée.
Les devins ont prédit à votre âme étonnée
Qu'un jour votre ennemi serait votre vainqueur.

CONSTANCE.
Les devins se trompaient, fiez-vous à mon cœur.

LE CHŒUR chante.
On diffère vainement;
Le sort nous entraîne,
L'amour nous amène
Au fatal moment.
(Trompettes et timbales.)

CONSTANCE.
Mais d'où partent ces cris, ces sons, ce bruit de guerre?

HERNAND, arrivant avec précipitation.
On marche, et les Français précipitent leurs pas;
Ils n'attendent personne.

LE DUC DE FOIX.
Ils ne m'attendront pas;
Et je vole avec eux.

CONSTANCE.
Les jeux et les combats
Tour à tour aujourd'hui partagent-ils la terre?
Où fuyez-vous, où portez-vous vos pas?

LE DUC DE FOIX.
Je sers sous les Français, et mon devoir m'appelle;
Ils combattent pour vous; jugez s'il m'est permis
De rester un moment loin d'un peuple fidèle
Qui vient vous délivrer de tous vos ennemis.
(Il sort.)

CONSTANCE, à Léonor.
Ah! Léonor! cachons un trouble si funeste.

La liberté des pleurs est tout ce qui me reste.
(Elles sortent.)

SANCHETTE.
Sans ce brave Alamir, que devenir, hélas!

MORILLO.
Qué d'aventures, quel fracas!
Quels démons en un jour assemblent des alcades,
Des Alamir, des sérénades,
Des princesses et des combats?

SANCHETTE.
Vous allez donc aussi servir cette princesse?
Vous suivrez Alamir, vous combattrez?

MORILLO.
Qui? moi!
Quelque sot! Dieu m'en garde!

SANCHETTE.
Et pourquoi non?

MORILLO.
Pourquoi?
C'est que j'ai beaucoup de sagesse.
Deux rois s'en vont combattre à cinq cents pas d'ici;
Ce sont des affaires fort belles;
Mais ils pourront sans moi terminer leurs querelles,
Et je ne prends point de parti.

ACTE TROISIÈME.

SCÈNE I. — CONSTANCE, LÉONOR, HERNAND.

LÉONOR.
Quel est notre destin?

HERNAND.
Délivrance et victoire.

CONSTANCE.
Quoi! don Pèdre est défait?

HERNAND.
Oui, rien ne peut tenir
Contre un peuple né pour la gloire,
Pour vaincre et pour vous obéir.
On poursuit les fuyards.

CONSTANCE.
Et le brave Alamir?

HERNAND.
Madame, on doit à sa personne
La moitié du succès que ce grand jour nous donne:

Invincible aux combats, comme avec vous soumis,
Il vole à la mêlée aussi bien qu'aux aubades;
Il a traité nos ennemis
Comme il a traité les alcades.
Il est en ce moment avec le duc de Foix,
Dont nos soldats charmés célèbrent les exploits;
Mais il pense à vous seule, et, pénétré de joie,
A vos pieds Alamir m'envoie,
Et je sens, comme lui, les transports les plus doux
Qu'il ait deux fois vaincu pour vous.

CONSTANCE.
Je veux absolument savoir de votre bouche...

HERNAND.
Eh quoi, madame?

CONSTANCE.
Un secret qui me touche;
Je veux savoir quel est ce généreux guerrier.

HERNAND.
Puis-je parler, madame, avec quelque assurance?

CONSTANCE.
Ah! parlez : est-ce à lui de cacher sa naissance?
Qu'est-il? répondez-moi.

HERNAND.
C'est un brave officier
Dont l'âme est assez peu commune;
Elle est au-dessus de son rang :
Comme tant de Français, il prodigue son sang :
Il se ruine enfin pour faire sa fortune.

LÉONOR.
Il la fera sans doute.

CONSTANCE.
Eh! quel est son projet?

HERNAND.
D'être toujours votre sujet,
D'aller à votre cour, d'y servir avec zèle,
De combattre pour vous, de vivre, et de mourir
De vous voir, de vous obéir,
Toujours généreux et fidèle;
Appartenir à vous est tout ce qu'il prétend.

CONSTANCE.
Ah! le ciel lui devait un sort plus éclatant
Rien qu'un simple officier! Mais dans cette occurrence
Quel parti prend le duc de Foix?

HERNAND.
Votre parti, le parti de la France,
Le parti du meilleur des rois.

ACTE III, SCÈNE I.

CONSTANCE.
Que n'osera-t-il point? que va-t-il entreprendre
Où va-t-il?

HERNAND.
À Burgos il doit bientôt se rendre,
Je cours vers Alamir : ne lui pourrai-je apprendre
Si mon message est bien reçu?

CONSTANCE.
Allez ; et dites-lui que le cœur de Constance
S'intéresse à tant de vertu
Plus encor qu'à ma délivrance.

SCÈNE II. — CONSTANCE, LÉONOR.

CONSTANCE.
Rien qu'un simple officier!

LÉONOR.
Tout le monde le dit.

CONSTANCE.
Mon cœur ne peut le croire, et mon front en rougit.

LÉONOR.
J'ignore de quel sang le destin l'a fait naître ;
Mais on est ce qu'on veut avec un si grand cœur.
C'est à lui de choisir le nom dont il veut être ;
Il lui fera beaucoup d'honneur.

CONSTANCE.
Que de vertu, que de grandeur!
Combien sa modestie illustre sa valeur!

LÉONOR.
C'est peu d'être modeste, il faut avoir encore
De quoi pouvoir ne l'être pas.
Mais ce héros a tout, courage, esprit, appas :
S'il a quelques défauts, pour moi je les ignore ;
Et vos yeux ne les verraient pas.
J'ai vu quelques héros assez insupportables ;
Et l'homme le plus vertueux
Peut être le plus ennuyeux ;
Mais comment résister à des vertus aimables?

CONSTANCE.
Alamir fera mon malheur.
Je lui dois trop d'estime et de reconnaissance.

LÉONOR.
Déjà dans votre cœur il a sa récompense ;
J'en crois assez votre rougeur :
C'est de nos sentiments le premier témoignage.

CONSTANCE.
C'est l'interprète de l'honneur.

Cet honneur attaqué dans le fond de mon cœur
S'en indigne sur mon visage.
O ciel! que devenir s'il était mon vainqueur?
　　Je le crains, je me crains moi-même;
Je tremble de l'aimer, et je ne sais s'il m'aime.
　　　　　　LÉONOR.
Il voit que votre orgueil serait trop offensé
Par ce mot dangereux, si charmant et si tendre:
　　Il ne vous l'a pas prononcé;
　　Mais qu'il sait bien le faire entendre!
　　　　　　CONSTANCE.
Ah! son respect encore est un charme de plus.
Alamir, Alamir a toutes les vertus.
　　　　　　LÉONOR.
Que lui manque-t-il donc?
　　　　　　CONSTANCE.
　　　　　　　　Le hasard, la naissance.
Quelle injustice! ô ciel!... mais sa magnificence,
Ces fêtes, cet éclat, ses étonnants exploits,
Ce grand air, ses discours, son ton même, sa voix....
　　　　　　LÉONOR.
Ajoutez-y l'amour qui parle en sa défense.
　　Sans doute il est du sang des rois.
　　　　　　CONSTANCE.
　　Tout me le dit, et je le crois.
Son amour délicat voulait que je rendisse
A tant de grandeur d'âme, à ce rare service,
Ce qu'ailleurs on immole à son ambition.
Ah! si pour m'éprouver il m'a caché son nom,
　　S'il n'a jamais d'autre artifice,
S'il est prince, s'il m'aime!... O ciel! que me veut-on?

SCÈNE III. — CONSTANCE, LÉONOR, SANCHETTE.

　　　　　　SANCHETTE.
Madame, à vos genoux souffrez que je me jette;
　　Madame, protégez Sanchette.
Je vous ai mal connue, et pourtant, malgré moi,
Je sentais du respect, sans savoir bien pourquoi.
Vous voilà, je crois reine; il faut à tout le monde
　　Faire du bien à tout moment,
A commencer par moi.
　　　　　　CONSTANCE.
　　　　　　　　Si le sort me seconde.
C'est mon projet du moins.
　　　　　　LÉONOR.
　　　　　　　　Eh bien! ma belle enfant,

Madame a des bontés : quel bien faut-il vous faire ?
SANCHETTE.
On dit le duc de Foix vainqueur ;
Mais je prends peu de part au destin de la guerre :
Tout cela m'épouvante, et ne m'importe guère ;
J'aime, et c'est tout pour moi.
CONSTANCE.
Votre aimable candeur
M'intéresse pour vous ; parlez, soyez sincère.
SANCHETTE.
Ah ! je suis de très-bonne foi.
J'aime Alamir, madame, et j'avais su lui plaire :
Il devait parler à mon père ;
Il est de mes parents : il vint ici pour moi.
CONSTANCE, *se tournant vers Léonor.*
Son parent, Léonor !
SANCHETTE.
En écoutant ma plainte,
D'un profond déplaisir votre âme semble atteinte !
CONSTANCE.
Il l'aimait !
SANCHETTE.
Votre cœur paraît bien agité !
CONSTANCE.
Je vous ai donc perdue, illusion flatteuse !
SANCHETTE.
Peut-on se voir princesse, et n'être pas heureuse ?
CONSTANCE.
Hélas ! votre simplicité
Croit que dans la grandeur est la félicité ;
Vous vous trompez beaucoup : ce jour doit vous apprendre
Que dans tous les états il est des malheureux.
Vous ne connaissez pas mes destins rigoureux.
Au bonheur, croyez-moi, c'est à vous de prétendre.
Mon cœur de ce grand jour est encore effrayé ;
Le ciel me conduisit de disgrâce en disgrâce :
Mon sort peut-il être envié ?
SANCHETTE.
Votre Altesse me fait pitié ;
Mais je voudrais être à sa place.
Il ne tiendrait qu'à vous de finir mon tourment.
Alamir est tout fait pour être mon amant.
Je bénis bien le ciel que vous soyez princesse :
Il faut un prince à Votre Altesse ;
Un simple gentilhomme est peu pour vos appas.
Seriez-vous assez rigoureuse
Pour m'ôter mon amant, en ne le prenant pas,

346   LA PRINCESSE DE NAVARRE.

Vous qui semblez si généreuse!
CONSTANCE, ayant un peu rêvé.
Allez.... ne craignez rien.... Quoi! le sang vous unit?
SANCHETTE.
Oui, madame.
CONSTANCE.
Il vous aime!
SANCHETTE.
Oui, d'abord il l'a dit,
Et d'abord je l'ai cru; souffrez que je le croie :
Madame, tout mon cœur avec vous se déploie.
Chez messieurs mes parents je me mourais d'ennui;
Il faut qu'en l'épousant, pour comble de ma joie,
J'aille dans votre cour vous servir avec lui.
CONSTANCE.
Vous! avec Alamir!
SANCHETTE.
Vous connaissez son zèle;
Madame, qu'avec lui votre cour sera belle!
Quel plaisir de vous y servir!
Ah! quel charme de voir et sa reine et son prince!
Un chagrin à la cour donne plus de plaisir
Que mille fêtes en province.
Mariez-nous, madame, et faites-nous partir.
CONSTANCE.
Étouffe tes soupirs, malheureuse Constance!
Soyons en tous les temps digne de ma naissance.
Oui, vous l'épouserez.... comptez sur mon appui.
Au vaillant Alamir je dois ma délivrance;
Il a tout fait pour moi, je vous unis à lui,
Et vous serez sa récompense.
SANCHETTE.
Parlez donc à mon père.
CONSTANCE.
Oui.
SANCHETTE.
Parlez aujourd'hui,
Tout à l'heure.
CONSTANCE.
Oui. Quel trouble et quel effort extrême!
SANCHETTE.
Quel excès de bonté! Je tombe à vos genoux.
Madame, et je ne sais qui j'aime
Le plus sincèrement, d'Alamir ou de vous.
(Elle fait quelques pas pour s'en aller.)
CONSTANCE.
De mon sort ennemi la rigueur est constante.

ACTE III, SCÈNE III. 347

SANCHETTE, revenant.
C'est à condition que vous m'emmènerez?
CONSTANCE.
C'en est trop.
SANCHETTE.
De nous deux vous serez si contente?
(A Léonor.)
Avertissez-moi, vous, lorsque vous partirez.
(En s'en allant.)
Que je suis une heureuse fille !
Qu'on va me respecter ce soir dans ma famille !

SCÈNE IV. — CONSTANCE, LÉONOR.

CONSTANCE.
A quels maux différents tous mes jours sont livrés!
Léonor, connais-tu ma peine et mon outrage?
LÉONOR.
Je supportais, madame, avec tranquillité
Les persécutions, le couvent, le voyage ;
J'essuyais même avec gaieté
Ces infortunes de passage ;
Vous me faites enfin connaître la douleur ;
Tout le reste n'est rien près des peines du cœur :
Le vrai malheur est son ouvrage.
CONSTANCE.
Je suis accoutumée à dompter le malheur.
LÉONOR.
Ainsi par vos bontés sa parente, l'épouse :
Il méritait d'autres appas.
CONSTANCE.
Si j'étais son égale, hélas!
Que mon âme serait jalouse!
Oublions Alamir, ses vertus, ses attraits,
Ce qu'il est, ce qu'il devrait être,
Tout ce qui de mon cœur s'est presque rendu maître...
Non, je ne l'oublierai jamais.
LÉONOR.
Vous ne l'oublierez point? vous le cédez?
CONSTANCE.
Sans doute.
LÉONOR.
Hélas! que cet effort vous coûte !
Mais ne serait-il point un effort généreux,
Non moins grand, beaucoup plus heureux,
Celui d'être au-dessus de la grandeur suprême?
Vous pouvez aujourd'hui disposer de vous-même.
Élever un héros, est-ce vous avilir?

Est-ce donc par orgueil qu'on aime?
N'a-t-on que des rois à choisir?
Alamir ne l'est pas, mais il est brave et tendre.
CONSTANCE.
Non, le devoir l'emporte, et tel est son pouvoir.
LÉONOR.
Hélas! gardez-vous bien de prendre
La vanité pour le devoir.
Que résolvez-vous donc?
CONSTANCE.
Moi! d'être au désespoir;
D'obéir, en pleurant, à ma gloire importune;
D'éloigner le héros dont je me sens charmer;
De goûter le bonheur de faire sa fortune,
Ne pouvant me livrer au bonheur de l'aimer.
(On entend derrière le théâtre un bruit de trompettes.)
CHŒUR.
Triomphe, victoire :
L'équité marche devant nous :
Le ciel y joint la gloire;
L'ennemi tombe sous nos coups :
Triomphe, victoire.
LÉONOR.
Est-ce le duc de Foix qui prétend par des fêtes
Vous mettre encor, madame, au rang de ses conquêtes?
CONSTANCE.
Ah! je déteste le parti
Dont la victoire a secondé les armes :
Quel qu'il soit, Léonor, il est mon ennemi.
Puisse le duc de Foix, auteur de mes alarmes,
Puissent don Pèdre et lui l'un par l'autre périr!
Mais, ô ciel! conservez mon vengeur Alamir,
Dût-il ne point m'aimer, dût-il causer mes larmes!

SCÈNE V. — LE DUC DE FOIX, CONSTANCE, LÉONOR.

LE DUC DE FOIX.
Madame, les Français ont délivré ces lieux;
Don Pèdre est descendu dans la nuit éternelle.
Gaston de Foix victorieux
Attend encore une gloire plus belle,
Et demande l'honneur de paraître à vos yeux.
CONSTANCE.
Que dites-vous? et qu'osez-vous m'apprendre?
Il paraîtrait en des lieux où je suis!
Don Pèdre est mort, et mes ennuis
Survivraient encore à sa cendre?

ACTE III, SCÈNE V.

LE DUC DE FOIX.
Gaston de Foix vainqueur en ces lieux va se rendre.
J'ai combattu sous lui; j'ai vu dans ce grand jour
Ce que peut le courage, et ce que peut l'amour.
Pour moi, seul malheureux (si pourtant je puis l'être,
Quand des jours plus sereins pour vous semblent renaître),
Pénétré, plein de vous jusqu'au dernier soupir,
Je n'ai qu'à m'éloigner, ou plutôt qu'à vous fuir.

CONSTANCE.
Vous partez !

LE DUC DE FOIX.
Je le dois.

CONSTANCE.
Arrêtez, Alamir.

LE DUC DE FOIX.
Madame !

CONSTANCE.
Demeurez ; je sais trop quelle vue
Vous conduisit en ce séjour.

LE DUC DE FOIX.
Quoi ! mon âme vous est connue ?

CONSTANCE.
Oui.

LE DUC DE FOIX.
Vous sauriez...?

CONSTANCE.
Je sais que d'un tendre retour
On peut payer vos vœux ; je sais que l'innocence,
Qui des dehors du monde a peu de connaissance,
Peut plaire et connaître l'amour ;
Je sais qui vous aimiez, et même avant ce jour ;
Elle est votre parente, et doublement heureuse.
Je ne m'étonne point qu'une âme vertueuse
Ait pu vous chérir à son tour.
Ne partez point ; je vais en parler à sa mère,
La doter richement est le moins que je doi ;
Devenant votre épouse, elle me sera chère ;
Ce que vous aimerez aura des droits sur moi.
Dans vos enfants je chérirai leur père ;
Vos parents, vos amis, me tiendront lieu des miens ;
Je les comblerai tous de dignités, de biens :
C'est trop peu pour mon cœur, et rien pour vos services.
Je ne ferai jamais d'assez grands sacrifices ;
Après ce que je dois à vos heureux secours,
Cherchant à m'acquitter, je vous devrai toujours.

LE DUC DE FOIX.
Je ne m'attendais pas à cette récompense.
Madame, ah ! croyez-moi, votre reconnaissance

Pourrait me tenir lieu des plus grands châtiments.
Non; vous n'ignorez pas mes secrets sentiments.
Non, vous n'avez point cru qu'une autre ait pu me plaire.
Vous voulez, je le vois, punir un téméraire;
Mais laissez-le à lui-même, il est assez puni.
Sur votre renommée, à vous seule asservi,
Je me crus fortuné pourvu que je vous visse;
Je crus que mon bonheur était dans vos beaux yeux;
Je vous vis dans Burgos, et ce fut mon supplice.
  Oui, c'est un châtiment des dieux
D'avoir vu de trop près leur chef-d'œuvre adorable;
Le reste de la terre en est insupportable;
Le ciel est sans clarté, le monde est sans douceurs :
On vit dans l'amertume, on dévore ses larmes,
Et l'on est malheureux auprès de tant de charmes,
  Sans pouvoir être heureux ailleurs.

CONSTANCE.

Quoi! je serais la cause et l'objet de vos peines?
  Quoi! cette innocente beauté
  Ne vous tenait pas dans ses chaînes?
Vous osez...

LE DUC DE FOIX.

  Cet aveu plein de timidité,
Cet aveu de l'amour le plus involontaire,
Le plus pur à la fois et le plus emporté,
Le plus respectueux, le plus sûr de déplaire,
Cet aveu malheureux peut-être a mérité
  Plus de pitié que de colère.

CONSTANCE.

Alamir, vous m'aimez!
        ....
        ....
          Oui, dès longtemps ce cœur
D'un feu toujours caché brûlait avec fureur;
De ce cœur perdu voyez toute l'ivresse;
A peine encor connu par ma faible valeur,
Né simple cavalier, amant d'une princesse,
Jaloux d'un prince et d'un vainqueur,
Je vois le duc de Foix, amoureux, plein de gloire,
Qui, du grand du Guesclin compagnon fortuné,
  Aux yeux de l'Anglais consterné,
Va vous donner un roi des mains de la Victoire.
Pour toute récompense il demande à vous voir;
Oubliant ses exploits, n'osant s'en prévaloir,
Il attend son arrêt, il l'attend en silence,
Moins il espère, et plus il semble mériter;
  Est-ce à moi de rien disputer
Contre son nom, sa gloire, et surtout sa constance?

ACTE III, SCÈNE V. 351

CONSTANCE.
A quoi suis-je réduite! Alamir, écoutez;
Vos malheurs sont moins grands que mes calamités;
Jugez-en; concevez mon désespoir extrême.
Sachez que mon devoir est de ne voir jamais
Ni le duc de Foix, ni vous-même.
Je vous ai déjà dit à quel point je le hais;
Je vous dis encor plus : son crime impardonnable
Excitait mon juste courroux;
Ce crime jusqu'ici le fit seul haïssable,
Et je crains à présent de le haïr pour vous.
Après un tel discours, il faut que je vous quitte.

LE DUC DE FOIX.
Non, madame, arrêtez, il faut que je mérite
Cet oracle étonnant qui passe mon espoir.
Donner pour vous ma vie est mon premier devoir;
Je puis punir encor ce rival redoutable;
Même au milieu des siens je puis percer son flanc,
Et noyer tant de maux dans les flots de son sang;
J'y cours.

CONSTANCE.
Ah! demeurez; quel projet effroyable!
Ah! respectez vos jours à qui je dois les miens;
Vos jours me sont plus chers que je ne hais les siens.

LE DUC DE FOIX.
Mais est-il en effet si sûr de votre haine?

CONSTANCE.
Hélas! plus je vous vois, plus il m'est odieux.

LE DUC DE FOIX, *se jetant à genoux, et présentant son épée.*
Punissez donc son crime en terminant sa peine;
Et puisqu'il doit mourir, qu'il expire à vos yeux.
Il bénira vos coups ; frappez; que cette épée
Par vos divines mains soit dans son sang trempée,
Dans ce sang malheureux, brûlant pour vos attraits!

CONSTANCE, *l'arrêtant.*
Ciel! Alamir, que vois-je? et qu'avez-vous pu dire?
Alamir, mon vengeur, vous par qui je respire....
Êtes-vous celui que je hais?

LE DUC DE FOIX.
Je suis celui qui vous adore;
Je n'ose prononcer encore
Ce nom haï longtemps, et toujours dangereux;
Mais parlez ; de ce nom faut-il que je jouisse?
Faudra-t-il qu'avec moi ma mort l'ensevelisse,
Ou que de tous les noms il soit le plus heureux?
J'attends de mon destin l'arrêt irrévocable :
Faut-il vivre, faut-il mourir?

CONSTANCE.
Ne vous connaissant pas, je croyais vous haïr ;
Votre offense à mes yeux semblait inexcusable.
Mon cœur à son courroux s'était abandonné ;
Mais je sens que ce cœur vous aurait pardonné,
   S'il avait connu le coupable.
LE DUC DE FOIX.
Quoi ! ce jour a donc fait ma gloire et mon bonheur !
CONSTANCE.
De don Pèdre et de moi vous êtes le vainqueur.

SCÈNE VI. — MORILLO, SANCHETTE, HERNAND,
   ET LES PRÉCÉDENTS ; SUITE.

MORILLO.
Allons, une princesse est bonne à quelque chose;
   Puisqu'elle veut te marier,
   Et que ton bon cœur s'y dispose,
   Je vais au plus vite, et pour cause,
   Avec Alamir te lier,
   Et conclure à l'instant la chose.
(Apercevant Alamir qui parle bas, et qui embrasse les genoux de la
   princesse.)
Oh! oh! que fait donc là mon petit officier?
   Avec elle tout bas il cause
   D'un air tant soit peu familier.
SANCHETTE.
   A genoux il va la prier
   De me donner à lui pour femme :
Elle ne répond point ; ils sont d'accord.
CONSTANCE, au duc de Foix, à qui elle parlait bas auparavant.
                                          Mon âme,
Mes États, mon destin, tout est au duc de Foix ;
Je vous le dis encor : vos vertus, vos exploits,
   Me sont moins chers que votre flamme.
SANCHETTE.
Le duc de Foix ! mon père, avez-vous entendu?
MORILLO.
   Lui, duc de Foix ! te moques-tu?
Il est notre parent.
SANCHETTE.
                  S'il allait ne plus l'être?
HERNAND.
Il vous faut avouer que ce héros, mon maître,
Qui fut votre parent pendant une heure ou deux,
Est un prince puissant, galant, victorieux,
   Et qu'il s'est fait enfin connaître.

ACTE III, SCÈNE VI.

LE DUC DE FOIX, *en se retournant vers Hernand.*
Ah! dites seulement qu'il est un prince heureux;
Dites que pour jamais il consacre ses vœux
A cet objet charmant, notre unique espérance,
La gloire de l'Espagne, et l'amour de la France.
SANCHETTE.
Adieu mon mariage! Hélas! trop bonnement,
Moi, j'ai cru qu'on m'aimait.
MORILLO.
Quelle étrange journée!
SANCHETTE.
A qui serai-je donc?
CONSTANCE.
A ma cour amenée,
Je vous promets un établissement;
J'aurai soin de votre hyménée.
LÉONOR.
Ce sera, s'il vous plaît, avec un autre amant.
SANCHETTE, *à la princesse.*
Si je vis à vos pieds, je suis trop fortunée.
MORILLO.
Le duc de Foix, comme je vois,
Me faisait donc l'honneur de se moquer de moi?
LE DUC DE FOIX.
Il faudra bien qu'on me pardonne.
La victoire et l'amour ont comblé tous nos vœux;
Qu'au plaisir désormais ici tout s'abandonne :
Constance daigne aimer, l'univers est heureux.

DIVERTISSEMENT
QUI TERMINE LE SPECTACLE.

(*Le théâtre représente les Pyrénées; l'Amour descend sur un char, son arc à la main.*)

L'AMOUR.
De rochers entassés amas impénétrable,
Immense Pyrénée, en vain vous séparez
Deux peuples généreux à mes lois consacrés.
Cédez à mon pouvoir aimable;
Cessez de diviser les climats que j'unis;
Superbe montagne, obéis.
Disparaissez, tombez, impuissante barrière :
Je veux dans mes peuples chéris
Ne voir qu'une famille entière.

Reconnaissez ma voix et l'ordre de Lothé :
Disparaissez, tombez, impuissante barrière.

CHŒUR D'AMOUR.

Disparaissez, tombez, impuissante barrière.
(La montagne s'abîme insensiblement, les acteurs chantants et
dansants sur le théâtre qui n'est pas encore orné.)

L'AMOUR.

Par les mains d'un grand roi le fier dieu de la guerre
　　A vu les remparts écroulés
　　Sous les coups redoublés
　　De son nouveau tonnerre ;
Je dois triompher à mon tour,
　Pour changer tout sur la terre,
　　Un mot suffit à l'Amour.

CHŒUR DES SUIVANTS DE L'AMOUR.

Disparaissez, tombez, impuissante barrière.
(Il se forme à la place de la montagne un vaste et magnifique temple
consacré à l'Amour, au fond duquel est un trône que l'Amour occupe. Ce temple est rempli de quatre quadrilles distinguées par
leurs habits et par leurs couleurs, chaque quadrille a ses drapeaux.
Celle de France porte dans son drapeau pour devise un lis entouré
de rejetons, Lilia per orbem. L'Espagne, un soleil et un parhélie,
Sol e sole. La quadrille de Naples, Rospet et revera. La quadrille de
don Philippe, Spes et animo.
　　　　　　　　　　(On danse.)

Paroles qui sont chaconne.

Amour, dieu charmant, ta puissance
　A formé ce nouveau séjour ;
　Tout ressent ici ta présence,
　Et le monde entier est ta cour.

UNE FRANÇAISE.

Les vrais sujets du tendre Amour
Sont le peuple heureux de la France.

LE CHŒUR.

Amour, dieu charmant, ta puissance
A formé ce nouveau séjour, etc.
　　　　　　　　　(On danse.)
(Après la danse, une voix chante alternativement avec le chœur.)

Mars, Amour, sont nos dieux ;
　Nous les servons tous deux.
Accourez après tant d'alarmes,
　Volez, Plaisirs, enfants des cieux.
Au cri de Mars, au bruit des armes
　Mêlez vos sons harmonieux.
A tant d'exploits victorieux
Plaisirs, mesurez tous vos charmes.
　　　　　　　　　(On danse.)

CHŒUR.

La Gloire toujours nous appelle.

Nous marchons sous ses étendards,
Brûlant de l'ardeur la plus belle
Pour Louis, pour l'Amour et Mars.

DUO.

Charmants plaisirs, nobles hasards,
Quel peuple vous est plus fidèle?

CHOEUR.

Mars, Amour, sont nos dieux;
Nous les servons tous deux.

(On continue la danse.)

UN FRANÇAIS.

Amour, dieu des héros, sois la source féconde
De nos exploits victorieux;
Fais toujours de nos rois les premiers rois du monde,
Comme tu l'es des autres dieux.

(On danse.)

UN ESPAGNOL ET UN NAPOLITAIN.

A jamais de la France
Recevons nos rois;
Que la même vaillance
Triomphe sous les mêmes lois.

(On danse.)

(Air de trompettes, suivi d'un air de musettes; parodies sur l'un et l'autre.)

UN FRANÇAIS.

Hymen, frère de l'Amour,
Descends dans cet heureux séjour
Vois ta plus brillante fête
Dans ton empire le plus beau;
C'est la gloire qui l'apprête :
Elle allume ton flambeau;
Ses lauriers ceignent ta tête.
Hymen, frère de l'Amour,
Descends dans cet heureux séjour.

(L'Hymen descend dans un char, accompagné de l'Amour, pendant que le chœur chante; l'Hymen et l'Amour forment une danse caractérisée; ils se fuient, ils se chassent tour à tour; ils se réunissent, ils s'embrassent, et changent de flambeau.)

DUO.

Charmant Hymen, dieu tendre, dieu fidèle,
Sois la source éternelle
Du bonheur des humains :
Régnez, race immortelle,
Féconde en souverains.

PREMIÈRE VOIX.

Donnez de justes lois.

SECONDE VOIX.
Triomphez par les armes.
PREMIÈRE VOIX.
Épargnez tant de sang, essuyez tant de larmes.
SECONDE VOIX.
Non, c'est à la victoire à nous donner la paix.
(Ensemble.)
Dans vos mains gronde le tonnerre.
Effrayez } la terre.
Rassurez
Frappez vos ennemis, répandez vos bienfaits.
(On reprend.)
Charmant Hymen, dieu tendre, etc.
(On danse.)
BALLET GÉNÉRAL DES QUATRE QUADRILLES.
GRAND CHŒUR.
Régnez, race immortelle,
Féconde en souverains, etc.

FIN DE LA PRINCESSE DE NAVARRE.

LE TEMPLE DE LA GLOIRE.

OPÉRA EN CINQ ACTES.

(27 NOVEMBRE 1745.)

PRÉFACE.

Après une victoire signalée[1], après la prise de sept villes à la vue d'une armée ennemie, et la paix offerte par le vainqueur, le spectacle le plus convenable qu'on pût donner au souverain et à la nation qui ont fait ces grandes actions, était *le Temple de la Gloire*.

Il était temps d'essayer si le vrai courage, la modération, la clémence qui suit la victoire, la félicité des peuples, étaient des sujets aussi susceptibles d'une musique touchante que de simples dialogues d'amour, tant de fois répétés sous des noms différents, et qui semblaient réduire à un seul genre la poésie lyrique.

Le célèbre Metastasio, dans la plupart des fêtes qu'il composa pour la cour de l'empereur Charles VI, osa faire chanter des maximes de morale; et elles plurent : on a mis ici en action ce que ce génie singulier avait eu la hardiesse de présenter sans le secours de la fiction et sans l'appareil du spectacle.

Ce n'est pas une imagination vaine et romanesque que le trône de la Gloire élevé auprès du séjour des Muses, et la caverne de l'Envie placée entre ces deux temples. Que la Gloire doive nommer l'homme le plus digne d'être couronné par elle, ce n'est là que l'image sensible du jugement des honnêtes gens, dont l'approbation est le prix le plus flatteur que puissent se proposer les princes; c'est cette estime des contemporains qui assure celle de la postérité; c'est elle qui a mis les Titus au-dessus des Domitien, Louis XII au-dessus de Louis XI, et qui a distingué Henri IV de tant de rois.

On introduit ici trois espèces d'hommes qui se présentent à la Gloire, toujours prête à recevoir ceux qui le méritent, et à exclure ceux qui sont indignes d'elle.

Le second acte désigne, sous le nom de *Bélus*, les conquérants injustes et sanguinaires dont le cœur est faux et farouche.

Bélus, enivré de son pouvoir, méprisant ce qu'il a aimé, sacrifiant tout à une ambition cruelle, croit que des actions barbares et heureuses doivent lui ouvrir ce temple : mais il en est chassé par les Muses, qu'il dédaigne, et par les dieux, qu'il brave.

Bacchus, conquérant de l'Inde, abandonné à la mollesse et aux plaisirs, parcourant la terre avec ses bacchantes, est le sujet du troisième acte : dans l'ivresse de ses passions, à peine

---

1. La victoire de Fontenoi gagnée le 11 mai 1745.

cherche-t-il la Gloire; il la voit, il en est touché un moment; mais les premiers honneurs de ce temple ne sont pas dus à un homme qui a été injuste dans ses conquêtes et effréné dans ses voluptés.

Cette place est due au héros qui paraît au quatrième acte; on a choisi Trajan parmi les empereurs romains qui ont fait la gloire de Rome et le bonheur du monde. Tous les historiens rendent témoignage que ce prince avait les vertus militaires et sociales, et qu'il les couronnait par la justice. Plus connu encore par ses bienfaits que par ses victoires, il était humain, accessible; son cœur était tendre, et cette tendresse était dans lui une vertu; elle répandait un charme inexprimable sur ces grandes qualités qui prennent souvent un caractère de dureté dans une âme qui n'est que juste.

Il savait éloigner de lui la calomnie; il cherchait le mérite modeste pour l'employer et le récompenser, parce qu'il était modeste lui-même, et il le démêlait, parce qu'il était éclairé: il déposait avec ses amis le faste de l'empire, fier avec ses seuls ennemis; et la clémence prenait la place de cette hauteur après la victoire. Jamais on ne fut plus grand et plus simple; jamais prince ne goûta comme lui, au milieu des soins d'une monarchie immense, les douceurs de la vie privée et les charmes de l'amitié. Son nom est encore cher à toute la terre; sa mémoire même fait encore des heureux; elle inspire une noble et tendre émulation aux cœurs qui sont nés dignes de l'imiter.

Trajan, dans ce poème, ainsi que dans sa vie, ne court pas après la Gloire; il n'est occupé que de son devoir, et la Gloire vole au-devant de lui; elle le couronne, elle le place dans son temple; il en fait le temple du bonheur public. Il ne rapporte rien à soi; il ne songe qu'à être bienfaiteur des hommes; et les éloges de l'empire entier viennent le chercher, parce qu'il ne cherchait que le bien de l'empire.

Voilà le plan de cette fête; il est au-dessus de l'exécution, et au-dessous du sujet; mais, quelque faiblement qu'il soit traité, on se flatte qu'il a été rendu dans un temps où ces seules idées doivent plaire.

PERSONNAGES CHANTANTS DANS TOUS LES CHŒURS.

Côté du roi.

HUIT FEMMES ET SEIZE HOMMES.

Côté de la reine.

HUIT FEMMES ET SEIZE HOMMES.
MUSETTES, HAUTBOIS, BASSONS.

PERSONNAGES CHANTANTS AU PREMIER ACTE.

L'ENVIE.
APOLLON.
LES NEUF MUSES.
Démons de la suite de l'Envie.
DEMI-DIEUX ET HÉROS de la suite d'Apollon.

PERSONNAGES.

PERSONNAGES DANSANTS AU PREMIER ACTE.
Huit démons.
Sept héros.
Les neuf Muses.

PERSONNAGES CHANTANTS AU SECOND ACTE.
LIDIE.
ARSINE, confidente de Lidie.
Bergers et bergères.
Une bergère.
Un berger.
Un autre berger.
BÉLUS.
Rois captifs et soldats de la suite de Bélus.
APOLLON.
Les neuf Muses.

PERSONNAGES DANSANTS AU SECOND ACTE.
Bergers et bergères.

PERSONNAGES CHANTANTS AU TROISIÈME ACTE.
Le grand prêtre de la Gloire.
Une prêtresse.
Chœur de prêtres et de prêtresses de la Gloire.
Un guerrier, suivant de Bacchus.
Une bacchante.
BACCHUS.
ÉRIGONE.
Guerriers, égypans, bacchantes, et satyres de la suite de Bacchus.

PERSONNAGES DANSANTS AU TROISIÈME ACTE.
PREMIER DIVERTISSEMENT.
Cinq prêtresses de la Gloire.
Quatre héros.

SECOND DIVERTISSEMENT.
Neuf bacchantes.
Six égypans.
Huit satyres.

PERSONNAGES CHANTANTS AU QUATRIÈME ACTE.
PLAUTINE.
JUNIE, } confidentes de Plautine.
FANIE, }
Prêtres de Mars et prêtresses de Vénus.
TRAJAN.
Guerriers de la suite de Trajan.
Six rois vaincus, à la suite de Trajan.
Romains et Romaines.
LA GLOIRE.
Suivants de la Gloire.

PERSONNAGES DANSANTS AU QUATRIÈME ACTE.

PREMIER DIVERTISSEMENT.

Quatre prêtres de Mars.
Cinq prêtresses de Vénus.

SECOND DIVERTISSEMENT.

Suivants de la Gloire, cinq hommes et quatre femmes.

PERSONNAGES CHANTANTS AU CINQUIÈME ACTE.

Une Romaine.
Une Bergère.
Bergers et Bergères.
Un Romain.
Jeunes Romains et Romaines.
Tous les personnages du quatrième acte.

PERSONNAGES DANSANTS AU CINQUIÈME ACTE.

Romains et Romaines de différents États.

PREMIÈRE QUADRILLE.

Trois hommes et deux femmes.

SECONDE QUADRILLE.

Trois hommes et deux femmes.

TROISIÈME QUADRILLE.

Trois femmes et deux hommes.

QUATRIÈME QUADRILLE.

Trois femmes et deux hommes.

ACTE PREMIER.

(Le théâtre représente la caverne de l'Envie. On voit à travers les ouvertures de la caverne une partie du temple de la Gloire, qui est dans le fond, et les berceaux des Muses, qui sont sur les ailes.)

L'ENVIE, et ses suivants, *une torche à la main*.

L'ENVIE.

Profonds abîmes du Ténare,
Nuit affreuse, éternelle nuit,
Dieux de l'oubli, dieux du Tartare,
Éclipsez le jour qui me luit;
Démons, apportez-moi votre secours barbare
Contre le dieu qui me poursuit.

Les Muses et la Gloire ont élevé leur temple
Dans ces paisibles lieux

ACTE I.

Qu'avec horreur je les contemple!
Que leur éclat blesse mes yeux!
Profonds abîmes du Ténare,
Nuit affreuse, éternelle nuit,
Dieux de l'oubli, dieux du Tartare,
Eclipsez le jour qui me luit;
Démons, apportez-moi votre secours barbare
Contre le dieu qui me poursuit.

SUITE DE L'ENVIE.

Notre gloire est de détruire,
Notre sort est de nuire;
Nous allons renverser ces affreux monuments
Nos coups redoutables
Sont plus inévitables
Que les traits de la Mort et le pouvoir du Temps.

L'ENVIE.

Hâtez-vous, vengez mon outrage;
Des Muses que je hais embrasez le bocage;
Ecrasez sous ces fondements
Et la Gloire et son temple, et ses heureux enfants,
Que je hais encor davantage.
Démons, ennemis des vivants,
Donnez ce spectacle à ma rage.

(Les suivants de l'Envie dansent et forment un ballet figuré; un héros vient au milieu de ces furies étonnées à son approche; il se voit interrompu par les suivants de l'Envie, qui veulent en vain l'effrayer.)

APOLLON *entre, suivi des Muses, de demi-dieux, et de héros.*

APOLLON.

Arrêtez, monstres furieux.
Fuis mes traits, crains mes feux, implacable furie.

L'ENVIE.

Non, ni les mortels ni les dieux
Ne pourront désarmer l'Envie.

APOLLON.

Oses-tu suivre encor mes pas?
Oses-tu soutenir l'éclat de ma lumière?

L'ENVIE.

Je troublerai plus de climats
Que tu n'en vois dans ta carrière.

APOLLON.

Muses et demi-dieux, vengez-moi, vengez-vous.
(Les héros et les demi-dieux saisissent l'Envie.)

L'ENVIE.

Non, c'est en vain que l'on m'arrête.

APOLLON.

Étouffez ces serpents qui sifflent sur sa tête.

L'ENVIE.

Ils renaîtront cent fois pour servir mon courroux.

APOLLON.

Le ciel ne permet pas que ce monstre périsse ;
Il est immortel comme nous ;
Qu'il souffre un éternel supplice ;
Que du bonheur du monde il soit informé ;
Qu'auprès de la Gloire il gémisse,
Qu'à son trône il soit enchaîné.

(L'antre de l'Envie s'ouvre et laisse voir le temple de la Gloire; on l'enchaîne aux pieds du trône de cette déesse.)

CHŒUR DES MUSES ET DEMI-DIEUX.

Ce monstre toujours terrible
Sera toujours abattu :
Les Arts, la Gloire, la Vertu,
Nourriront sa rage inflexible.

APOLLON, aux Muses.

Vous, entre sa caverne horrible
Et ce temple où la Gloire appelle les grands cœurs,
Chantez, filles des dieux, sur ce coteau paisible.
La Gloire et les Muses sont sœurs.

(La caverne de l'Envie achève de disparaître. On voit les deux coteaux du Parnasse; des berceaux ornés de guirlandes de fleurs sont à mi-côte, et le fond du théâtre est composé de trois arcades de verdure, à travers lesquelles on voit le temple de la Gloire dans le lointain.)

APOLLON continue.

Pénétrez les humains de vos divines flammes ;
Charmez, instruisez l'univers ;
Régnez, répandez dans les âmes
La douceur de vos concerts.
Pénétrez les humains de vos divines flammes ;
Charmez, instruisez l'univers.

(Danse des Muses et des héros.)

CHŒUR DES MUSES.

Nous calmons les alarmes ;
Nous chantons, nous donnons la paix ;
Mais tous les cœurs ne sont pas faits
Pour sentir le prix de nos charmes.

UNE MUSE.

Qu'à nos lois à jamais dociles,
Dans nos champs nos tendres pasteurs,
Toujours simples, toujours tranquilles,
Ne cherchent point d'autres honneurs ;
Que quelquefois, loin des grandeurs,
Les rois viennent dans nos asiles.

CHŒUR DES MUSES.

Nous calmons les alarmes.

Nous chantons, nous donnons la paix ;
Mais tous les cœurs ne sont pas faits
Pour sentir le prix de nos charmes.

ACTE SECOND.

(Le théâtre représente le bocage des Muses. Les deux côtés du théâtre sont formés des deux collines du Parnasse ; des berceaux entrelacés de lauriers et de fleurs règnent sur le penchant des collines ; au-dessous sont des grottes percées à jour, ornées comme les berceaux, dans lesquelles sont des bergers et bergères. Le fond est composé de trois grands berceaux en architecture.)

LIDIE, ARSINE, BERGERS ET BERGÈRES.

LIDIE.

Oui, parmi ces bergers aux Muses consacrés,
Loin d'un tyran superbe et d'un amant volage,
Je trouverai la paix, je calmerai l'orage
Qui trouble mes sens déchirés.

ARSINE.

Dans ces retraites paisibles
Les Muses doivent calmer
Les cœurs purs, les cœurs sensibles,
Que la cour peut opprimer.
Cependant vous pleurez ; votre œil en vain contemple
Ces bois, ces nymphes, ces pasteurs ;
De leur tranquillité suivez l'heureux exemple.

LIDIE.

La Gloire a vers ces lieux fait élever son temple :
La honte habite dans nos cœurs.
La Gloire, en ce jour même, au plus grand roi du monde,
Doit donner de ses mains un laurier immortel :
Bélus va l'obtenir.

ARSINE.

Votre douleur profonde
Redouble à ce nom si cruel.

LIDIE.

Bélus va triompher de l'Asie enchaînée ;
Mon cœur et mes États sont au rang des vaincus.
L'ingrat me promettait un brillant hyménée :
Il me trompait ; du moins, il ne me trompe plus,
Il me laisse. Je meurs, et meurs abandonnée.

ARSINE.

Il a trahi vingt rois, il trahit vos appas ;
Il ne connaît qu'une aveugle puissance,

LIDIE.
Mais vers la Gloire il adresse ses pas;
Pourra-t-il sans rougir soutenir ma présence?
ARSINE.
Les tyrans ne rougissent pas.
LIDIE.
Quoi! tant de barbarie avec tant de vaillance!
O Muses! soyez mon appui;
Secourez-moi contre moi-même;
Ne permettez pas que j'aime
Un roi qui n'aime que lui.

(Les bergers et les bergères consacrés aux Muses sortent des antres du Parnasse, au son des instruments champêtres.)

LIDIE, *aux bergers.*
Venez, tendres bergers, vous qui plaignez mes larmes,
Mortels heureux, des Muses inspirés,
Dans mon cœur agité répandez tous les charmes
De la paix que vous célébrez.

LES BERGERS EN CHŒUR.
Oserons-nous chanter sur nos faibles musettes,
Lorsque les horribles trompettes
Ont épouvanté les échos?

UNE BERGÈRE.
Que veulent donc tous ces héros?
Pourquoi troublent-ils nos retraites?

LIDIE.
Au temple de la Gloire ils cherchent le bonheur.

LES BERGERS.
Il est aux lieux où vous êtes;
Il est au fond de notre cœur.

UN BERGER.
Vers ce temple, où la Mémoire
Consacre des noms fameux,
Nous ne levons point nos yeux.
Les bergers sont assez heureux,
Pour voir au moins que la Gloire
N'est point faite pour eux.

(On entend un bruit de timbales et de trompettes.)

CHŒUR DE GUERRIERS, *qu'on ne voit pas encore.*
La guerre sanglante,
La mort, l'épouvante,
Signalent nos fureurs.
Livrons-nous un passage
À travers le carnage,
Au faîte des grandeurs.

PETIT CHŒUR DE BERGERS.
Quels sons affreux! quel bruit sauvage!

Ô Muses! protégez nos fortunés climats.
UN BERGER.
O Gloire, dont le nom semble avoir tant d'appas,
 Serait-ce là votre langage?

BÉLUS *paraît sous le berceau du milieu, entouré de ses guerriers;
il est sur un trône porté par huit rois enchaînés.*
BÉLUS.
Rois qui portez mon trône, esclaves couronnés,
Que j'ai daigné choisir pour orner ma victoire,
Allez, allez m'ouvrir le temple de la Gloire;
Préparez les honneurs qui me sont destinés.
 (*Il descend et continue.*)
 Je veux que votre orgueil seconde
  Les soins de ma grandeur;
 La Gloire, en m'élevant au premier rang du monde,
  Honore assez votre malheur.
 (*Sa suite sort.*)
 (*On entend une musique douce.*)
 Mais quels accents pleins de mollesse
Offensent mon oreille, et révoltent mon cœur?
 LIDIE.
L'humanité, grands dieux! est-elle une faiblesse?
 Parjure amant, cruel vainqueur,
 Mes cris te poursuivront sans cesse.
 BÉLUS.
Vos plaintes et vos cris ne peuvent m'arrêter:
 La Gloire loin de vous m'appelle;
 Si je pouvais vous écouter,
 Je deviendrais indigne d'elle.
 LIDIE.
Non, la Gloire n'est point barbare et sans pitié;
Non, tu te fais des dieux à toi-même semblables:
 A leurs autels tu n'as sacrifié
Que les pleurs et le sang des mortels misérables.
 BÉLUS.
 Ne condamnez point mes exploits;
 Quand on se veut rendre le maître,
 On est malgré soi quelquefois
 Plus cruel qu'on ne voudrait être.
 LIDIE.
Que je hais tes exploits heureux!
Que le sort t'a changé! que ta grandeur t'égare!
 Peut-être es-tu né généreux :
 Ton bonheur t'a rendu barbare.
 BÉLUS.
Je suis né pour dompter, pour changer l'univers:

Le faible oiseau dans un bocage
Fait entendre ses doux concerts;
L'aigle qui vole au haut des airs
Porte la foudre et les ravages.
Cessez de m'arrêter par vos murmures vains,
Et laissez-moi remplir mes augustes destins.

(Bélus sort pour aller au temple.)

LIDIE.

O Muses, puissantes déesses,
De cet ambitieux fléchissez la fierté.
Secourez-moi contre sa cruauté,
Ou du moins contre mes faiblesses.

APOLLON ET LES MUSES *descendent dans un char qui repose par les deux bouts sur les deux collines du Parnasse.*

(Elles chantent en chœur.)

Nous adoucissons
Par nos arts aimables
Les cœurs impitoyables
Où nous les punissons.

APOLLON.

Bergers, qui dans ces bocages
Abritez nos chants divins,
Vous calmez les monstres sauvages;
Fléchissez les cruels humains.

(Les bergers dansent.)

APOLLON.

Vole, Amour, dieu des dieux, embellis mon empire;
Désarme la guerre en fureur,
D'un regard, d'un mot, d'un sourire,
Tu calmes le trouble et l'horreur;
Tu peux changer un cœur,
Je ne peux que l'instruire.
Vole, Amour, dieu des dieux, embellis mon empire;
Désarme la guerre en fureur.

BÉLUS *rentre suivi de ses guerriers.*

Quoi! ce temple pour moi ne s'ouvre point encore!
Quoi! cette Gloire que j'adore
Près de ces lieux prépare mes autels,
Et je ne vois que de faibles mortels,
Et de faibles dieux que j'ignore.

CHŒUR DE BERGERS.

C'est assez vous faire craindre;
Faites-vous enfin chérir.
Ah! qu'un grand cœur est à plaindre
Quand rien ne peut l'attendrir!

ACTE II.

UNE BERGÈRE.
D'une beauté tendre et soumise
Si tu trahis les appas
Cruel vainqueur, n'espère pas
Que la Gloire te favorise.

UN BERGER.
Quoi ! vers la Gloire il a porté ses pas,
Et son cœur serait infidèle ?
Ah ! parmi nous une honte éternelle
Est le supplice des ingrats.

BÉLUS.
Qu'entends-je ? il est au monde un peuple qui m'offense !
Quelle est la faible voix qui murmure en ces lieux,
Quand la terre tremble en silence ?
Soldats, délivrez-moi de ce peuple odieux.

LE CHŒUR DES MUSES.
Arrêtez ; respectez les dieux
Qui protégent l'innocence.

BÉLUS.
Des dieux ! oseraient-ils suspendre ma vengeance ?

APOLLON ET LES MUSES.
Ciel, couvrez-vous de feu ; tonnerres, éclatez :
Tremble, fuis les dieux irrités.

(On entend le tonnerre, et des éclairs partent du char où sont les Muses avec Apollon.)

APOLLON.
Loin du temple de la Gloire,
Cours au temple de la Fureur :
On gardera de toi l'éternelle mémoire
Avec une éternelle horreur.

LE CHŒUR D'APOLLON ET DES MUSES.
Cœur implacable,
Apprends à trembler ;
La mort te suit, la mort doit immoler
Ce fortuné coupable.
Cœur implacable,
Apprends à trembler.

BÉLUS.
Non, je ne tremble point, je brave le tonnerre ;
Je méprise ce temple et je hais les humains ;
J'embraserai de mes puissantes mains
Les tristes restes de la terre.

CHŒUR.
Cœur implacable,
Apprends à trembler,
La mort te suit, la mort doit immoler
Ce fortuné coupable.

LE TEMPLE DE LA GLOIRE.

Cœur implacable,
Apprends à trembler.
APOLLON ET LES MUSES, *à Lidie.*
Toi qui gémis d'un amour déplorable,
Éteins ses feux, brise ses traits ;
Goûte par nos bienfaits
Un calme inaltérable.

(Les bergers et les bergères emmènent Lidie.)

ACTE TROISIÈME.

(Le théâtre représente l'avenue et le frontispice du temple de la Gloire. Le trône que la Gloire a préparé pour celui qu'elle doit nommer le plus grand des hommes est vu dans l'arrière-théâtre ; il est supporté par des Vertus, et l'on y monte par plusieurs degrés.)

LE GRAND PRÊTRE DE LA GLOIRE, *couronné de lauriers, une palme à la main, entouré des prêtres et des prêtresses de la Gloire.*

UNE PRÊTRESSE.
Gloire enchanteresse,
Superbe maîtresse
Des rois, des vainqueurs ;
L'ardente jeunesse,
La froide vieillesse,
Briguent tes faveurs.

LE CHŒUR.
Gloire enchanteresse, etc.

LA PRÊTRESSE.
Le prétendu sage
Croit avoir brisé
Ton noble esclavage :
Il s'est abusé ;
C'est un amant méprisé
Son dépit est un hommage.

LE GRAND PRÊTRE.
Déesse des héros, du vrai sage, et des rois,
Source noble et féconde
Et des vertus et des exploits,
O Gloire ! c'est ici que ta puissante voix
Doit nommer par un juste choix
Le premier des maîtres du monde.
Venez, volez, accourez tous,
Arbitres de la paix, et foudres de la guerre,
Vous qui domptez, vous qui calmez la terre,
Nous allons couronner le plus digne de vous.

(Danse de héros, avec les prêtresses de la Gloire.)

ACTE III.

LES SUIVANTS DE BACCHUS *arrivent avec des bacchantes et des ménades, couronnés de lierre, le thyrse à la main.*

UN GUERRIER, *suivant de Bacchus.*

Bacchus est en tous lieux notre guide invincible ;
Ce héros fier et bienfaisant
Est toujours aimable et terrible :
Préparez le prix qui l'attend.

UNE BACCHANTE ET LE CHŒUR.

Le dieu des plaisirs va paraître ;
Nous annonçons notre maître ;
Ses douces fureurs
Dévorent nos cœurs.

(Pendant ce chœur, les prêtres de la Gloire rentrent dans le temple, dont les portes se ferment.)

LE GUERRIER.

Les tigres enchaînés conduisent sur la terre
Érigone et Bacchus ;
Les victorieux, les vaincus,
Tous les dieux des plaisirs, tous les dieux de la guerre,
Marchent ensemble confondus.

(On entend le bruit des trompettes, des hautbois et des flûtes, alternativement.)

LA BACCHANTE.

Je vois la tendre Volupté
Sur le char sanglant de Bellone ;
Je vois l'Amour qui couronne
La valeur et la beauté.

(Bacchus et Érigone paraissent sur un char traîné par des tigres, entouré de guerriers, de bacchantes, d'égypans et de satyres.)

BACCHUS.

Érigone, objet plein de charmes,
Objet de ma brûlante ardeur,
Je n'ai point inventé dans les horreurs des armes
Ce nectar des humains, nécessaire au bonheur,
Pour consoler la terre et pour sécher ses larmes ;
C'était pour enflammer ton cœur.
Bannissons la raison de nos brillantes fêtes :
Non, je ne la connus jamais
Dans mes plaisirs, dans mes conquêtes :
Non, je t'adore, et je la hais.
Bannissons la raison de nos brillantes fêtes.

ÉRIGONE.

Conservez-la plutôt pour augmenter vos feux ;
Bannissez seulement le bruit et le ravage
Si par vous le monde est heureux,
Je vous aimerai davantage.

BACCHUS.

Les faibles sentiments offensent mon amour ;
Je veux qu'une éternelle ivresse
De gloire, de grandeur, de plaisirs, de tendresse,
Règne sur mes sens tour à tour.

ÉRIGONE.

Vous alarmez mon cœur ; il tremble de se rendre ;
De vos emportements il est épouvanté.
Il serait plus transporté,
Si le vôtre était plus tendre.

BACCHUS.

Partagez mes transports divins ;
Sur mon char de victoire, au sein de la mollesse,
Rendez le ciel jaloux, enchaînez les humains :
Un dieu plus fort que moi nous entraîne et nous presse.
Que le thyrse règne toujours
Dans les plaisirs et dans la guerre ;
Qu'il tienne lieu du tonnerre
Et des flèches des Amours.

LE CHŒUR.

Que le thyrse règne toujours
Dans les plaisirs et dans la guerre ;
Qu'il tienne lieu du tonnerre,
Et des flèches des Amours.

ÉRIGONE.

Quel dieu de mon âme s'empare ?
Quel désordre impétueux !
Il trouble mon cœur, il l'égare :
L'Amour seul rendrait plus heureux.

BACCHUS.

Mais quel est dans ces lieux ce temple solitaire ?
A quels dieux est-il consacré ?
Je suis vainqueur, j'ai su vous plaire ;
Si Bacchus est connu, Bacchus est adoré.

UN DES SUIVANTS DE BACCHUS.

La Gloire est dans ces lieux le seul dieu qu'on adore ;
Elle doit aujourd'hui placer sur ses autels
Le plus auguste des mortels.
Le vainqueur bienfaisant des peuples de l'aurore
Aura ces honneurs solennels.

ÉRIGONE.

Un si brillant hommage
Ne se refuse pas.
L'Amour seul me guidait sur cet heureux rivage ;
Mais on peut détourner ses pas
Quand la Gloire est sur le passage.

ACTE III.

(Ensemble.)
La Gloire est une vaine erreur;
Mais avec vous c'est le bonheur suprême :
C'est vous que j'aime,
C'est vous qui remplissez mon cœur.

BACCHUS.
Le temple s'ouvre,
La Gloire se découvre,
L'objet de mon ardeur y sera couronné;
Suivez-moi.

(Le temple de la Gloire paraît ouvert.)

LE GRAND PRÊTRE DE LA GLOIRE.
Téméraire, arrête;
Ce laurier serait profané,
S'il avait couronné ta tête.
Bacchus, qu'on célèbre en tous lieux,
N'a point ici la préférence;
Il est une vaste distance
Entre les noms connus et les noms glorieux.

ÉRIGONE.
Eh quoi! de ses présents la Gloire est-elle avare
Pour ses plus brillants favoris?

BACCHUS.
J'ai versé des bienfaits sur l'univers soumis.
Pour qui sont ces lauriers que votre main prépare?

LE GRAND PRÊTRE.
Pour des vertus d'un plus haut prix.
Contentez-vous, Bacchus, de régner dans vos fêtes,
D'y noyer tous les maux que vos fureurs ont faits.
Laissez-nous couronner de plus belles conquêtes
Et de plus grands bienfaits.

BACCHUS.
Peuple vain, peuple fier, enfants de la tristesse,
Vous ne méritez pas des dons si précieux.
Bacchus vous abandonne à la froide sagesse;
Il ne saurait vous punir mieux.
Volez; suivez-moi, troupe aimable;
Venez embellir d'autres lieux.
Par la main des Plaisirs, des Amours, et des Jeux,
Versez ce nectar délectable,
Vainqueur des mortels et des dieux;
Volez, suivez-moi, troupe aimable,
Venez embellir d'autres lieux.

BACCHUS ET ÉRIGONE.
Parcourons la terre,
Au gré de nos désirs;

LE TEMPLE DE LA GLOIRE.

Du temple de la Guerre
Au temple des Plaisirs.
(On danse.)

UNE BACCHANTE, *avec le chœur.*

Bacchus, fier et doux vainqueur,
Conduis mes pas, règne en mon cœur;
La Gloire promet le bonheur
Et c'est Bacchus qui nous le donne.
Raison, tu n'es qu'une erreur,
Et le chagrin t'environne.
Plaisir, tu n'es point trompeur,
Mon âme à toi s'abandonne.
Bacchus, fier et doux vainqueur, etc.

ACTE QUATRIÈME.

(Le théâtre représente la ville d'Artaxate à demi ruinée, au milieu de laquelle est une place publique ornée d'arcs de triomphe chargés de trophées.)

PLAUTINE, JUNIE, FANIE.

PLAUTINE.

Reviens, divin Trajan, vainqueur doux et terrible;
Le monde est mon rival, tous les cœurs sont à toi;
Mais est-il un cœur plus sensible
Et qui t'adore plus que moi?
Les Parthes sont tombés sous ta main foudroyante.
Tu punis, tu venges les rois;
Rome est heureuse et triomphante;
Tes bienfaits passent tes exploits.
Reviens, divin Trajan, vainqueur doux et terrible;
Le monde est mon rival, tous les cœurs sont à toi;
Mais est-il un cœur plus sensible
Et qui t'adore plus que moi?

FANIE.

Dans ce climat barbare, au sein de l'Arménie,
Osez-vous affronter les horreurs des combats?

PLAUTINE.

Nous étions protégés par son puissant génie,
Et l'Amour conduisait mes pas.

JUNIE.

L'Europe reverra son vengeur et son maître;
Sous ces arcs triomphaux on dit qu'il va paraître.

PLAUTINE.

Ils sont élevés par mes mains.
Quel doux plaisir succède à ma douleur profonde!

ACTE IV. 373

Nous allons contempler dans le maître du monde
  La plus aimable des humains.
JUNIE.
Nos soldats triomphants, enrichis, pleins de gloire,
  Font voler son nom jusqu'aux cieux.
FANIE.
Il se dérobe à leurs chants de victoire;
Seul, sans pompe, et sans suite, il vient orner ces lieux.
PLAUTINE.
  Il faut à des héros vulgaires
    La pompe et l'éclat des honneurs;
  Ces vains appuis sont nécessaires
    Pour les vaines grandeurs.
Trajan seul est suivi de sa gloire immortelle;
  On croit voir près de lui l'univers à genoux;
Et c'est pour moi qu'il vient! ce héros m'est fidèle!
Grands dieux! vous habitez dans cette âme si belle,
  Et je la partage avec vous!

TRAJAN, PLAUTINE, SUITE.

PLAUTINE, *courant au-devant de Trajan.*
Enfin je vous revois; le charme de ma vie
  M'est rendu pour jamais.
TRAJAN.
  Le ciel me vend cher ses bienfaits,
  Ma félicité m'est ravie.
Je reviens un moment pour m'arracher à vous,
  Pour m'animer d'une vertu nouvelle,
  Pour mériter, quand Mars m'appelle,
D'être empereur de Rome, et d'être votre époux.
PLAUTINE.
  Que dites-vous? Quel mot funeste!
Un moment! vous, ô ciel! un seul moment me reste,
Quand mes jours dépendaient de vous revoir toujours.
TRAJAN.
Le ciel en tous les temps m'accorda son secours :
Il me rendra bientôt aux charmes que j'adore.
  C'est pour vous qu'il a fait mon cœur.
  Je vous ai vue, et je serai vainqueur.
PLAUTINE.
Quoi! ne l'êtes-vous pas? Quoi! serait-il encore
Un roi que votre main n'aurait pas désarmé?
Tout n'est-il pas soumis, du couchant à l'aurore?
  L'univers n'est-il pas calmé?
TRAJAN.
On ose me trahir.

374 LE TEMPLE DE LA GLOIRE.

PLAUTINE.
Non; je ne puis vous croire;
On ne peut vous manquer de foi.

TRAJAN.
Des Parthes terrassés l'intolérable roi
S'irrite de sa chute, et brave ma victoire.
Cinq rois qu'il a séduits sont armés contre moi;
Ils ont joint l'artifice aux excès de la rage;
Ils sont au pied de ces remparts;
Mais j'ai pour moi les dieux, les Romains, mon courage,
Et mon amour et vos regards.

PLAUTINE.
Mes regards vous suivront ; je veux que sur ma tête
Le ciel épuise son courroux.
Je ne vous quitte pas; je braverai leurs coups;
J'écarterai la mort qu'on vous apprête,
Je mourrai du moins près de vous.

TRAJAN.
Ah ! ne m'accablez point, mon cœur est trop sensible !
Ah ! laissez-moi vous mériter.
Vous m'aimez, il suffit, rien ne m'est impossible,
Rien ne pourra me résister.

PLAUTINE.
Cruel, pouvez-vous m'arrêter ?
J'entends déjà les cris d'un ennemi perfide.

TRAJAN.
J'entends la voix du devoir qui me guide;
Je vole; demeurez ; la victoire me suit.
Je vole; attendez tout de mon peuple intrépide,
Et de l'amour qui me conduit.
(Ensemble.)
Je vais } punir un barbare,
Allez   }
Terrasser sous { mes } coups.
                { vos }
L'ennemi qui nous sépare,
Qui m'arrache un moment à vous.

PLAUTINE.
Il m'abandonne à ma douleur mortelle.
Cher amant, arrêtez ah ! détournez les yeux ;
Voyez encor les miens.

TRAJAN, au fond du théâtre.
O dieux ! ô justes dieux;
Veillez sur l'empire et sur elle !

PLAUTINE.
Il est déjà loin de ces lieux.
Devoir, es-tu content? Je meurs, et je l'admire.

ACTE IV.

Ministres du dieu des combats,
Prêtresses de Vénus, qui veillez sur l'empire,
Percez le ciel de cris, accompagnez mes pas;
Secondez l'amour qui m'inspire.

CHŒUR DES PRÊTRES DE MARS.

Fier dieu des alarmes,
Protège nos armes,
Conduis nos étendards.

CHŒUR DES PRÊTRESSES DE VÉNUS.

Déesse des Grâces,
Vole sur ses traces,
Enchaîne le dieu Mars.

(On danse.)

CHŒUR DES PRÊTRESSES.

Mère de Rome et des amours paisibles,
Viens tout ranger sous ta charmante loi;
Viens couronner nos Romains invincibles :
Ils sont tous nés pour l'amour et pour toi.

PLAUTINE.

Dieux puissants, protégez votre vivante image!
Vous étiez autrefois des mortels comme lui;
C'est pour avoir régné comme il règne aujourd'hui
Que le ciel est votre partage.

(On danse.)

(On entend un chœur de Romains qui avancent lentement sur le théâtre.)

Charmant héros, qui pourra croire
Des exploits si prompts et si grands?
Tu te fais en peu de temps
La plus durable mémoire.

JUNIE.

Entendez-vous ces cris et ces chants de victoire?

FANIE.

Trajan revient vainqueur.

PLAUTINE.

En pouviez-vous douter?
Je vois ces rois captifs, ornements de sa gloire;
Il vient de les combattre, il vient de les dompter.

JUNIE.

Avant de les punir par ses lois légitimes,
Avant de frapper ses victimes,
A vos genoux il veut les présenter.

TRAJAN *paraît, entouré des aigles romaines et de faisceaux; les rois vaincus sont enchaînés à sa suite.*

TRAJAN.

Rois, qui redoutez ma vengeance,
Qui craignez les affronts aux vaincus destinés,

Soyez désormais enchaînés
Par la seule reconnaissance.
Plautine est en ces lieux; il faut qu'en sa présence
Il ne soit point d'infortunés.

LES ROIS, *se relevant, chantent avec le chœur.*
O grandeur! ô clémence!
Vainqueur égal aux dieux,
Vous avez leur puissance,
Vous pardonnez comme eux.

PLAUTINE.
Vos vertus ont passé mon espérance même;
Mon cœur est plus touché que celui de ces rois.

TRAJAN.
Ah! s'il est des vertus dans ce cœur qui vous aime,
Vous savez à qui je les dois.
J'ai voulu des humains mériter le suffrage,
Dompter les rois, briser leurs fers,
Et vous apporter mon hommage
Avec les vœux de l'univers.
Ciel! que vois-je en ces lieux?

LA GLOIRE *descend d'un vol précipité, une couronne de laurier à la main.*

LA GLOIRE.
Tu vois ta récompense,
Le prix de tes exploits, surtout de ta clémence;
Mon trône est à tes pieds; tu règnes avec moi.
(Le théâtre change, et représente le temple de la Gloire.)
(Elle continue.)
Plus d'un héros, plus d'un grand roi,
Jaloux en vain de sa mémoire,
Vola toujours après la Gloire;
Et la Gloire vole après toi.

LES SUIVANTS DE LA GLOIRE, *mêlés aux Romains et aux Romaines, forment des danses.*

UN ROMAIN.
Régnez en paix après tant d'orages,
Triomphez dans nos cœurs satisfaits.
Le sort préside aux combats, aux ravages;
La Gloire est dans les bienfaits.
Tonnerre, écarte-toi de nos heureux rivages;
Calme heureux, reviens pour jamais.
Régnez en paix, etc.

CHŒUR.
Le ciel nous seconde,
Célébrons son choix:

ACTE IV.

Exemple des rois,
Délices du monde,
Vivons sous tes lois.

JUNIE.

Tendre Vénus, à qui Rome est soumise,
A nos exploits joins tes tendres appas ;
Ordonne à Mars enchanté dans tes bras
Que pour Trajan sa faveur s'éternise.

LE CHŒUR.

Le ciel nous seconde
Célébrons son choix
Exemple des rois,
Délices du monde,
Vivons sous tes lois.

TRAJAN.

Des honneurs si brillants sont trop pour mon partage;
Dieux, dont j'éprouve la faveur,
Dieux de mon peuple, achevez votre ouvrage;
Changez ce temple auguste en celui du bonheur;
Qu'il serve à jamais aux fêtes
Des fortunes humaines;
Qu'il dure autant que les conquêtes
Et que la gloire des Romains.

LA GLOIRE.

Les dieux ne refusent rien
Au héros qui leur ressemble :
Volez, Plaisirs, que sa vertu rassemble;
Le temple du bonheur sera toujours le mien.

ACTE CINQUIÈME.

(Le théâtre change, et représente le temple du Bonheur; il est formé de pavillons d'une architecture légère, de péristyles, de jardins, de fontaines, etc. Ce lieu délicieux est rempli de Romains et de Romaines de tous états.)

CHŒUR.

Chantons en ce jour solennel,
Et que la terre nous réponde :
Un mortel, un seul mortel
A fait le bonheur du monde
(On danse.)

UNE ROMAINE.

Tout rang, tout sexe, tout âge
Doit aspirer au bonheur.

LE TEMPLE DE LA GLOIRE.

LE CHŒUR.
Tout rang, tout sexe, tout âge
Doit aspirer au bonheur.

LA ROMAINE.
Le printemps volage,
L'été plein d'ardeur,
L'automne plus sage,
Raison, badinage,
Retraite, grandeur,
Tout rang, tout sexe, tout âge
Doit aspirer au bonheur.

LE CHŒUR.
Tout rang, etc.

(Des bergers et des bergères entrent en dansant.)

UNE BERGÈRE.
Ici les plus brillantes fleurs
N'effacent point les violettes ;
Les étendards et les houlettes
Sont ornés des mêmes couleurs.
Les chants de nos tendres pasteurs
Se mêlent au bruit des trompettes ;
L'amour anime en ces retraites
Tous les regards et tous les cœurs.
Ici les plus brillantes fleurs
N'effacent point les violettes ;
Les étendards et les houlettes
Sont ornés des mêmes couleurs.

(Les seigneurs et les dames romaines se joignent en dansant aux bergers et aux bergères.)

UN ROMAIN.
Dans un jour si beau,
Il n'est point d'alarmes ;
Mars est sans armes,
L'Amour sans bandeau.

LE CHŒUR.
Dans un jour si beau, etc.

LE ROMAIN.
La Gloire et les Amours en ces lieux n'ont des ailes
Que pour voler dans nos bras.
La Gloire aux ennemis présentait nos soldats,
Et l'Amour les présente aux belles.

LE CHŒUR.
Dans un jour si beau,
Il n'est point d'alarmes ;
Mars est sans armes,
L'Amour sans bandeau.

(On danse.)

TRAJAN *paraît avec* PLAUTINE, *et tous les Romains se rangent autour de lui.*

CHŒUR.

Toi que la Victoire
Couronne en ce jour,
Ta plus belle gloire
Vient du tendre Amour.

TRAJAN.

O peuple de héros qui m'aimez et que j'aime,
Vous faites mes grandeurs ;
Je veux régner sur vos cœurs,
(Montrant Plautine.)
Sur tant d'appas, et sur moi-même.
Montez au haut du ciel, encens que je reçois ;
Retournez vers les dieux, hommages que j'attire.
Dieux, protégez toujours ce formidable empire,
Inspirez toujours tous ses rois.
Montez au haut du ciel, encens que je reçois ;
Retournez vers les dieux, hommages que j'attire.

(Toutes les différentes troupes recommencent leurs danses autour de Trajan et de Plautine, et terminent la fête par un ballet général.)

VARIANTES.

On trouve dans une partition de Rameau un acte Ier différent de celui qu'on vient de lire. Nous le rétablissons ici.

ACTE PREMIER.

PERSONNAGES.

LIDIE.
ARSINE, confidente de Lidie.
BERGERS ET BERGÈRES.
UN BERGER.
UNE BERGÈRE.
BÉLUS.
ROIS CAPTIFS, et soldats de la suite de Bélus.

SCÈNE I. — LIDIE, ARSINE.

LIDIE.

Muses, filles du ciel, la paix règne en vos fêtes ;
Vous suspendez les mortelles douleurs ;
Dans les cœurs des humains vous calmez les tempêtes,
Les jours sereins naissent de vos faveurs.
Amour, sors de mon cœur ; Amour, brise ma chaîne :

Bélus m'abandonne aujourd'hui;
Dépit vengeur, trop juste haine,
Soyez, s'il se peut, mon appui.
Amour, sors de mon cœur; Amour, brise ma chaîne,
Ne sois pas tyran comme lui.

ARSINE.
Les Muses quelquefois calment un cœur sensible,
Et pour les implorer vous quittez votre cour;
Mais craignez d'y chercher ce guerrier invincible :
Au temple de la Gloire il voit en ce grand jour ;
Il en sera plus inflexible.

LIDIE.
Non, je veux dans son cœur porter le repentir.
Il cherche ici la Gloire, et ce nom me rassure :
  La Gloire ne pourra choisir
  Un vainqueur injuste et parjure.
  Hélas! je l'ai cru vertueux.
Que le sort l'a changé! que sa grandeur l'égare!
Je l'ai cru bienfaisant, sensible, généreux;
  Son bonheur l'a rendu barbare.

ARSINE.
Il insulte à des rois qu'a domptés sa valeur;
  Devant lui marche la Vengeance,
  L'Orgueil, le Faste, la Terreur;
  Et l'Amour fuit de sa présence.

LIDIE.
Que de crimes, ô ciel! avec tant de vaillance
Déesses de ces lieux, appuis de l'innocence,
  Consolez mon cœur alarmé,
  Secourez-moi contre moi-même,
  Et ne permettez pas que j'aime
Un héros enivré de sa grandeur suprême,
  Qui n'est plus digne d'être aimé.

SCÈNE II. — LIDIE, ARSINE, BERGERS ET BERGÈRES.

(*Les bergers et bergères entrent en dansant au son des musettes.*)

LIDIE.
Venez, tendres bergers, vous qui plaignez mes larmes,
  Mortels heureux, des Muses inspirés,
Dans mon cœur agité répandez tous les charmes
  De la paix que vous célébrez.

CHŒUR DE BERGERS.
Oserons-nous chanter sur nos faibles musettes,
  Lorsque les horribles trompettes
  Ont épouvanté les échos?

UNE BERGÈRE.
  Nous fuyons devant ces héros
  Qui viennent troubler nos retraites.

LIDIE.
Ne fuyez point Bélus, employez l'art des dieux
A fléchir ce grand cœur autrefois vertueux.
  Les Muses, dans ces bocages,

VARIANTES.

Inspirent vos chants divins ;
Vous calmez les monstres sauvages,
Enchantez les cruels humains.

CHŒUR.

Enchantons les cruels humains.
(Ils recommencent leurs danses.)

UNE BERGÈRE.

Le dieu des beaux-arts peut seul nous instruire,
Mais le seul Amour peut changer les cœurs ;
Pour les adoucir, il faut les séduire :
Du seul dieu d'Amour les traits sont vainqueurs.
(On danse.)

UNE BERGÈRE.

Descends, dieu charmant, viens monter ta lyre,
Viens former les sons du dieu des neuf sœurs ;
Prête à la vertu ta voix, ton sourire,
Tes traits, ton flambeau, tes liens de fleurs.
(On danse.)

UN BERGER.

Vers ce temple où la Mémoire
Consacre les noms fameux,
Nous ne levons point nos yeux :
Les bergers sont assez heureux
Pour voir au moins que la Gloire
N'est point faite pour eux.
(On entend un bruit de timbales et de trompettes.)

SCÈNE III.

CHŒUR DE GUERRIERS.

La guerre sanglante,
La mort, l'épouvante,
Signalent nos fureurs.
Livrons-nous un passage
A travers le carnage,
Au faîte des grandeurs.

CHŒUR DE BERGERS.

Quels sons affreux, quel bruit sauvage !
O Muses, protégez nos fortunés climats !

UN BERGER.

O Gloire, dont le nom semble avoir tant d'appas,
Serait-ce là votre langage?

CHŒUR DE GUERRIERS.

Les éclairs embrasent les cieux,
La foudre menace la terre ;
Déclarez-vous, grands dieux,
Par la voix du tonnerre,
Que Bélus arrive en ces lieux?

SCÈNE IV. — BÉLUS ET LES PRÉCÉDENTS.

BÉLUS.

Où suis-je? qu'ai-je vu?
Non, je ne puis le croire ;

Ce temple qui m'est dû,
Le séjour de la Gloire,
S'est fermé devant moi.
Mes soldats ont pâli d'effroi.
La foudre a dévoré les dépouilles sanglantes
Que j'allais consacrer à Mars;
Elle a brisé mes étendards
Dans mes mains triomphantes.
Dieux implacables, dieux jaloux,
Qu'ai-je donc fait ou vous outrage?
J'ai fait trembler l'univers sous mes coups;
J'ai mis des rois à mes genoux,
Et leurs sujets dans l'esclavage;
Je me suis vengé comme vous.
Que demandez-vous davantage?

CHŒUR DE BERGERS.

On n'imite point les dieux
Par les horreurs de la guerre;
Il faut, pour être aimé d'eux,
Se faire aimer sur la terre.

UN BERGER.

Un roi que rien n'attendrit,
Est des rois le plus à plaindre;
Bientôt lui-même il gémit
Quand il se fait toujours craindre.

CHŒUR DE BERGERS.

Un roi que rien n'attendrit, etc.

BÉLUS.

Quoi! dans ces lieux on brave ma fureur,
Quand le monde à mes pieds se tait dans l'épouvante!
(On entend le son des musettes.)
Un plaisir inconnu me surprend et m'enchante
Dans le sein même de l'horreur.
(Les musettes continuent.)
De ces simples bergers la candeur innocente
Dans mon cœur étonné fait passer sa douceur.
(On danse.)

UNE BERGÈRE.

Un roi, s'il veut être heureux,
Doit combler nos vœux.
Le vrai bonheur le couronne
Quand il le donne.
Dans les plaines, dans les bois,
On chérit ses douces lois.
Il sourit, il verse en tous lieux
Les bienfaits des dieux.
A sa voix les vertus renaissent;
Les Ris, les Jeux le caressent;
La Gloire et l'Amour
Partagent sa cour.
Dans son rang suprême
C'est lui seul qu'on aime
C'est lui plus que ses faveurs

VARIANTES.

Qui charmé les cœurs.
Un roi, qui veut, etc.

CHŒUR DE BERGERS.

Un roi que rien n'attendrit
Est des rois le plus à plaindre ;
Bientôt lui-même il gémit
Quand il se fait toujours craindre.

LA BERGÈRE.

Écoutez dans nos champs le dieu qui nous inspire,
Rendez tous les cœurs satisfaits,
De vos sévères lois adoucissez l'empire ;
La gloire est dans les bienfaits.

CHŒUR.

Un roi que rien, etc.

BÉLUS.

Plus j'écoute leurs chants, plus je deviens sensible.
Dieux ! m'avez-vous conduit dans ce séjour paisible
Pour m'éclairer d'un nouveau jour ?
Des flatteurs m'aveuglaient ; ils égaraient leur maître ;
Et des bergers me font connaître
Ce que j'ignorais dans ma cour.

LIDIE.

Connaissez encor plus ; voyez toute ma flamme.
Je vous ai suivi dans ces lieux ;
Pour vous je demandais aux dieux
D'adoucir, de toucher votre âme.
Tes vertus autrefois avaient su m'enflammer ;
Vous avez tout quitté pour l'horreur de la guerre,
Ah ! je voudrais vous voir adoré de la terre ;
Dussiez-vous ne me point aimer.

BÉLUS.

C'en est trop, je me rends au charme qui m'attire,
Soumettre que des dieux j'aurais bravé l'empire,
Mais ils empruntent votre voix ;
Ils ont guidé vos pas, leur bonté vous inspire ;
Je suis désarmé, je soupire :
J'ose espérer qu'un jour j'obtiendrai sous vos lois
La gloire immortelle où j'aspire.
Ces dieux garants de mes vœux
Apaiseront leur colère ;
Et, pour mériter de vous plaire,
Je rendrai les mortels heureux.

LIDIE ET BÉLUS.

Descends des cieux, lance tes flammes ;
Triomphe, Amour, dieu des grands cœurs :
Anime les vertus et les nobles ardeurs
Qui doivent régner dans nos âmes.

CHŒUR.

Entre la Gloire et les Amours,
Dans une paix profonde,
Allez donner tous deux au monde
De justes lois et de beaux jours.

FIN DU TEMPLE DE LA GLOIRE.

LA PRUDE.

COMÉDIE EN CINQ ACTES.

JOUÉE SUR LE THÉATRE DU CHATEAU DE SCEAUX, LE 15 DÉCEMBRE 1747.

AVERTISSEMENT DE L'AUTEUR.

Cette pièce est bien moins une traduction qu'une esquisse légère de la fameuse comédie de Wicherley, intitulée *Plain dealer*, « l'Homme au franc procédé. » Cette pièce a encore en Angleterre la même réputation que le *Misanthrope* en France. L'intrigue est infiniment plus compliquée, plus intéressante, plus chargée d'incidents ; la satire y est beaucoup plus forte et plus insultante ; les mœurs y sont d'une telle hardiesse, qu'on pourrait placer la scène dans un mauvais lieu, attenant un corps de garde. Il semble que les Anglais prennent trop de liberté, et que les Français n'en prennent pas assez.

Wicherley ne fit aucune difficulté de dédier son *Plain dealer* à la plus fameuse appareilleuse de Londres. On peut juger, par la protectrice, du caractère des protégés. La licence du temps de Charles II était aussi débordée que le fanatisme avait été sombre et barbare du temps de l'infortuné Charles Iᵉʳ.

Croira-t-on que chez les nations polies les termes de gueuse, de p...., de bor...., de ruffien, de m....., de v....., et tous leurs accompagnements, sont prodigués dans une comédie où toute une cour très-spirituelle allait en foule ?

Croira-t-on que la connaissance la plus approfondie du cœur humain, les peintures les plus vraies et les plus brillantes, les traits d'esprit les plus fins, se trouvent dans le même ouvrage ?

Rien n'est cependant plus vrai. Je ne connais point de comédie chez les anciens ni chez les modernes où il y ait autant d'esprit. Mais c'est une sorte d'esprit qui s'évapore dès qu'il passe chez l'étranger.

Nos bienséances, qui sont quelquefois un peu fades, ne m'ont pas permis d'imiter cette pièce dans toutes ses parties ; il a fallu en retrancher des rôles tout entiers.

Je n'ai donc donné ici qu'une très-légère idée de la hardiesse anglaise ; et cette imitation, quoique partout voilée de gaze, est encore si forte, qu'on n'oserait pas la représenter sur la scène de Paris.

Nous sommes entre deux théâtres bien différents l'un de l'autre : l'espagnol et l'anglais. Dans le premier, on représente Jésus-Christ, des possédés, et des diables ; dans le second, des cabarets, et quelque chose de pis.

PROLOGUE

RÉCITÉ PAR VOLTAIRE SUR LE THÉÂTRE DE SCEAUX, DEVANT MADAME LA DUCHESSE DU MAINE, AVANT LA REPRÉSENTATION DE LA COMÉDIE DE LA PRUDE, LE 15 DÉCEMBRE 1747.

O vous, en tous les temps par Minerve inspirée !
Des plaisirs de l'esprit protectrice éclairée,
Vous avez vu finir ce siècle glorieux,
Ce siècle des talents accordé par les dieux.
    Vainement on se dissimule
Qu'on fait pour l'égaler des efforts superflus,
Favorisez au moins ce faible crépuscule
    Du beau jour qui ne brille plus.
Ranimez les accents des filles de Mémoire,
De la France à jamais éclairez les esprits;
Et, lorsque vos enfants combattent pour sa gloire,
    Soutenez-la dans nos écrits.
Vous n'avez point ici de ces pompeux spectacles
Où les chants et la danse étalent leurs miracles;
Daignez vous abaisser à de moindres sujets :
L'esprit aime à changer de plaisirs et d'objets.
Nous possédons bien peu; c'est ce peu qu'on vous donne :
A peine en nos écrits verrez-vous quelques traits
D'un comique oublié que Paris abandonne.
Puissent tant de beautés, dont les brillants attraits
Valent mieux à mon sens que les vers les mieux faits,
S'amuser avec vous d'une Prude friponne,
    Qu'elles n'imiteront jamais !
    On peut bien, sans effronterie,
Aux yeux de la raison jouer la pruderie :
Tout défaut dans les mœurs à Sceaux est combattu :
Quand on fait devant vous la satire d'un vice,
C'est un nouvel hommage, un nouveau sacrifice,
    Que l'on présente à la vertu.

PERSONNAGES.

MADAME DORFISE, veuve.
MADAME BURLET, sa cousine.
COLETTE, suivante de Dorfise.
BLANFORD, capitaine de vaisseau.
DARMIN, son ami.
BARTOLIN, caissier.
LE CHEVALIER MONDOR.
ADINE, nièce de Darmin, déguisée en jeune Turc.

La scène est à Marseille.

ACTE PREMIER.

SCÈNE I. — DARMIN, ADINE.

ADINE, habillée en Turc[1].

Ah ! mon cher oncle ! ah ! quel cruel voyage !
Que de dangers ! quel étrange équipage !
Il faut encor cacher sous un turban
Mon nom, mon cœur, mon sexe, et mon tourment.

DARMIN.

Nous arrivons ; je te plains, ma nièce ;
Lorsque ton père est mort consul en Grèce,
Quand nous étions tous deux après sa mort
Privés d'amis, de biens, et de support,
Que ta beauté, tes grâces, ton jeune âge,
N'étaient pour toi qu'un funeste avantage,
Pour comble enfin, quand un maudit pacha
Si vivement de toi s'amouracha,
Que faire alors ? Ne fus-tu pas réduite
À te cacher, te masquer, partir vite ?

ADINE.

D'autres dangers sont préparés pour moi.

DARMIN.

Ne rougis point, ma nièce, crois-moi,
Car à la hâte, avec nous embarquée,
Vêtue en homme, en jeune Turc masquée,
Tu ne pouvais, ma nièce, honnêtement
Te dépêtrer de cet accoutrement,
Prendre du sexe et l'habit et la mine,
Devant les yeux de vingt gardes-marines
Qui tous étaient plus dangereux pour toi
Qu'un vieux bacha n'ayant ni foi ni loi.
Mais, par bonheur, tout s'arrange à merveille,
Et nous voici débarqués dans Marseille,
Loin des bachas, et près de tes parents,
Chez des Français, tous fort honnêtes gens.

ADINE.

Ah ! Blanford est honnête homme, sans doute ;
Mais que de maux tant de vertu me coûte !
Fallait-il donc avec lui revenir ?

DARMIN.

Ton défunt père à lui devait t'unir.

---

[1]. Dans la pièce anglaise, cette jeune personne s'appelle Fidelia ; elle s'est déguisée en garçon, et a servi de page à Manly, capitaine de vaisseau.

ACTE I, SCÈNE I.

Et cet hymen, dans ta plus tendre enfance,
Fit autrefois sa plus douce espérance.

ADINE.
Qu'il se trompait !

DARMIN.
Blanford à tes beaux yeux
Rendra justice en te connaissant mieux.
Peut-il longtemps se coiffer d'une prude,
Qui de tromper fait son unique étude ?

ADINE.
On la dit belle ; il l'aimera toujours ;
Il est constant.

DARMIN.
Bon ! qui l'est en amours ?

ADINE.
Je crains Dorfise.

DARMIN.
Elle est trop intrigante ;
Sa pruderie est, dit-on, trop galante ;
Son cœur est faux, ses propos médisants.
Ne crains rien d'elle ; on ne trompe qu'un temps.

ADINE.
Ce temps est long ; ce temps me désespère.
Dorfise trompe ! et Dorfise a su plaire !

DARMIN.
Mais, après tout, Blanford t'est-il si cher ?

ADINE.
Oui, dès ce jour où deux vaisseaux d'Alger[1]
Si vivement sur les flots l'attaquèrent !
Ah ! que pour lui tous mes sens se troublèrent !
Dans mes frayeurs, un sentiment bien doux
M'intéressait pour lui comme pour vous ;
Et, courageuse en devenant si tendre,
Je souhaitais être homme, et le défendre.
Songez-vous bien que lui seul me sauva,
Quand sur les eaux notre vaisseau brûla ?
Ciel ! que j'aimai ses vertus, son courage,
Qui dans mon cœur ont gravé son image !

DARMIN.
Oui, je conçois qu'un cœur reconnaissant
Pour la vertu peut avoir du penchant.
Trente ans à peine, une taille légère,
Beaux yeux, air noble, oui, sa vertu peut plaire ;
Mais son humeur et son austérité
Ont-ils pu plaire à ta simplicité ?

1. Dans l'anglais, ce n'est pas contre des vaisseaux d'Alger que le capitaine a combattu, mais contre des hollandais.

388 LA PRUDE.

ADINE.
Mon caractère est sérieux, et j'aime
Peut-être en lui jusqu'à mes défauts même.

DARMIN.
Il hait le monde.

ADINE.
Il a, dit-on, raison.

DARMIN.
Il est souvent trop confiant, trop bon ;
Et son humeur gâte encor sa franchise.

ADINE.
De ses défauts le plus grand, c'est Dorfise.

DARMIN.
Il est trop vrai. Pourquoi donc refuser
D'ouvrir ses yeux, de les désabuser,
Et de briller dans ton vrai caractère ?

ADINE.
Peut-on briller lorsqu'on ne saurait plaire ?
Hélas ! du jour que par un sort heureux
Dessus son bord il nous reçut tous deux,
J'ai bien tremblé qu'il n'aperçût ma feinte :
En arrivant, je sens la même crainte.

DARMIN.
Je prétendais te découvrir à lui.

ADINE.
Gardez-vous-en, ménagez mon ennui ;
Sacrifiée à Dorfise adorée,
Dans mon malheur je veux être ignorée ;
Je ne veux pas qu'il connaisse en ce jour
Quelle victime il immole à l'amour.

DARMIN.
Que veux-tu donc ?

ADINE.
Je veux, dès ce soir même,
Dans un couvent fuir un ingrat que j'aime.

DARMIN.
Lorsque si vite on se met en couvent,
Tout à loisir, ma nièce, on s'en repent.
Avec le temps tout se fera, te dis-je ;
Un soin plus triste à présent nous afflige ;
Car dans l'instant où ce Duguay[1] nouveau
Si noblement fit sauter son vaisseau,
Je vis sauter ses biens et ma fortune ;
A tous les deux la misère est commune.
Et cependant à Marseille arrivés,

[1] Allusion au célèbre Duguay-Trouin, l'un des grands hommes de mer qu'ait eus la France.

Et qui se font un plaisir généreux
De rechercher un ami malheureux.
J'en connais peu; partout le vice abonde.
Un coffre-fort est le dieu de ce monde ;
Et je voudrais qu'ainsi que mon vaisseau
Le genre humain fût abîmé dans l'eau.

DARKIN.

Exceptez-nous du moins de la sentence.

ADINE.

Le monde est faux, je le crois ; mais je pense
Qu'il est encore un cœur digne de vous,
Fier, mais sensible, et ferme, quoique doux,
De vos destins bravant l'indigne outrage ;
Vous en aimant, s'il se peut, davantage ;
Tendre en ses vœux, et constant dans sa foi.

BLANFORD.

Le beau présent ! où le trouver ?

ADINE.
　　　　　　　　　　　Dans moi.

BLANFORD.

Dans vous, allez, jeune homme que vous êtes,
Suis-je en état d'entendre vos sornettes ?
Pour plaisanter prenez mieux votre temps.
Oui, dans ce monde, et parmi les méchants,
Je sais qu'il est encor des âmes pures,
Qui chériront mes tristes aventures,
Je suis heureux dans mon sort abattu ;
Dorfise au moins sait aimer la vertu.

ADINE.

Ainsi, monsieur, c'est de cette Dorfise
Que pour toujours je vois votre âme éprise ?

BLANFORD.

Assurément.

ADINE.
　　　　　Et vous avez trouvé
En sa conduite un mérite éprouvé ?

BLANFORD.

Oui.

DARKIN.

Feu mon frère, avant d'aller en Grèce,
S'il m'en souvient, vous destinait ma nièce.

BLANFORD.

Feu votre frère a très-mal destiné ;
J'ai mieux choisi ; je suis déterminé.
Pour la vertu qui, du monde exilée
Chez ma Dorfise est ici rappelée.

ACTE I, SCÈNE II.

ADINE.
Un tel mérite est rare, il me surprend;
Mais son bonheur me semble encor plus grand.

BLANFORD.
Ce jeune enfant a du bon, et je l'aime;
Il prend parti pour moi contre vous-même.

DARMIN.
Pas tant peut-être. Après tout, dites-moi
Comment Dorfise, avec sa bonne foi,
Avec ce goût qui pour vous seul l'attire,
Depuis un an cessa de vous écrire.

BLANFORD.
Voudriez-vous qu'on m'écrivît par l'air,
Et que la poste allât en pleine mer?
Avant ce temps j'ai vingt fois reçu d'elle
De gros paquets, mais écrits d'un modèle....
D'un air si vrai, d'un esprit si sensé....
Rien d'affecté, d'obscur, d'embarrassé,
Point d'esprit faux; la nature elle-même,
Le cœur y parle ; et voilà comme on aime.

DARMIN, à Adine.
Vous pâlissez....

BLANFORD, avec empressement, à Adine.
Qu'avez-vous?

ADINE.
Moi, monsieur?
Un mal cruel qui me perce le cœur.

BLANFORD, à Darmin.
Le cœur! quel ton! une fille à son âge,
Serait plus fière, aurait plus de courage.
Je l'aime fort, mais je suis étonné,
Qu'à cet excès il soit efféminé.
Était-il fait pour un pareil voyage?
Il craint la mer, les ennemis, l'orage,
Je l'ai trouvé près d'un miroir assis;
Il était né pour aller à Paris
Nous étaler sur les bancs du théâtre
Son beau minois, dont il est idolâtre;
C'est un Narcisse.

DARMIN.
Il en a la beauté.

BLANFORD.
Oui, mais il faut en fuir la vanité.

ADINE.
Ne craignez rien, ce n'est pas moi que j'aime.
Je suis plus près de me haïr moi-même,
Je n'aime rien qui me ressemble.

BLANFORD.
                             Enfin
C'est à Dorfise à régler mon destin.
Bien convaincu de sa haute sagesse,
De l'épouser je lui passai promesse;
Je lui laissai mon bien même en partant,
Joyaux, billets, contrats, argent comptant.
J'ai, grâce au ciel, par ma juste franchise,
Confié tout à ma chère Dorfise.
J'ai confié Dorfise et son destin
A la vertu de monsieur Bartolin.
                    DARMIN.
De Bartolin, le caissier?
                  BLANFORD.
                             De lui-même,
D'un bon ami, qui me chérit, que j'aime.
            DARMIN, d'un ton ironique.
Ah! vous avez sans doute bien choisi;
Toujours heureux en maîtresse, en ami,
Point prévenu
                  BLANFORD.
                Sans doute, et leur absence
Me fait ici sécher d'impatience.
                    ADINE.
Je n'en puis plus, je sors.
                  BLANFORD.
                       Mais qu'avez-vous?
                    ADINE.
De ses malheurs chacun ressent les coups.
Les miens sont grands; leurs traits s'appesantissent;
Ils cesseront.... si les vôtres finissent.
                                  (Elle sort.)
                  BLANFORD.
Je ne sais.... mais son chagrin m'a touché.
                    DARMIN.
Il est aimable, il vous est attaché.
                  BLANFORD.
J'ai le cœur bon, et la moindre fortune
Qui me viendra sera pour lui commune.
Dès que Dorfise avec sa bonne foi
M'aura remis l'argent qu'elle a de moi,
J'en ferai part à votre jeune Adine.
Je lui voudrais la voix moins féminine,
Un air plus fait; mais les soins et le temps
Forment le cœur et l'air des jeunes gens.
Il a des mœurs, il est modeste, sage.
J'ai remarqué toujours, dans le voyage,

ACTE I, SCÈNE II.

Qu'il rougissait aux propos indécents
Que sur mon bord tenaient nos jeunes gens.
Je vous promets de lui servir de père.

DARMIN.

Ce n'est pas là pourtant ce qu'il espère.
Mais allons donc chez Dorfise à l'instant,
Et recevez d'elle au moins votre argent.

BLANFORD.

Bon ! le démon, qui toujours m'accompagne,
La fait rester encore à la campagne.

DARMIN.

Et le caissier ?

BLANFORD.

Et le caissier aussi.
Tous deux viendront, puisque je suis ici.

DARMIN.

Vous pensez donc que madame Dorfise
Vous est toujours très-humblement soumise ?

BLANFORD.

Et pourquoi non ? si je garde ma foi,
Elle peut bien en faire autant pour moi.
Je n'ai pas eu, comme vous, la folie
De courtiser une franche étourdie.

DARMIN.

Il se pourra que j'en sois méprisé,
Et c'est à quoi tout homme est exposé ;
Et j'avouerai qu'en son humeur badine
Elle est bien loin de sa sage cousine.

BLANFORD.

Mais de son cœur ainsi désemparé,
Que ferez-vous ?

DARMIN.

Moi ? rien : je me tairai,
En attendant qu'à Marseille se rendent
Les deux beautés de qui nos cœurs dépendent.
Fort à propos je vois venir vers nous
L'ami Mondor.

BLANFORD.

Notre ami ! dites-vous
'ni, notre ami ?

DARMIN.

Sa tête est fort légère,
Mais dans le fond c'est un bon caractère.

BLANFORD.

Détrompez-vous, cher Darmin ; soyez sûr
Que l'amitié veut un esprit plus mûr ;
Allez, les fous n'aiment rien.

DARMIN.
Mais le sage
Aime-t-il tant?... Tirons quelque avantage
De ce fou-ci. Dans notre cas urgent,
On peut sans honte emprunter son argent.

SCÈNE III. — BLANFORD, DARMIN, LE CHEVALIER MONDOR.

LE CHEVALIER MONDOR.
Bonjour, très-cher, vous voilà donc en vie?
C'est fort bien fait, j'en ai l'âme ravie.
Bonjour : dis-moi, quel est ce bel enfant
Que j'ai vu là dans cet appartement?
D'où vous vient-il? était-il du voyage?
Est-il Grec, Turc? est-il ton fils, ton page?
Qu'en faites-vous? Où soupez-vous ce soir?
A quels appas jetez-vous le mouchoir?
N'allez-vous pas vite en poste à Versailles
Faire aux commis des récits de batailles?
Dans ce pays avez-vous un patron?

BLANFORD.
Non.

LE CHEVALIER MONDOR.
Quoi! tu n'as jamais fait ta cour?

BLANFORD.
Non.
J'ai fait ma cour sur mer; et mes services
Sont mes patrons, sont mes seuls artifices;
Dans l'antichambre on ne m'a jamais vu.

LE CHEVALIER MONDOR.
Tu n'as aussi jamais rien obtenu.

BLANFORD.
Rien demandé. J'attends que l'œil du maître
Sache en son temps tout voir, tout reconnaître.

LE CHEVALIER MONDOR.
Va, dans son temps ces nobles sentiments
A l'hôpital mènent tout droit les gens.

DARMIN.
Nous en sommes fort près, et notre gloire
N'a pas le sou.

LE CHEVALIER MONDOR.
Je suis prêt à t'en croire

DARMIN.
Cher chevalier? il te faut avouer

LE CHEVALIER MONDOR.
En quatre mots je dois vous confier

DARMIN.
Que notre ami vient de faire une perte...

ACTE I, SCÈNE III.

LE CHEVALIER MONDOR.
Que j'ai, mon cher, fait une découverte....
DARMIN.
De tout le bien....
LE CHEVALIER MONDOR.
D'une honnête beauté....
DARMIN.
Que sur la mer....
LE CHEVALIER MONDOR.
A qui sans vanité....
DARMIN.
Il rapportait....
LE CHEVALIER MONDOR.
Après bien du mystère....
DARMIN.
Dans son vaisseau.
LE CHEVALIER MONDOR.
J'ai le bonheur de plaire....
DARMIN.
C'est un malheur.
LE CHEVALIER MONDOR.
C'est un plaisir bien vif
De subjuguer ce scrupule excessif,
Cette pudeur et si fière et si pure,
Ce précepteur qui gronde la nature.
J'avais du goût pour la dame Burlet,
Pour sa gaieté, son air brusque et follet;
Mais c'est un goût plus léger qu'elle-même.
DARMIN.
J'en suis ravi.
LE CHEVALIER MONDOR.
C'est la prude que j'aime.
Encouragé par la difficulté
J'ai présenté la pomme à la fierté.
DARMIN.
La prude, enfin, dont votre âme est éprise
Cette beauté si fière....
LE CHEVALIER MONDOR.
C'est Dorfise.
BLANFORD, en riant.
Dorfise.... ah !... bon. Sais-tu bien devant qui
Tu parles là?
LE CHEVALIER MONDOR.
Devant toi. mon ami.
BLANFORD.
Va, j'ai pitié de ton extravagance,
Cette beauté n'aura plus l'indulgence,

Je t'en réponds, de recevoir chez soi
Des chevaliers éventés comme toi.
LE CHEVALIER MONDOR.
Si fait, mon cher : la femme la moins folle
Ne se plaint point lorsqu'un fou la cajole.
BLANFORD.
Cajolez moins, mon très-cher, apprenez
Qu'à ses vertus mes jours sont destinés,
Qu'elle est à moi, que sa juste tendresse
De m'épouser m'avait passé promesse,
Qu'elle m'attend pour m'unir à son sort.
LE CHEVALIER MONDOR, *en riant.*
Le beau billet qu'a là l'ami Blanford !
(A Darmin.)
Il a, dis-tu, besoin, dans sa détresse,
D'autres billets payables en espèce.
Tiens, cher Darmin.
(Il veut lui donner un portefeuille.)
BLANFORD, *l'arrêtant.*
Non, gardez-vous-en bien.
DARMIN.
Quoi ! vous voulez...?
BLANFORD.
De lui je ne veux rien.
Quand d'emprunter on fait la grâce insigne,
C'est à quelqu'un qu'on daigne en croire digne,
C'est d'un ami qu'on emprunte l'argent.
LE CHEVALIER MONDOR.
Ne suis-je pas ton ami ?
BLANFORD.
Non, vraiment.
Plaisant ami, dont la frivole flamme,
S'il se pouvait, m'enlèverait ma femme;
Qui, dès ce soir, avec vingt fainéants,
Va s'égayer à table à mes dépens !
Je les connais, ces beaux amis du monde.
LE CHEVALIER MONDOR.
Ce monde-là, que ton rare esprit fronde,
Crois-moi, vaut mieux que ta mauvaise humeur.
Adieu. Je vais du meilleur de mon cœur
Dans le moment chez la belle Dorfise
Aux grands éclats rire de ta sottise.
(Il veut s'en aller.)
BLANFORD, *l'arrêtant.*
Que dis-tu là ?... mon cher Darmin ! comment?
Elle est ici, Dorfise ?

ACTE I, SCÈNE III.

LE CHEVALIER MONDOR.
Assurément.
BLANFORD.
O juste ciel !
LE CHEVALIER MONDOR.
Eh bien ! quelle merveille ?
BLANFORD.
Dans sa maison ?
LE CHEVALIER MONDOR.
Oui, te dis-je, à Marseille.
Je l'ai trouvée à l'instant qui rentrait,
Et qui des champs avec hâte accourait.
BLANFORD, *à part.*
Pour me revoir ! ô ciel ! je te rends grâce ;
A ce seul trait tout mon malheur s'efface.
Entrons chez elle.
LE CHEVALIER MONDOR.
Entrons, c'est fort bien dit ;
Car plus on est de fous, et plus on rit.
BLANFORD. (*Il va à la porte.*)
Heurtons.
LE CHEVALIER MONDOR.
Frappons.
COLETTE, *en dedans de la maison.*
Qui va là ?
BLANFORD.
Moi.
LE CHEVALIER MONDOR.
Moi-même.

SCÈNE IV. — BLANFORD, DARMIN, COLETTE, LE CHEVALIER MONDOR.

COLETTE, *sortant de la maison.*
Blanford ! Darmin ! quelle surprise extrême !
Monsieur !
BLANFORD.
Colette !
COLETTE.
Hélas ! je vous ai cru
Noyé cent fois. Soyez le bienvenu.
BLANFORD.
Le juste ciel, propice à ma tendresse,
M'a conservé pour revoir ta maîtresse.
COLETTE.
Elle sortait tout à l'instant d'ici.
DARMIN.
Et sa cousine ?

COLETTE.
Et sa cousine aussi.

BLANFORD.
Eh! mais de grâce, où donc est-elle allée?
Où la trouver?

COLETTE, *faisant une révérence de prude.*
Elle est à l'assemblée.

BLANFORD.
Quelle assemblée?

COLETTE.
Eh! vous ne savez rien?
Apprenez donc que vingt femmes de bien
Sont dans Marseille étroitement unies
Pour corriger nos jeunes étourdies,
Pour réformer tout le train d'aujourd'hui,
Mettre à sa place un noble et digne ennui,
Et hautement, par de sages cabales,
De leur prochain réprimer les scandales;
Et Dorfise est en tête du parti.

BLANFORD, *à Darmin.*
Mais comment donc un si grand étourdi
Est-il souffert d'une beauté sévère?

DARMIN.
Chez une prude un étourdi peut plaire.

BLANFORD.
De l'assemblée où va-t-elle?

COLETTE.
On ne sait
Faire du bien sourdement.

BLANFORD.
En secret
C'est là le comble. Et puis-je en sa demeure
Pour lui parler avoir aussi mon heure?

LE CHEVALIER MONDOR.
Va, c'est à moi qu'il le faut demander;
Sans risquer rien, je puis te l'accorder.
Tu la verras tout comme à l'ordinaire.

BLANFORD.
Respectez-la, c'est ce qu'il vous faut faire.
Et gardez-vous de la désapprouver.

DARMIN.
Et sa cousine, où peut-on la trouver?
On m'avait dit qu'elles vivaient ensemble.

COLETTE.
Oui, mais leur goût rarement les assemble;
Et la cousine avec dix jeunes gens,
Et dix beautés, se donne du bon temps.

Et d'une table et propre et bien servie
Presque toujours vole à la comédie.
Ensuite on danse, ou l'on se met au jeu;
Toujours chez elle et grand'chère et beau feu,
De longs soupers et des chansons nouvelles,
Et des bons mots, encor plus plaisants qu'elles;
Glaces, liqueurs, vins vieux, gris, rouges, blancs,
Amas nouveaux de boîtes, de rubans,
Magots de Saxe, et riches bagatelles,
Qu'Hébert[1] invente à Paris pour les belles:
Le jour, la nuit, cent plaisirs renaissants,
Et de médire à peine a-t-on le temps.

LE CHEVALIER MONDOR.
Oui, notre ami, c'est ainsi qu'il faut vivre.

DARMIN.
Mais pour la voir où faudra-t-il la suivre?

COLETTE.
Partout, monsieur; car du matin au soir,
Dès qu'elle sort, elle court, veut tout voir.
Il lui faudrait que le ciel par miracle
Exprès pour elle assemblât un spectacle,
Jeu, bal, toilette, et musique, et soupé;
Son cœur toujours est de tout occupé.
Vous la verrez, et sa joyeuse troupe,
Fort tard chez elle, et vers l'heure où l'on soupe.

BLANFORD.
Si vous l'aimez, après ce que j'entends,
Moins qu'elle encor vous avez du bon sens.
Peut-on chérir ce bruyant assemblage
De tous les goûts qu'eût le sexe en partage?
Il vous sied bien, dans vos tristes soupirs,
De suivre en pleurs le char de ses plaisirs,
Et d'étaler les regrets d'une dupe
Qu'un fol amour dans sa misère occupe.

DARMIN.
Je crois encor, dussé-je être en erreur,
Qu'on peut unir les plaisirs et l'honneur;
Je crois aussi, soit dit sans vous déplaire,
Que femme prude, en sa vertu sévère,
Peut en public faire beaucoup de bien,
Mais en secret souvent ne valoir rien.

BLANFORD.
Eh bien! tantôt nous viendrons l'un et l'autre,
Et vous verrez mon choix, et moi le vôtre.

1. Fameux marchand de curiosités.

LE CHEVALIER MONDOR.
Oui, revenez, et vous verrez, ma foi
La place prise.
LE BLANFORD.
Et par qui donc ?
LE CHEVALIER MONDOR.
Par moi.
BLANFORD.
Par toi !
LE CHEVALIER MONDOR.
J'ai mis à profit ton absence,
Et je n'ai pas à craindre ta présence.
Va, tu verras.... Adieu.

SCÈNE V. — BLANFORD, DARMIN.

BLANFORD.
Çà, pensez-vous
Que d'un tel homme on puisse être jaloux ?
DARMIN.
Le ridicule et la bonne fortune
Vont bien ensemble, et la chose est commune.
BLANFORD.
Quoi ! vous pensez...
DARMIN.
Oui, ces femmes de bien
Aiment parfois les grands diseurs de rien.
Mais permettez que j'aille un peu moi-même
Chercher mon sort, et savoir si l'on m'aime.
(Il sort.)
BLANFORD.
Oui, hâtez-vous d'être congédié.
Hum ! le pauvre homme ! il me fait grand'pitié.
Que je te loue, ô destin favorable,
Qui me fais prendre une femme estimable !
Que dans mes maux je bénis mon retour !
Que ma raison augmente mon amour !
Oh ! je fuirai, je l'ai mis dans ma tête,
Le monde entier pour une femme honnête.
C'est trop longtemps courir, craindre, espérer
Voilà le port où je veux demeurer.
Près d'un tel bien, qu'est-ce que tout le reste ?
Le monde est fou, ridicule, ou funeste;]
Ai-je grand tort d'en être l'ennemi ?
Non, dans ce monde il n'est pas un ami;
Personne au fond à nous ne s'intéresse;
On est aimé, mais c'est de sa maîtresse :
Tout le secret est de savoir choisir.

ACTE I, SCÈNE V.

Une coquette est un vrai monstre à fuir ;
Mais une femme, et tendre, et belle, et sage,
De la nature est le plus digne ouvrage.

ACTE SECOND.

SCÈNE I. — DORFISE, MADAME BURLET, LE CHEVALIER MONDOR.

DORFISE.

Adoucissez, monsieur le chevalier,
De vos discours l'excès trop familier :
La pureté de mes chastes oreilles
Ne peut souffrir des libertés pareilles.

LE CHEVALIER MONDOR, *en riant.*

Vous les aimez pourtant, ces libertés ;
Vous me grondez, mais vous les écoutez ;
Et vous n'avez, comme je puis comprendre,
Cheveux si courts que pour les mieux entendre.

DORFISE.

Encore !

MADAME BURLET.

Eh bien ! je suis de son côté ;
Vous affectez trop de sévérité.
La liberté n'est pas toujours licence.
On peut, je crois, entendre avec décence
De la gaieté les innocents éclats,
Ou bien sembler ne les entendre pas :
Votre vertu, toujours un peu farouche,
Veut nous fermer et l'oreille et la bouche.

DORFISE.

Oui, l'une et l'autre ; et fermez, croyez-moi,
Votre maison à tous ceux que j'y voi.
Je vous l'ai dit, ils vous perdront, cousine :
Comment souffrir leur troupe libertine ?
Le beau Cléon qui, brillant sans esprit,
Rit des bons mots qu'il prétend avoir dit ;
Damon, qui fait, pour vingt beautés qu'il aime,
Vingt madrigaux plus fades que lui-même ;
Et ce robin parlant toujours de lui,
Et ce pédant portant partout l'ennui ;
Et mon cousin, qui....

LE CHEVALIER MONDOR.

C'en est trop, madame :
Chacun son tour ; et, si votre belle âme

Parle du monde avec tant de bonté,
J'aurai du moins autant de charité.
Je veux ici vous tracer de mon style
En quatre mots un portrait de la ville,
A commencer par...

DORFISE.
Ah ! n'en faites rien ;
Il n'appartient qu'aux personnes de bien
De châtier, de gourmander le vice :
C'est à mes yeux une horrible injustice,
Qu'un libertin satirise aujourd'hui
D'autres mondains moins vicieux que lui.
Lorsque j'en veux à l'humaine nature,
C'est zèle, honneur, et vertu toute pure.
Dégoût du monde. Ah ! Dieu ! que je le hais,
Ce monde infâme !

MADAME BURLET.
Il a quelques attraits.

DORFISE.
Pour vous, hélas ! et pour votre ruine.

MADAME BURLET.
N'en a-t-il point un peu pour vous, cousine?
Haïssez-vous ce monde?

DORFISE.
Horriblement.

LE CHEVALIER MONDOR.
Tous les plaisirs?

DORFISE.
Épouvantablement.

MADAME BURLET.
Le jeu? le bal?

LE CHEVALIER MONDOR.
La musique? la table?

DORFISE.
Ce sont, ma chère, inventions du diable.

MADAME BURLET.
Mais la parure, et les ajustements?
Vous m'avouerez...

DORFISE.
Ah ! quels vains ornements!
Si vous saviez à quel point je regrette
Tous les instants perdus à ma toilette !
Je fuis toujours le plaisir de me voir ;
Mon œil blessé craint l'aspect d'un miroir.

MADAME BURLET.
Mais cependant, ma sévère Dorise,
Vous me semblez bien coiffée et bien mise.

ACTE II, SCÈNE I.

DORFISE.
Bien?

LE CHEVALIER MONDOR.
Du grand bien.

DORFISE.
Avec simplicité.

LE CHEVALIER MONDOR.
Mais avec goût.

MADAME BURLET.
Votre sage beauté,
Quoi qu'elle en dise, est fort aise de plaire.

DORFISE.
Moi? juste ciel!

MADAME BURLET.
Parle-moi sans mystère.
Je crois, ma foi, que la sévérité
A quelque goût pour ce jeune éventé.
Il n'est pas mal fait.
(En montrant Mondor.)

LE CHEVALIER MONDOR.
Ah!

MADAME BURLET.
C'est un jeune homme
Fort beau, fort riche.

LE CHEVALIER MONDOR.
Ah!

DORFISE.
Ce discours m'assomme;
Vous proposez l'abomination.
Un beau jeune homme est mon aversion;
Un beau jeune homme! ah! fi!

LE CHEVALIER MONDOR.
Ma foi, madame,
Pour vous et moi j'en suis fâché dans l'âme.
Mais ce Blanford, qui revient sans vaisseau,
Est-il si riche, et si jeune, et si beau?

DORFISE.
Il est ici? quoi! Blanford?

LE CHEVALIER MONDOR.
Qui, sans doute.

COLETTE, en entrant avec précipitation.
Hélas! je viens pour vous apprendre....

DORFISE, à Colette, à l'oreille.
Écoute.

MADAME BURLET.
Comment?

DORFISE, au chevalier Mondor.
Depuis qu'il prit de moi congé,

De ses défauts je l'ai cru corrigé;
Je l'ai cru mort.

LE CHEVALIER MONDOR.
Il vit; et le corsaire
Veut me couler à fond, et croit vous plaire.

DORFISE, *en se retournant vers Colette.*
Colette, hélas!

COLETTE.
Hélas!

DORFISE.
Ah! chevalier,
Pourriez-vous point sur mer le renvoyer?

LE CHEVALIER MONDOR.
De tout mon cœur.

MADAME BURLET.
Sait-on quelque nouvelle
De ce Darmin, son ami si fidèle?
Viendra-t-il point?

LE CHEVALIER MONDOR.
Il est venu; Blanford
L'a raccroché dans je ne sais quel port.
Ils ont sur mer donné, je crois, bataille,
Et sont ici n'ayant ni sou ni maille;
Mais avec lui Blanford a ramené
Un petit Grec plus joli, mieux tourné....

DORFISE.
Eh! oui, vraiment. Je pense tout à l'heure
Que je l'ai vu tout près de ma demeure;
De grands yeux noirs?

LE CHEVALIER MONDOR.
Oui.

DORFISE.
Doux, tendres, touchants?
Un teint de rose?

LE CHEVALIER MONDOR.
Oui.

DORFISE, *en s'animant un peu plus.*
Des cheveux, des dents...?
L'air noble, fin?

LE CHEVALIER MONDOR.
C'est une créature
Qu'à son plaisir façonna la nature.

DORFISE.
S'il a des mœurs, s'il est sage, bien né,
Je veux par vous qu'il me soit amené.
Quoiqu'il soit jeune.

MADAME BURLET.
Et moi, je veux sur l'heure

ACTE II, SCÈNE I.

Que de Darmin l'on cherche la demeure.
Allez, La Fleur, trouvez-le, et lui portez
Trois cents louis, que je crois bien comptés ;
Elle donne une bourse à La Fleur, qui est derrière elle.
Et qu'à souper Blanford et lui se rendent.
Depuis longtemps tous nos amis l'attendent,
Et moi plus qu'eux. Je n'ai jamais connu
De naturel plus doux, plus ingénu :
J'aime surtout sa complaisance aimable,
Et sa vertu liante et sociable.

DORFISE.

Eh bien ! Blanford n'est pas de cette humeur ;
Il est si sérieux !

LE CHEVALIER MONDOR.

Si plein d'aigreur !

DORFISE.

Oui, si jaloux....

LE CHEVALIER MONDOR, *interrompant brusquement.*

Caustique.

DORFISE.

Il est....

LE CHEVALIER MONDOR.

Sans doute.

DORFISE.

Laissez-moi donc parler ; il est...

LE CHEVALIER MONDOR.

J'écoute.

DORFISE.

Il est enfin fort dangereux pour moi.

MADAME BURLET.

On dit qu'il a très-bien servi le roi,
Qu'il s'est sur mer distingué dans la guerre.

DORFISE.

Oui ; mais qu'il est incommode sur terre [1] !

LE CHEVALIER MONDOR.

Il est encore....

DORFISE.

Oui.

LE CHEVALIER MONDOR.

Ces marins d'ailleurs
Ont presque tous de si vilaines mœurs !

---

1. Il y a dans l'anglais : « Vous m'avouerez qu'il a une belle physionomie, un air mâle. — Oui ; il ressemble à un Sarrasin peint sur l'enseigne d'un cabaret ; il a du courage comme le bourreau ; il tuera un homme qui aura les mains liées, et il n'a que de la cruauté ; ce qui ne ressemble pas plus au courage que de la médisance continuelle ne ressemble à de l'esprit. »

DORFISE.
Oui.

MADAME BURLET.
Mais on dit qu'autrefois vos promesses
De quelque espoir ont flatté ses tendresses?

DORFISE.
Depuis ce temps j'ai, par excès d'ennui,
Quitté le monde, à commencer par lui.
Le monde et lui me rendent si craintive!

SCÈNE II. — DORFISE, MADAME BURLET, LE CHEVALIER
MONDOR, COLETTE.

COLETTE.
Madame!

DORFISE.
Eh bien?

COLETTE.
Monsieur Blanford arrive.

DORFISE.
Ciel!

MADAME BURLET.
Darmin est avec lui!

COLETTE.
Madame, oui.

MADAME BURLET.
J'en ai le cœur tout à fait réjoui.

DORFISE.
Et moi, je sens une douleur profonde;
Je me retire, et je veux fuir le monde.

LE CHEVALIER MONDOR.
Avec moi donc?

DORFISE.
Non, s'il vous plaît, sans vous.
(Elle sort.)

SCÈNE III. — MADAME BURLET, BLANFORD, DARMIN, LE
CHEVALIER MONDOR, ADINE.

DARMIN, à Mme Burlet.
Madame, enfin, souffrez qu'à vos genoux....

MADAME BURLET, courant au-devant de Darmin.
Mon cher Darmin, venez, j'ai fait partie
D'aller au bal après la comédie.
Nous causerons; mon carrosse est là-bas.
(A Blanford.)
Et vous, Chris, y viendrez-vous?

BLANFORD.
Non pas,

ACTE II, SCÈNE III.

Je viens ici pour chose sérieuse,
Allez, courez, troupe folle et joyeuse,
Faites semblant d'avoir bien du plaisir,
Fatiguez bien votre inquiet loisir.
 (Au jeune Adine.)
Et nous, jeune homme, allons trouver Dorfise.
(Mme Burlet sort avec le chevalier et Darmin, qui lui donnent chacun
 la main, et Blanford continue.)

SCÈNE IV. — BLANFORD, ADINE, COLETTE.

BLANFORD.
Voyons une âme au seul devoir soumise,
Qui pour moi seul, par un sage retour,
Renonce au monde en faveur de l'amour,
Et qui sait joindre à cette ardeur flatteuse
Une vertu modeste et scrupuleuse.
Méritez bien de lui plaire.
 ADINE.
 Avec soin
De sa vertu je veux être témoin ;
En la voyant je puis beaucoup m'instruire.
 BLANFORD.
C'est très-bien dit ; je prétends vous conduire.
En vous voyant du monde abandonné,
Je trouve un fils que le sort m'a donné.
Sans vous aimer on ne peut vous connaître.
Vous êtes né trop flexible peut-être ;
Rien ne sera plus utile pour vous
Que de hanter un esprit sage et doux,
Dont le commerce en votre âme affermisse
L'honnêteté, l'amour de la justice,
Sans vous ôter certain charme flatteur,
Que je sens bien qui manque à mon humeur.
Une beauté qui n'a rien de frivole
Est pour votre âge une excellente école ;
L'esprit s'y forme, on y règle son cœur ;
Sa maison est le temple de l'honneur.
 ADINE.
Eh bien ! allons avec vous dans ce temple ;
Mais je suivrai bien mal son rare exemple,
Soyez-en sûr.
 BLANFORD.
 Et pourquoi ?
 ADINE.
 J'aurais pu
Auprès de vous mieux goûter la vertu ;

Quoique la forme en soit un peu sévère,
Le fond m'en charme, et vous m'avez su plaire;
Mais pour Dorfise!...

BLANFORD, *en allant à la porte de Dorfise.*
Ah! c'est trop se flatter
Que de vouloir tout d'un coup l'imiter;
Mais croyez-moi, si l'honneur vous domine,
Voyez Dorfise, et fuyez sa cousine.
(Il veut entrer.)

COLETTE, *sortant de la maison, et refermant la porte*
(Il heurte.)
On n'entre point, monsieur.

BLANFORD.
Moi!

COLETTE.
Non.

BLANFORD.
Comment?
Moi refusé?

COLETTE.
Dans son appartement
Pour quelque temps madame est en retraite.

BLANFORD.
J'admire fort cette vertu parfaite;
Mais j'entrerai.

COLETTE.
Mais, monsieur, écoutez.

BLANFORD.
Sans écouter, entrons vite.
(Il entre.)

COLETTE.
Arrêtez.

ADINE.
Hélas! suivons, et voyons quelle issue
Aura pour moi cette étrange entrevue.

SCÈNE V. — COLETTE.

Il va la voir, il va découvrir tout.
Je meurs de peur; ma maîtresse est à bout.
Ah! ma maîtresse! avoir eu le courage
De stipuler ce secret mariage,
De vous donner au caissier Bartolin!
Eh! que dira notre public malin?
Oh! que la femme est d'une étrange espèce!
Et l'homme aussi... Quel excès de faiblesse!
Madame est folle, avec son air malin;
Elle se trompe, et trompe son prochain,

ACTE II, SCÈNE V.

Passe son temps, après mille méprises,
A réparer avec art ses sottises.
Le goût l'emporte; et puis on voudrait bien
Ménager tout, et l'on ne garde rien.
Maudit retour et maudite aventure!
Comment Blanford prendra-t-il son injure?
Dans la maison voici donc trois maris;
Deux sont promis, et l'autre est, je crois, pris:
Femme en tel cas ne sait auquel entendre.

SCÈNE VI. — DORFISE, COLETTE.

COLETTE.
Madame, eh bien! quel parti faut-il prendre?

DORFISE.
Va, ne crains rien; on sait l'art d'éblouir,
De différer pour se faire chérir.
L'homme se mène aisément; ses faiblesses
Font notre force, et servent nos adresses.
On s'est tiré de pas plus dangereux.
J'ai fait finir cet entretien fâcheux.
Adroitement je fais à la campagne
Courir notre homme (et le ciel l'accompagne!)
Chez Bartolin son ancien confident,
Qui pourra bien lui compter quelque argent.
J'aurai du temps, il suffit.

COLETTE.
Ah! le diable
Vous fit signer ce contrat détestable!
Qui? vous, madame, avoir un Bartolin!

DORFISE.
Eh! mon enfant! le diable est bien malin.
Ce gros caissier m'a tant persécutée!
Le cœur se gagne; on tente, on est tentée.
Tu sais qu'un jour on nous dit que Blanford
Ne viendrait plus.

COLETTE.
Parce qu'il était mort.

DORFISE.
Je me voyais sans appui, sans richesse,
Faible surtout; car tout vient de faiblesse.
L'étoile est forte, et c'est souvent le lot
De la beauté d'épouser un magot.
Mon cœur était à des épreuves rudes.

COLETTE.
Il est des temps dangereux pour les prudes.
Mais à l'amour devant sacrifier,

Vous auriez dû prendre le chevalier ;
Il est joli.
DORFISE.
Je voulais du mystère ;
Je n'aime pas d'ailleurs son caractère ;
Je le ménage ; il est mon complaisant,
Mon émissaire : et c'est lui qui répand,
Par son babil et sa folie utile,
Les bruits qu'il faut qu'on sème par la ville.
COLETTE.
Mais Bartolin est si vilain !
DORFISE.
Oui, mais....
COLETTE.
Et son esprit n'a guère plus d'attraits.
DORFISE.
Oui, mais....
COLETTE.
Quoi, mais ?
DORFISE.
Le destin, le caprice,
Mon triste état, quelque peu d'avarice,
L'occasion, je... je me résignai,
Je devins folle ; en un mot, je signai.
Du bon Blanford je gardais la cassette.
D'un peu d'argent mon amitié discrète
Fit quelques dons par charité pour lui.
Eh ! qui croyait que Blanford aujourd'hui,
Après deux ans, gardant sa vieille flamme,
Viendrait chercher sa cassette et sa femme ?
COLETTE.
Chacun disait ici qu'il était mort ;
Il ne l'est point : lui seul est dans son tort.
DORFISE, *reprenant l'air de prude.*
Ah ! puisqu'il vit, je lui rendrai sans peine
Tous ses bijoux ; hélas ! qu'il les reprenne :
Mais Bartolin, qui les croyait à moi,
Me les garda, les prit de bonne foi,
Les croit à lui, les conserve, les aime,
En est jaloux autant que de moi-même.
COLETTE.
Je le crois bien.
DORFISE.
Maris, rentes, bijoux,
J'ai dans l'esprit de vous accorder tous.

ACTE II, SCÈNE VII.

SCÈNE VII. — LE CHEVALIER MONDOR, ADINE, DORFISE.

LE CHEVALIER MONDOR.
Chasserons-nous ce rival plein de gloire,
Qui me méprise, et s'en fait tant accroire ?
ADINE, *arrivant dans le fond à pas lents, tandis que le chevalier entrait brusquement.*
Écoutons bien.
LE CHEVALIER MONDOR.
Il faut me rendre heureux,
Il faut punir son air avantageux.
Je suis à vous ; avec plaisir je laisse
Au vieux Darmin sa petite maîtresse.
A le troubler on n'a que de l'ennui ;
On perd sa peine à se moquer de lui.
C'est ce Blanford, c'est sa vertu sévère,
Sa gravité, qu'il faut qu'on désespère.
Il croit qu'on doit ne lui refuser rien,
Par la raison qu'il est homme de bien.
Ces gens de bien me mettent à la gêne.
Ils vous feront périr d'ennui, ma reine.
DORFISE, *d'un air modeste et sévère, après avoir regardé Adine.*
Vous vous moquez ! j'ai pour monsieur Blanford
Un vrai respect, et je l'estime fort.
LE CHEVALIER MONDOR.
Il est de ceux qu'on estime et qu'on berne ;
Est-il pas vrai ?
ADINE, *à part.*
Que ceci me consterne !
Elle est constante ; elle a de la vertu :
Tout me confond ; elle aime ; ah ! qui l'eût cru ?
DORFISE.
Que dit-il là ?
ADINE, *à part.*
Quoi ! Dorfise est fidèle ;
Et, pour combler mon malheur, elle est belle !
DORFISE, *au chevalier, après avoir regardé Adine.*
Il dit que je suis belle.
LE CHEVALIER MONDOR.
Il n'a pas tort ;
Mais il commence à m'importuner fort.
Allez, l'enfant, j'ai des secrets à dire
A cette dame.
ADINE.
Hélas ! je me retire.
DORFISE.
(Au chevalier.)   (A Adine.)
Vous vous moquez. Restez, restez ici

(Au chevalier.)
Osez-vous bien le renvoyer ainsi ?
(A Adine.)
Approchez-vous... peu s'en faut qu'il ne pleure.
L'aimable enfant ! je prétends qu'il demeure.
Avec Blanford il est chez moi venu ;
Dès ce moment son naturel m'a plu.

LE CHEVALIER MONDOR.

Eh ! laissez là son naturel, madame.
De ce Blanford vous haïssez la flamme ;
Vous m'avez dit qu'il est brutal, jaloux...

DORVISE, *ironiquement.*

(A Adine.)
Je n'ai rien dit. Ça, quel âge avez-vous ?

ADINE.

J'ai dix-huit ans.

DORVISE.

Cette tendre jeunesse
A grand besoin du frein de la sagesse.
L'exemple entraîne, et le vice est charmant ;
L'occasion s'offre si fréquemment !
Un seul coup d'œil perd de si belles âmes !
Défiez-vous de vous-même, et des femmes ;
Prenez bien garde au souffle empoisonneur
Qui des vertus flétrit l'aimable fleur.

LE CHEVALIER MONDOR.

Que sa fleur soit ou ne soit pas flétrie,
Mêlez-vous moins de sa fleur, je vous prie,
Et m'écoutez.

DORVISE.

Mon Dieu, point de courroux ;
Son innocence a des charmes si doux !

LE CHEVALIER MONDOR.

C'est un enfant !

DORVISE, *s'approchant d'Adine.*

Çà, dites-moi, jeune homme,
D'où vous venez, et comment on vous nomme.

ADINE.

J'ai nom Adine ; en Grèce je suis né ;
Avec Darmin Blanford m'a ramené.

DORVISE.

Qu'il a bien fait !

LE CHEVALIER MONDOR.

Quelle humeur curieuse !
Quoi ! je vous peins mon ardeur amoureuse,
Et vous parlez encore de cet enfant !
Vous m'oubliez pour lui.

ACTE II, SCÈNE VII.

DORFISE, *doucement.*
Paix, imprudent.

SCÈNE VIII. — DORFISE, LE CHEVALIER MONDOR,
ADINE, COLETTE.

COLETTE.
Madame !
DORFISE.
Eh bien ?
COLETTE.
Vous êtes attendue
A l'assemblée.
DORFISE.
Oui, j'y serai rendue
Dans peu de temps.
LE CHEVALIER MONDOR.
Quel message ennuyeux !
Quand nous serons assemblés tous les deux,
Nous casserons pour jamais, je vous prie,
Ces rendez-vous de fade pruderie,
Ces comités, ces conspirations
Contre les goûts, contre les passions.
Il vous sied mal, jeune encor, belle, et fraîche,
D'aller crier d'un ton de pigrièche
Contre les Ris, les Jeux, et les Amours,
De blasphémer ces dieux de vos beaux jours,
Dans des réduits peuplés de vieilles ombres,
Que vous voyez dans leurs cabales sombres
Se lamenter, sans gosier et sans dents,
Dans leurs tombeaux, des plaisirs des vivants.
Je vais, je vais de ces sempiternelles
Tout de ce pas égayer les cervelles,
Et leur donnant à toutes leur paquet,
Par cent bons mots étouffer leur caquet.

DORFISE.
Gardez-vous bien d'aller me compromettre :
Cher chevalier, je ne puis le permettre.
N'allez point là.

LE CHEVALIER MONDOR.
Mais j'y cours à l'instant
Vous annoncer.
(Il sort.)

DORFISE.
Ah ! quel extravagant !
(Au jeune Adine.)
Allez, mon fils, gardez-vous, à votre âge,
D'un pareil fou ; soyez discret et sage.

Mes compliments à Blanford. L'œil touchant !
Quoi ?

ADINE, *et retournant.*

Le beau teint ! l'air ingénu, charmant !
Et vertueux !... Je veux que, par la suite,
Dans mon loisir vous me rendiez visite.

ADINE.

Je vous ferai ma cour assidûment.
Adieu, madame.

DORFISE.

Adieu, mon bel enfant.

ADINE.

Hélas ! j'éprouve un embarras extrême !
Le trahit-on ? je l'ignore ; mais j'aime !

SCÈNE IX. — DORFISE, COLETTE.

DORFISE, *retenant, conduisant de l'œil Adine, qui la regarde.*

« J'aime », a dit-il, quel mot ! Ce beau garçon
Déjà pour moi sent de la passion.
Il parle seul, me regarde, s'arrête,
Et je crains fort d'avoir tourné sa tête.

COLETTE.

Avec tendresse, il lorgne vos appas.

DORFISE.

Est-ce ma faute ? ah ! je n'y consens pas.
Je le crois bien, le péril est trop proche
Du bon Blanford je crains pour vous l'approche,
Je crains surtout le courroux impoli
De Bartolin.

DORFISE, *en soupirant.*

Que ce Turc est joli !
Le crois-tu Turc ? crois-tu qu'un infidèle
Ait l'air si doux, la figure si belle ?
Je crois, pour moi, qu'il se convertira.

COLETTE.

Je crois, pour moi, que dès qu'on apprendra
Qu'à Bartolin vous êtes mariée,
Votre vertu sera fort décriée ;
Ce petit Turc de peu vous servira,
Terriblement Blanford éclatera.

DORFISE.

Va, ne crains rien.

COLETTE.

J'ai dans votre prudence
Depuis longtemps entière confiance ;
Mais Bartolin est un brutal jaloux ;

ACTE II, SCÈNE IX.

Et c'est bien pis, madame, il est époux.
Le cas est triste ; il a peu de semblables.
Ces deux rivaux seraient fort intraitables.
                    DORFISE.
Je prétends bien les éviter tous deux :
J'aime la paix, c'est l'objet de mes vœux,
C'est mon devoir ; il faut en conscience
Prévoir le mal, fuir toute violence,
Et prévenir le mal qui surviendrait,
Si mon état trop tôt se découvrait.
J'ai des amis, gens de bien, de mérite.
                    COLETTE.
Prenez conseil d'eux.
                    DORFISE.
                         Ah ! oui, prenons vite.
                    COLETTE.
Eh bien ! de qui ?
                    DORFISE.
                    Mais de cet étranger,
De ce petit... la... tu m'y fais songer.
                    COLETTE.
Lui, des conseils ? lui, madame, à son âge ?
Sans barbe encore ?
                    DORFISE.
                    Il me paraît fort sage,
Et, s'il est tel, il le faut écouter.
Les jeunes gens sont bons à consulter :
Il me pourrait procurer des lumières
Qui donneraient du jour à mes affaires ;
Et tu sens bien qu'il faut parler d'abord
Au jeune ami du bon monsieur Blanford.
                    COLETTE.
Oui, lui parler paraît fort nécessaire.
    DORFISE, *tendrement et d'un air embarrassé.*
Et comme à table on parle mieux d'affaire,
Conviendrait-il qu'avec discrétion
Il vînt dîner avec moi ?
                    COLETTE.
                         Tout de bon ?
Vous qui craignez si fort la médisance !
        DORFISE, *d'un air fier.*
Je ne crains rien : je sais comme je pense.
Quand on a fait sa réputation,
On est tranquille à l'abri de son nom.
Tout le parti prend en main notre cause,
Crie avec nous.
                    COLETTE.
             Oui, mais le monde cause.

DORFISE.
Eh bien ! cédons à ce monde méchant ;
Sacrifions un dîner innocent ;
N'aiguisons point leur langue libertine.
Je ne veux plus parler au jeune Adine ;
Je ne veux point le revoir.... Cependant
Que peut-on dire, après tout, d'un enfant
A la sagesse ajoutons l'apparence,
Le décorum, l'exacte bienséance.
De ma cousine, il faut prendre le nom,
Et le prier de sa part....
COLETTE.
Pourquoi non ?
C'est très-bien dit ; une femme mondaine
N'a rien à perdre ; on peut, sans être en peine,
Dessous son nom mettre dix billets doux,
Autant d'amants, autant de rendez-vous.
Quand on la cite, on n'offense personne ;
Nul n'en rougit, et nul ne s'en étonne :
Mais par hasard, quand des dames de bien
Font une chute, il faut la cacher bien.
DORFISE.
Des chutes ! moi ! Je n'ai, dans cette affaire,
Grâces au ciel, nul reproche à me faire.
J'ai signé ; mais je ne suis point enfin
Absolument madame Bartolin.
On a des droits, et c'est tout ; et peut-être
On va bientôt se délivrer d'un maître.
J'ai dans ma tête un dessein très-prudent :
Si ce beau Turc a pour moi du penchant,
C'en est assez ; tout ira bien, s'il m'aime.
Je suis encor maîtresse de moi-même :
Heureusement je puis tout terminer,
Va-t'en prier ce jeune homme à dîner.
Est-ce un grand mal que d'avoir à sa table
Avec décence un jeune homme estimable,
Un cœur tout neuf, un air frais et vermeil,
Et qui nous peut donner un bon conseil ?
COLETTE.
Un bon conseil ! ah ! rien n'est plus louable :
Accomplissons cette œuvre charitable.

ACTE TROISIÈME.

SCÈNE I. — DORFISE, COLETTE.

DORFISE.

Est-ce point lui? Que je suis inquiète!
On frappe, il vient. Colette, holà! Colette;
C'est lui, c'est lui.

COLETTE.

Non, c'est le chevalier,
Que loin d'ici je viens de renvoyer;
Cet étourdi qui court, saute, sémille,
Sort, rentre, va, vient, rit, parle, frétille;
Il veut dîner tête à tête avec vous;
Je l'ai chassé d'un air entre aigre et doux.

DORFISE.

A ma cousine il faut qu'on le renvoie.
Ah! que je hais leur insipide joie!
Que leur babil est un trouble importun!
Chassez-les-moi.

COLETTE.

Chut! chut! j'entends quelqu'un.

DORFISE.

Ah! c'est mon Grec.

COLETTE.

Oui, c'est lui, ce me semble.

SCÈNE II. — DORFISE, ADINE.

DORFISE.

Entrez, monsieur; bonjour, monsieur... Je tremble.
Asseyez-vous....

ADINE.

Je suis tout interdit....
Pardonnez-moi, madame; on m'avait dit
Qu'une autre....

DORFISE, *tendrement.*

Eh bien! c'est moi qui suis cette autre.
Rassurez-vous; quelle peur est la vôtre?
Avec Blanford ma cousine aujourd'hui
Dîne dehors: tenez-moi lieu de lui.

(Elle le fait asseoir.)

ADINE.

Ah! qui pourrait en tenir lieu, madame?
Est-il un feu comparable à sa flamme?

LA PRUDE.

Et quel mortel égalerait son cœur
En grandeur d'âme, en amour, en valeur?

DORFISE.
Vous en parlez, mon fils, avec grand zèle;
Votre amitié paraît vive et fidèle :
J'admire en vous un si beau naturel.

ADINE.
C'est un penchant bien doux, mais bien cruel.

DORFISE.
Que dites-vous? La charmante jeunesse
Doit éprouver une honnête tendresse ;
Par de saints nœuds il faut qu'on soit lié;
Et la vertu n'est rien sans l'amitié.

ADINE.
Ah! s'il est vrai qu'un naturel sensible
De la vertu soit la marque infaillible,
J'ose vous dire ici sans vanité
Que je me pique un peu de probité.

DORFISE.
Mon bel enfant, je me crois destinée
A cultiver une âme si bien née:
Plus d'une femme a cherché vainement
Un ami tendre, aussi vif que prudent,
Qui possédât les grâces du jeune âge,
Sans en avoir l'empressement volage,
Et je me trompe à votre air tendre et doux,
Ou tout cela paraît uni dans vous.
Par quel bonheur une telle merveille
Se trouve-t-elle aujourd'hui dans Marseille?
(Elle approche son fauteuil.)

ADINE.
J'étais en Grèce, et le brave Blanford
En ce pays me passa sur son bord.
Je vous l'ai dit deux fois.

DORFISE.
Une troisième
A mon oreille est un plaisir extrême.
Mais dites-moi, pourquoi ce front charmant,
Et si français, est coiffé d'un turban.
Seriez-vous Turc?

ADINE.
La Grèce est ma patrie.

DORFISE.
Qui l'aurait cru? la Grèce est en Turquie!
Que votre accent, que ce ton grec est doux!
Que je voudrais parler grec avec vous!
Que vous avez la mine aimable et vive!

ACTE III, SCÈNE II.

D'un vrai Français, et es grâce naïve !
Que la nature, entre nous, te méprit,
Quand par malheur un Grec elle vous fit !
Que je bénis, monsieur, la Providence
Qui vous a fait aborder en Provence !

ADINE.

Hélas ! j'y suis, et c'est pour mon malheur.

DORFISE.

Vous, malheureux !

ADINE.

Je le suis par mon cœur.

DORFISE.

Ah ! c'est le cœur qui fait tout dans le monde,
Le bien, le mal, sur le cœur tout se fonde,
Et c'est aussi ce qui fait mon tourment.
Vous avez donc pris quelque engagement ?

ADINE.

Eh ! oui, madame ; une femme intrigante
A désolé ma jeunesse imprudente ;
Comme son teint, son cœur est plein de fard ;
Elle est hardie, et pourtant pleine d'art ;
Et j'ai senti d'autant plus ses malices,
Que la vertu sert de masque à ses vices.
Ah ! que je souffre, et qu'il me semble dur,
Qu'un cœur si faux gouverne un cœur trop pur !

DORFISE.

Voyez la masque ! une femme infidèle !
Punissons-la, mon fils : çà, quelle est-elle ?
De quel pays ? quel est son rang ? son nom ?

ADINE.

Ah ! je ne puis le dire.

DORFISE.

Comment donc !
Vous possédez aussi l'art de vous taire !
Ah ! vous avez tous les talents de plaire ;
Jeune et discret ! Je vais, moi, m'expliquer.
Si quelque jour, pour vous bien dépiquer
De la guenon qui fit votre conquête,
On vous offrait une personne honnête,
Riche, estimée, et surtout possédant
Un cœur tout neuf, mais solide et constant,
Tel qu'il en est très-peu dans la Turquie,
Et moins encor, je crois, dans ma patrie ;
Que diriez-vous ? que vous en semblerait ?

ADINE.

Mais.... je dirais que l'on me tromperait.

DORFISE.
Ah ! c'est trop loin, pousser la défiance ;
Ayez, mon fils, un peu plus d'assurance.

ADINE.
Pardonnez-moi ; mais les cœurs malheureux,
Vous le savez, sont un peu soupçonneux.

DORFISE.
Eh ! quels soupçons avez-vous, par exemple,
Quand je vous parle, et que je vous contemple ?

ADINE.
J'ai des soupçons que vous avez dessein
De m'éprouver.

DORFISE, *en s'écriant.*
Ah ! le petit malin !
Qu'il est rusé sous cet air d'innocence !
C'est l'amour même au sortir de l'enfance.
Allez-vous-en : le danger est trop grand ;
Je ne veux plus vous voir absolument.

ADINE.
Vous me chassez, il faut que je vous quitte.

DORFISE.
C'est obéir à mon ordre un peu vite.
Là, revenez. Mon estime est au point
Que contre vous je ne me fâche point.
N'abusez pas de mon estime extrême.

ADINE.
Vous estimez monsieur Blanford de même ;
Estime-t-on deux hommes à la fois ?

DORFISE.
Oh ! non, jamais ; et les aimables lois
De la raison, de la tendresse sage,
Font qu'on succède, et non pas qu'on partage.
Vous apprendrez à vivre auprès de moi.

ADINE.
J'apprends beaucoup par tout ce que je voi.

DORFISE.
Lorsque le ciel, mon fils, forme une belle,
Il fait d'abord un homme exprès pour elle ;
Nous le cherchons longtemps avec raison.
On fait vingt choix avant d'en faire un bon ;
On suit une ombre, au hasard on s'éprouve ;
Toujours on cherche, et rarement on trouve :
L'instinct secret vole après le vrai bien....
(*Vivement et tendrement.*)
Quand on vous trouve, il ne faut chercher rien.

ADINE.
Si vous saviez ce que j'ai l'honneur d'être,

ACTE III, SCÈNE II.

Vous changeriez d'opinion peut-être.

DORFISE.

Eh! point du tout.

ADINE.

Peu digne de vos soins,
Connu de vous, vous m'estimeriez moins,
Et nous serions attrapés l'un et l'autre.

DORFISE.

Attrapés! vous! quelle idée est la vôtre?
Mon bel enfant, je prétends.... Ah! pourquoi
Venir sitôt m'interrompre?... Eh! c'est toi!

SCÈNE III. — COLETTE, DORFISE, ADINE.

COLETTE, *avec empressement.*

Très-importune, et très-triste de l'être,
Mais un quidam, plus importun peut-être,
S'en va venir : c'est monsieur Bartolin.

DORFISE.

Le prétendu? je l'attendais demain;
Il m'a trompée, il revient, le barbare!

COLETTE.

Le contre-temps est encor plus bizarre.
Ce chevalier, le roi des étourdis,
Méconnaissant le patron du logis,
Cause avec lui, plaisante, s'évertue,
Et le retient malgré lui dans la rue.

DORFISE.

Tant mieux, ô ciel!

COLETTE.

Point, madame : tant pis;
Car l'indiscret, comme je vous le dis,
Ne sachant pas quel est le personnage,
Crie hautement, lui riant au visage,
Que nul chez vous n'entrera d'aujourd'hui;
Que tout le monde est exclus comme lui;
Que Bartolin n'est rien qu'un trouble-fête,
Et qu'à présent, dans un doux tête-à-tête,
Madame, au fond de son appartement,
Loin du grand monde, est vertueusement.
Le Bartolin, que le dépit transporte,
Prétend qu'il va faire enfoncer la porte.
Le chevalier, toujours d'un ton railleur,
Crève de rire, et l'autre de douleur.

DORFISE.

Et moi de crainte. Ah! Colette, que faire?
Où nous fourrer?

LA PRUDE.

ADINE.
Quel est donc ce mystère ?

DORFISE.
Ce mystère est que vous êtes perdu,
Que je suis morte. Eh ! Colette, où vas-tu ?

ADINE.
Que deviendrai-je ?

DORFISE, à Colette.
Écoute, toi, demeure.
Quel temps il prend ! revenir à cette heure !
(A Adine.)
Dans ce réduit cachez-vous tout le soir ;
Vous trouverez un simple manteau noir ;
Fourrez-vous... Mon Dieu ! c'est lui, sans doute.

ADINE, allant dans le cabinet.
Hélas ! voilà ce que l'amour me coûte !

DORFISE.
Ce pauvre enfant, qu'il m'aima !

COLETTE.
Eh ! taisez-vous.
On vient : hélas ! c'est le futur époux.

SCÈNE IV. — BARTOLIN, DORFISE, COLETTE.

DORFISE, allant au-devant de Bartolin.
Mon cher monsieur, le ciel vous accompagne !
Vous revenez bien tard de la campagne !...
Vous m'avez fait un si grand déplaisir,
Que je suis prête à m'en évanouir.

BARTOLIN.
Le chevalier disait tout au contraire...

DORFISE.
Tout ce qu'il dit est faux. Je suis sincère ;
Il faut me croire. Il m'aime à la fureur ;
Il est au vif piqué de ma rigueur ;
Son vain caquet m'étourdit et m'assomme ;
Et je ne veux jamais revoir cet homme.

BARTOLIN.
Mais cependant de bon sens il parlait.

DORFISE.
Ne croyez rien de tout ce qu'il disait.

BARTOLIN.
Soit ; mais il faut, pour finir nos affaires,
Prendre en ce lieu les choses nécessaires.

DORFISE, d'un ton caressant.
Que faites-vous ? arrêtez-vous : holà !
N'entrez donc point dans ce cabinet-là

ACTE III, SCÈNE IV.

BARTOLIN.
Comment? pourquoi?

DORFISE, *après avoir rêvé.*
Du même esprit poussée,
J'ai comme vous eu, mon cher, en pensée....
De mettre ici nos papiers en état....
J'ai fait venir notre vieil avocat.
Nous consultions ; une grande faiblesse
L'a pris soudain.

BARTOLIN.
C'est excès de vieillesse.

COLETTE.
On va donner au bon petit vieillard
Un....

BARTOLIN.
Oui, j'entends.

DORFISE.
On l'a mis à l'écart ;
De mon sirop il a pris une dose,
Et maintenant je pense qu'il repose.

BARTOLIN.
Il ne repose point, car je l'entends
Qui marche encore et tousse là dedans.

COLETTE.
Eh bien ! faut-il ? lorsqu'un avocat tousse,
L'importuner ?

BARTOLIN.
Tout cela me courrouce ;
Je veux entrer.
(Il entre dans le cabinet.)

DORFISE.
Ô ciel ! fais donc si bien
Qu'il cherche tout, sans pouvoir trouver rien.
Hélas ! qu'entends-je ? on s'écrie ; il dit : Tue !
Mon avocat est mort, je suis perdue.
Où suis-je ? hélas ! de quel côté courir ?
Dans quel couvent m'aller ensevelir ?
Où me noyer ?

BARTOLIN, *revenant, et tenant Adolé par le bras.*
Ah ! notre futur,
Vos avocats sont d'aimable figure ;
Dans le barreau vous choisissez très-bien.
Venez, venez, notre vieux praticien ;
D'ici sans bruit il vous faut disparaître,
Et vous irez plaider par la fenêtre ;
Allons, et vite.

DORFISE.
Écoutez-moi ; pardon,
Mon cher mari.
ADINE.
Lui, mon mari !
BARTOLIN, à *Adine.*
Fripon !
Il faut d'abord commencer ma vengeance
Par l'étriller à ses yeux d'importance.
ADINE.
Hélas ! monsieur, je tombe à vos genoux ;
Je ne saurais mériter ce courroux :
Vous me plaindrez, si je me fais connaître,
Je ne suis point ce que je peux paraître.
BARTOLIN.
Tu me parais un vaurien, mon ami,
Fort dangereux ; et tu seras puni.
Viens çà ! viens çà !
ADINE.
Ciel ! au secours ! à l'aide !
De grâce ! hélas !
DORFISE.
La rage le possède.
A mon secours, tous mes voisins !
BARTOLIN.
Tais-toi.
DORFISE, COLETTE, ADINE.
A mon secours !
BARTOLIN, *emmenant Adine*
Allons, sors de chez moi.

SCÈNE V. — DORFISE, COLETTE.

DORFISE.
Il va tuer ce pauvre enfant, Colette !
En quel état cet accident me jette !
Il me tuera moi-même.
COLETTE.
Le malin
Vous fit signer avec ce Bartolin.
DORFISE, *en criant.*
Ah ! l'indigne homme ! ah ! comment s'en défaire ?
Va-t'en chercher, Colette, un commissaire ;
Va l'accuser !
COLETTE.
De quoi ?
DORFISE.
De tout.

COLETTE.
Fort bien.
Où courez-vous ?
DORFISE.
Hélas ! je n'en sais rien.

SCÈNE VI. — MADAME BURLET, DORFISE, COLETTE.

MADAME BURLET.
Eh bien ! qu'est-ce, cousine ?
DORFISE.
Ah ! ma cousine !
MADAME BURLET.
Il semblerait que l'on vous assassine,
Ou qu'on vous vole, ou qu'on vous bat un peu...
Ou qu'au logis vous avez mis le feu.
Mon Dieu ! quels cris ! quel bruit ! quel train, ma chère !
DORFISE.
Cousine, hélas ! apprenez mon affaire;
Mais gardez-moi le secret pour jamais.
MADAME BURLET, *toujours gaiement et avec vivacité.*
Je n'ai pas l'air de garder des secrets ;
Je suis pourtant discrète comme une autre.
Cousine, eh bien ! quelle affaire est la vôtre ?
DORFISE.
Mon affaire est terrible ; c'est d'abord
Que je suis....
MADAME BURLET.
Quoi ?
DORFISE.
Fiancée.
MADAME BURLET.
A Blanford ?
Eh bien ! tant mieux ; c'est bien fait ; et j'approuve
Cet hymen-là, si le bonheur s'y trouve.
Je veux danser à votre noce.
DORFISE.
Hélas !
Ce Bartolin qui jure tant là-bas,
Qui de ses cris scandalise le monde,
C'est le futur.
MADAME BURLET.
Eh bien ! tant pis ! je fronde
Ce mariage avec cet homme-là ;
Mais s'il est fait, le public s'y fera.
Est-il mari tout à fait ?
DORFISE, *d'un ton modeste.*
Pas encore;

C'est un secret que tout le monde ignore.
Notre contrat est dressé dès longtemps.

MADAME BURLET.

Fais-moi casser ce contrat.

DORFISE.

Les méchants
Vont tous parler. Je suis!... je suis outrée !
Ce maudit homme ici m'a rencontrée
Avec un jeune Turc qui s'enfermait
En tout honneur dedans ce cabinet.

MADAME BURLET.

En tout honneur ! là, là, ta prud'homie
S'est donc enfin quelque peu démentie ?

DORFISE.

Oh ! point du tout ! c'est un petit faux pas,
Une faiblesse, et c'est la seule, hélas !

MADAME BURLET.

Bon ! une faute est quelquefois utile;
Ce faux pas-là t'adoucira la bile,
Tu seras moins sévère...

DORFISE.

Ah ! tirez-moi,
Sévère ou non, du gouffre où je me vois.
Délivrez-moi des langues médisantes,
De Bartolin, de ses mains violentes,
Et délivrez de ces périls pressants
Mon sage ami, qui n'a pas dix-huit ans.
(En élevant la voix et en pleurant.)
Ah ! voilà l'homme au contrat !

SCÈNE VIII. — BARTOLIN, DORFISE, MADAME BURLET.

MADAME BURLET, à Bartolin.

Quel vacarme !
Quoi ! pour un rien votre esprit se gendarme.
Faut-il ainsi sur un petit soupçon
Faire pleurer ses amis ?

BARTOLIN.

Ah ! pardon.
Je l'avouerai, je suis honteux, mesdames,
D'avoir conçu de ces soupçons infâmes.
Mais l'apparence enfin m'a d'alarmer...
En vérité, pouvais-je présumer
Que ce jeune homme, à ma vue abusée,
Fût une fille en garçon déguisée[1]

1. Dans la pièce anglaise, le mari prend les tétons de cette fille dégui-

ACTE III, SCÈNE VII. 427

DORFISE, *à part.*
En voici bien d'une autre.

MADAME BURLET.
Tout de bon !
Madame a pris fille pour un garçon !

BARTOLIN.
La pauvre enfant est encor tout en larmes ;
En vérité, j'ai pitié de ses charmes.
Mais pourquoi donc ne me pas avertir
De ce qu'elle est ? pourquoi prendre plaisir
A m'éprouver, à me mettre en colère ?

DORFISE, *à part.*
Oh ! oh ! le drôle a-t-il pu si bien faire
Qu'à Bartolin il ait persuadé
Qu'il était fille, et se soit évadé ?
Le tour est bon. Mon Dieu, l'enfant aimable !
(*A Bartolin.*)
Que l'amour a d'esprit ! Homme haïssable !
Eh bien ! méchant, réponds, oseras-tu
Faire un affront encore à la vertu ?
La pauvre fille, avec pleine assurance,
Me confiait son aimable innocence ;
Madame sait avec combien d'ardeur
Je me chargeais du soin de son honneur.
Il te faudrait une franche coquette,
Je te l'avoue, et je te la souhaite.
J'éclaterai : je me perds, je le sais ;
Mais mon contrat sera, ma foi, cassé.

BARTOLIN.
Je sais qu'il faut qu'en cas pareil on crie.
(*A Dorfise.*)
Mais criez donc un peu moins, je vous prie !
(*A Mme Burlet.*)
Accordons-nous.... Et vous ! par charité,
Que tout ceci ne soit point éventé.
J'ai cent raisons pour cacher ce mystère.

DORFISE, *à Mme Burlet.*
Vous me sauvez, si vous savez vous taire ;
N'en parlez pas au bon monsieur Blanford.

MADAME BURLET.
Moi ? volontiers.

BARTOLIN.
Vous m'obligerez fort.

née un garçon ; « Non, dit-il, c'était moi qui allais être cocu, et c'est ma femme qui va l'être. »
On peut juger s'il eût été décent de traduire exactement la pièce que les comédiens comptaient jouer alors.

SCÈNE VIII. — DORFISE, MADAME BURLET, BARTOLIN, COLETTE.

COLETTE.
Blamford est là qui dit qu'il faut qu'il monte.

DORFISE.
O contre-temps, qui toujours me démonte !
(A Bartolin.)
Laissez-moi seule, allez le recevoir.

BARTOLIN.
Mais....

DORFISE.
Mais, après ce que l'on vient de voir,
Après l'éclat d'une telle injustice,
Il vous sied bien de montrer du caprice !
Obéissez, faites-vous cet effort.

SCÈNE IX. — DORFISE, MADAME BURLET.

MADAME BURLET.
En vérité, je me réjouis fort
De voir qu'ainsi la chose soit tournée.
Du prétendu la visière est bornée.
Je m'étonnais, ma cousine, entre nous,
Que ta cervelle eût choisi cet époux ;
Mais ce cas-ci me surprend davantage.
Prendre pour fille un garçon à son âge !
Ah ! les maris seront toujours bernés,
Jaloux et sots, et conduits par le nez.

DORFISE.
Je n'entends rien, madame, à ce langage ;
Je n'avais pas mérité cet outrage.
Quoi ! vous pensez qu'un jeune homme en effet
Se soit caché là dans ce cabinet ?

MADAME BURLET.
Assurément je le pense, ma chère.

DORFISE.
Quand mon mari vous a dit le contraire ?

MADAME BURLET.
Apparemment que ton mari futur
A cru la chose, et n'a pas l'œil bien sûr :
N'avez-vous pas ici conté vous-même
Qu'un beau garçon...?

DORFISE.
L'extravagance extrême !
Qui ? moi ? jamais : moi, je vous aurais dit...
A ce point là j'aurais perdu l'esprit !
Ah ! ma cousine, écoutez, prenez garde

ACTE III, SCÈNE IX.

Quand follement la langue se hasarde
A débiter des discours médisants,
Calomnieux, inventés, outrageants,
On s'en repent bien souvent dans la vie.

MADAME BURLET.
Il est bon là! moi, je te calomnie!

DORFISE.
Assurément; et je vous jure ici....

MADAME BURLET.
Ne jure pas.

DORFISE.
Si fait, je jure.

MADAME BURLET.
Eh fi!
Va, mon enfant, de toute cette histoire
Je ne croirai que ce qu'il faudra croire.
Prends un mari deux même, si tu veux,
Et trompe-les, bien ou mal, tous les deux;
Fais-moi passer des garçons pour des filles
Avec cela gouverne vingt familles,
Et donne-toi pour personne de bien;
Tiens, tout cela ne m'embarrasse en rien.
J'admire fort ta sagesse profonde :
Tu mets ta gloire à tromper tout le monde;
Je mets la mienne à m'en bien divertir;
Et, sans tromper, je vis pour mon plaisir.
Adieu, mon cœur; ma mondaine faiblesse
Baise les mains à ta haute sagesse.

SCÈNE X. — DORFISE, COLETTE

DORFISE.
La folle va me décrier partout.
Ah! mon honneur, mon esprit, sont à bout.
A mes dépens les libertins vont rire.
Je vois Dorfise un plastron de satire;
Mon nom, niché dans cent couplets malins,
Aux chansonniers va fournir des refrains.
Monsieur Blanford croira la médisance;
L'autre futur en va prendre vengeance.
Comment plâtrer ce scandale affligeant?
En un seul jour deux époux, un amant!
Ah! que de trouble! et que d'inquiétude!
Qu'il faut souffrir, quand on veut être prude!
Et que, sans craindre et sans affecter rien,
Il vaudrait mieux être femme de bien!
Allons; un jour nous tâcherons de l'être.

COLETTE.

Allons, tâchons du moins de le paraître.
C'est bien assez quand on est ce qu'on peut,
N'est pas toujours femme de bien qui veut.

ACTE QUATRIÈME.

SCÈNE I. — DORFISE, COLETTE.

DORFISE.

Sans doute, on a conjuré ma ruine.
Si je pouvais revoir ce jeune Adine !
Il est si doux, si sage, si discret !
Il me dirait ce qu'on dit, ce qu'on fait ;
On pourrait prendre avec lui des mesures
Qui rendraient bien mes affaires plus sûres.
Hélas ! que faire ?

COLETTE.

Eh bien ! il le faut voir
Honnêtement lui parler, tout cela n'est pas noir.

DORFISE.

Chère Colette, ah ! si je pouvais faire
Qu'un bon succès couronnât ce mystère !
Si je pouvais concerter prudemment
Toute ma gloire, et garder mon amant !
Hélas ! qu'au moins un des deux me demeure !

SCÈNE X. — DORFISE, COLETTE.

COLETTE.

Un d'eux suffit.

DORFISE.

Mais ils sont à l'heure
Recommandés ici le chevalier
A ses dépens les instruira du prix
Il va venir, il est encore le même
Et prêt à tout, car il croit qu'on vous aime.

DORFISE.

Il peut m'aider à tous mes desseins
Se sert des fous pour agir à ses fins.

SCÈNE III. — DORFISE, LE CHEVALIER MONDOR, COLETTE.

DORFISE.

Venez, venez,

ACTE IV, SCÈNE II.

LE CHEVALIER MONDOR.
Je suis soumis, madame, à votre empire
Votre captif et votre chevalier;
Faut-il pour vous batailler, ferrailler?
Malgré votre âme à mes désirs rêvêche,
Me voilà prêt; parlez, je me dépêche.

DORFISE.
Est-il bien vrai que j'ai su vous charmer?
Et m'aimez-vous, là, comme il faut aimer?

LE CHEVALIER MONDOR.
Oui; mais cessez d'être si respectable.
La beauté plaît, mais je la veux traitable.
Trop de vertu sert à faire enrager;
Et mon plaisir, c'est de vous corriger.

DORFISE.
Que pensez-vous de notre jeune Adine?

LE CHEVALIER MONDOR.
Moi! rien : je suis rassuré par sa mine.
Hercule et Mars n'ont jamais à trente ans
Pu redouter des Adonis enfants.

DORFISE.
Vous me plaisez par cette confiance;
Vous en aurez la juste récompense,
Peut-être on dit qu'en un secret lieu
Je suis entrée : il n'en faut croire rien.
De cent amants lorgnée et fatiguée,
Vous seul enfin vous m'avez subjuguée.

LE CHEVALIER MONDOR.
Je m'en doutais.

DORFISE.
Je veux par de saints nœuds
Vous rendre sage, et, qui plus est, heureux.

LE CHEVALIER MONDOR.
Heureux! Allons, c'est assez; la sagesse
Ne me va pas, mais notre bonheur presse.

DORFISE.
D'abord j'exige un service de vous.

LE CHEVALIER MONDOR.
Fort bien, parlez tout franc à votre époux.

DORFISE.
Il faut ce soir, mon très-cher, faire en sorte
Que la cohue aille ailleurs qu'à ma porte
Que ce Blanford, si fier et si chagrin,
Et ma cousine, et son fat de Dasmin,
Et leurs parents, et leur folle séquelle,
De tout le soir ne troublent ma cervelle,
Puis à minuit un notaire sera

Dans mon alcôve, et notre hymen fera ;
Vous y viendrez par une fausse porte,
Mais point avant.

LE CHEVALIER MONDOR.
Le plaisir me transporte.
Du sieur Blanford que je me moquerai !
Qu'il sera sot ! que je l'atterrerai !
Que de brocards !

DORFISE.
Au moins sous ma fenêtre,
Avant minuit, gardez-vous de paraître.
Allez-vous-en, partez, soyez discret.

LE CHEVALIER MONDOR.
Ah ! si Blanford savait ce grand secret !

DORFISE.
Mon Dieu ! sortez, on pourrait nous surprendre.

LE CHEVALIER MONDOR.
Adieu, ma femme.

DORFISE.
Adieu.

LE CHEVALIER MONDOR.
Je vais attendre
L'heure de voir, par un charmant retour,
La pruderie immolée à l'amour.

SCÈNE III. — DORFISE, COLETTE.

COLETTE.
A vos desseins je ne puis rien comprendre ;
C'est une énigme.

DORFISE.
Eh bien ! tu vas l'entendre.
J'ai fait promettre à ce beau chevalier
De taire tout ; il va tout publier.
C'en est assez ; sa voix me justifie.
Blanford croira que tout est calomnie ;
Il ne verra rien de la vérité ;
Ce jour au moins je suis en sûreté ;
Et dès demain, si le succès couronne
Mes bons desseins, je ne craindrai personne.

COLETTE.
Vous m'enchantez, mais vous m'épouvantez :
Ces pièges-là sont-ils bien ajustés ?
Craignez-vous point de vous laisser surprendre
Dans les filets que vos mains savent tendre ?
Prenez-y garde.

DORFISE.
Hélas ! Colette, hélas !

ACTE IV, SCENE III.

Qu'un seul faux pas entraîne de faux pas !
De faute en faute on se fourvoie, on glisse,
On se raccroche, on tombe au précipice ;
La tête tourne, on ne sait où l'on va.
Mais j'ai toujours le jeune Adine là.
Pour l'obtenir, et pour que tout s'accorde,
Il reste encore à mon arc une corde.
Le chevalier à minuit croit venir ;
Mon jeune amant le saura prévenir.
Il faut qu'il vienne à neuf heures, Colette ;
Entends-tu bien ?

COLETTE.
Vous serez satisfaite.

DORFISE.
On le croit fille, à son air, à son ton,
A son menton doux, lisse et sans coton.
Dis-lui qu'en fille il est bon qu'il s'habille ;
Que décemment il s'introduise en fille.

COLETTE.
Puisse le ciel bénir vos bons desseins !

DORFISE.
Cet enfant-là calmerait mes chagrins ;
Mais le grand point, c'est que l'on imagine
Que tout le mal vient de notre cousine ;
C'est que Blanford soit par lui convaincu
Qu'Adine ici pour une autre est venu ;
Qu'il soit toujours dupe de l'apparence.

COLETTE.
Oh ! qu'il est bon à tromper ! car il pense
Tout le mal d'elle, et de vous tout le bien.
Il croit tout voir bien clair, et ne voit rien.
J'ai confirmé que c'est notre rieuse
Qui du jeune homme est tombée amoureuse.

DORFISE.
Ah ! c'est mentir tant soit peu, j'en conviens ;
C'est un grand mal ; mais il produit un bien.

SCÈNE IV. — BLANFORD, DORFISE.

BLANFORD.
Ô mœurs ! ô temps ! corruption maudite !
Elle s'est fait rendre déjà visite
Par cet enfant simple, ingénu, charmant
Elle voulait en faire son amant ;
Elle employait l'art des subtiles trames,
De ces filets où l'amour prend les âmes.
Hum ! la coquette !

LA PRUDE.

DORFISE.

Écoutez; après tout,
Je ne crois pas qu'elle ait jusques au bout
Osé pousser cette tendre aventure;
Je ne veux point lui faire cette injure;
Il ne faut pas mal penser du prochain
Mais on était, me semble, en fort bon train.
Vous connaissez nos coquettes de France?

BLANFORD.

Tant!

DORFISE.

Un jeune homme, avec l'air d'innocence,
Paraît à peine, on vous le court partout.

BLANFORD.

Oui, la vertu plaît au vice surtout.
Mais dites-moi comment vous pouvez faire
Pour supporter gens d'un tel caractère?

DORFISE.

Je prends la chose assez patiemment.
Ce n'est pas tout.

BLANFORD.

Comment donc!

DORFISE.

Oh! vraiment!
Vous allez bien apprendre une autre histoire;
Ces étourdis prétendent faire croire
Qu'en tapinois j'ai, moi, de mon côté,
De cet enfant convoité la beauté.

BLANFORD.

Vous?

DORFISE.

Moi; l'on dit que je veux le séduire.

BLANFORD.

Je suis charmé; voilà bien de quoi rire.
Qui? vous?

DORFISE.

Moi-même, et que ce beau garçon....

BLANFORD.

Bien inventé; le tour me semble bon.

DORFISE.

Plus qu'on ne pense, et qui m'en donne bien d'autres!
Si vous saviez quels malheurs sont les nôtres!
On dit encor que je dois me lier
En mariage au fou de chevalier
Cette nuit même

BLANFORD.

Ah! ma chère Dorfise!
Plus contre vous la calomnie épuise

ACTE IV, SCÈNE IV.

L'acier tranchant de ses traits empestés,
Et plus mon cœur, épris de vos beautés,
Saura défendre une vertu si pure.

DORFISE.
Vous vous trompez bien fort, je vous le jure.

BLANFORD.
Non; croyez-moi, je n'y connais un peu,
Et j'aurais mis ces quatre doigts au feu,
J'aurais juré qu'aujourd'hui la cousine
Aurait lorgné notre petit Aline.
Pour être honnête, il faut de la raison;
Quand on est fou, le cœur n'est jamais bon;
Et la vertu n'est que le bon sens même.
Je plains Darmin, je l'estime, je l'aime;
Mais il est fait pour être un peu moqué.
C'est malgré moi qu'il s'était embarqué
Sur un vaisseau si frêle et si fragile.

SCÈNE V. — BLANFORD, DORFISE, DARMIN, MADAME BURLET.

MADAME BURLET.
Quoi! toujours noir, sombre, pétri de bile,
Moralisant, grondant dans ton dépit
Le genre humain, qui l'ignore, ou s'en rit?
Vertueux fou, finis tes soliloques:
Suis-moi, je viens d'acheter vingt breloques;
J'en ai pour toi. Viens chez le chevalier;
Il nous attend, il doit nous festoyer.
J'ai demandé quelque peu de musique,
Pour dérider ton front mélancolique;
Après cela, te prenant par la main,
Nous danserons jusques au lendemain.
(A Dorfise.)
Tu danseras, madame la sucrée.

DORFISE.
Modérez-vous, cervelle évaporée,
Un tel propos ne peut me convenir;
Et de tantôt il faut vous souvenir.

MADAME BURLET.
Bon! laisse là ton tantôt; tout s'oublie.
Point de mémoire est ma philosophie.

DORFISE, à Blanford.
Vous l'entendez; vous voyez si j'ai tort.
Adieu, monsieur, le scandale est trop fort,
Je me retire.

BLANFORD.
Eh! demeurez, madame!
DORFISE.
Non; voyez-vous, tout cela perce l'âme.
L'honneur....
MADAME BURLET.
Mon Dieu! parle-nous moins d'honneur,
Et sois honnête.
(Dorfise sort.)
DARMIN, *à madame Burlet.*
Elle a de la douleur.
L'ami Blanford sait déjà quelque chose.
MADAME BURLET.
Oh! comme il faut que tout le monde cause!
Darmin et moi nous n'en avons dit rien;
Nous nous taisions.
BLANFORD.
Vraiment, je le crois bien.
Oseriez-vous me faire confidence
De tels excès, de telle extravagance?
DARMIN.
Non; ce serait vous navrer de douleur
MADAME BURLET.
Nous connaissons trop bien ta belle humeur.
Sans en vouloir épaissir les nuages
En te bridant le nez de tes outrages.
BLANFORD.
Mourez de honte, allez, et cachez-vous.
MADAME BURLET.
Comment? pourquoi? fallait-il, entre nous,
Venir troubler le repos de ta vie,
Couvrir tout haut Dorfise d'infamie,
Et présenter aux railleurs dangereux
De ton affront le plaisir scandaleux?
Tiens, je suis vive, et franche, et familière;
Mais je suis bonne, et jamais tracassière.
Je te verrais par ton ami trompé
Et comme il faut par ta femme dupé,
Je t'entendrais chansonner par la ville,
J'aurais cent fois chanté ton vaudeville,
Que rien par moi tu n'apprendrais jamais.
J'ai deux grands buts, le plaisir et la paix:
Je fuis, je hais, presque autant que je m'aime,
Les faux rapports, et les vrais tout de même.
Vivons pour nous; va, bien sot est celui
Qui fait son mal des sottises d'autrui.

ACTE IV, SCÈNE V.   437

BLANFORD.
Et ce n'est pas d'autrui, tête légère,
Dont il s'agit, c'est votre propre affaire;
C'est vous.
MADAME BURLET.
Moi?
BLANFORD.
Vous, qui, sans respecter rien,
Avez séduit un jeune homme de bien;
Vous, qui voulez mettre encor sur Dorfise
Cette effroyable et honteuse sottise.
MADAME BURLET.
Le trait est bon; je ne m'attendais pas,
Je te l'avoue, à de pareils éclats.
Quoi! c'est donc moi qui tantôt....
BLANFORD.
Oui, vous-même.
MADAME BURLET.
Avec Adine?...
BLANFORD.
Oui.
MADAME BURLET.
C'est donc moi qui l'aime?
BLANFORD.
Assurément.
MADAME BURLET.
Qui dans mon cabinet
L'avais caché?
BLANFORD.
Certes, le fait est net.
MADAME BURLET.
Fort bien! voilà de très-belles pensées;
Je les admire; elles sont fort sensées.
Ma foi, tu joins, mon cher homme entêté,
Le ridicule avec la probité.
Il me paraît que ta triste cervelle
De don Quichotte a suivi le modèle;
Très-honnête homme, instruit, brave, savant,
Mais, dans un point, toujours extravagant.
Garde-toi bien de devenir plus sage;
On y perdrait; ce serait grand dommage:
L'extravagance a son mérite. Adieu.
Venez, Darmin.

SCÈNE VI. — BLANFORD, DARMIN.

BLANFORD.
Non; demeurez, morbleu!
J'ai votre honneur à cœur, et j'en enrage.

Il faut quitter cette fourbe volage,
De ses filets retirer votre foi,
La mépriser, ou bien rompre avec moi.

DARMIN.
Le choix est triste, et mon cœur vous confesse
Qu'il aime fort son ami, sa maîtresse.
Mais se peut-il que votre esprit chagrin
Juge toujours si mal du cœur humain?
Voyez-vous pas qu'une femme hardie
Tissut le fil de cette perfidie
Qu'elle vous trompe, et de son propre affront
Veut à vos yeux flétrir un autre front?

BLANFORD.
Voyez-vous pas, homme à cervelle creuse,
Qu'une insensée, et fausse, et scandaleuse,
Vous a choisi pour être son plastron;
Que vous gobez comme un sot l'hameçon;
Qu'elle veut voir jusqu'où sa tyrannie
Peut s'exercer sur votre plat génie?

DARMIN.
Tout plat qu'il est, daignez interroger
Le seul témoin par qui l'on peut juger.
J'ai fait venir ici le jeune Adiné;
Il vous dira le fait.

BLANFORD.
Bon, je devine
Que la friponne aura, par son caquet,
Très-bien sifflé son jeune perroquet.
Qu'il vienne un peu, qu'il y a dire,
Je ne croirai rien de ce que vous cherchez,
Je vois de loin, je vois nos arts cachés
Avec le jeu de ces ressorts cachés
A dénigrer, à perdre ma maîtresse.
Pour me donner, je ne sais quelle nièce,
Dont vous m'avez tant vanté les attraits,
Mais touchez là, j'y renonce à jamais.

DARMIN.
Soit; mais je plains votre excès d'imprudence,
D'une perfide essuyer l'inconstance,
N'est pas, sans doute, un cas bien affligeant;
Mais c'est un mal de perdre son argent;
C'est là le point. Bartolin, ce brave homme,
A-t-il enfin restitué la somme?

BLANFORD.
Que vous importe?

DARMIN.
Ah! pardon, je croyais

ACTE IV, SCÈNE VI.   439

Qu'il m'importait : j'ai tort, je me trompais.
Adine vient ; pour moi, je me retire ;
Par lui du moins tâcher de vous instruire.
Si c'est de lui que vous vous défiez,
Vous avez tort plus que vous ne croyez ;
C'est un cœur noble, et vous pourrez connaître
Qu'il n'était pas ce qu'il a pu paraître.

SCÈNE VII. — BLANFORD, ADINE.

BLANFORD.
Ouais ! les voilà fortement acharnés
A me vouloir conduire par le nez.
Oh ! que Dorfise est bien d'une autre espèce !
Elle se tait, en proie à sa tristesse,
Sans affecter un air trop empressé,
Trop confiant, et trop embarrassé ;
Elle me fuit, elle est dans sa retraite ;
Et c'est ainsi que l'innocence est faite.
Or çà, jeune homme, avec sincérité,
De point en point dites la vérité :
Vous m'êtes cher, et la belle nature
Paraît en vous incorruptible et pure ;
Mes vœux ne vont qu'à vous rendre parfait ;
N'abusez point de ce penchant secret ;
Si vous m'aimez, songez bien, je vous prie,
Qu'il s'agit là du bonheur de ma vie.

ADINE.
Oui, je vous aime ; oui, oui, je vous promets
Que je ne veux vous abuser jamais.

BLANFORD.
J'en suis charmé. Mais dites-moi de grâce,
Ce qui s'est fait, et tout ce qui se passe.

ADINE.
D'abord Dorfise...

BLANFORD.
Alte-là, mon mignon ;
C'est sa cousine ; avouez-le-moi.

ADINE.
Non.

BLANFORD.
Eh bien ! voyons.

ADINE.
Dorfise à sa toilette
M'a fait venir par la porte secrète.

BLANFORD.
Mais ce n'est pas pour Dorfise.

LA PRUDE.

ADINE.
Si fait.
BLANFORD.
C'est de la part de madame Burlet.
ADINE.
Eh! non, monsieur, je vous dis que Dorfise
S'était pour moi de bienveillance éprise.
BLANFORD.
Petit fripon!
ADINE.
L'excès de ses bontés
Était tout neuf à mes sens agités.
Un tel amour n'est pas fait pour me plaire.
Je ne sentais qu'une juste colère,
Je m'indignais, monsieur, avec raison,
Et de sa flamme et de sa trahison;
Et je disais que, si j'étais comme elle,
Assurément je serais plus fidèle.
BLANFORD.
Ah! le pendard! comme on a préparé
De ses discours le poison trop sucré!
Eh bien! après?
ADINE.
Eh bien! son éloquence
Déjà prenait un peu de véhémence.
Soudain, monsieur, elle jette un grand cri :
On heurte, on entre; et c'était son mari.
BLANFORD.
Son mari? bon! quels sots contes j'écoute!
C'était ce fou de chevalier, sans doute.
ADINE.
Oh! non, c'était un véritable époux,
Car il était bien brutal, bien jaloux;
Il menaçait d'assassiner sa femme;
Il la nommait fausse, perfide, infâme.
Il prétendait me tuer aussi, moi,
Sans que je susse, hélas! trop bien pourquoi.
Il m'a fallu conjurer sa furie,
A deux genoux, de me sauver la vie;
J'en tremble encor de peur.
BLANFORD.
Eh! le poltron!
Et ce mari, voyons quel est son nom?
ADINE.
Oh! je l'ignore.
BLANFORD.
Oh! la bonne imposture!
Çà, peignez-moi, s'il se peut, sa figure.

ACTE IV, SCÈNE VII.

ADINE.
Mais il me semble, autant que l'a permis
L'horrible effroi qui troublait mes esprits,
Que c'est un homme à fort méchante mine,
Gros, court, basset, nez camard, large échine,
Le dos en voûte, un teint jaune et tanné,
Un sourcil gris, un œil de vrai damné.

BLANFORD.
Le beau portrait ! qui puis-je y reconnaître ?
Jaune, tanné, gris, gros, court ; qui peut-ce être ?
En vérité, vous vous moquez de moi.

ADINE.
Éprouvez donc, monsieur, ma bonne foi :
Je vous apprends que la même personne
Ce soir chez elle un rendez-vous me donne.

BLANFORD.
Un rendez-vous chez madame Burlet ?

ADINE.
Eh non ; jamais ne serez-vous au fait ?

BLANFORD.
Quoi ! chez madame...?

ADINE.
Oui.

BLANFORD.
Chez elle ?

ADINE.
Oui, vous dis-je.

BLANFORD.
Que cette intrigue et m'étonne et m'afflige !
Un rendez-vous ? Dorfise, vous, ce soir ?

ADINE.
Si vous voulez, vous y pourrez me voir,
Ce même soir, sous un habit de fille,
Qu'elle m'envoie, et duquel je m'habille.
Par l'huis secret je dois être introduit
Chez cet objet, dont l'amour vous séduit,
Chez cet objet si fidèle et si sage.

BLANFORD.
Ceci commence à me remplir de rage ;
Et j'aperçois d'un ou d'autre côté
Toute l'horreur de la déloyauté.
Ne mens-tu point ?

ADINE.
Mon âme, mal connue,
Pour vous, monsieur, se sent trop prévenue
Pour s'écarter de la sincérité.
Votre cœur noble aime la vérité,

e l'aime en vous, et je lui suis fidèle.

BLANFORD.

Ah! le flatteur

ADINE.

Doutez-vous de mon zèle!

BLANFORD.

Oui....

SCÈNE VIII. — BLANFORD, ADINE, LE CHEVALIER
MONDOR.

LE CHEVALIER MONDOR.

Allons donc, peux-tu faire languir
Nos conviés et l'heure du plaisir ?
Tu n'eus jamais, dans ta mélancolie,
Plus de besoin de bonne compagnie.
Console-toi; tes affaires vont mieux;
Tu n'es pas fait pour être mon rival.
Je t'ai bien dit que j'aurais la victoire;
Je l'ai, mon cher, et sans beaucoup de gloire.
Que penses-tu m'apprendre ?

LE CHEVALIER MONDOR.

Oh! presque rien;
Nous épousons ta maîtresse.

BLANFORD.

Ah! fort bien!
Nous le savions.

LE CHEVALIER MONDOR.

Quoi! tu sais qu'un notaire....

BLANFORD.

Oui, je le sais; il ne m'importe guère.
Je connais tout le complot. Se peut-il
Qu'on en ait pu si mal ourdir le fil?
(Au petit Adine.)
Ce rendez-vous quand il serait possible,
Avec le vôtre est tout incompatible.
Ai-je raison? parlez: en es-tu frappé?
Tu me trompais, ou l'on t'avait trompé.
Je te crois bon; ton cœur sans artifice
Est apprenti dans l'école du vice;
Un esprit simple, un cœur neuf et trop bon,
Est un outil dont se sert un fripon.
N'es-tu venu, cruel, que pour me nuire?

ADINE.

Ah! c'en est trop; gardez-vous de détruire,
Par votre humeur et votre vain courroux,
Cette pitié qui parle encor pour vous.

ACTE IX, SCÈNE VIII.

C'est elle seule à présent qui m'arrête;
N'écoutez rien, faites à votre tête.
Dans vos chagrins noblement affermi,
Soupçonnez bien quiconque est votre ami,
Croyez surtout quiconque vous abuse;
Que votre humeur et m'outrage et m'accuse!
Mais apprenez à respecter un cœur
Qui n'est pour vous ni trompé ni trompeur.

LE CHEVALIER MONDOR.

En tiens-tu, là? le dépit te suffoque;
Jusqu'aux enfants, chacun de toi se moque.
Deviens plus sage; il faut tout oublier
Dans le vin grec où je vais te noyer.
Viens, bel enfant!

SCÈNE IX. — BLANFORD, ADINE.

BLANFORD.

Demeure encore, Adine :
Tu m'as ému, ta douleur me chagrine.
Je sais que j'ai souvent un peu d'humeur;
Mais tu connais tout le fond de mon cœur.
Il est né juste, il n'est que trop sensible.
Tu vois quel est mon embarras horrible.
Aurais-tu bien le plaisir malfaisant
De t'égayer à croître mon tourment?
Parle-moi vrai, mon fils, je t'en conjure.

ADINE.

Vous êtes bon, mon âme est aussi pure.
Je n'ai jamais connu jusqu'à présent,
Je l'avouerai, qu'un seul déguisement;
Mais si mon cœur en un point se déguise,
Je ne mens pas sur vous et sur Dorfise;
Je plains l'amour qui sur vos yeux distraits
Mit dès longtemps un bandeau trop épais;
Et je sens bien que l'amour peut séduire.
Sur tout ceci tâchez de vous instruire;
C'est l'amour seul qui doit tout réparer;
Il vous aveugle, il doit vous éclairer.

(Elle sort.)

BLANFORD.

Que veut-il dire? et quel est ce mystère?
Il faut, dit-il, que l'amour seul m'éclaire.
Il se déguise!... il ne ment point!... ah! foi,
C'est un complot pour se moquer de moi.
Le chevalier, Darmin, et la cousine,
Et Bartolin, et le petit Adine,

Dorfise enfin, et Colette, et mon cœur,
Le monde entier redouble mon humeur.
Monde maudit, qu'à bon droit je méprise,
Ramas confus de fourbe et de sottise,
S'il faut opter, si, dans ce tourbillon,
Il faut choisir d'être dupe ou fripon,
Mon choix est fait, je bénis mon partage;
Ciel, rends-moi dupe, et rends-moi juste et sage.

ACTE CINQUIÈME.

SCÈNE I. — BLANFORD.

Que devenir? où sera mon asile?
Tous les chagrins m'arrivent à la file.
Je vais sur mer, un pirate maudit
Livre combat, et mon vaisseau périt :
Je viens sur terre, on me dit qu'une ingrate
Que j'adorais, est cent fois plus pirate :
Une cassette est mon unique espoir,
Un Bartolin doit la rendre ce soir;
Ce Bartolin promet, rennet, diffère ;
Serait-ce encore un troisième corsaire ?
J'attends Adine afin de savoir tout;
Il ne vient point. Chacun me pousse à bout;
Chacun me fuit : voilà le fruit peut-être
De cette humeur dont je ne fus pas maître,
Qui me rendait difficile en amis,
Et confiant pour mes seuls ennemis.
S'il est ainsi, j'ai bien tort, je l'avoue;
Bien justement la fortune me joue :
A quoi me sert ma triste probité,
Qu'à mieux sentir que j'ai tout mérité ?
Quoi ! cet enfant ne vient point !

SCÈNE II. — BLANFORD; MADAME BURLET, *passant sur le théâtre.*

BLANFORD, *l'arrêtant.*
Ah ! madame,
Daignez calmer l'orage de mon âme;
Un mot, de grâce, un moment de loisir.
Où courez-vous ?

MADAME BURLET.
Souper, me réjouir;
Je suis pressée.

ACTE V, SCÈNE II. 345

BLANFORD.
Ah ! j'ai dû vous déplaire ;
Mais oubliez votre juste colère ;
Pardonnez.
MADAME BURLET, *en riant.*
Bon ! loin de me courroucer,
J'ai pardonné déjà, sans y penser.
BLANFORD.
Elle est trop bonne. Eh bien ! qu'à ma tristesse
Votre humeur gaie un moment s'intéresse !
MADAME BURLET.
Va, j'ai gaiement pour toi de l'amitié,
Beaucoup d'estime, et beaucoup de pitié.
BLANFORD.
Vous plaindriez le destin qui m'outrage !
MADAME BURLET.
Ton destin, oui ; ton humeur, davantage !
BLANFORD.
Vous êtes vraie, au moins ; la bonne foi,
Vous le savez, a des charmes pour moi.
Parlez ; Darmin n'aurait-il qu'un faux zèle ?
Me trompe-t-il ? est-il ami fidèle ?
MADAME BURLET.
Tiens, Darmin t'aime, et Darmin dans son cœur
A tes vertus avec plus de douceur.
BLANFORD.
Et Bartolin ?
MADAME BURLET.
Tu veux que je réponde
De Bartolin, du cœur de tout le monde
Il est, je pense, un honnête caissier.
Pourquoi de lui veux-tu te défier ?
C'est ton ami, c'est l'ami de Dorfise.
BLANFORD.
Dorfise ! mais parlez avec franchise ;
Se pourrait-il que Dorfise en un jour
Pour un enfant eût trahi tant d'amour ?
Et que veut dire encore en cette affaire
Ce chevalier qui parle de notaire ?
Le bruit public est qu'il va l'épouser.
MADAME BURLET.
Les bruits publics doivent se mépriser.
BLANFORD.
Je sors encore à l'instant de chez elle ;
Elle m'a fait serment d'être fidèle ;
Elle a pleuré... ; l'amour et la douleur
Sont dans ses yeux ; démentent-ils son cœur ?

Est-elle fausse ? et notre jeune Adine....
Quoi ! vous riez ?

MADAME BURLET.
Oui, je ris de ta mine;
Rassure-toi. Va, pour cet enfant-là
Crois que jamais on ne te quittera;
Sois-en très-sûr, la chose est impossible.

BLANFORD.
Ah ! vous calmez mon âme trop sensible;
Le chevalier n'en trouble point la paix;
Dorfise m'aime, et je l'aime à jamais.

MADAME BURLET.
A jamais ! c'est beaucoup!

BLANFORD.
Mais si l'on m'aime,
Adine est donc d'une impudence extrême;
Il calomnie; et le petit fripon
A donc le cœur le plus gâté ?

MADAME BURLET.
Lui ? non.
Il a le cœur charmant; et la nature
A mis dans lui la candeur la plus pure;
Compte sur lui.

BLANFORD.
Quels discours sont-ce là !
Vous vous moquez.

MADAME BURLET.
Je dis vrai.

BLANFORD.
Me voilà
Plus enfoncé dans mon incertitude :
Vous vous jouez de mon inquiétude;
Vous vous plaisez à déchirer mon cœur.
Dorfise ou lui m'outrage avec noirceur;
Convenez-en : l'un des deux est un traître :
Répondez donc.

MADAME BURLET, en riant.
Cela pourrait bien être.

BLANFORD.
S'il est ainsi, vous voyez quels éclats.

MADAME BURLET.
Oh ! mais aussi cela peut n'être pas;
Je n'accuse personne.

BLANFORD.
Hum ! que j'enrage!

MADAME BURLET.
N'enrage point; sois moins triste, et plus sage.

ACTE V, SCÈNE II.

Tiens, veux-tu prendre un parti qui soit sûr ?

BLANFORD.

Oui.

MADAME BURLEY.

Laisse là tout ce complot obscur ;
Point d'examen, point de tracasserie ;
Tourne avec moi tout en plaisanterie ;
Prends ton argent chez monsieur Bartolfa ;
Vis avec nous uniment, sans chagrin ;
N'approfondis jamais rien dans la vie,
Et glisse-moi sur la superficie ;
Connais le monde, et sais le tolérer ;
Pour en jouir, il le faut effleurer.
Tu me traitais de cervelle légère !
Mais souviens-toi que la solide affaire,
La seule ici qu'on doive approfondir,
C'est d'être heureux, et d'avoir du plaisir.

SCÈNE III. — BLANFORD.

Être heureux ! tisot ! le conseil est utile ;
Dirait-on pas que la chose est facile ?
Ce n'est qu'un rien, et l'on n'a qu'à vouloir !
Ah ! si la chose était en mon pouvoir !
Et pourquoi non ? dans quelle gêne extrême
Je me suis mis pour m'outrager moi-même !
Quoi ! cet enfant, Darmin, le chevalier ?
Par leurs discours surent pu m'effrayer ?
Non, non ; suivons le conseil que me donne
Cette cousine ; elle est folle, mais bonne,
Elle a rendu gloire à la vérité.
Dorfise m'aime ! où est en sûreté.
Je ne veux plus rien voir ni rien entendre.
Par cet Adine on voulait me surprendre
Pour m'éblouir et pour me gouverner :
Dans ces filets je ne veux point donner.
Darmin toujours est coiffé de sa nièce ;
Que je la hais ! mais quelle étrange espèce...

(Adine paraît dans le fond du théâtre.)

Le voici donc, ce malheureux enfant,
Qui cause ici tant de déchaînement !
On le prendrait, je crois, pour une fille ;
Sous ces habits que sa mine est gentille !
Jamais, ma foi, je ne m'étais douté
Qu'il pût avoir cette fleur de beauté !
Il n'a point l'air gêné dans sa parure,
Et son visage est fait pour sa coiffure.

SCÈNE IV. — BLANFORD; ADINE, *en habit de fille.*

ADINE.

Eh bien! monsieur, je suis tout ajusté,
Et vous saurez bientôt la vérité.

BLANFORD.

Je ne veux plus rien savoir, de ma vie;
C'en est assez. Laissez-moi, je vous prie :
J'ai depuis peu changé de sentiment;
Je n'aime point tout ce déguisement.
Ne vous mêlez jamais de cette affaire,
Et reprenez votre habit ordinaire.

ADINE.

Qu'entends-je? hélas! je m'aperçois enfin
Que je ne puis changer votre destin
Ni votre cœur; votre âme inaltérable
Ne connaît point la douleur qui m'accable;
Vous en saurez les funestes effets :
Je me retire. Adieu donc pour jamais.

BLANFORD.

Mais quels accents! d'où viennent tes alarmes?
Il est outré; je vois couler ses larmes.
Que prétend-il? Parlez; quel intérêt
Avez-vous donc à ce qui me déplaît?

ADINE.

Mon intérêt, monsieur, était le vôtre;
Jusqu'à présent je n'en connus point d'autre.
Je vois quel est tout l'excès de mon tort.
Pour vous servir je faisais un effort,
Mais ce n'est pas le premier.

BLANFORD.

L'innocence.
De son maintien, sa modeste assurance,
Son ton, sa voix, son ingénuité,
Me font pencher presque de son côté.
Mais cependant, tu vois, l'heure se passe,
Où ce projet plein de fourbe et d'audace
Devait, dis-tu, sous mes yeux s'accomplir.

ADINE.

Aussi j'entends une porte s'ouvrir.
Voici l'endroit, voici le moment même
Où vous auriez pu savoir qu'il vous aime.

BLANFORD.

Est-il possible? est-il vrai? juste Dieu!

ADINE, *finement.*

Il me paraît très-possible.

ACTE V, SCÈNE IV.

BLANFORD.
En ce lieu
Demeurez donc. Quoi ! tant de fourberie !
Dorfise ! non....

ADINE.
Taisez-vous, je vous prie.
Paix ! attendez : j'entends un peu de bruit ;
On vient vers nous ; j'ai peur, car il fait nuit.

BLANFORD.
N'ayez point peur.

ADINE.
Gardez donc le silence :
Voici quelqu'un sûrement qui s'avance.

SCÈNE V. — ADINE, BLANFORD, *d'un côté*; DORFISE, *de l'autre, à tâtons.*

(Le théâtre représente une nuit.)

DORFISE.
J'entends, je crois, la voix de mon amant.
Qu'il est avec ! Ah ! quel enfant charmant !

ADINE.
Chut !

DORFISE.
Chut ! c'est vous ?

ADINE.
Oui, c'est moi dont le zèle
Pour ce que j'aime est à jamais fidèle ;
C'est moi qui veux lui prouver en ce jour
Qu'il me devait un plus tendre retour.

DORFISE.
Ah ! je ne puis en donner un plus tendre.
Pardonnez-moi si je vous fais attendre ;
Mais Bartolin, que je n'attendais pas,
Dans le logis se promène à grands pas.
Il semble encor que quelque jalousie,
Malgré mes soins, trouble sa fantaisie.

ADINE.
Peut-être il craint de voir ici Blanford ;
C'est un rival bien dangereux.

DORFISE.
D'accord.
Hélas ! mon fils, je me vois bien à plaindre !
Tout à la fois il me faut ici craindre
Monsieur Blanford et mon maudit mari.
Lequel des deux est de moi plus haï ?
Mon cœur l'ignore ; et dans mon trouble extrême,

Je ne sais rien, sinon que je vous aime.
ADINE.
Vous haïssez Blanford, là, tout de bon ?
DORFISE.
La crainte enfin produit l'aversion.
ADINE, finement.
Et l'autre époux !
DORFISE.
A lui rien ne m'engage.
BLANFORD.
Que je voudrais....
ADINE, bas, allant vers lui.
Paix donc !
DORFISE.
En femme sage
J'ai consulté sur le contrat dressé ;
Il est cassable : ah ! qu'il sera cassé !
Qu'un autre hymen flatte mon espérance !
ADINE.
Quoi ! m'épouser ?
DORFISE.
Je veux qu'avec prudence
Secrètement nous partions tous les deux,
Pour éviter un éclat scandaleux ;
Et que bientôt, quand d'ici je m'éloigne,
Un lien sûr et bien serré nous joigne,
Un nœud sacré, durable autant que doux.
ADINE.
Durable ! allons. Mais de quoi vivrons-nous
DORFISE.
Vous me charmez par cette prévoyance ;
Ce qui me plaît en vous, c'est la prudence.
Apprenez donc que ce guerrier Blanford,
Héros en mer, en affaire un butor,
Quand de Marseille il quitta les pénates
Pour attaquer de Maroc les pirates,
M'a mis en main très-cordialement
Son cœur, sa foi, ses bijoux, son argent.
Comme je suis non moins neuve en affaire,
L'autre mari s'en fit dépositaire :
Je vais reprendre et les bijoux et l'or ;
Nous en allons aider monsieur Blanford :
C'est un bon homme, il est juste qu'il vive
Partageons vite, et gardons qu'on nous suive.
ADINE.
Et que dira le monde ?
DORFISE.
Ah ! ses éclats

ACTE V, SCÈNE V.

M'ont fait trembler lorsque je n'aimais pas ;
Je l'ai trop craint, à présent je le brave ;
C'est de vous seul que je veux être esclave.

ADINE.

Hélas ! de moi ?

DORVISE.

Je m'en vais sourdement
Chercher ce coffre à tous deux important.
Attends ici ; je revole sur l'heure.

SCÈNE VI. — BLANFORD, ADINE.

ADINE.

Qu'en dites-vous ? eh bien ! là ?

BLANFORD.

Que je meure
S'il fut jamais un tour plus déloyal,
Plus enragé, plus noir, plus infernal !
Et cependant admirez, jeune Adine,
Comme à jamais dans nos âmes domine
Ce vif instinct, ce cri de la vertu,
Qui parle encor dans un cœur corrompu.

ADINE.

Comment ?

BLANFORD.

Tu vois que la perfide n'ose
Me voler tout, et me rend quelque chose.

ADINE, *avec un ton ironique.*

Oui, vous devez bien l'en remercier.
N'ayez-vous pas encore à confier
Quelque cassette à cette honnête prude ?

BLANFORD.

Ah ! prends pitié d'une peine si rude ;
Ne tourne point le poignard dans mon cœur.

ADINE.

Je ne voulais que le guérir, monsieur.
Mais à vos yeux est-elle encor jolie ?

BLANFORD.

Ah ! qu'elle est laide, après sa perfidie !

ADINE.

Si tout ceci peut pour vous prospérer,
De ses filets si je puis vous tirer,
Puis-je espérer qu'en détestant ses vices
Votre vertu chérira mes services ?

BLANFORD.

Aimable enfant, soyez sûr que mon cœur
Croit voir son fils et son libérateur ;
Je vous admire, et le ciel qui m'éclaire

Semble m'offrir mon ange tutélaire.
Ah! de mon bien la moitié, pour le moins,
N'est qu'un vil prix au-dessous de vos soins.
ADINE.
Vous ne pouvez à présent trop entendre
Quel est le prix auquel je dois prétendre;
Mais votre cœur pourra-t-il refuser
Ce que Darmin viendra vous proposer?
BLANFORD.
Ce que j'entends semble éclairer mon âme,
Et la percer avec des traits de flamme.
Ah! de quel nom dois-je vous appeler?
Quoi! votre sort ainsi s'est pu voiler?
Quoi! j'aurais pu toujours vous méconnaître?
Et vous seriez ce que vous semblez être?
ADINE, *en riant.*
Qui que je sois, de grâce, taisez-vous:
J'entends Dorfise; elle revient à nous.
DORFISE, *revenant avec la cassette.*
J'ai la cassette. Enfin l'amour propice
A secondé mon petit artifice.
Tiens, mon enfant, prends vite, et détalons,
Tiens-tu bien?
BLANFORD, *à la place d'Adine qui lui donne la cassette.*
Oui.
DORFISE.
Le temps nous presse; allons.

SCÈNE VII. — BLANFORD, DORFISE, ADINE, BARTOLIN, *l'épée à la main, dans l'obscurité, courant à Adine.*

BARTOLIN.
Ah! c'en est trop, arrête, arrête, infâme!
C'est bien assez de m'enlever ma femme;
Mais pour l'argent!...
ADINE, *à Blanford.*
Eh! monsieur, je me meurs.
BLANFORD, *en se battant d'une main, et remettant la cassette à Adine de l'autre.*
Tiens la cassette.

SCÈNE VIII. — BLANFORD, DORFISE, ADINE, BARTOLIN, DARMIN, MADAME BURLET, COLETTE; LE CHEVALIER MONDOR, *une serviette et une bouteille à la main; des flambeaux.*

MADAME BURLET.
Ah! ah! quelles clameurs!
Dieu me pardonne! on se bat.

ACTE V, SCÈNE VIII.

LE CHEVALIER MONDOR.
            Gare ! gare !
Voyons un peu d'où vient ce tintamarre.
            ADINE, *à Blanford.*
Hélas ! monsieur, seriez-vous point blessé ?
            DORFISE, *tout étonnée.*
Ah !
            MADAME BURLET.
    Qu'est-ce donc, qu'est-ce qui s'est passé ?
            BLANFORD, *à Bartolin qu'il a désarmé.*
Rien : c'est monsieur, homme à vertu parfaite,
Bon trésorier, grand gardeur de cassette,
Qui me prenait, sans me manquer en rien,
Tout doucement ma maîtresse et mon bien.
Grâce aux vertus de cet enfant aimable,
J'ai découvert ce complot détestable ;
Il a remis ma casssette en mes mains.
    (A Bartolin.)
Va, je te laisse à tes mauvais destins ;
Pour dire plus, je te laisse à madame.
Mes chers amis, j'ai démasqué leur âme ;
Et ce coquin....
            BARTOLIN, *s'en allant.*
Adieu.
            LE CHEVALIER MONDOR.
                Mon rendez-vous,
Que devient-il ?
            BLANFORD.
        On se moquait de vous.
            LE CHEVALIER MONDOR, *à Blanford.*
De vous aussi, m'est avis ?
            BLANFORD.
                De moi-même.
J'en suis encor dans un dépit extrême.
            LE CHEVALIER MONDOR.
On te trompait comme un sot.
            BLANFORD.
                Que d'horreur !
O pruderie ! ô comble de noirceur !
            LE CHEVALIER MONDOR.
Eh ! laisse là toute ta pruderie,
Et femme, et tout ; viens boire, je te prie ;
Je traite ainsi tous les malheurs que j'ai :
Qui boit toujours n'est jamais affligé.
            MADAME BURLET.
Je suis fâchée, entre nous, que Dorfise
Ait pu commettre une telle sottise.

Cela pourra d'abord faire jaser;
Mais tout s'apaise, et tout doit s'apaiser.
DARMIN, à Blanford.
Sortez enfin de votre inquiétude,
Et pour jamais gardez-vous d'une prude.
Savez-vous bien, mon ami, quel enfant
Vous a rendu votre honneur, votre argent,
Vous a tiré du fond du précipice
Où vous plongeait votre aveugle caprice?
BLANFORD, regardant Adine.
Mais....
DARMIN.
C'est ma nièce.
BLANFORD.
O ciel!
DARMIN.
C'est cet objet
Qu'en vain mon zèle à vos vœux proposait,
Quand mon ami, trompé par l'infidèle,
Méprisait tout, haïssait tout pour elle.
BLANFORD.
Quoi! j'outrageais par d'indignes refus
Tant de beautés, de grâces, de vertus!
ADINE.
Vous n'en auriez jamais eu connaissance,
Si ces hasards, mes bontés, ma constance,
N'avaient levé les voiles odieux
Dont une ingrate avait couvert vos yeux.
DARMIN.
Vous devez tout à son amour extrême,
Votre fortune, et votre raison même,
Répondez donc : que doit-elle espérer?
Que voulez-vous en un mot?
BLANFORD, en se jetant à ses genoux.
L'adorer.
LE CHEVALIER MONDON.
Ce changement est doux autant qu'étrange.
Allons, l'enfant, nous gagnons tous au change.

FIN DU TROISIÈME VOLUME.

TABLE.

SUITE DU THÉATRE.

	Pages.
L'Enfant prodigue, comédie............................	1
L'Envieux, comédie...................................	62
Zulime, tragédie......................................	99
Avertissement des éditeurs de Kehl...................	99
A Mlle Clairon.......................................	100
Zulime...	102
Variantes..	145
Pandore, opéra.......................................	168
Le Fanatisme ou Mahomet le prophète, tragédie........	187
Avis de l'éditeur....................................	187
Lettre au pape Benoît XIV............................	189
Réponse de Benoît XIV................................	190
Lettre de remercîment au pape........................	191
Mahomet..	192
Mérope, tragédie.....................................	238
Lettre du P. Tournemine, jésuite, au P. Brumoy, sur la tragédie de Mérope...........................	238
A M. le marquis Scipion Maffei.......................	239
Lettre de M. de La Lindelle à M. de Voltaire.........	248
Réponse à M. de La Lindelle..........................	251
Mérope...	252
Variantes..	294
Thérèse, fragment de comédie.........................	296
La Princesse de Navarre, comédie-ballet..............	301
Le Temple de la Gloire, opéra........................	357
La Prude, comédie....................................	384

FIN DE LA TABLE DU TROISIÈME VOLUME.

Coulommiers. — Typogr. Albert PONSOT et P. BRODARD.

RAPPORT

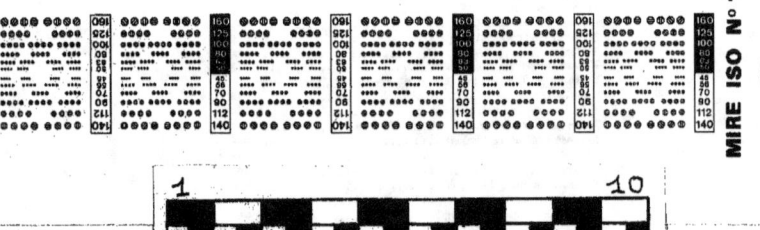

BIBLIOTHEQUE
NATIONALE

CHÂTEAU
de
SABLÉ
1981

www.ingramcontent.com/pod-product-compliance
Lightning Source LLC
Chambersburg PA
CBHW070536230426
43665CB00014B/1709